2007年国家社科基金项目
"法规、司法解释的合法性审查"（07BFX016）资助成果

中国宪法学研究会主办

2011年中国宪法学研究会年会论文集

宪法研究

CONSTITUTIONAL STUDY

（第十三卷）

主编　莫纪宏　翟国强

社会科学文献出版社
SOCIAL SCIENCES ACADEMIC PRESS (CHINA)

前言：中国社会变迁与宪法

——中国宪法学研究会第一次会员代表大会暨 2011 年年会综述 *

董和平 **

社会转型期的中国急需宪法重塑社会价值观，辛亥革命百年纪念之年也需要重新认识宪法的贡献。基于以上共识，中国宪法学研究会第一次会员代表大会暨 2011 年年会将会议主题确定为"中国社会变迁与宪法"。此次会议由中国宪法学研究会、西北政法大学主办，陕西省人大常委会办公厅、兰州大学法学院协办，于 2011 年 10 月 22 日至 23 日在古城西安召开。在为期两天的会议中，来自全国各地的近三百位专家、学者围绕"社会转型与宪法"、"中央地方关系法治化"、"宪法与国家权力的结构与运作"、"财政立宪主义与社会保障"、"宪法与刑法的关系"等问题进行了广泛而深入的讨论，会议达到了预期目的，获得了圆满成功。现将本次会议的主要内容综述如下：

一 大会主题发言

社会转型涉及各个方面，其中一个重要方面就是政治制度的转型。我国从清末开始就一直在努力实现一个以宪法为基础的治理模式。这其中，宪法学者作出哪些贡献？全国人大常委会委员、内务司法委员会副主任委员陈斯

---

* 本综述根据 2011 年宪法学年会简报整理总结而成，感谢西北政法大学宪法学硕士研究生惠春安、范文伯、李鹏飞、张振业、袁春、黄明、宋雯、刘睿、尹佳楠及西北政法大学行政法学院 2008 级本科生邹明夷、孙森同学为年会简报整理所付出的辛劳。

** 西北政法大学教授。

喜教授认为，前几代宪法学者至少已经完成了以下几大任务：第一个是完成了宪法的启蒙，宪法意识在全社会得到普及；第二个是经过清末、民国、新中国的探索，已经找到适合中国的民主道路；第三个是为我国制定了一部比较好的宪法，经过长期实践，现行宪法是比较好的宪法；第四个是进行了初步的宪政实践。那么，我们这代宪法学者有什么任务？陈斯喜副主任认为，第一项任务是推动宪法的实施，第二项任务是努力形成中国宪法学自身的理论体系。

宪政主义所具有的普适价值为越来越多的东方国家所接受和认可。在亨廷顿所称的20世纪后期第三波全球性民主化的浪潮之中，亚洲宪政主义的发展引人注目，其已经显示的路径、图景亦与西方古典宪政模式具有一些不同的特征。香港大学法学院陈弘毅教授指出，难以确定在亚洲存在特殊的"亚洲式"的宪政模式或政治宪制制度，也没有足够证据显示亚洲文化与价值观和宪政主义难以兼容。恰恰相反，证据显示宪政主义能否在某一国家或地区得以发扬光大，更多地取决于政治因素，以及战争、外国干预等历史事件的偶然影响，而不是取决于文化与价值观。陈弘毅教授认为，对于宪政主义在亚洲的前景，和它在亚洲疆域的适应能力可以持一个审慎乐观的态度。具体到中国的宪法实施，宪政尚未成功，同志仍需努力。中华民族的伟大复兴其中一个不可或缺的元素即是宪政的建立。

1982年以来，中国社会发生了翻天覆地的变化，对于这些变化宪法应作出哪些回应？华东政法大学童之伟教授认为，虽然宪法已经作出不少积极回应，例如，宪法序言和相关条款的修改，也基本形成了社会主义法律体系。但是，应该作出的回应本应当更多，具体表现在以下几个方面：一是违宪审查制度、言论自由等方面的滞后；二是经济生活已经市场化，但政治生活仍然计划化；三是立法方面的不作为；四是宪法发展远远落后于社会发展；五是宪法学基础理论研究虽有所突破，但多少脱离中国现实；六是宪法学的影响力有待拓展，不能过分拘泥于传统媒体，要重视学术网站、博客、微博等新兴交流模式；七是宪法学研究可能要面临宪法全面修改的问题，因此，必须对修宪进行系统研究。

一百多年来，我国已经颁行了14部宪法。与14部宪法相伴生的，是"立宪法易而行宪政难"的不尽感慨。"宪法"与"宪政"，虽是一字之差，却已然百年之别。武汉大学法学院周叶中教授认为，社会基础是中国从宪法走向宪政的关键环节，我们需要从三个方面着手加强社会基础建设：一是塑造合格的公民，这是加强社会基础的基础性工作；二是保障阶层对话，为培育政治共同体的构建提供基础；三是以公民社会为目标构建宪政的社会基础。只有如此，才能使得宪法真正从空中走向地面，从宪法走向宪政。

关于宪法的实施。北京大学法学院王磊教授提出了"宪法法律论"的观点，他认为宪法是法律，宪法应该具有法律所具有的一般特征，宪法的实施与普通法律的实施必然分享某些共同特征。

关于宪法的权威问题。中国政法大学李树忠教授认为，宪法权威的性质应该是法权威，并且是最高法权威，它具有优于法律的优先权，即宪法优于立法机关，这是最高法权威的全部思想，同时指出宪法的权威来自人民的制定。

二 社会转型与宪法的适应性

关于宪法学研究拓展的可能性。西北政法大学行政法学院郑军教授认为，在社会转型期间，基于国家职责精准实施与人权保障细化的要求，宪法学研究应拓展研究视阈，关注社会性别主流化问题，确立适应变革、合理且先进的宪法学理念，缓解宪法学理论与社会生活的疏离状况，进一步彰显宪法学应有的公平、正义等象征性价值和学科生命力，以及宪法学对法学科发展、法秩序建构的引领和规范作用。

信访在当下社会是一种纠纷解决与权利救济的特殊制度，赞成和主张彻底废除信访制度的声音皆而有之。香港城市大学中国法与比较法研究中心王书成研究员认为，信访的立法发展过程反映了其逐步制度化的法治进程，但实践中制度化进程也逐步暴露了信访在制度上的方向偏离，并没有在根本上达到维护社会稳定、保障公民权利的目的。信访不能起到解决纠纷的功能，信访制度的纠纷解决的立法角度是好的，但是社会效果并不理想，因此，应该废除信访的纠纷救济角色，因为信访是机关内部的纠纷解决体制，让机关内部来解决自己的纠纷是不可行的。同时，应该将信访的救济功能取消，但不能取消其政治功能。香港城市大学林峰副教授则认为信访制度和多元化的争端解决机制是不冲突的，当然，信访制度对多元化的争端解决机制只是补充，而不能替代多元化的争端解决机制。

关于社会转型期间释宪机制的创新。江西财经大学法学院刘国副教授认为，转型期社会情势的复杂性与易变性使其异于常规社会，转型期的社会关系变动、社会制度变迁、利益和矛盾冲突都对释宪机制提出了异于常规社会的特殊要求。为应对转型期社会变迁对宪法解释提出的挑战，及时构建一套合理的释宪机制是攸关第二次转型成败的关键。但究竟什么样的释宪机制才能适应社会变迁的需要和社会管理创新的要求？刘国副教授指出，二元释宪机制是构建和完善转型期我国释宪机制的合理选择。其基本思路是：在保留现有释宪机制基础上，适应转型社会的特殊需要，建立一种常态释宪机制，形成常态释宪机制和原有全国人大常委会的非常态释宪机制并存的二元释宪机制格局。

社会转型对执政党权力的科学运行提出了新的要求。上海师范大学石文龙副教授认为，在中国的现实语境中，"执政党的权力"常常被称为"党权"，执政权与领导权是两个既有联系也有区别的概念，两者存在着"同中有异、异中有同"的现象。执政党的权力观不是一成不变的，法治时代执政党的权力观需要"与时俱进"。执政党的权力源之于人民，这是人民主权的基本内容之一。当前，我们需要在宪法上构筑执政党与人民之间的关系，从而回答在宪法领域中什么是执政为民、怎样执政为民。

在加强和创新社会管理背景下，如何基于深思熟虑与自由选择以维系政府的良好运作，实现共和国公民的自由全面发展与社会的和谐稳定，是当代中国面临的重大挑战。广东商学院戴激涛副教授提出了协商宪政这一构思，认为协商宪政作为融汇中国"和合"传统与西方协商民主、宪政理念的概念模型，可以在继承"和也者，天下之达道也"的中华传统基础上，借鉴协商民主理念、宪政制度路径吸纳共同体的力量，实现每个公民的自由发展和中华民族的伟大复兴。

吉林大学法学院李海平副教授则根据自己对民间组织所进行的实务研究提出社会宪政概念。他认为民间组织也需要宪政，社会宪政既不同于传统的国家宪政，也不同于所谓的"新宪政"论，它是以规范和调控社会公权力为核心的宪政形式。民间组织所面临的困境是外部干扰和内部不规范，而社会组织宪政也是宪法下的宪政。

关于政党执政合法性问题，西北政法大学胡晓玲讲师认为，执政理念和执政方式与执政者是否拥有执政合法性休戚相关。现行宪法确立的"依法治国"方略，时下大力宣传普及的社会主义法治理念，事实上对党依法执政指明了方向的同时也提出了重大要求：党要依法执政，党的执政方式必须程序化，要在加强内部自律的同时建立健全社会监督机制，这些基于当下的执政方略构建的初步考量，客观上为党执政的合法性奠定了理论和进一步制度论证的基础。

三　财政立宪主义与社会保障

在我国社会转型的过程中，市场经济的实行和法治国家的建设均呼唤财政立宪主义理念的落实。中南财经政法大学王广辉教授认为，财政立宪主义理念的核心是对国家税收权的制约。为此，不仅需要从宪法的意义上对"税收"的内涵进行解读，而且需要从征税权的行使、税收收入的使用、纳税人的权利保护、征税权的合理划分等制度上进行建设和完善，方能在通过财政立宪推进中国宪政进程方面见到实效。在财政立宪主义的语境下，对税收权的控制，应包括以下几个方面的内容：一是征税必须得到民意代表机关的同意；二是税收的使用必须遵循"取之于民、用之于民"的原则；三是政府举债也应纳入民意机关的监督之下；四是税收立法权的分配应符合法治的精神；五是纳税人权利的保障。大连海事大学法学院王世涛教授认为，以不同的分析工具，对财政税收会有不同的认识。以宪政经济学为视角，宪法作为元规则是财政税收效率最大化的根本。从"个人主体性"出发，效益意味着"一致同意"，其宪法装置是议会，而对议会税收立法的宪法审查实现了帕累托改进；以产权理论为视角，税收源于产权的私有，并促进宪政的萌发，同其他财政征收方式相比，税收是效率最优选择；以博弈论为视角，税收是零和博弈，但是合作博弈的非均衡赛局；以国家和社会理论为视角，国家与社会的二元分化、产权与国家的分离是税收产生的基础，根据"国家补充原则"，社会私经济免受国家的不当干预，通过私经济的优先发展从而保证税源和税基；以人性论为视角，每个人都有自私的本性，有追求自身利益最大化的偏好，"税痛"唤醒公民权利主体意识、参与意识和监督意识。

从"统收统支"到"统一领导、分级管理"、"划分收支、分级包干"，再到分税制，我国的中央与地方财政关系总体上因循了从集权走向分权的基本思路。上海财经大学法学院徐健讲师认为，财政分权的策略及其实践并未转化成稳定的法律制度。1994 年确立的分税制，也仅仅是一个低层次的制度化开端。这种低层次性主要体现在宪法规范的缺失、法律规范的碎片化和低位阶性、制度化范围的局部性，以及事实行动的制度外溢等诸方面。正当的制度只能逐步建设和改进，这是制度塑成与变迁的一般规律。但在改革 30

年亦跨过了"摸着石头过河"的困顿的情况下，中央与地方财政权力配置领域的整体性制度却依然未能有效形成。

香港回归以后，由于《香港特别行政区基本法》及《香港特别行政区立法会议事规则》的限制，立法会在公共财政方面虽然手握否决权，却几乎不拥有提案权，其修改权也受到很大限制。但香港大学顾瑜博士通过对1998~2010年的数据及个案分析证实，宪制上的权力不等于真实的权力。作为民意代表机构，香港立法会的自主性和影响力正在逐渐增强，而决定其影响力的，是议席的分布、民意的走向以及议题本身的性质，这也是一个走向民主的政治体制更加成熟的表现。因此可以预见，随着政治改革的逐步推行，立法会的影响力将会进一步增强。

许多国家的宪政史首先就是一部财政入宪史，政府的税收和公共开支政策一贯会引起法律和宪法上的争论。华北水利水电学院黄建水教授提出"宪法税"这个新概念，认为宪法中关于税的条款即"宪法税"。对于我国宪法税条款的完善，黄建水教授提出以下建议：第一，修改宪法第一章总纲部分的第13条，明确税收法定原则；第二，修改宪法第三章国家机构部分的第62条，明确人民代表大会的税立法职权，以体现税权民主；第三，修改宪法第一章总纲部分的第13条，明确税负公平原则，在宪法修正案第22条即宪法第13条后增加一款："赋税应依据法律规定在全体公民之间按其能力平等分摊"；第四，应将"国家为了公共利益的需要，可以依照法律规定对公民的私有财产实行征收或者征用并给予补偿"修改为"国家为了公共利益的需要，除依据法律规定对公民征税外，可以依照法律规定对公民的私有财产实行征收或者征用并给予公平补偿"。另外，从整个宪法结构来看，公民财产权和继承权规定在宪法"总纲"中，而"公民的基本权利和义务"一章没有公民财产权的内容，似乎有点结构不合理，将来如果修改宪法，调整其位置将是十分必要的。河南工业大学法学院谭波副教授从社会保障角度探讨了财政立宪。社会保障作为"社会本位"和人本主义的一大体现，和财政立宪不可分离、分立。两者的联动需要的是内在的互联而不是表面的牵强附会。他认为我国社会保障在财政立宪主义下的缺失表现在：一是财政立宪中的社会保障外延狭隘，价值模糊；二是违反社会保障宪法规范的责任机制的缺失；三是社会保障财政监督检查的乏力。其改革进路在于：强化财政支出与社会保障之联动机制；确立宪法预算的内涵和规范机制，将宪法中的"预算"细化；确立各类预算尤其是社会保障预算的不同规范机制；强化社会保障预算宪法监督，力推宪法公开，强化宪法监督机构和责任机制；确认社会保障与财政支出的价值联动机制。湖南大学法学院肖艳辉副教授认为，我国社会转型所带来的体制性缺陷而引发的社会风险和诸多不和谐现象与财政立宪主义的基本理念发生了根本冲突。社会保障制度作为收入再分配制度，可以弥补和救济第一次分配中的不正义、不公平和不合理现象。蕴涵在社会保障立法精神中的生存权保障原则、抵制社会风险原则、主要政府责任原则、普遍平等原则和分配正义原则契合了财政立宪主义的内在品质，对于弥补和纠正因社会转型所带来的体制性缺陷而致的社会不和谐现象有着重要的作用。安徽财经大学金玉副教授认为，我国宪法对财政权的规定以及实践中对于国家财政权的规制，还存在下述问题：（1）在国家财政收入方面，从公民基本义务上来规定，是在国家优越的理念指导下来界定税收；我国宪法没有详细规定国家税收方面的立法限制，没有规定财政法案相应的审议程序；宪法没有明确将我国一切政府收入纳入财政预算，没有明确国库集中收付制度。（2）在国家财政支出方面，财政的"错位"、"越位"和"缺位"现象严重，财政资金的使用效率低下，公费旅游、公车私用、公款吃喝现象普遍存在。（3）在国家财政预算审查方面，人大这一职权形同虚设，人大会议期比较短，但是需要审议并作出决定的事项过多；当选的人大代表来自社会的各个领域和阶层，专业技能和文化水平差异较大，本职工作又很繁重，难以完成预算审议这样专业性强的工作。（4）在国家财政监督方面，只是行政机关的内部监督，这不利于国家权力机关有效地行使对行政机关财政权的控制和监督。（5）在中央和地方财政分权方面，我国宪法没有明确中央与地方间的财政关系以及财政权划分，在一定程度上导致了中央尤其是中央国家行政机关财政权力过大；同时还导致几乎垄断了税收立法权和收入归属权的中央乱收税以及具有地利优势的地方乱收费。

四　央地关系与立法权力

中央与地方立法权力关系是国家法律体系建构中无法回避的理论和实践问题之一。南京审计学院程乃胜教授认为，在中央与地方关系中，起决定作用的是中央与地方的利益关系。中央与地方利益冲突原因复杂、多样。地方权力的宪法化是市场经济发展的必然要求，是一国经济社会发展不平衡的法律体现。地方权力宪法化是单一制和联邦制国家宪法的共同规定，旧中国的宪法和《共同纲领》对地方权力作了明确的规定；第二次世界大战以后，地方自治和地方权力的宪法化成为世界宪政发展的潮流，就连具有中央集权传统的法国也在1982年开始了地方自治和地方分权的改革。我国宪法应适应社会主义市场经济发展的要求和顺应世界宪政发展的潮流，尽快明确规定地方权力。北京航空航天大学法学院王锴副教授指出，地方立法权的来源在理论上不明确，认为地方立法权应当来自地方的自治权，而且将地方立法权定位为行政权也是不妥当的。云南大学法学院沈寿文副教授认为，我国现行宪法关于国家权力的横向配置制度表现为"人民代表大会制度"，实际上还包含了纵的关系，而且我国的国家权力结构具有复杂性，并不是平时所说的纯粹单一制国家。沈寿文副教授指出，我国国家权力的纵向配置包括三种情况：一是我国中央与特别行政区的关系，由于存在中央与特别行政区出现矛盾的具体解决方法的规定，因此更容易发挥中央和地方的积极性，在理论上也更贴近国际意义上的地方自治的模式；二是民族区域自治，他认为这种自治并不是国际意义的地方区域自治，实际上是高度集权的模式；三是人民代表大会制度，他认为这是一种特殊的模式，人民代表大会制度在国家权力纵向配置上导致中央集权、地方分权的性质，破坏了国家权力的纵向配置的关系，带来不可调和的矛盾，民主集中制正好掩盖了此项矛盾。中国政法大学姚国建副教授指出，对地方立法的"不抵触原则"不能狭隘理解，认为在内涵上，"抵触"与"不一致"不相同，也与"根据"、"变通"有别。应以立法目的与规范事项两个标准确定"上位法"的范围，并且不能将宪法排除在外。抵触分为对上位法原则的抵触和规范的抵触。在判断是否与上位法原则抵触时，除应具体考量每个上位法的具体原则外，还应考量上位法意图在全国建立最高、最低标准或统一标准；在判断是否与上位法规范相抵触时，应着重考察其是否侵犯中央专有立法权、超出授权范围等方面。

关于大部制改革。汕头大学法学院邓剑光教授指出，确认、尊重和实现人的价值与尊严，促成全体人的人格全面发展，是宪政中国的价值目标，这一目标的实现，必须借助若干机制，其中之一便是民主机制。大部制改革的根本动因是政府对社会诉求的回应，可以视为社会回应性的自觉改革，具有民主内涵，必将促进宪政价值的实现。合理的权力配置是宪政价值实现的基础。在中国，政府机构改革一直围绕着政治体制改革进行，是政治体制改革的重要内容。当下的大部制改革，实际上具有优化权力配置体系的功能，并最终有利于宪政中国目标的实现。

民国初年，湖南曾经率先制定了省宪法，成为第一个依法"自治"的省份，然而不旋踵间就在南北夹击中废宪。这一"宪政史上的奇迹"为何难逃失败的命运？郑州大学法学院侯宇副教授认为，联省自治和省宪运动的失败虽然与时机不成熟有关，但主要在于宪政文化的缺失。宪政是一种宽容、妥协、诚信与合作的积极生活态度和生活方式，它强调的是人类的理性自治。由于在私人生活中秉持宽容、妥协、诚信与合作的精神，人类才能逐步认识到在公共政治领域践行它们的重要性，才能真正摒弃暴力实施宪政，自治才成为可能。宪政隐含于我们日常生活的一言一行中，只有充分领略宪政的内涵，加强思想的启蒙以及制度重构，中国宪政才能跳出泥潭。

关于港澳基本法的合宪性问题。深圳大学法学院叶海波副教授认为，现行宪法第31条中的"全国人民代表大会"是一个集立法机关、总括机关和主权机关三位于一体的特殊机关，享有宪法权力和主权性权力，可以以不同的法律形式规定特别行政区制度，并不限于基本法律的形式。当全国人大以主权机关的身份作出政治决断时，应当将宪法典作为政治决断的外在法律表现形式，而不可载之以普通法律形式，否则会造成主权决断内容与形式的背离。港澳基本法是普通法律，但其承载的是主权决断的内容，存在着主权逻辑与法律形式的背离，并在实践中以港澳基本法是否符合宪法的疑问呈现出来。对于此种矛盾的化解，只能采行促成形式与内容统一的方式，即修改现行宪法，吸纳港澳基本法中主权决断性的内容，使港澳基本法从内容到形式皆符合普通法律的要素，化解港澳基本法的合宪性危机。

关于规范审查权。河南师范大学法学院袁勇副教授认为，规范审查权力衍生于我国政体和国家结构之上，分属于人大监督权、行政领导权与司法权三个脉络。从其内部构成及运作机制来看，现行规范审查权力整体上表现为国家机关相互协调的自组织权力。在私人普遍缺场的情况下，我国规范审查权力的运作尚未达到监督国家机关抽象行为、保障公民基本权利的宪法要求。正因如此，建立健全我国规范审查权力体系的基本方向是赋予私人更多、更强的启动权，并让其有机会充分参与规范审查判断的说理、论辩过程。如此，方能增加规范审查权力运作的人权保障之维。

五 宪政史与权力权利关系

宪政的核心问题是权力与权利关系的问题，权力与权利关系的强弱势态变动构成了宪政运动史的一条基线。河海大学韩轶讲师指出，民族国家为宪政产生与展开之场域，民族主义为宪政观念提供了重要的理念因子，民族主义运动是推进宪政观念制度化的重要动力。民族主义与宪政之间的联结，体现在民族主义与政治权力尤其是国家结合的方式及其演变历程之中。纵观西方民族国家建立和发展史，民族主义是民族国家权力构造和治理模式的观念渊源。而民族主义观念的分化则为宪政理论和宪政实践提供了两个端点，宪政理论便是在两端之间的空间游走以寻找一个均衡点，使得权力行使在"合法性"与"有效性"之间取得平衡。国际关系学院肖君拥副教授认为，尽管孙中山"均权"思想被标为"失败的遗产"，但仍对当今处理中央与地方关系具有以下启示和借鉴意义：一是科学配置中央与地方治权，实施行政改革；二是匹配财权与事权，完善财政税收管理体制；三是加快中央与地方关系法治化建设；四是完善中央对地方的监督机制；五是加快地方民主政治建设，强化地方人大的权力。厦门大学法学院王建学讲师认为，地方立法试验是国家体制改革的重要途径之一。近代中国的国家改革曾在不同程度上利用地方立法试验，从时间上可以分为清末时期、民国前期和民国后期三个各具特点的阶段。就地方立法试验的内部结构演变而言，基本的历史趋势是民主和开放。从社会效用和规范评价来看，民国后期的地方立法试验已具有法制化和科学化的形式，在发挥试验性作用的同时又受到国家监控，防止国家法制统一性因地方立法试验而遭到破坏。我国目前的"先行先试"可以从近代地方立法试验的经验教训中汲取充足的养分，需要注意试验制度本身的科学性、试验性立法的民主与开放程度、地方活力与国家秩序的协调以及社会效用与规范统一性之间的协调。西南民族大学法学院杨芳讲师认为，"五四宪法"对民族区域自治制度进行了较为全面的规范，其与《共同纲领》相比，在性质、地位、自治权、民族乡等内容上都有较大改进，使民族区域自治制度的宪政法律地位得以正式确立。河南大学法学院陈胜强讲师指出，自"八二宪法"颁行以来，学界对宪法概念的研究有了进一步的深入，形成了多样但又具同一性的宪法概念。就其多样性而言，宪法的概念已经脱离了众口一词的意识形态一统色彩；但这些多样化的宪法概念又具有同一性，实现了一个根本性的转变，即从突出"管理性"的国家总章程转向了强调"权利性"的国家根本法。从这种意义上可以说，"八二宪法"颁行以来的"宪法概念"史是一个与时俱进、逐步更新的进化史。河南中医学院乔飞讲师认为，古代以色列的宪政思想比古希腊要早得多。古代以色列的政治权力分为三部分：王权、祭司权与先知权。权力之间有制约关系，特别是王权受到祭司权、先知权力的制约；君王、祭司、先知、百姓行使权力必须在法律之下，法律具有至上权威。因此，古代以色列王国是"宪政"体制国家。这种"宪政"理念及实践，随着基督教《圣经》的传播，对西方法律文明产生了深远影响。

六　刑法与基本权利保护

宪法是对国家根本制度概括性的规定，主要关注国家权力框架的组织和协调；刑法是对严重破坏这些制度的行为的惩罚性规定，主要关注国家政策和公民权利的维护，其主要内容就是对一系列直接违反各种法律、间接破坏宪法行为的最高和最后一级的制裁措施。而权利则是二者共同关注的焦点，宪法权利必须通过刑法保护才得以有效保障，因此基本权利保护是宪法与刑法的最大交集。南京大学法学院赵娟教授通过分析 2011 年美国联邦最高法院 J. D. B. 诉北卡罗来纳州案，系统论证了未成年嫌疑人的年龄应该成为拘留状态分析的要素。她认为 J. D. B. 案的判决反映了联邦最高法院在米兰达规则适用问题上的最新立场，这一里程碑式的判决使得米兰达规则适用中的未成年人宪法权利的保护程序更加完善，是对米兰达规则的回归。该案突破了长期形成的米兰达规则适用案审判中的保守立场，实现了米兰达规则适用的领域的司法进步。对于中国的法制与宪政建设，J. D. B. 案具有以下启发与借鉴意义：一是《刑事诉讼法》应该以保护嫌疑人（被告人）的宪法权利为目标定位；二是应该强化法院与律师在刑事诉讼过程中的权利与责任；三是未成年人宪法权利的刑事保护需要合理的制度安排。上海金融学院尹晓红讲师指出，宪法第 125 条"被告人有权获得辩护"意味着被追诉人有获得辩护权的基本权利，获得辩护不仅仅是司法原则；被追诉人在所有的诉讼阶段都享有获得辩护权的权利；而获得辩护权的主体实质上是每个人。宪法第 33 条第 3 款"国家尊重和保障人权"的原则则为获得辩护权提供了价值论基础。

刑法的修改，在本质上反映了基本法律修改权的问题。中南财经政法大学江登琴讲师以八个刑法修正案为样本，通过比较分析认为，八次修正案从颁行主体上看都是由全国人大常委会通过的，缺少作为最高国家立法机关——全国人大的声音。立足于八个刑法修正案可以看到，在基本法律修改权的问题上，存在着全国人大和全国人大常委会之间的权力划分与界限问题，呈现出全国人大常委会立法权限的积极扩张。在修改刑法的过程中，不仅需要关注社会发展对刑法变革的需要，而且需要在建设法治、保障人权的背景下，着眼于整个法律体系的分工与协作，注重刑法维护社会安全、限制公民基本权利自身的特点和局限，尤其是片面强调入罪化和重刑化所带来的消极影响。

刑事立法直接关涉公民生命权、自由权、财产权以及政治权利之限制或者剥夺，其谦抑程度与公民基本权利的实际容量密切相关。武汉大学法学院江国华教授认为，刑事立法愈谦抑，公民基本权利被限制或者被剥夺的概率就会愈低，其实际容量就愈大。在"轻刑化"的大趋势下，我国刑事立法当贯彻谦抑原则，以免公民基本权利受刑法的过度侵蚀而徒具虚名。中国传媒大学李丹林教授认为，我国长期具有滥刑的传统，在这样的背景下去强调刑法的谦抑性，具有很强的理论意义和实践意义。

关于刑法与宪法关系的研究始于 21 世纪初。福州大学法学院陈应珍副教授根据其收集的资料分析指出，这些研究主要限于刑法学者，对我国刑法的宪法制约问题还没有引起宪法学者应有的关注。她认为宪法制约刑法的具体途径包括平等原则、合宪性解释、罪刑法定原则、宪法权利、违宪审查制度。甘肃政法学院吉敏丽副教授指出宪法的核心价值是保障人权，刑法作为部门法，其价值必然要受到宪法的导引。宪法与刑法除了形式上的效力关系之外，在人权保障方面也具有颇多的互动性，人权可以成为沟通宪法与刑法的桥梁。大连海事大学法学院杨晓楠讲师认为，刑法与宪法的关系有二：一是保障关系，二是侵害关系。我国现在《刑事诉讼法》仅规定"严禁刑讯逼供和以威胁、引诱、欺骗以及其他非法的方法收集证据"，并没有具体规定技术手段（包括秘密监听）的限制，其他法律中也没有具体列明秘密监听使用必须遵循的程序，因而很难对侦查中不符合规定的监听使用进行有效控制，也使得当事人申请救济变得难以实现。为了保护公民的隐私权和通信自由，应制定更为全面的《个人信息安全法》，同时对《刑事诉讼法》的相关条款加以完善，并进一步完善对非法监听受害人的救济制度，从而对公民隐私权和通信自由提供更全面的保护。

七 基本权利与国家保护义务

从立宪主义发展的历史观之，宪法起初以保证"国家不得为非"为目的，20世纪以来在福利国家等思潮的冲击下，社会形势和环境日趋复杂，传统自由权利在面对各种形势时的捉襟见肘，使得公民的权利诉求日益显现和扩张。基本权利在原有的防御功能之外，又增加了要求国家给予保护的功能。厦门大学法学院刘连泰教授以美国诺尔公司诉东部铁路董事长会议案为例，指出中国宪法第41条关于请愿权的规定有很大的解释空间，可以借鉴侵权法的路径予以解释。西北政法大学行政法学院管华副教授指出，受教育权写入宪法的本意是保障儿童接受义务教育的权利。流动儿童面临的教育困境包括借读费过高、公立学校无法容纳、农民工子弟学校太差等。保障受教育权的"兜底"责任应由中央政府承担，确定中央政府承担责任的限度应制定义务教育必要的教育设施的强制性国家标准，该标准应作为儿童请求政府给付的法律依据。"撤点并校"后偏远地区儿童受教育问题、流动儿童受教育问题都可依此思路解决。烟台大学法学院杨曙光副教授根据自己的法院工作经历，结合工伤认定法律实务问题，围绕"途中工伤"认定的指导思想、法院认定的出发点、立法者的思考角度和宪法学者的思考方式逐层深入展开。他认为，在工伤认定的案件中，必须坚持工伤的本来含义，分析"途中工伤"条款范围宽窄的利弊得失，逐渐扩大工伤的覆盖范围，当出现劳动者伤亡的"途中工伤"界限模糊、既可认定也可不认定属于"途中工伤"的情形时，应遵循《劳动法》和《工伤保险条例》等法律和行政法规规定的基本权义务、向劳动者倾斜的"劳动权本位"基本理念，作出工伤认定。东南大学法学院龚向和教授指出，法学界对于民生保障的多数研究主要集中在两个方面：一是从理论方面论证国家民生保障的法理基础；二是从制度方面提出了民生法治化。但目前还未将民生保障提到人权保障的高度，并且民生的司法救济很少。他认为，当代社会转型期，应在法治框架下配置、细化、实现民生保障国家义务的基本理论，在法学界已达成的民生法治与民生权利共识的基础上，促成民生国家义务共识，为民生问题的法律解决提供具体有效、操作性强的理论指导。山东大学法学院姜峰副教授指出，与对基本权利的大量研究文献相比，"宪法义务"长期淡出学界主流视野。原因有二：第一，宪法义务条款似有足够的理由支持，它既是权利义务"统一论"的表现，也符合宪法的"纲领性"特征，而且顺应现代宪法的"发展趋势"；第二，宪法义务在实践中没有面临严重的问题，权利常常受到侵害，义务却很少"缺斤少两"。此外，人们很少出于关心权利而对义务的根据投去怀疑的眼光。但这两个方面都大有可疑。他认为，宪法义务虽没有产生问题，但也是问题所在。由于如今政府往往扩大公民的义务、缩小公民的权利，因此，他希望通过反思公民宪法义务条款，来探讨为什么当前公民的权利会受到损害。广州大学蒋银华副教授根据近几年的社会变化与发展，在对规范的妥协性追根究底的价值判断中，提出了国家对民众义务的思考，并且由国家权利到国家义务再到人权作了简要叙述。他认为把握国家义务的本质需要挖掘具有普遍妥协性的绝对价值，而主张"人性尊严"这一绝对价值是国家义务存在的合法性根据。人性尊严之彰显，将促进生成民众合法性信念，达成普遍利益认同与共识，从而形成有普遍约束力的规范，成为最高判断标准与根本规范，是全体法规范价值体系的根源。人性尊严为国家义务提供了坚实的合法性与正当性基础，是国家义务的妥当性规范。华南师范大学俞少如副教授认为，作为社会权具体化的给付行政凸显了国家义务的丰富特质。给付行政领域国家义务具有性质的双重性、来源的广泛性、内容的复合性等特点，其正当性可从人民主权、人权保障和人性尊严获得证成。国家在给付行政领域具有多重义务，如国家对基本权利不得侵害的义务；国家对人民有给付义务，为此国家有义务对财政资源再分配的必要；国家有保护人民免受第三者侵害的义务；国家对基本权利提供正当程序保障的义务；国家有按照"客观价值秩序"提供制度性保障的义务等。我国应该积极调整有关国家义务的宪法理念，逐步完善宪法的国家义务规范，提高国家义务宪法规范的实效性。

目　录

第四编　中国宪法史研究

第五编　财政立宪主义

第六编　宪法与刑事法治

第一编
社会转型与中国宪法

现行宪法体现了政治体制改革的
成果和趋势

邹　奕[*]　　许崇德^{**}

【内容摘要】 现行宪法的产生确认了政治体制改革所取得的成果。在现行宪法颁布施行以后，不断深入的政治体制改革要求宪法进行相应的修改。现行宪法先后经过了四次局部修正，其中有三次修正直接关系到政治体制改革，它们总结了改革的经验，反映了改革的趋势。当代中国的政治体制改革不得与宪法的基本精神相背离。在推进政治体制改革的进程中，宪法的修改必须谨慎，过于频繁的修宪有损于宪法的稳定性和权威性。但基于宪法的适应性要求，宪法的修改也必须及时，只有如此才能使现行宪法的文本与政治体制改革的实践相适应。

【关键词】 现行宪法　宪法修改　政治体制改革

十一届三中全会至今，我国的政治体制改革经历了三十余年的进程，在许多方面取得了较为显著的成果。正如胡锦涛总书记在庆祝中国共产党成立90周年大会上所指出的："我们坚持推进政治体制改革，在发展社会主义民主政治方面取得了重大进展。我们废除了实际上存在的领导干部职务终身制，确保了国家政权机关和领导人员有序更替。"① 政治体制改革的推进不但拓展了经济体制改革的深度和广度，还进一步巩固和完善了我国社会主义民主政治。

---

　* 中国人民大学法学院宪法学与行政法学专业博士研究生，中国人民大学宪政与行政法治研究中心研究助理。

** 中国人民大学法学院教授，博士生导师。

① 胡锦涛：《在庆祝中国共产党成立90周年大会上的讲话》，2011年7月2日第2版《人民日报》。

在当代中国推进政治体制改革，宪法是一个不容回避的话题。宪法又被称为"政治法"、"治政法"，与一国的政治体制存在极大的关联。现行宪法的产生在很大程度上确认了政治体制改革的成果，而此后宪法的修改又反映了改革的趋势。

一　现行宪法的产生确认了政治体制改革的成果

关于我国政治体制改革的开始时间，学界的表述不尽相同。不少学者认为政治体制改革在时间上要晚于经济体制改革，部分学者甚至认为政治体制改革是在 20 世纪 80 年代中期以后开始的。而事实上，从党的相关文献以及立法实践来看，在现行宪法颁布实施以前，政治体制改革已经进行。

1980 年 8 月 18 日，邓小平作了题为《党和国家领导制度的改革》的讲话，该讲话虽然没有使用"政治体制改革"这一表述，但实际上集中阐述了政治体制改革的相关问题。该讲话指出："对党和国家领导制度的改革，中央经过多次酝酿，有一些已经在五中全会以后开始实施，有一些即将在五届人大三次会议上提出，其他也将在条件成熟时陆续采取具体步骤。"[1] 党的十三大报告将《党和国家领导制度的改革》一文称为我国政治体制改革的"指导性文件"。另外，1979 年 7 月 4 日，《中华人民共和国地方各级人民代表大会和地方各级人民政府组织法》（以下简称《地方组织法》）以及《中华人民共和国全国人民代表大会和地方各级人民代表大会选举法》（以下简称《选举法》）同时颁布，二者分别涉及我国 20 世纪 70 年代末的国家机构改革以及选举制度改革，而这些改革也属于政治体制改革的重要内容。由此观之，政治体制改革在很大程度上促成了现行宪法的产生。

应当看到，政治体制改革有着极为广泛的外延：既包括中央层面的制度改革，也包括地方层面甚至基层的制度改革；既包括立法体制的改革以及行政管理体制改革，也包括司法体制改革；既包括人事制度改革，也包括机构改革。另外，某些经济体制改革也兼具政治体制改革的性质，正如邓小平所指出的："企业下放，政企分开，是经济体制改革，也是政治体制改革。"[2] 而作为国家的根本大法，宪法涉及政治生活的各个方面。因此，现行宪法的文本在很多方面反映了政治体制改革的成果。下文主要就现行宪法所反映的

---

① 《邓小平文选》（第 2 卷），人民出版社，1994，第 339 页。
② 《邓小平文选》（第 3 卷），人民出版社，1993，第 192 页。

中央国家机构的改革和地方制度的改革进行阐述，希望能起到窥斑见豹之效。

在现行宪法产生之前，特别是1975年宪法和1978年宪法实施的七年间，我国中央国家机构的设置很不完善，因而影响了国家权力运行的效果。有鉴于此，十一届三中全会以后，中央国家机构的改革开始全面展开，其成果得到了现行宪法的确认。

在中央国家机关的设置方面，现行宪法增设了中华人民共和国主席和中央军事委员会。国家主席恢复设置，使得我国国家元首的职权具备了明确的行使主体，有利于国家体制的健全。中央军事委员会的设置，改变了国家武装力量只由中共中央主席统率的宪法规定和政治现实，体现了马克思主义的基本原理：军队是国家政权的组成部分。

在中央国家机关的任期方面，现行宪法明确规定全国人大及其常委会、国家主席和国务院的任期均为5年。而1978年宪法仅明确规定全国人大的任期为5年。另外，现行宪法对部分国家领导职务均有连任的限制。根据宪法的相关规定，担任以下职务，连续任职不得超过两届：全国人大常委会委员长、副委员长，国家主席、副主席，国务院总理、副总理、国务委员，最高人民法院院长以及最高人民检察院检察长。而现行宪法之前的三部宪法均无类似规定。显然，这一系列规定集中体现了邓小平《党和国家领导制度的改革》一文的精神，意在废除实际存在的国家领导职务终身制。

除了中央国家机构的改革外，现行宪法还确认了地方制度的改革。主要包括：其一，结束政社合一的体制，恢复设立乡政权；其二，加强地方各级人大的工作，在县级以上的地方人大设置常委会；其三，明确居民委员会和村民委员会作为基层群众性自治组织的地位、选举制度、机构设置以及职权；其四，增加了民族自治地方的自治权。值得一提的是，在现行宪法产生之前，居民委员会和村民委员会已经存在，正如彭真在1982年全面修宪时所指出的："我国长期行之有效的居民委员会、村民委员会等群众性自治组织的地位和作用，现在列入了宪法。"[①] 但从当时的全国范围来看，居民委员会和村民委员会并不是普遍存在的。因此，宪法的相关规定意在使居民委员会和村民委员会分别成为我国城市和农村基层自治的普遍组织形式，这也就反映了地方基层制度的重大改革趋势。另外，地方制度的改革也同时涉及民族区域自治制度的改革。后者在现行宪法中也有较为明显的体现。彭真曾指

---

① 《彭真文选》（一九四一——一九九〇年），人民出版社，1991，第454页。

出："这次修改宪法（指 1982 年全面修改宪法），不但恢复了一九五四年宪法中一些重要的原则，而且根据国家情况的变化增加了新的内容。"① 根据现行宪法，民族自治地方的人大常委会主任或者副主任必须由实行区域自治的民族的公民担任，而自治区主席、自治州州长和自治县县长也必须由实行区域自治的民族的公民担任。此外，相对于前三部宪法，现行宪法在"民族自治地方的自治机关"这一节中还增加了部分具体规定。

还应当看到的是，现行宪法中"公民的基本权利和义务"一章中的条款达到了 24 条，高于前三部宪法，其规定也更为完备。而且，与前三部宪法不同，在章的顺序设置上，现行宪法中"公民的基本权利和义务"位于"国家机构"之前。这些变化虽然与我国的政治体制改革没有直接关系，却彰显了政治体制改革中保障公民基本权利的理念。

二 现行宪法的修改反映了政治体制改革的不断推进

现行宪法颁布实施至今将近三十年，与 20 世纪 80 年代初相比，我国各个领域都发生了巨大的变化。现行宪法颁布之时，我国正值改革开放之初，中国特色社会主义在理论和实践上均处于起步和探索阶段。由于时代的局限，当时的修宪者难以预计 30 年间我国可能发生的种种变化。从这个意义上说，宪法的部分条文难免会滞后于现实。所以，为了弥合宪法文本与社会现实之间的差距，对宪法进行局部修正确有必要。

与经济体制改革相比，政治体制改革所涉及的宪法修正案数量较少。迄今为止，现行宪法的四次局部修正无一不与经济体制改革存在直接的关系。这是因为：从社会主义计划经济到社会主义市场经济，我国的经济体制发生了根本性的转变，相应的，各种具体的经济制度也要发生变化。又因为宪法总纲对经济制度的规定较为具体，所以上述变化也就自然会通过修改宪法的方式在宪法文本中体现出来。而相比之下，政治体制改革对于我国政治体制的改变幅度较小。

但尽管如此，30 年以来，随着政治体制改革的不断推进，宪法的某些规定特别是有关国家机构的具体规定越来越不适应政治体制改革的要求，需要加以修改。另外，宪法还需要通过增加规定将某些政治制度加以明确，如中国共产党领导的多党合作和政治协商制度。由此，宪法的修改反映了政治体

---

① 《彭真文选》（一九四一——一九九〇年），人民出版社，1991，第459页。

制改革的推进。现行宪法颁布实施至今共有四次局部修正，其中有三次直接关系到政治体制改革，具体包括：1993 年修宪、1999 年修宪与 2004 年修宪。

（一）1993 年对宪法的局部修正

1987 年 10 月，中国共产党举行了第十三次全国代表大会。十三大报告系统地阐述了党在社会主义初级阶段的基本路线。该报告还在"关于政治体制改革"这一部分中详细阐述了政治体制改革的原因和七个方面的具体措施。但是，第二年即 1988 年通过的两条宪法修正案并没有涉及政治体制改革的规定。1992 年 10 月，中国共产党第十四次全国代表大会召开。十四大报告强调政治体制改革的目标"是建设有中国特色的社会主义民主政治，绝不是搞西方的多党制和议会制"，并将"机构改革，精兵简政"作为改革的紧迫任务。

在上述背景下，1993 年 3 月，八届全国人大一次会议对现行宪法进行了第二次局部修正。此次修正共产生了 9 条修正案，现将这些修正案中直接关系到政治体制改革的内容分析如下。

首先，宪法序言第七自然段最后一句增加了"坚持改革开放"的规定。尽管这一表述并不直接涉及政治体制改革的具体成果，却是宪法对政治体制改革正当性的肯定。所谓"改革"，既包括经济体制改革，也包括政治体制改革。尽管宪法序言在此次修改前已有"完善社会主义的各项制度"的表述，但"完善"和"改革"在语义上还是存在差别，改革当然意味着完善，但此外还有突破和创新的意思。

其次，宪法序言第十自然段末尾增加了一句："中国共产党领导的多党合作和政治协商将长期存在和发展。"在新中国历史上，中国共产党和各民主党派的友好合作关系曾经历过挫折和考验。20 世纪 50 年代后期的反右派斗争扩大化以及长达十年的"文化大革命"曾一度使这一关系陷入低谷。有鉴于此，中国共产党决定通过各种改革措施恢复和发展这一关系，从而建立和完善多党合作和政治协商制度。早在 1983 年 4 月 25 日，中共中央就决定，将第六届政协全国委员会委员中共产党员的比例从五届的 60% 减少到 40%。另外，党的十四大报告也明确指出："政治体制改革的目标，是以完善人民代表大会制度、共产党领导的多党合作和政治协商制度为主要内容。"可见，政党制度的完善也是政治体制改革的关键一环。将我国新时期的社会主义政党制度明确写入宪法，有利于社会主义民主政治的健全。

最后，宪法第 98 条中县、不设区的市、市辖区的人民代表大会的任期由

3 年改为 5 年。根据宪法第 106 条的规定："地方各级人民政府每届任期同本级人民代表大会每届任期相同。"所以，县、不设区的市、市辖区的人民政府的任期也相应地由 3 年改为 5 年。由此，我国县级人大和人民政府的任期均由 3 年改为 5 年。通过此次修改，县级国家权力机关和行政机关任期制度的改革得到了宪法的确认。应该说，这一改革具有一定的合理性，它至少存在以下三个方面的原因：其一，县是介于省市和乡镇之间的行政单位，发挥着承上启下的桥梁纽带作用。县级人大和人民政府应以稳定为宜，若任期较短、更替频繁，则难以充分了解和熟悉本职工作，也降低了工作的积极性，从而可能影响工作的效果。其二，根据当时的《选举法》，县级人大所实行的是直接选举，相对于每 5 年进行一次换届，县级人大每 3 年进行一次换届无疑会耗费较多的人力、物力和财力。其三，《中国共产党章程》中县级党委的任期是 5 年。将县级人大和人民政府的任期改为 5 年后，县级党委、人大和政府每届任期相同，这也有利于党政工作的协调。

（二）1999 年对宪法的局部修正

1997 年 9 月，党的第十五次全国代表大会召开，此次党代会将邓小平理论作为党的指导思想，并将"依法治国"作为我国的治国方略。十五大报告将"政治体制改革和民主法制建设"作为一个部分予以集中阐述。该报告明确提出了政治体制改革的要求："必须有利于增强党和国家的活力，保持和发挥社会主义制度的特点和优势，维护国家统一、民族团结和社会稳定，充分发挥人民群众的积极性，促进生产力发展和社会进步。"此外，该报告还概括了政治体制改革的五项主要任务，即"健全民主制度"、"加强法制建设"、"推进机构改革"、"完善民主监督制度"和"维护安定团结"。

根据党的十五大的精神，并结合 1993 年修宪以来的具体实践，九届全国人大二次会议对现行宪法进行了第三次局部修正，共通过了 6 条宪法修正案，其中有两条修正案与政治体制改革存在直接关系。

第一，宪法序言第七自然段中增加了"邓小平理论"。根据此次修宪之后的宪法序言第七自然段的表述，我国各族人民"坚持改革开放"、"完善社会主义的各项制度"以及"发展社会主义民主"都必须以邓小平理论为指导。由此不难推论，我国政治体制改革也必须将邓小平理论作为指导思想。作为当代中国的马克思主义，邓小平理论是一个内涵丰富的理论体系，自然涉及政治体制改革的一系列相关问题。而作为邓小平理论的主要创立者，邓小平是十一届三中全会以后极力主张推动政治体制改革的主要领导人之一，他在多部论著和多次讲话中集中探讨了政治体制改革问题。20世纪80年代的中央国家机构改革和人事制度改革大多是在他的领导和关注下进行的。综上，宪法的这一修改标志着政治体制改革在理论层面的进一步深化。

第二，宪法第5条增加了一款："中华人民共和国实行依法治国，建设社会主义法治国家。"宪法的这一修改是在党的十五大精神的指引下进行的。党的十五大在提法上以"法治"代替了"法制"，提出了"依法治国，建设社会主义法治国家"这一伟大方略。所谓依法治国，必然要求一切政治权力都在宪法和法律的框架内运作。应该说，对于政治体制改革而言，这一条款的增加具有两个方面的重大意义：一方面，它间接体现了政治体制改革的法治要求，即改革不得与宪法和法律的原则和精神相背离；另一方面，它也间接提出了政治体制改革的一个主要任务，即改革必须加强法治建设。

（三）2004年对宪法的局部修正

党的第十六次全国代表大会于2002年11月举行。十六大报告将"三个代表"重要思想作为党的指导思想。此外，该报告明确指出了政治体制改革的前提、实质，并再一次提到了政治体制改革的要求。根据十六大报告的具体表述，我国政治体制改革的前提是"坚持四项基本原则"，实质是"社会主义政治制度的自我完善和发展"。2003年，"非典"在我国爆发。在党和政府的领导下，我国防治"非典"的斗争取得了胜利。但突如其来的疫情给我国的行政管理体制改革提出了新的课题。另外，根据2004年的政府工作报告，"按照十届全国人大一次会议批准的方案，国务院机构改革顺利完成，调整和新组建的机构运转正常"。

在上述背景下，十届人大二次会议于2004年通过了14条宪法修正案，其中部分内容直接关系到政治体制改革。

第一，宪法序言第七自然段增加了"'三个代表'重要思想"以及"推动物质文明、政治文明和精神文明协调发展"。"三个代表"重要思想继"邓小平理论"后被载入宪法具有重要意义。这意味着政治体制改革必须在"三个代表"重要思想的指导下继续推进。而"政治文明"入宪则无疑预示着政治体制改革将在深度和广度上进一步拓展。人们在改造社会并建立同社会发展相适应的制度、政策以及处理权力关系的过程中取得的成果，是政治文明的表现。而正如前文所引，政治体制改革的实质就在于完善和发展社会主义政治制度。由此观之，推进政治体制改革是推动社会主义政治文明的题中之义。

第二，宪法第 33 条增加了一款："国家尊重和保障人权。"人权入宪是 2004 年修宪的重大亮点之一，它对于政治体制改革的意义不言而喻。一方面，与经济体制改革相同，政治体制改革涉及不同行业、不同阶层公民的切身利益。基于此，政治体制改革必须循序渐进，保证稳妥。一旦发生失误，具体的改革措施往往会危及广大公民的基本权利。当然，在政治体制改革过程中，部分群体既得利益的牺牲是在所难免的，但是，以"改革"之名侵害公民的基本权利则是与宪法根本背离的，必须予以反对。另一方面，虽然政治体制改革在手段上主要是对权力关系的改革，但在价值上仍以保障和实现广大公民的基本权利为归依。这就要求具体的改革举措非但不能损害公民的基本权利，还必须致力于保障和实现这些基本权利。

第三，在宪法第 59 条第 1 款规定的全国人大的组成中，加入了特别行政区选出的代表。在此次修宪以前，全国人民代表大会由省、自治区、直辖市和军队选出的代表组成。这一改革可以归因于两个特别行政区的设立。我国对香港和澳门分别恢复行使主权以后，香港特别行政区和澳门特别行政区分别于 1997 年 7 月 1 日和 1999 年 12 月 20 日宣告成立。为充分保障和实现港澳同胞的选举权，全国人大代表的具体选举制度有必要作出一定调整，使港澳同胞以全国人大代表的身份直接参与国家事务的管理。此外，两个基本法的相关条款也反映了这一改革举措。《香港特别行政区基本法》第 21 条第 2 款规定："根据全国人民代表大会确定的名额和代表产生办法，由香港特别行政区居民中的中国公民在香港选出香港特别行政区的全国人民代表大会代表，参加最高国家权力机关的工作。"而《澳门特别行政区基本法》第 21 条第 2 款也有类似的规定。

第四，宪法第 81 条国家主席的职权中增加了"进行国事活动"一项。这体现了我国国家主席制度的改革。事实上，早在 1982 年 4 月，廖承志就曾主张赋予国家主席"进行国事访问"的职权，但这一建议在当时没有得到采纳。而众所公认的是，作为中华人民共和国的代表，国家主席在对外交往中发挥着重要作用。现行宪法颁行以后，先后担任国家主席的李先念、杨尚昆、江泽民、胡锦涛都曾以国家主席的名义出访国外、出席国际会议并达成国际协议。然而，我国宪法文本中并没有明确国家主席具有国事活动权，所以，有必要通过修宪为国家主席频频出访国外提供法律依据。综上，"进行国事活动"这一宪法规定的增加为国家主席进行外交活动提供了宪法空间，也为其对外发挥政治影响力提供了制度上的便利。

第五，宪法第 98 条中乡、民族乡、镇的人民代表大会的任期由 3 年改为

5 年。至此，地方各级人大每届任期均为 5 年。再结合宪法第 106 条的规定，地方各级人民政府每届任期同样均为 5 年。宪法的这一修改反映了 1993 年修宪以后地方国家权力机关和行政机关任期制度的又一次改革。通过这一改革，县、乡两级人大的任期趋于一致，直接选举得以同步进行，减少了换届选举的成本，也使得基层政权更加稳定。另外，这次改革以后，在中央和地方层次，国家权力机关和行政机关的任期均为 5 年，这有利于权力机关和行政机关、上级国家机关和下级国家机关的协作。

（四）宪法基础上的政治体制改革可以通过立法来体现

作为国家的根本大法，宪法不可能面面俱到，它一般只规定宏观上具有根本性和全局性的问题，而政治体制改革却还涉及许多微观和中观层面的具体问题。因此，宪法的修改不可能一一反映长期以来政治体制改革的所有内容。在一般情况下，宪法基础上的政治体制改革是通过立法得以体现的。下文将以我国选举制度和立法制度的具体改革为例加以说明。

2010 年 3 月，十一届全国人大三次会议对《选举法》进行了颁行以来的第五次修正。修正后的《选举法》第 14 条第 1 款规定："地方各级人民代表大会代表名额，由本级人民代表大会常务委员会或者本级选举委员会根据本行政区域所辖的下一级各行政区域或者各选区的人口数，按照每一代表所代表的城乡人口数相同的原则，以及保证各地区、各民族、各方面都有适当数量代表的要求进行分配……"《选举法》的此次修正最终实现了城乡选举"同票同权"，它是对"公民在法律面前一律平等"这一宪法规定的具体落实。此前，我国农村和城市每一个代表所代表的人口数并不相同，这一制度最早可以追溯至 1953 年《选举法》的规定。新中国成立之初，城乡人口比重悬殊，为了确保城市工人阶级的领导地位，1953 年《选举法》规定：农村每一代表所代表的人口数可以多于城市每一代表所代表的人口数。这在当时来说具有一定的合理性，但随着我国城市人口的增多和公民平等理念的增强，城乡选举"同票同权"成为选举制度发展的必然趋势。此次选举法的修改是对我国选举制度的重大改革，它无疑属于政治体制改革的范畴。由于现行宪法对城乡选举是否"同票同权"未作具体规定，这一改革并不与宪法的既有规定相抵触，也就自然无须通过修改宪法予以确认。

我国现行宪法仅赋予了省级人大及其常委会制定地方性法规的权力。但是，根据 1986 年修正后的《地方组织法》，省、自治区的人民政府所在地的市和经国务院批准的较大的市的人大也有权制定地方性法规。另外，于 2000

年颁布施行的《立法法》也有类似规定。显然，较之于现行宪法，《地方组织法》所规定的地方性法规的制定主体有所扩大。但是，这一改革并没有引起宪法的相应修改。应该看到，现行宪法并未明确规定地方性法规的制定权专属于省级人大及其常委会，因此《地方组织法》和《立法法》的上述规定与宪法不存在直接冲突。而且，根据宪法第 3 条第 4 款的规定："中央和地方的国家机构职权的划分，遵循在中央的统一领导下，充分发挥地方的主动性、积极性的原则"，《地方组织法》的规定将地方性法规制定权适度下放，意在发挥部分市级人大的主动性和积极性，符合宪法的精神，不构成违宪。综上所述，地方性法规制定权的下放意味着我国地方立法制度的变革，同样属于政治体制改革的范畴，但这一改革只是通过法律的修改予以确认，宪法本身并没有作相应的修改。

三 继续推进政治体制改革的思考

1987 年 10 月，党的十三大报告明确提出了政治体制改革问题，此后的十四大报告、十五大报告、十六大报告和十七大报告均就这一问题进行了集中阐述。可见，政治体制改革是一个长期的、持续的过程，这一改革在过去取得了重大进展，当前还在进行，而且今后还要进一步推进。下文拟就如何继续推进政治体制改革略抒雏见。

（一）政治体制改革不得与现行宪法的基本精神相背离

作为国家的根本大法，宪法是国家权力的圭臬，是公民权利的保障书。我国的现行宪法是新中国成立以来最为完备的一部宪法，而且其本身就体现了政治体制改革的成果。因此，当前和今后的政治体制改革应该在现行宪法的范围内进行，不得与它的基本精神相背离。

所谓宪法的基本精神，是指蕴涵于宪法文本之中，指导宪法的制定、修改、解释和实施的基本理念。我国现行宪法的基本精神可以概括为坚持社会主义本质特征的精神、发展社会主义民主和加强社会主义法制的精神、民族团结和国家统一的精神，等等。在推进政治体制改革的过程中，个别政策和举措难免与具体的宪法条款相冲突，却不能与宪法的基本精神相抵触。我们认为，就当今的政治体制改革而言，坚持社会主义本质特征的宪法精神尤其值得强调。

我国的现行宪法是社会主义性质的宪法，而政治体制改革也是社会主义性质的改革，二者在性质上是相同的。因此，政治体制改革应当始终坚持由宪法确立的国家的根本制度——社会主义制度。现行宪法第 1 条第 2 款明确规定："社会主义制度是中华人民共和国的根本制度。禁止任何组织或者个人破坏社会主义制度。"在推进政治体制改革的过程中，遵守宪法的核心是坚持由宪法确立的国家根本制度，这主要体现在如下几个方面：在政权的阶级归属方面，坚持人民民主专政；在政权的组织形式方面，坚持人民代表大会制度；在政党制度方面，坚持中国共产党领导的多党合作和政治协商制度；在指导思想方面，坚持马克思列宁主义、毛泽东思想、邓小平理论和"三个代表"重要思想。对于这几个方面的内容，现行宪法均有明确的规定。

应当警惕的是，少数人盲目地推崇西方资本主义国家的政治制度，将西方的多党制、两院制和"三权分立"视为中国政治体制改革的唯一出路，进而主张否弃人民代表大会制度，实行全盘西化。对此，彭真曾一针见血地指出："在我国搞资产阶级自由化的行动，是违宪的，也是违背全国各族人民根本利益和党的主张的。"[①] 的确，任何否弃社会主义制度的所谓"改革"都是与现行宪法根本背离的，必须旗帜鲜明地予以反对。

或许是受到了国外敌对势力宣传的蛊惑，或者是出于极端险恶的政治图谋，一部分人不但歪曲了政治体制改革的性质，也罔顾了现行宪法的性质。一方面，尽管我国政治体制改革的阶段性要求、任务和措施在不同时期可能会有所变化，但其性质始终是社会主义的，正如党的十六大报告所指出的："政治体制改革是社会主义政治制度的自我完善和发展。"因此，政治体制改革的目标是完善和发展社会主义政治制度而不是否定和放弃社会主义政治制度。另一方面，现行宪法是社会主义性质的宪法，它以根本大法的形式反映了全体人民的意志。1982 年全面修改宪法时，总的指导思想就是四项基本原则。现行宪法的具体条款固然可以通过宪法第 64 条的修宪程序进行变更，而一旦否弃了宪法规定的社会主义制度，则必然导致"宪法的废弃"，这就意味着国家性质的根本改变。

（二）修改宪法既要谨慎也必须及时

在推进政治体制改革的进程中，要适当处理改革和修宪的关系。一方面，宪法的修改需要谨慎，不能过于轻率和频繁；另一方面，宪法的修改也

---

① 《彭真文选》（一九四一——一九九〇年），人民出版社，1991，第 656 页。

必须及时，保证宪法文本与政治现实相适应。

基于宪法的稳定性和权威性要求，修改宪法需要谨慎。宪法是最高的法律规范，具有高度的稳定性，它要求尽可能地维护既有的政治秩序；而政治体制改革属于改革的范畴，具有持续的变革性，它要求在一定范围内改变既有的政治秩序。在政治体制改革的进程中，应避免过于频繁地修改宪法。一方面，宪法规范的抽象性和原则性较强，一般只涉及宏观层面的问题。只有在以下两种情况下，对宪法的修改才属必要：一是改革的举措与宪法的具体规定发生了直接的抵触从而需要对后者加以变更，如县、乡两级人大和人民政府任期的改革；二是改革的指导思想有重大发展从而需要在宪法中增加规定予以明确，如邓小平理论和"三个代表"重要思想的阐发。另一方面，在政治体制改革过程中，一项具体的改革措施在得到宪法确认之前，一般还需要经历制度试错的阶段。若逾越这一阶段，一旦改革措施缺乏必要性和可行性，宪法的权威将受到破坏。再一方面，宪法修改毕竟不是宪法变迁的唯一方式。除了宪法修改以外，宪法解释也可以拉近宪法文本与政治现实的差距。宪法规范较为原则和抽象，具有较大的解释空间。运用宪法解释技术，可以使静态的宪法文本适应动态的改革实践，而且，相对于宪法修改，宪法解释可以避免宪法文本的频繁变动从而保持宪法的稳定性。所以，一般而言，只有当改革与宪法发生直接抵触以至于宪法解释也无济于事时，宪法修改才有用武之地。当然，我国目前还缺乏健全有效的宪法解释制度，因此在实践中仅仅通过修改宪法的方式来确认政治体制改革的成果。

基于宪法的适应性要求，修改宪法应该及时。"轻言修宪"固然应予反对，但也不可滑向另一个极端，一味强调宪法的稳定性而罔顾了其与政治现实的适应性。众所周知，政治体制改革将必然引起既有政治制度和政治关系的某些改变。由于宪法规范具有一定的前瞻性甚至超前性，在一定时期内它可以基本适应改革的需要。但从长远来看，宪法的修改将不可避免。对于政治体制改革而言，若死守宪法的文本而不变更，在实践中有可能陷入两难的境地。一方面，如果宪法文本在现实中得到了遵循和落实，那么政治体制改革就势必受到掣肘；另一方面，如果在违反宪法的情况下推进改革，宪法又存在虚置之虞，其权威难以得到保障。基于此，当宪法的某些条文不再适应政治体制改革的客观需要，就应当及时地修改宪法。

20世纪80年代，苏联、东欧国家的改革背离了社会主义制度，结果均以失败告终。苏东国家改革失败的一个重要原因就是：改革违背了宪法的基本精神，改变了宪法明确规定的社会主义制度。对于历史的沉痛教训，我们必须引以为鉴。当然，改革意味着破除陈规，开拓创新。一味地固守既存的政治现实，拒绝尝试对其进行任何的变革，政治体制改革势必会止步不前，难以有所突破。因此，在坚持社会主义民主政治的前提下，我们必须在政治体制层面进行探索和创新，在必要时对宪法的个别条款进行修改。惟其如此，我国的政治体制改革才能不断深化。

社会转型期宪法与社会变迁的
冲突关系及其解决[*]

社会转型期宪法与社会变迁的
冲突关系及其解决[*]

秦　强[**]

【内容摘要】 在社会转型时期，宪法与社会变迁之间经常会产生冲突，使得一些改革措施面临违宪性争议。宪法与社会变迁之间产生冲突的原因主要有：宪法的滞后性与社会的发展性之间的矛盾；宪法控制的权威性与社会控制的多元性之间的冲突；现代社会发展与传统法治理念之间的冲突等。为了更好地发挥宪法的作用和功能，我们可以采取宪法修改、宪法变迁以及违宪审查等机制来消解宪法与社会变迁之间的冲突。

【关键词】 宪法　社会变迁　冲突

在社会转型时期，宪法与社会变迁之间存在复杂的关系。一方面，宪法一经制定就具有稳定性和滞后性，就会与社会的急剧发展产生冲突，因此必须解决宪法与社会变迁之间的冲突关系；另一方面，宪法与社会变迁也存在着互动关系，社会的变迁导致宪法的变迁，而宪法的变迁反过来又会促进、保障、维护社会变迁的成果。因此，如何在社会转型期全面审视宪法的社会功能和作用，使得宪法的发展能够顺应、引领社会的发展，从而更好地解决宪法与社会变迁之间的冲突关系问题，就成为法学界和社会学界共同关注的焦点。

一　社会转型时期的"良性违宪"现象及其争议

在我国当前的社会发展中，随着改革开放的深入，屡次出现了社会改革

---

* 本文是笔者主持的国家社科基金项目"社会转型时期宪法与社会变迁关系的实证研究"（11CFX043）的阶段性成果。

** 中宣部全国宣传干部学院教研部，法学博士。邮箱：qin336@ yahoo. com. cn。

措施与宪法规定不一致的情形，使得这些颇有成效的改革措施面临着违宪性争议，其中比较典型性的事件有：

（1）全国人大常委会的立法争议。1978 年宪法第 25 条第 3 项规定全国人大常委会只能"解释宪法和法律，制定法令"，没有制定法律的权力，但是实行改革开放之后，根据社会发展的需要，全国人大常委会在未经修宪也未作宪法解释的情况下，自行行使立法权，于 1979 年至 1982 年间共制定了 11 部法律。这种立法行为突破了当时的宪法规定。

（2）"经济特区出租、出卖土地违宪争议"。1987 年深圳开始了中国第一宗土地公开拍卖，而当时有效的 1982 年宪法第 10 条第 4 款规定："任何组织或者个人不得侵占、买卖、出租或者以其他形式非法转让土地。"1988 年 4 月 12 日，第七届全国人民代表大会第一次会议通过了宪法修正案第 2 条，将宪法第 10 条第 4 款修改为："任何组织或者个人不得侵占、买卖或者以其他形式非法转让土地。土地的使用权可以依照法律的规定转让。"所以在 1988 年以前，深圳等经济特区的行为突破了 1982 年宪法关于土地不得买卖、出租的规定，属于违宪行为。

（3）《物权法草案》违宪争议。物权法违宪说的主要代表人物是北京大学法学院巩献田教授和华东政法大学的童之伟教授。巩献田教授认为，《物权法草案》是一部背离社会主义基本原则、开历史倒车的《草案》，不经过原则性的修改，全国人大无权通过这部《草案》，因为它是违宪行为的产物。[①] 而童之伟教授认为，我国是社会主义国家，公有制经济是我国经济制度的基础，公有财产在国家财产体系中具有优先的地位，因而，在公私财产保护问题上，我国宪法的立场是鲜明的，就是优先保护公共财产，因而，物权法草案将公私财产平等予以保护，不符合我国宪法的规定，违反了宪法的基本原则。童之伟教授通过对宪法文本中的公私财产保护条款进行对比，发现在我国宪法中，公有财产神圣不可侵犯；私有财产受保护但不是神圣不可侵犯的。[②] 基于此，童之伟教授认为，我国宪法中对于公私财产的保护实行

---

① 巩献田：《一部违背〈宪法〉和背离社会主义基本原则的〈物权法〉草案——为〈宪法〉第 12 条和 86 年〈民法通则〉第 73 条的废除写的公开信》，《经济管理文摘》2006 年第 8 期。

② 我国宪法第 12 条规定："社会主义的公共财产神圣不可侵犯。国家保护社会主义的公共财产。禁止任何组织或者个人用任何手段侵占或者破坏国家的和集体的财产。"第 13 条规定："公民的合法的私有财产不受侵犯。国家依照法律规定保护公民的私有财产权和继承权。国家为了公共利益的需要，可以依照法律规定对公民的私有财产实行征收或者征用并给予补偿。"

的是一种区别保护原则，《物权法草案》中所确立的平等保护原则，的确违反了宪法的规定。[①]

上述违宪争议的发生实际上是改革开放过程中，社会发展的变动性与宪法规范的滞后性之间所造成的冲突。在社会转型时期，社会秩序的改变、社会结构的变化都会导致社会变迁的发生。在转型社会中，"变迁都已经成为人们的注意中心，而且人们相信变迁是不可逆转、不可抗拒、不可消除的。在任何一个社会，都存在技术变迁、人口变迁、快速的生态变迁，以及由经济和政治模式内在的不一致和互相冲突的意识形态所导致的变迁。"[②] 这样一来，宪法规范的稳定性与社会发展的变动性之间就会自然而然地产生冲突，这种冲突实际上就是宪法与社会变迁之间的冲突。对于这种因为宪法与社会变迁而导致的违宪争议，法学界曾经展开过激烈的争论。有学者认为，国家机关的一些举措虽然违背当时宪法的个别条文，却有利于发展社会生产力、有利于维护国家和民族的根本利益，是有利于社会的行为，因而是一种"良性违宪"；[③] 针对这种观点，有学者指出，就本质而言，一切违宪行为都危害人民根本的、长远的和全局的利益，都是对法治的严重破坏，都需要严格禁止。[④] 这些争议的存在严重影响了改革措施的实施效果，使得改革成果面临合宪性危机。因此，如何解决当前改革措施的违宪性争议尤其是解决因为宪法的滞后而导致的"良性违宪"问题，就成为社会各界必须正视的问题。

二 宪法与社会变迁产生冲突的原因分析

上述违宪争议的发生实际上是社会转型时期宪法与社会变迁之间产生冲突关系的一种体现。在社会转型时期，我国经历了剧烈的社会变革，这种变革主要表现为：在治理模式上，我国正在由一个传统的人治社会转变为法治社会；在经济体制上，我国正在由高度的计划经济体制转变为充满生机和活力的市场经济社会；在社会类型上，我国正在由传统的乡土社会向现代化的市民社会转变。社会的剧烈变革必然会导致法制的变革，但是由于法制具有

---

① 童之伟：《〈物权法（草案）〉该如何通过宪法之门》，《法学》2006年第3期。
② 〔美〕史蒂文·瓦戈：《社会变迁》，王晓黎等译，北京大学出版社，2007，第3页。
③ 郝铁川：《论良性违宪》，《法学研究》1996年第4期。
④ 童之伟：《"良性违宪"不宜肯定：对郝铁川同志有关主张的不同看法》，《法学研究》1996年第6期。

稳定性和滞后性的特点，往往滞后于社会的发展。这样一来，法律尤其是宪法与社会变迁之间就必然会产生冲突。宪法与社会变迁产生冲突的根本原因在于宪法的滞后性与社会的发展性之间造成的矛盾。上述违宪事件的屡屡发生实际上反映了社会转型期宪法规范与社会现实的冲突问题。宪法与社会变迁之间之所以会产生冲突，主要有以下几个原因。

（一）宪法的滞后性与社会的发展性之间的冲突问题

作为一种规范形态，宪法与普通法律一样，一经制定出来就具有规范的局限性。宪法规范的局限性是指规范本身的弊端，具体表现在：其一，宪法规范的僵化性。宪法从形式上看，是一种抽象的、一般的规则，但是它的作用对象是具体的、形形色色的社会关系和个人，因此，宪法规范的针对性不强，不具有个别调整的灵活性。其二，宪法规范的滞后性。宪法规范的制定是以过去为参照物的，主要是参考过去的社会情景和立法经验，宪法一经制定出来，就具有了相对的稳定性，不能轻易改变。但是社会是发展变化的，随着社会形势的变化，必然也要求宪法的适用有相应的变化，但宪法规范的变化总是滞后于社会的发展。其三，宪法不可避免地存在缺陷。宪法的制定者不可能对将来的一切情况都有一个详尽的了解，也不可能把将来的一切问题都纳入宪法调整的范围，这样，制定出来的宪法必然存在一定的漏洞或缺陷。因此，宪法同其他所有法律规则一样，都是人类社会发展的产物，都是社会规则的一种体现，只不过普通法律规范的是一般社会现象，而宪法涉及的是国家和社会根本性的法律关系。在宪法规范和社会现实的关系上，宪法规范必须以社会现实为基础。因为法律规范实际上是社会现实的一种规范体现，必须反映社会的需求和要求。宪法规范作为法律规范的一种，同样也要反映社会现实。由于宪法来源于社会现实，反映的是社会运行、国家运行的根本规则，因此，宪法往往具有滞后性的特点，总是在社会发展到一定阶段之后，针对社会上具有普遍意义的现象和规则，才进行抽象性的概括。对于宪法的这种滞后性所导致的社会冲突，有学者称为是"宪法规范的稳定性与社会现实的恒动性"之间的冲突问题或者是"法律的相对稳定性和社会的变动性之间的矛盾或称社会变革与成文法的局限性之间的矛盾"。①

---

① 秦前红：《宪法变迁论》，武汉大学出版社，2002，第41页。

（二）宪法控制的权威性与社会控制的多元性之间的冲突问题

宪法规范具有最高性、抽象性、原则性等特点，一旦确定后需要长期的稳定性和高度的权威性，不能轻易加以修改。之所以宪法要保持稳定性和权威性，是源于法律本身的预测功能。从社会功能的角度而言，法律本质上是一种社会预期，为社会主体预测自己的行为后果提供一种大致的行为规则和行为预期。作为一个理性人，社会主体会根据行为预期来实施自己的行为，从而保证社会发展按照法律的规定来进行，以实现社会的和谐有序。在这个意义上，法律实际上就是一种社会控制的工具，而且是"对社会成员具有最强约束力的控制手段"。① 不论在任何社会，良好的社会秩序总是社会发展的基本前提，而社会控制则是社会秩序形成的必要手段。随着社会的急剧发展和社会利益的冲突日益加剧，社会控制的手段和方法也日趋严密，越来越趋向于制度化和规范化，从而使得法律成为社会控制的基本形式。正如美国法社会学家庞德所言："在近代世界，法律成了社会控制的主要手段。"②

作为一种社会控制手段，宪法与其他社会控制手段相比，具有最高性、根本性和稳定性的特点。尽管在所有的社会控制手段中，宪法是最具有权威性的一种，但是，从社会发展的现实来看，宪法控制并不是毫无保留凌驾于其他社会控制手段之上。社会控制的手段是多种多样的，组织控制手段、制度控制手段和文化控制手段都是社会控制的重要手段。而在一些特定的场合，针对特定的群体，很有可能其他的社会控制手段会优先于宪法控制而适用，这样无形中就会导致宪法控制的被规避甚至被违反。尤其是"在社会转型过程中，由于原有的社会规范正在逐渐失去约束力，不再具有引导与制约社会价值观与社会行为的功能，而与新形势相适应的社会规范尚未建立或者已经建立但无相应约束力，出现社会规范失去控制作用的状况"。有学者将这种现象概括为"控制失灵"。③ 这样一来，宪法控制的权威性与社会控制的多元性之间就有可能会产生冲突，在实践中就会发生宪法规定与社会发展不一致的情形。

（三）现代社会的急剧发展对传统的法治理念发起了挑战

传统的法治理念奠基于古典时期的社会基础，在那个时期，契约自由、

---

① 郑杭生主编《社会学概论新修》，中国人民大学出版社，2003，第406页。
② 〔美〕罗斯科·庞德：《通过法律的社会控制》，沈宗灵译，商务印书馆，1984，第10页。
③ 郑杭生主编《社会学概论新修》，中国人民大学出版社，2003，第405页。

私权神圣和过错责任成为法律调节私人生活的基本原则。在古典的私法领域中，契约自由是公民之间不受限制的绝对自由，私人之间只要自愿达成了协议，那么不管这个协议的内容如何不公平，那都是契约双方的自由，其他人无权予以干涉。公民的财产权神圣不可侵犯是一项最基本的原则。每个人都拥有对自己财产的绝对的所有权和处分权，这种权利任何其他人都无权进行干涉，即使是"上帝之下，万人之上"的国王也不能，所谓"风能进，雨能进，国王不能进"。过错是行为人承担法律责任的前提条件，有过错才有责任，无过错则无责任。

进入20世纪以后，尤其是以1919年德国《魏玛宪法》的颁布为标志，人类社会由古典时期的自由权本位过渡和发展到了社会权本位。在人类社会由自由权本位时期向社会权本位时期转变的过程中，国家与公民个人之间的关系也随之发生了转变，国家开始由单纯的"守夜人"和"夜警国家"逐步发展成了"总管家"和"福利国家"，国家权力对社会的干预程度越来越高，国家权力对公民权利的实现的影响也越来越大。这样带来的一个必然结果就是国家公权力尤其是行政权日益成为国家和社会生活的重心。现代的政治体制面临着从"议会中心"到"行政中心"的转变，"其核心标志就是行政力量在现代西方立宪政治框架中走到了中心位置"。①伴随着国家公权力的强势崛起，原本泾渭分明的公法与私法之间的界限也就逐渐变得模糊起来。国家公权力开始广泛地干预经济活动，开始进入原本由私法来自我调整的领域。传统的私法三原则已经不再适应现代社会的发展。因此，社会的发展要求传统法治理念的更新，而宪法作为现代法治的规范基础，必然与社会的发展具有密切的联系。当社会的发展不能适应现代法治的要求的时候，也就是宪法与社会发展之间产生冲突的时候。

三 宪法与社会变迁产生冲突的解决机制

宪法与社会变迁产生冲突的根本原因在于宪法的滞后性与社会的发展性之间形成的矛盾。宪法一经制定就需要保持稳定，不能轻易修改，但是社会却急剧发展，这就必然造成以前制定的宪法与现代社会发展带来的新问题之间的矛盾，如何解决宪法与社会变迁之间的冲突就成为社会发展中必然关注的问题。对此，主要有以下三种解决机制。

---

① 韩大元主编《外国宪法》，中国人民大学出版社，2000，第30页。

（一）通过宪法修改的方式解决宪法与社会变迁之间的冲突

由于宪法规范本身存在难以克服的滞后性，因此宪法在社会现实的适用中必然会出现宪法规范与社会现实不相吻合的情景，在宪法规范和社会现实之间就会呈现巨大的张力，如何解决宪法规范与社会现实之间的张力是社会各界普遍关注的问题。对此，很多学者主张通过宪法修改的方式来解决宪法与社会变迁之间的冲突。正如有学者所言："由于宪法规范高度原则性和简括性的特点，以及宪法预测能力的局限，更因为国家生活复杂多变、政治社会在不断地变革和发展，注定存在成文宪法落后于对宪法的事实状态或现实政治不可能完全受制于纸上规范的问题，因而也就要求宪法必须建立和完善自身应变的方式和途径。无疑，修宪是主要的应变方式。"[①]

在转型社会中，宪法修改是社会发展的必然结果，也是宪法适应社会发展的主要方式。因为在社会转型时期，国家的经济、政治、文化体制都面临着剧烈的变革。我国的宪法由于受到"根本法"思想的影响，大量充斥着经济方面的内容，而社会变革往往先从经济方面的变革开始，因此，我国历次宪法修改大部分是围绕着经济内容而展开。所以，我国宪法修改"最主要的因素是经济体制改革和政治体制改革以及由改革引起的重大社会经济变化和政治变化。为了使宪法适应已经变化了的社会现实，发挥宪法在指导改革开放、引导社会生活、规范国家行为等方面应有的功能，必须对宪法进行修改"。[②]

因此，当宪法条文不再适应社会现实的发展，或者宪法条文的内容已经落后于社会现实的时候，通过积极主动对宪法进行修改的形式，使得宪法尽可能适应社会发展的步伐，就成为解决宪法与社会变迁冲突问题的一个重要途径。通过宪法修改的方式解决宪法与社会变迁之间的冲突，就是以宪法为社会变革的有力武器来引导和加速社会的发展，从而推动社会变革的进程，加速社会变迁的进行。同时，宪法修改模式具有简单易行的优点，只需要在宪法修改的程序之内，严格按照宪法规定的步骤实施即可，具有较大的可行性。因此，在一个法治不发达或者缺乏法律解释传统的国家里，宪法修改往

---

① 王瑞贺、魏定仁：《变革政治社会中的宪法变迁和宪法保障——中国宪法在改革时代如何应变、成长和发展》，《中外法学》1993 年第 1 期。

② 张文显：《世纪之交的修宪——兼论宪法的概念和宪法修改》，《法制与社会发展》1999年第 3 期。

往是解决宪法与社会变迁冲突问题的首要选择。

（二）通过宪法变迁的形式使得宪法适应社会变迁的发展

尽管通过宪法修改的方式可以解决宪法与社会变迁之间的冲突问题，但是宪法修改本身也会带来一系列问题。例如，频繁的宪法修改会影响宪法自身的稳定性、权威性，导致宪法的信任危机。在这种情况下，能否通过宪法修改程序以外的方式来解决宪法规范与社会现实之间的冲突问题就成为法学界关注的焦点，这就是宪法变迁的方式。

在实践中，解决宪法与社会变迁冲突问题的方式可以分为两种：一种是积极的宪法变动，即通过对宪法的变动来达到使其符合社会发展的目的；另一种是消极的宪法变动，即在不改变宪法的内容的情况下通过对宪法规范的解释等方式来使其符合社会发展的要求。这种消极式宪法变动情况一般称为"宪法变迁"。从学说史的角度来看，最早提出"宪法变迁"这一概念的是德国公法学家耶利内克。早在1906年的《宪法修改与宪法变迁》一文中，耶利内克就指出了宪法变迁的五种情形：（1）根据议会、政府或法院的解释而产生的变化；（2）出于政治上的必要而产生的变化；（3）由于宪法上的惯例而引起的变化；（4）由于国家权力的不行使而产生的变化；（5）宪法精神的根本变化。① 所谓宪法变迁就是"在成文宪法规范和宪法的现实状态之间产生偏离的情况下，不经宪法修改程序而采取适当、合法的方式对宪法规定的意义作实质性变化。这些方式主要是：宪法解释、普通立法、宪法惯例和宪法判例"。② 从广义上理解，宪法变迁包含三层含义：第一层含义是指作为整体意义上的某国宪法或某种类型宪法产生、发展的经过；第二层含义是指某国宪法条文的修改之经过；第三层含义是指宪法条文本身未变，但其规范内容发生变更，在规范形态中出现适应社会生活实际要求的新的含义与内容。通常所言的宪法变迁往往指的是第三个层次。③ 在第三个层次上，"宪法变迁是宪法规范的变动形式之一，一般是指宪法条文本身没有发生任何变化，但随着社会生活的变迁，宪法条款的实质内容发生变化并产生一定的社会效果。也就是说，当宪法规范与社会生活发生冲突时，某种宪法规范的含义已

---

① 秦前红：《宪法变迁论》，武汉大学出版社，2002，第1~2页。
② 王瑞贺、魏定仁：《变革政治社会中的宪法变迁和宪法保障——中国宪法在改革时代如何应变、成长和发展》，《中外法学》1993年第1期。
③ 秦前红：《宪法变迁论》，武汉大学出版社，2002，第3页。

消失，在规范形态中出现适应社会生活实际要求的新的含义与内容。"①

从功能主义的视角来看，宪法变迁与宪法修改都是解决宪法与社会变迁冲突问题的基本方式，都属于宪法规范的变动形式，应当具有同等的宪法效力。通过宪法变迁来解决宪法规范与社会现实的冲突问题在西方宪政发达国家具有广泛的适应性。例如，日本宪法第9条规定："日本国民衷心谋求基于正义与秩序的国际和平，永远放弃以国家权力发动的战争、使用武力或武力威胁作为解决国际争端的手段。为达到前项目的，不保留陆海空军及其他战争力量，不承认国家的交战权。"这就是日本宪法中著名的和平条款。而实际上，日本政府早在20世纪50年代就成立了自卫队，由此就出现了宪法第9条与自卫队存在之间的冲突。面对宪法规范和社会现实之间的矛盾，日本宪法学界的通说是肯定宪法变迁观点，认为只要能够满足一定的要件，如与宪法规范相冲突的国家行为长期反复出现，并为国民的法意识所认可，在此情形下，该国家行为就具有一种习惯法的性质，从而自然引起宪法规范的改变或废除。这种宪法变迁理论实际上就是默认了以宪法变迁形式来解决宪法规范和社会现实冲突问题的正当性。再如，美国1787年宪法第2条第2款规定："总统为合众国陆海军的总司令，并在各州民团奉召为合众国执行任务的担任统帅。"由于当时还没有空军这个军种，所以宪法中没有规定空军。但是这并没有妨碍美国总统对陆海空三军的统率。这个问题也是通过宪法变迁的方式予以解决的。因此，通过宪法变迁的方式解决宪法规范与社会现实的冲突问题就成为社会变迁的一个必然选择。

在我国，宪法变迁的功能体现与宪法在社会发展中的地位和作用密切相关。从历史上来看，宪法在我国社会发展中的地位和作用主要经历了三个阶段：第一个阶段是在1949～1978年，宪法主要是阶级斗争的一种工具，是对社会变革成果的一种确认。反映我国"文化大革命"思维的1975年宪法就是典型的例证。第二个阶段是1978～1992年，随着改革开放的提出和经济的发展，宪法开始成为经济改革的手段和社会变革的工具。例如，我国历次宪法的修改，大部分内容是围绕经济改革措施而进行的修改，实际上就是把宪法作为为改革开放保驾护航的工具，通过宪法来确认和维护改革开放的成果。第三个阶段是20世纪90年代以后，随着我国改革开放的深入发展，我们对宪法的作用的认识有了新的发展。首先，在1999年的宪法修改中，我国正式确立了"依法治国，建设社会主义法治国家"的治国方略，使得宪法和

① 韩大元：《宪法变迁理论评析》，《法学评论》1997年第4期。

法律成为国家政治生活的主题。其次，在2002年，党和国家领导人又一次明确提出了"依法治国首先要依宪治国"的口号，表明我们对宪法在社会发展中的地位和作用又有了新的突破和提高。在宪法地位提升的情况下，通过宪法变迁的形式来解决宪法与社会变迁的冲突问题就成为维护宪法权威的必然选择。

如果从宪法变迁的层面来审视我国《物权法草案》的违宪争议，我们就会得出完全不同的另一种结论。郝铁川教授认为，要判断《物权法草案》是否违宪，不能仅仅从宪法的条文的形式性规定来看，而且更要从宪法的价值等实质性的精神来加以判断。如果从实质性因素加以考查的话，《物权法草案》并没有违反宪法的基本价值和基本原则，因而在实质上是合宪的。或许从现行宪法条文来看，《物权法草案》没有对国有财产给予特殊保护，与之发生了抵触，但根源在于现行宪法不完善。如果不顾这些事实，仍然主张要守住宪法"形式合宪"的底线，大有"恶法亦法"的味道。① 而韩大元教授也认为，判断《物权法草案》中的平等保护原则是否违宪不能简单地从宪法表面的条文出发，还要根据宪法的实质变迁情况以及这种变迁背后所体现出来的精神来综合加以考虑。具体地说，判断一部法律是否与宪法相抵触，主要看三种因素：法律内容是否与宪法明文规定内容相抵触；法律内容是否与宪法的基本原则相抵触；法律的内容是否与宪法精神相抵触。从宪法的精神以及市场经济的精神来看，物权法中所规定的平等保护条款，尽管在形式上可能与宪法中的某一个条文有不和谐之处，但是从实质精神来看，并没有违反宪法的规定，不存在违宪的问题。② 因为，现行宪法第15条规定："国家实行社会主义市场经济。国家加强经济立法，完善宏观调控。国家依法禁止任何组织或者个人扰乱社会经济秩序。"对市场主体的财产实现平等保护是市场经济的内在要求，因此，从这个角度来看，《物权法草案》所贯彻的平等保护原则是宪法所确认的市场经济的必然要求，并没有违反宪法的精神。所以有学者认为："物权法所反映的违宪问题……实际上属于宪法变迁的范畴。关于宪法文本本身所体现出来的1982年宪法规定社会主义经济制度的一系列规定与宪法修正案后来确立的市场经济体制的内在冲突，以及物权法将这种冲突的揭示，其实我们可以从宪法变迁的角度来理解，这种冲突本身体现了宪法规定的内涵和宪法的精神随着中国经济的发展在逐步发生演变，关

① 郝铁川：《〈物权法（草案）〉"违宪"问题之我见》，《法学》2006年第8期。
② 韩大元：《由〈物权法（草案）〉的争论想到的若干宪法问题》，《法学》2006年第3期。

于社会主义经济制度的理解，关于社会主义与市场经济的理解，关于宪法所规定的平等原则的理解，随着时代的发展，人们观念的变化，宪法的精神也在悄悄变化……在宪法还未修改的情况下，在社会转型时期，宪法变迁作为宪法规范变动的一种类型，在当今中国宪法规范变动过程中，可起到一定的过渡和缓冲的作用。"① 这实际上是利用宪法变迁理论来解释宪法规范和社会现实冲突的一种尝试。

（三）通过严格的违宪审查机制来纠正社会变迁中的违宪行为

从规范意义上考察，宪法是国家最高法，具有至高无上的地位。现行宪法在序言中明确宣布："本宪法以法律的形式确认了中国各族人民奋斗的成果，规定了国家的根本制度和根本任务，是国家的根本法，具有最高的法律效力。"同时，宪法第 5 条第 3 ~ 5 款规定："一切法律、行政法规和地方性法规都不得同宪法相抵触。一切国家机关和武装力量、各政党和各社会团体、各企事业组织都必须遵守宪法和法律。一切违反宪法和法律的行为，必须予以追究。任何组织或者个人不得有超越宪法和法律的特权。"宪法的最高性和权威性决定了必须要对违宪行为予以制裁，而我国宪法对宪法效力的原则性规定就为我国建立并完善违宪审查机制提供了规范依据。

一般而言，当宪法规范与社会现实冲突的时候，往往有两种可能性："第一种是规范最终驾驭了现实，其中最有效的途径是通过发动某种违宪审查制度的机制，判定现实中的某种国家行为违宪，以达致冲突在法律上的消解；第二种恰恰是一种宽泛意义上的所谓的'规范让位于现实'的结局，其表现形态往往是引起实在的宪法规范自身的变动，从而照样亦可达致冲突在法意义上的消解。"② 这里的第一种方式其实就是通过严格的违宪审查机制来纠正现实中的违宪性为。从世界范围来看，当今主要存在着三种违宪审查模式：（1）由立法机构负责违宪审查。这一模式以英国为代表。英国实行议会至上的宪法体制，议会行使立法权，它可以制定、修改、废止任何法律，英国的法律如果有违宪现象，只能通过议会自己来修改或废止，别的机构没有权力进行违宪性审查。（2）由司法机关负责违宪审查。这一模式美国最为典型。1801 年联邦最高法院受理的马伯里诉麦迪逊案，开创了司法机关进行违

---

① 李俊：《〈物权法〉事件的宪法解析——以宪法变迁理论为视角》，《广西政法管理干部学院学报》2008 年第 6 期。

② 林来梵：《从宪法规范到规范宪法》，法律出版社，2001，第 286 页。

宪审查的先河，从此以后美国的由最高法院负责违宪审查的制度已经深入人心。（3）由专门的机关负责违宪审查。这一模式以法国的宪法委员会制度和德国的宪法法院制度最为典型。这种模式规定，立法机关的立法是否合宪的审查权不属于法院，而是属于专设的宪法委员会或宪法法院。①

　　由于我国迄今还没有建立独立的违宪审查制度，所以，在实践上，违宪审查是作为宪法监督的一个重要组成部分而存在的。由于全国人大是我国最高的权力机关，所以我国的宪法监督权主要由全国人大和全国人大常委会来行使。但是，作为宪政建设的一个不可或缺的重要标志，中国也必须建构自己的违宪审查制度。因此，通过严格的违宪审查机制来纠正社会现实中的违宪行为就成为维护宪法权威、保障宪法实施，从而解决宪法与社会变迁间的冲突关系的关键。

---

　　① 徐炳：《违宪审查》，李步云主编《宪法比较研究》，法律出版社，1998，第390页以下。

协商宪政：转型中国共和方案之研拟

——从加强和创新社会管理说起

戴激涛[*]

【内容摘要】 在加强和创新社会管理背景下，如何基于深思熟虑与自由选择以维系政府的良好运作，实现共和国公民的自由全面发展与社会的和谐稳定，是当代中国面临的重大挑战。依据现行宪法文本对"中华人民共和国"进行规范分析，可以发现，将中华民族"和合"文化传统与对人类社会发展具有普世价值的宪政模式，及新近崛起的协商民主理念结合起来构建的协商宪政方案，能够为转型期的中国治理提供助益。迈向协商的宪政共和国，需在遵循"协商"、"民主"与"法治"原则的基础上，积极建构国家制度层面及社会领域中的协商机制，并落实违宪审查制度以充分保障公民权利。

【关键词】 汉密尔顿难题　宪法文本　中华人民共和国　协商宪政

> "我们不能安于现状，未来的挑战将会建构一个比我们所继承来的要更加公正与自由的宪法秩序。"[①]

——〔美〕布鲁斯·阿克曼

环视今日中国，社会变革迅猛，阶层分化多元，社会问题繁杂，新旧矛盾交织，可见当前中国社会建设和社会管理任务之重、难度之大，史无前例。如何从种种挑战中寻找突破口，实现社会管理与经济快速增长相协调，开创中国社会发展的新图景？2011 年 7 月 1 日，胡锦涛总书记在建党 90 周

---

* 广东商学院法学院副教授。

① 〔美〕布鲁斯·阿克曼：《我们人民：宪法的根基》，孙力、张朝霞译，法律出版社，2004，第 4 页。

年庆祝大会上再次强调"加强和创新社会管理"，要求完善党委领导、政府负责、社会协同、公众参与的社会管理格局，建设中国特色社会主义社会管理体系，全面提高社会管理科学化水平，确保人民安居乐业、社会和谐稳定。宪政作为现代国家建构与发展的基本途径，其终极目标就是通过保障人权实现每个人的自由全面发展，而这是人民安居乐业、社会和谐稳定的重要内容。重温宪政学说，可否为社会管理创新拓展思路呢？思考这个问题让人不由想起两百多年前的汉密尔顿难题。

一　汉密尔顿难题

在被誉"美国宪法圣经"的《联邦党人文集》开篇，汉密尔顿提出了一个迄今为止对人类文明发展依然具有重要意义的问题："人类社会是否真正能够通过深思熟虑和自由选择来建立一个良好的政府，还是他们永远注定要靠机遇和强力来决定他们的政治组织。"① 如果说通过偶然机遇和暴力革命来建立国家政治制度结构是人类发展的两种路径，那么，是否可能有超越两者之上的第三种方式——基于深思熟虑和自由选择来建立一个良好的政府？② 如果该命题成立，也就意味着良好的政府可以是人类理性抉择的产物。但是，什么才是良好的政府呢？什么才是最适于促进公共利益和民众福祉、最有助于人类发展和社会进步的政府呢？实践表明，侵犯公民权利最大的可能就是来自于政府权力，"人民权利之岛常被政府权力之海所包围"。③ 换言之，良好的政府首先应当是有限政府，即权力有限、服从规则治理的政府，这要求政府必须在宪法和法律的框架内运行。作为国家的根本法，"宪法可以界

---

① 〔美〕汉密尔顿、杰伊、麦迪逊：《联邦党人文集》，程逢如等译，商务印书馆，1980，第3页。

② 美国学者丹尼尔·J. 伊拉扎对通过强力革命、偶然机遇和基于深思熟虑与自由选择形成的政治社会模式的结果进行了详细分析：诉诸强力革命极有可能形成权力金字塔的组织结构，其极端形式是极权主义的统治；依靠偶然机遇可能会产生一种中心—边缘的组织结构，其权力从单一中心向边缘扩展；而仰赖深思熟虑和自由选择的契约规则，政府组织有可能成为不同于金字塔或中心—边缘结构的矩阵模式，其政府权力将受到制度安排的约束。See Daniel J. Elazar, *Covenant and Polity in Biblical Israel*: *Biblical Foundations and Jewish Expressions*, New Brunswick: Transaction Publishers, 1995, pp. 35 - 40.

③ Randy E. Barnett, "Unenumerated Constitutional Rights and the Rule of Law", *Harvard Journal of Law & Public Policy*, Vol. 14, 1991, p. 643.

定为是一组具体说明政府界限和条件的规则集"，① "政府体制都是由这种法律和非法律规则混合而成，这种规则的集合体就可以叫'宪法'"。② 由是观之，深思熟虑与理性选择一个良好政府的过程，本质上就是一个立宪选择的过程。在民主国家，立宪选择占据着根本性地位，因为在这个过程中，作为国家主权者的人民通过制定宪法确立公民基本权利与国家权力的性质、行使范围和组织结构，来实现公民权利与国家权力之间的动态平衡。从这个意义上说，一国人民自己的行为选择对于良好政府的建立至为关键。

反思当下的中国，虽有宪法已然百年，但宪政建设难以尽如人意。尽管30年来，经济高速发展和人民生活水平普遍提高标志着中国转型期取得了阶段性成功，但对基于"深思熟虑"和"自由选择"来构建政府权力，积极稳妥推进政治体制改革，使我们的政府成为良好政府这个重要问题，我们依然需要努力。宪法作为承载一国治理的规则框架，是"以全体社会成员具有对特别理想促进其政治运作的正确理解为先决条件。一旦我们忽视了理想，政治生活的创立模式即告解体"。③ 故此，我们对宪法的正确理解是我们能否基于"深思熟虑"和"自由选择"来探讨转型时期中国社会问题的先决条件，这同时意味着我们必须在理解宪法的基础上建构一个维系良好政府运作的理论，因为"人民根据自己的设想组织政府体制并使之服从自己的控制，也需要一个可以运作的理论"，"没有适当的理论，人们不可能指望维持基于深思熟虑和自由选择而设计的政府体制。理论使人们在根本上理解应用于政府适当作为的标准、方法和结构。没有适当的理论，人们就会成为显然不可控制的势力的臣民，这时人们的命运将更多地取决于机遇和强力，而不取决于深思熟虑和自由选择。"④ 尽管理论永远不可能完美，但它是我们深入探讨问题的思想工具，能够创新研究老问题的思维。同样，在分析转型时期的中国社会问题时，同样需要一个既具说服力又有生命力的理论模型，来帮助我们探索对加强和创新社会管理、实现中华民族伟大复兴具有重要影响的制度建构。

---

① 〔美〕文森特·奥斯特罗姆：《复合共和制的政治理论》，毛寿龙译，上海三联书店，1999，第6页。

② 〔英〕K. C. 惠尔：《现代宪法》，翟小波译，法律出版社，2006，第1页。

③ 〔美〕布鲁斯·阿克曼：《我们人民：宪法的根基》，孙力、张朝霞译，法律出版社，2004，第3页。

④ 〔美〕文森特·奥斯特罗姆：《复合共和制的政治理论》，毛寿龙译，上海三联书店，1999，第6、202页。

二 中华人民共和国：基于现行宪法文本的解读

"现在世界上有180多个国家，已有102个国家称为共和国，而且是不同时期，不同的要求而达到的共同取向……任何概念都很难成为世界共同认可的称号，唯有共和两字最有凝聚力。"① 我们的国名是"中华人民共和国"，那么，究竟什么是共和国？学者们从不同的视角给出了不同的解释，"从广义上说，共和就是没有君主。"② "共和国是一种政治体系和生活方式，也就是说，是一种文化。"③ "共和国就是说，国家不是某一个人的，不是某一个家族的，而是大家的。"④ 简言之，共和国就是全体人民共有的国家，国家治理是全体人民的共同事业。但如果从宪法的规范层面来理解，会有怎样的不同？

事实上，宪法是现代国家作为一个整体的关键，"是人们的一种结合体"。⑤ 世界各国都有宪法，"因为每个国家都是依据某些原则和规则进行运转的。"⑥ 宪法不仅是国家权力运作的基本规则，同时也是社会各阶层、各团体、各多元化利益群体意愿的集中体现，"现代宪法得益于这样一种理性法的观念，即公民有权利自己决定组成一个共同体，而且，在这个共同体里面，所有公民都是自由而平等的权利伙伴……一部宪法可以说就是一件历史设计。公民代代相传，但永远都必须遵守宪法。"⑦ 实践表明，宪法在现代国家已经成为公民的基本生活方式，学习宪法是一国人民应该掌握的基本知识，无论是作为普通公民的身份还是学者、公务员、政治家等。"人的一生，自小到大都与宪法脱离不了关系。宪法的问题，从大处着眼，牵涉国家政治的运作与前途，洞见观瞻，十分重要；从小处观察，则浸透到每个人的日常生活，俯拾皆是，不足为奇。国家的各种法规范当中，人民体验最深刻，而

---

① 苏昌培：《共和观》，社会科学文献出版社，2001，第143~144页。
② Rodney Brazier, "A British Republic", *The Cambridge Law Journal*, Vol. 61, No. 2, 2002, p. 364.
③ 〔意〕维罗利：《共和派的爱国主义》，哈佛燕京学社和三联书店主编《公共理性与现代学术》，三联书店，2000，第184页。
④ 俞可平：《增量民主与善治》，社会科学文献出版社，2003，第125页。
⑤ 〔英〕W. Ivor·詹宁斯：《法与宪法》，龚祥瑞等译，三联书店，1997，第10页。
⑥ 〔英〕戴维·M. 沃克编《牛津法律大词典》，北京社会与科技发展研究所编译，光明日报出版社，1989，第200页。
⑦ 〔德〕尤尔根·哈贝马斯：《包容他者》，曹卫东译，上海人民出版社，2002，第237页。

且最需学习、了解的，非宪法莫属。"① 故此，从宪法出发来理解中华人民共和国，对于构建我们共和国自己的宪法逻辑、宪法话语体系和宪政模式，尤为必要。

透过宪法来理解我们的共和国，首先应知晓我们宪法发展的历史。"人们自己创造自己的历史，但是他们并不是随心所欲地创造，并不是在他们自己选定的条件下创造，而是在直接碰到的、既定的、从过去承继下来的条件下的创造。"② 正因为我们不能靠割裂与抛弃自身传统来走向共和、建构美好的未来，我们就必须认真对待中华人民共和国的宪法历史。"历史是至关重要的。它的重要性不仅仅在于我们可以向过去取经，而且还因为现在和未来是通过一个社会制度的连续性与未来连结起来的。"③ 同时，"宪法并不是创造，而是生长，不是国家法典，而是民族遗产。"④ 世界各国的宪政实践表明，抛开历史传统与现实国情，无助于我们改善宪法发展前景。回顾中华人民共和国的立宪过程，1949 年 10 月中华人民共和国成立后，第一届、第四届和第五届全国人民代表大会（第一次会议、第五次会议）分别于 1954 年 9 月、1975 年 1 月、1978 年 3 月和 1982 年 12 月先后制定、颁布了四部《中华人民共和国宪法》。现行宪法是 1982 年 12 月 4 日在第五届全国人大第五次会议上正式通过并颁布的。现行宪法继承和发展了 1954 年宪法的基本原则，总结了中国社会主义发展的经验，并吸收了国际经验，是一部有中国特色、适应中国社会主义现代化建设需要的根本大法。它明确规定了中华人民共和国的政治制度、经济制度、公民的权利和义务、国家机构的设置和职责范围、今后国家的根本任务等。尽管我们的宪法尚存在这样或那样的不足，但正如胡锦涛同志在 2002 年 12 月 4 日纪念现行宪法公布施行 20 周年大会上的讲话中指出的那样："二十年来的实践证明，我国宪法是一部符合国情的好宪法，在国家经济、政治、文化和社会生活中发挥了极其重要的作用……宪法保障了我国的改革开放和社会主义现代化建设……宪法促进了我国的社会主义民主建设……宪法推动了我国的社会主义法制建设……宪法促进了我国人权事

---

① 许志雄：《宪法与宪法学》，《台、港、澳及海外法学》（人大复印资料）1999 年第 10 期，第 42 页。
② 《马克思恩格斯选集》第 1 卷，人民出版社，1972，第 603 页。
③ 〔美〕道格拉斯·诺斯：《制度、制度变迁与经济绩效》，刘守英译，上海三联书店，1994，第 1 页。
④ 〔美〕C. H. 麦基文：《宪政古今》，翟小波译，贵州人民出版社，2004，第 16 页。

业和各项社会事业的发展。"① 许崇德教授也颂之为"我国有史以来最好的一部宪法"。② 那么，在我国现行宪法文本里，对国名"中华人民共和国"可以作何理解？以下试从三个关键词进行分析。

（1）"中华"。作为国名的第一个关键词，"中华"在现行宪法条文中散发着一种悠久的民族文化韵味，提醒着人们尊重历史、不忘传统，这是我国宪法与西方国家宪法的显著不同。现行宪法序言以史实记载的方式，对前人的奋斗历程和胜利成果进行最高确认，特别是对中华民族的灿烂文化、光荣传统、民主革命历程、社会主义制度的确立和完善、国家的根本任务、祖国统一以及民族平等、团结、互助和平等互利、和平共处的对外政策等问题的叙述，对每一个中华人民共和国公民都有着激励、教育和感化作用。"一九一一年孙中山先生领导的辛亥革命，废除了封建帝制，创立了中华民国。""一九四九年，以毛泽东主席为领袖的中国共产党领导中国各族人民，在经历了长期的艰难曲折的武装斗争和其他形式的斗争以后，终于推翻了帝国主义、封建主义和官僚资本主义的统治，取得了新民主主义革命的伟大胜利，建立了中华人民共和国。""中华人民共和国成立以后，我国社会逐步实现了由新民主主义到社会主义的过渡。""台湾是中华人民共和国的神圣领土的一部分。""中华人民共和国是全国各族人民共同缔造的统一的多民族国家。"尽管宪法序言不具有直接的规范性作用和效果，但这样的表述背后蕴涵着促进宪法实施的精神力量，更是宪法保持民族凝聚力的情感纽带。"一切法律之中最重要的法律既不是铭刻在大理石上，也不是铭刻在铜表上，而是铭刻在公民的内心里，它形成了国家真正的宪法，它每天都在获得新的力量，当其他法律衰老或消亡的时候，它可以保持一个民族的精神。"③ 只有当民众体认了宪法蕴涵的中华精神，才能发自内心去捍卫宪法作为中华民族团结一致象征的尊严和权威。

（2）"人民"。作为国名的第二个关键词，"人民"非常频繁地出现在我们的宪法条文中，这也是我国宪法和西方宪法在用词上的重要区别之一。如宪法第1条规定："中华人民共和国是工人阶级领导的、以工农联盟为基础的人民民主专政的社会主义国家。社会主义制度是中华人民共和国的根本制

---

① 胡锦涛：《在首都各界纪念中华人民共和国宪法公布施行二十周年大会上的讲话》，2002年12月5日第1版《人民日报》（海外版）。

② 方娟：《许崇德：见证中国宪政发展进程》，《公民导刊》2009年第4期，第51页。

③ 〔法〕卢梭：《社会契约论》，何兆武译，商务印书馆，1981，第73页。

度……"第 2 条第 1 款规定："中华人民共和国的一切权力属于人民。"第 29 条第 1 句规定："中华人民共和国的武装力量属于人民。"从内容上看，人民作为一国宪法的根基，与主权密切相连，宪法中的人民主权原则即是对人民作为国家主权者身份的确认。人民主权原则不仅集中地表达了国家的一切权力归属于人民、来源于人民并服务于人民的宪政理念，而且为解决国家权力与公民权利之间的矛盾提供了一种指导思想和逻辑方法。从程序上看，人民通过法律程序参与国家政治生活和社会公共事务，被赋予了实实在在的宪法主体地位，不再是抽象的概念，"'人民'并不是超人的代名词，而是一个能有效地促进政治精英和人民大众进行有效互动的程序……它将有效地引导积极参与宪法讨论的公民实现普通百姓和政治精英之间的对话——它将首先赋予持不同观点的政治精英们阐明各自宪法观点的机会；尔后，它会引导人民参与到宪法讨论中来，并通过投票表明自己的立场。"① 作为程序概念的人民，意味着通过对政府的最终控制权，而"如果人民要控制政府权威，他们就必须很关心宪法的基本设计，从而使他们能够运用宪法性法律来制约政府当局"。② 换言之，人民首先必须关心宪法设计，而后才能有效运用宪法，实现对政府的最终控制权。

（3）"共和国"。作为国名的第三个关键词，共和国的含义可谓隽永深刻。在中国语境中，共和国代表了一种"天下为公"的理想，意味着国家是人民的共有财产，国家权力不得成为任何个人、集团、阶级的私器，"共和意味着最高权力掌握在人民手中，权力的渊源是人民，以及政府是由人民建立的并且是向人民负责的。"③ 因此，共和国特别重视政治秩序和政治制度的构建，要求对所有公民一视同仁，保障每个公民都能过上有尊严的生活，为所有公民提供无偏私的服务。在我国现行宪法中，也有诸多条文直接或间接表明了这一价值理念。如宪法第 4 条规定："中华人民共和国各民族一律平等……各民族自治地方都是中华人民共和国不可分离的部分。"第 5 条规定："中华人民共和国实行依法治国，建设社会主义法治国家。"第 6 条第 1 款第 1 句规定："中华人民共和国的社会主义经济制度的基础是生产资料的社会主义公有制，即全民所有制和劳动群众集体所有制。"第 34 条规定："中华人

① 〔美〕布鲁斯·阿克曼：《我们人民：宪法变革的原动力》，孙文恺译，法律出版社，2003，第 201 页。
② 〔美〕文森特·奥斯特罗姆：《复合共和制的政治理论》，毛寿龙译，上海三联书店，1999，第 66 页。
③ 〔美〕路易斯·亨金：《宪政·民主·对外事务》，邓正来译，三联书店，1996，第 12 页。

民共和国年满十八周岁的公民，不分民族、种族、性别、职业、家庭出身、宗教信仰、教育程度、财产状况、居住期限，都有选举权和被选举权；但是依照法律被剥夺政治权利的人除外。"从宪法文本中，可以看出共和国是全体公民共有的，应当均衡体现社会各阶层、各集团、各利益群体的利益，"它必然接受多方面的忠诚并设法使之融为一体。"① 同时，共和国的治理是全体公民的共同事业，"共和国是多数人的政府，从这个意义上说，共和国意味着相当广泛的公民参政。"② 由此可见，共和国的命运实则与人民紧密相连。

细细品味我们的宪法条文，尽管难言精美，但对于"中华"、"人民"、"共和国"的阐述是独特且符合国情的。面对各种"中国有宪法而无宪政"的质疑，消弭困惑的关键或许在于，让我们的宪法获得生命力，成为"活的宪法"、"公民权利的保障书"。其实，两百多年前汉密尔顿提出人类社会如何选择政治组织的时候，就已经给出答案：这个问题的解决有赖于一国人民自己的行为和范例。换言之，一国的前途和命运掌握在人民自己手中。易言之，我们的宪法已经从规范层面完成了将我们构建成怎样的人民、赋予我们何种权利的任务，关键在于我们自己如何对待宪法、如何选择宪法、如何运用宪法、如何捍卫宪法。"最重要的是，人民自己必须看到宪法制度对权利保障的作用，对制度改良形成自己的诉求并主动参与到制度建构的过程中来。宪法和法律制度无疑是为了保护人民的利益而设计的，但是只有在人民积极参与的过程中才能得到落实。"③ 换言之，只有一国人民主动参与到共和国的国家事务与公共事业建设中来，才能让宪法灵动起来，真正成为共和国公民的生活方式，这同时也是人民维护宪法尊严的重要途径。

三　协商宪政：作为转型中国共和方案的理论努力

众所周知，以代议制为核心的西方近代民主理论，为近现代西方民主制度的形成和发展奠定了坚实基础。然而，20世纪初特别是第二次世界大战后，随着国家的职能越来越复杂而政治规模越来越大，代议制民主理论越来

① 转引自〔英〕鲍桑葵《关于国家的哲学理论》，汪淑钧译，商务印书馆，1995，第38页。
② 佩托：《法国共和制的几个重要阶段》，1970年法文版，第276页，转引自楼均信主编《法兰西第一至第五共和国论文集》，东方出版社，1994，第319页。
③ 张千帆：《中国宪政的路径与局限》，《法学》2011年第1期，第78页。

越难以圆满解释和说明西方不断变化的社会政治现实。面对西方社会的多元文化困境和公民社会分裂的现实，协商民主应时而生。协商民主论者认为，可以利用诸如宪法程序、民权运动、公共领域等现存的实验性制度场域逐渐复兴并扩大民主，"秩序良好的宪政民主"应该"理解为协商民主"。① 在理想的协商情境中，民主变成了一个"公共"创生的过程，自由平等的公民们就集体性问题、目标、理想和行动进行交流、辩论、推理和审议，以达成理性共识。协商民主尤其强调公民对于公共利益的责任、公共话语中的互敬互惠，通过持续合作、平等协商以提升民意质量，使各方都能了解彼此立场，寻求并达成各方均能接受的、具有高度民主合法性的决议，以修正和补充选举民主的制度缺陷。美国学者森斯坦甚至认为协商民主是美国宪法的概念性特征，将渴望实现协商民主作为美国宪政主义的一个决定性特质。② 域外协商民主的丰富实践亦表明，协商可以通过公共理性促使他人转变自利性偏好，能够为弱势群体提供更好的保护，促进公平正义。

从中国历史上看，传统文化中实际上也蕴涵着丰富的协商思想资源。从价值层面看，中国传统文化的"和合"理念③与西方协商民主追求多元主体间的互惠合作存在思想气质的某些相通，这也正是中国文化的独特之处，强调平衡冲突各方，和谐共处。儒家所推崇的"和为贵"，强调"君子和而不同"，将"和"视为政治的最高境界，其内在精神就是协同、合作、和谐而又尊重差异、彼此宽容。尽管儒家的"和"是建立在等级制基础之上，不似西方协商民主所主张的协商主体地位平等，但是，儒家对利益主体多元共存和发展的强调，与现代民主政治的基本精神在一定程度上存在契合。在中国古代的政治实践中，尽管实行君主专制，非平等主体间无民主可言，但协商行为普遍存在于策士、谏议等制度之中，如谏官"不治而议"，对皇帝和朝廷的政策措施通过辩论提出批评，使朝廷相关的政策措施基于对话、讨论和商议制定，这种政治需要协商、需要争论和辩论的思想及咨询式协商实践难

---

① John Rawls, "The Idea of Public Reason Revisited", *The University of Chicago Law Review*, Vol. 64, No. 3, 1997, p. 772.

② See Cass R. Sunstein, *The Partial Constitution*, Cambridge, Mass. : Harvard University Press, 1993.

③ 对于和合文化的研究，张立文教授在《和合学概论——21 世纪文化战略的构想》一书中，对中华和合文化的源流、和合与和合学及其相互关系、和合学的体与用等问题均进行了非常详尽的论述。参见张立文《和合学概论——21 世纪文化战略的构想》（上、下），首都师范大学出版社，1996。

免有其历史局限性，但依然可以为当下西方协商民主植入中国提供本土资源。故此，可以将中国的"和合"传统与西方协商民主相融合，为建设中国特色的宪政模式提供理论资源。

从人类文明的发展历程来看，政治文明的发展与演进，主要是以宪政运动的形式表现出来的。"立宪主义有跨时代和跨文化的普世意义和价值，它的内在生命是坚强的，它的内在逻辑是不可抗拒的，它闪耀着的智慧乃来自对数千年来人类在其历史中饱尝的苦难的沉痛反思。"① 宪政，是服务于大众的民主政治，是国家成为一个共同体的核心，更是凝聚民众力量的动力源泉。"宪政是这一种努力：通过界定某种社会秩序，使之不受个人主观意志的左右，创造出稳定社会世界的社会制度。"② 从这个意义上来说，宪政作为普世价值观与现代国家治理的基本模式，可以为中华人民共和国实现国家发展和民族复兴所借鉴。然而，"真正的宪政决不是容易到手的，是要经过艰苦奋斗才能取得的。"③ 这也告诉我们宪政之路并非一帆风顺，各国都有自己特殊的国情和文化传统。那么，基于我国国情，汲取中华民族"和合"传统中的精华与宪政精神、协商民主理念相结合，建构一种基于协商的宪政模型④，或许可以为转型期"中华人民共和国"的建设提供理论助益。

首先，尊重宽容是协商宪政的交往准则。全球化使得个人在"地球村"里必须与其他人分享时间和空间，人与人之间的理性交往必须以相互尊重宽容为前提，妥协和通融的交往准则将促进社会和谐。协商宪政尤其强调国家和政府对人民的尊重，多关注人民的想法、倾听人民的意见。尤其是我国没有法治传统和平等观念，强调国家权力机关对公民权利的尊重更为重要，因为公民权利是协商宪政模式最基本的构成性和调节性规范。基于尊重宽容理

---

① 陈弘毅：《法理学的世界》，中国政法大学出版社，2003，第 130 ~ 131 页。
② 〔美〕阿兰·S. 罗森鲍姆编《宪政的哲学之维》，郑戈等译，三联书店，2001，第 204 页。
③ 《毛泽东选集》第 2 卷，人民出版社，1991，第 736 页。
④ 提出协商宪政概念，受启发于张千帆老师在《中国宪政的路径与局限》一文中对中国宪政的官方路径与民间宪政的分析，参见张千帆《中国宪政的路径与局限》，《法学》2011年 1 期，第 70 ~ 78 页；张千帆：《中国宪法为何难落实》，《炎黄春秋》2011 年第 5 期，第 1 ~ 6 页。此外，西方学者 John J. Worley 在《协商立宪主义》中也用到了"协商宪政"的概念，对协商民主和宪政理想在逻辑、原则上是否相容，二者的对立观念及冲突是否可以一致、协商民主与宪政如何实现良好结合等问题进行了探讨。See John J. Worley, Deliberative Constitutionalism, Brigham Young University Law Review, Vol. 2009, No. 2, 2009, pp. 431 –481.

念，协商宪政要求国家和政府应充分认识到，人民在社会主义民主政治建设进程中始终是决定性力量：没有人民，就没有共和国。为此，应切实尊重人民的主体地位和首创精神，真正将实现好、维护好、发展好最广大人民的根本利益作为一切工作的出发点和落脚点。

其次，积极参与公共事务是协商宪政的公民美德。公民美德作为协商宪政的基本概念，"不属于任何一个政党或教条。它仅仅是关心公众意愿和公共目标的一种品质。"① 民主的本源就是自主的公民共同公开运用理性的制度化结果，公众参与由此成为协商宪政的重要内容，且要求参与者在相当程度上独立于政府之外。社会成员通过参与公共事务了解、分享彼此的人生价值观，进行国家治理，"民治和代议政府最大的需要就是全体的人民，都能了解国家就是他们自己。"② 同时，发展出良好的个人品性是协商民主的重要价值目标之一，公民积极参与公共事务本身就是宪政的应有之义，公民只有通过参与公共事务才能实现其本性。积极参与不仅能够促进公民权利和自我实现，而且是人对自己的公民身份负责的一种方式。特别在转型时期的中国，个人已经成为最基本的考虑单位，实现和保障个人利益必须与公民的宪法权利联系起来，要求每个人都能积极参与国家治理，这不仅构成了一个功能完备的共和国的民众基础，而且分歧与异议本身就是共和国极富创造性的建设性资源。

再次，互惠双赢是协商宪政的国家公民关系模式。宪法作为现代国家政治制度的基本框架，是人民与政府的契约，更应成为政府和民众互动的桥梁。毛泽东在谈到1954年宪法时说："我们现在要团结全国人民，要团结一切可以团结和应当团结的力量，为建设一个伟大的社会主义国家而奋斗。这个宪法就是为这个目的而写的。"③ 借鉴协商民主的互惠原则，建构合作型国家公民关系模式，要求公民理性而互惠地思考，并共同认知一个道德上值得尊重的立场。④ 而且，互惠原则要求国家允许广泛范围内合理歧见的存在，既要求公民为其政治见解说明原因，又要求政府和权力机关积极履行其致力

---

① 〔美〕斯蒂芬·L. 埃尔金等编《新宪政论》，周叶谦译，三联书店，1997，第258页。

② 〔美〕保罗·S. 芮恩施：《平民政治的基本原理》，罗家伦译，中国政法大学出版社，2003，第134页。

③ 毛泽东：《关于中华人民共和国宪法草案》，北京广播电视大学法律教研室编《宪法学资料选编》，中央广播电视大学出版社，1985，第26页。

④ Amy Gutmann and Dennis Thompson, *Democracy and Disagreement*, Princeton, NJ: Princeton University Press, 1996, pp. 2–3.

于创造民主社会的技能和美德的义务，促进政府与公民社会结成合作伙伴关系，以采取共同行动来推动社会发展。为此，国家在构建协商机制中应注意互惠原则在程序上和实质上的统一，实现政府与民众的双赢。

最后，宪法程序是协商宪政的制度核心。"程序的基础是过程和互动关系，其实质是反思理性。"① 林德布洛姆认为，社会问题必须通过政治互动来解决。如果我们较好地解决了问题，那就是因为我们发展了较好的控制程序，即是说，较好的控制权威的方法。特别是在民主政治中，这意味着构成解决问题的真正努力的互动——在建议和反建议上的斗争和辩论——既不应由某种建议的系统的否决权形成，也不应通过把那些建议排除在公共议程之外来形成。② 协商宪政模式的运行，需要一个参与、交往和表达的权利框架，坚持公共辩论议程的开放性，客观要求共和国重视以宪法为中心的程序建设。通过宪法程序，公民权利获得了高于国家权力的价值属性；通过对国家权力的程序规制，公民权利获得了应有的尊重和有效的宪法保护。如宪法诉讼程序使得公民的宪法权利和自由不仅得到宪法保护，而且还可以将宪法权利和自由的宪法保护与宪法救济结合起来，为公民权利的实现提供恒久动力。尤其在我国，宪法程序本身就是薄弱环节，因此，加强宪法程序建设在协商宪政中占据着重要地位，是实现公民权利的制度保障。

四　以最好的方式联合起来：迈向协商的宪政共和国

"真正崭新的概念，在当前的话语中是没有名字的，其早期表现形式总是带有形而上的意蕴，因此任何理论框架在开始时必然有着幻想性创新的特征。"③ 为达致共和国的长治久安，创设平衡和谐的社会治理结构，使人们能够在尊重宽容、互惠合作的情境中寻找社会问题的解决方案，协商宪政模型尚有待时间和实践的考验。当然，任何理论都不是十全十美的，我们的能力也是有限的，不能指望依靠现在的条件就能够立即设计出一套精美的方案，一劳永逸地解决宪政发展的问题。这不仅因为宪政本身就是一个不断发展的过程，"宪政，作为一种政治形态，是一个追求的目标，它由理想变为现

---

① 季卫东：《法治秩序的建构》，中国政法大学出版社，1999，第76页。

② 参见〔美〕斯蒂芬·L. 埃尔金等编《新宪政论——为美好的社会设计政治制度》，周叶谦译，三联书店，1997，第148~149页。

③ Susanne K. Langer, *Philosophy in a New Key*, New York：mentor Books, New Library of World Literature, 1948, p. ⅵ.

实……要经历一个发展过程，经历从无到有、从不完善到逐渐完善的发展过程。"① 而且，理论本身在应用过程中也会因为各种条件限制及其内在缺憾难以实现预期效果，比如，"在任何协商集团（deliberative group）中都存在着基本的限制条件，它起源于这一事实，一次只能有一位演说者能够被倾听并得以理解。两个或多个人给同一个听众同时演讲，只会制造噪音，并引起混乱。有序的深思熟虑，要求演讲和沟通都遵守一次一个的规则。"② 为此，我们需要更多的深思熟虑来论证协商宪政模式。

在西方社会发出"现代政府遭遇着民主和协商的双重失败"③ 的感叹下，如何以最好的方式联合起来，构建一个大多数人都能参与其中而非精英主义的协商共和国？如何建立有能力进行有意义的辩论的协商机关？如何通过有效协商实现政府与公民之间的持久双赢关系？这些问题都值得进一步追问。或许，协商宪政作为融汇中国"和合"传统与西方协商民主、宪政理念的概念模型，可以在继承"和也者，天下之达道也"④ 的中华传统基础上，借鉴协商民主理念、宪政制度路径吸纳共同体的力量，实现每个公民的自由发展和中华民族的伟大复兴。这不仅因为协商概念蕴涵了集体行使国家权力的决策观念，有助于妥协、宽容并通过团结一致来传播公共生活中的各种原则，而且中华文化的儒家传统本身就包含了诸如积极参与社会公共事务、民众应关切社会现实中的重大问题、注重社群伦理和中介文化组织等思想，这都是有利于协商宪政的传统资源。"但本土资源不可能只维持原来的形态，因为原来的形态没有生命力，而是要经过一种创造性转化的诠释，和现代我们碰到的问题意识连起来，那才有生命力……儒家传统中有很多珍贵的资源，很多可以和时代相契的地方。在当前的文化意识中，不能为了要为文化中国创造精神资源，开拓一种宗教领域而把自家文化中还相当有说服力和生命力的价值，在深入研究分析之前就消解掉。"⑤ 故此，认真对待中华传统文化并汲取精华进行创造性转化，可以为协商宪政的运作提供本土资源与情感认同。

现行宪法文本是协商宪政运行的规范基础，协商宪政的运作首先必须遵

---

① 王永祥：《中国现代宪政运动史》，人民出版社，1996，第2页。
② 〔美〕文森特·奥斯特罗姆：《复合共和制的政治理论》，毛寿龙译，上海三联书店，1999，第90页。
③ 卡斯·R.桑斯坦：《健康之间的权衡》，载〔美〕约·埃尔斯特主编《协商民主：挑战与反思》，周艳辉译，中央编译出版社，2009，第257页。
④ 《礼记·中庸》。
⑤ 〔美〕杜维明：《东亚价值与多元现代化》，中国社会科学出版社，2001，第54页。

循现行宪法。"我们还必须承认，制定清晰简明的原则是必要的，我们希望这些原则的普遍形式和内容能够得到人们的公共理解。"① 如前文所述，协商宪政的基本原则包括"协商"、"民主"和"法治"。首先，"协商"原则暗含了中国传统的"和合"因素，要求各宪法主体之间互敬互惠，宽容理解，以平等协商方式进行沟通合作，因为普通公民可以在任何时候创造出新的文化共同性范式。同时，协商原则要求国家为公民基本权利提供更广泛的保障，以促进公民参与。此外，协商原则还要求各主体秉持公共利益，或者说是对公共善的承诺，培养共和国所不可或缺的公民美德。其次，"民主"原则是现行宪法规定的"一切权力属于人民"的集中体现，协商理念关照下的"民主"原则更具包容性，成为一个由各种社会和政治安排构成的体系，该体系在制度上使公共权力的行使受制于自由平等公民之间的理性审议，能够最大限度地彰显宪法所追求的公平、正义、自由、平等和秩序等价值。根据"民主"原则，国家和政府应当提供有利于参与、交往和表达的条件而促进平等公民自由讨论的一种社会和制度条件框架，并且以定期的竞争性选举、信息公开和社会监督等形式确保国家权力的回应性和责任性框架，真正实现人民当家作主。最后，"法治"意味着遵循法律之治，法律是协商主体行为的最高准则。故此，应当参考限权宪法的一般理论，促使我们的权力机关规范行使国家权力，落实现行宪法"中华人民共和国实行依法治国，建设社会主义法治国家"的规定。

基于现行宪法文本建立的制度体系是协商宪政的运行载体，协商的目的是达成共识，而共识对于共和国的稳定而言，极为重要。现行宪法规定的协商制度体系应以人民代表大会制度为中心，以政协制度、民族区域自治制度、基层群众自治制度等为重点。具体而言，人民代表大会制度是我国人民当家作主、行使国家权力的根本途径和方式，是中国宪政体制的核心内容。政治协商是我国民主政治建设的一个创造，是发展社会主义民主的必然要求，不仅有助于实现最大多数人民的民主权利，而且能够尊重占少数地位的人民的民主权利。民族区域自治制度蕴涵了"合众而一"、"和而不同"的"和合"精神，确立了各民族共同建国和治国的主人翁地位，是当代中华民族凝聚力不断增强的最重要的政治因素之一。基层群众自治制度是我国宪法基本政治制度的有机构成，是人民依法行使民主权利，管理基层公共事务和公益事业，实行自我管理、自我服务、自我教育、自我监督的主要途径。在

---

① 〔美〕罗尔斯：《政治自由主义》，万俊人译，译林出版社，2000，第166页。

协商宪政模式中，借鉴协商理念，将传统文化的本土性知识与当代宪政精神进行融合，特别是微观方面的制度设计，是保证协商宪政运作的结构性框架。如在人民代表大会制度中，可以考虑为了增强人大制度的协商能力，在人大制度中建立代表与代表之间就议案问题进行辩论的议事规则，建立有助于保持代表与选民密切关系的定期协商制度，等等。在加强政协组织建构中，可否建立党际协商机构、政党与人民团体协商机构和社会利益集团之间协商机构三类不同层次的政治协商机构，同时规范协商议题的提出和确定的程序、协商活动的程序、参与协商的程序以及协商成果的报送、处理和反馈的程序等问题，着力将人民政协打造成专门化、专业化的政治协商机构。①在民族区域自治制度和基层群众自治制度中，有更为广阔的空间构建各种形式各种层次的协商机构，以促进公民社会的培育。在公共领域的开放式协商，可以使公民原本的偏好发生变化，更为倾向于公共利益，并能就实现公共利益的最佳手段进行论证，增强立法和决策的正当性和合法性。这不仅有助于包容更多主体的利益诉求，使弱势群体的疾苦众所周知，为公平正义的实现提供了更多可能性；而且，这种为公民福祉建立的协商领域有利于彼此尊重团结，并能及时对复杂性问题作出反应，有助于民众在实践中研习宪政理念，运用宪政原理，养成宪政品格。尤其是在当前的加强和创新社会管理中，有效运用协商机制丰富社会治理手段和方式，有助于提升社会管理水平，构建和谐社会。

最后值得强调的是，"民主的宪法不仅仅是写在纸上的，也是一个实用的工具，能够用来解决具体问题并使政治生活更合理地发挥作用。"②协商宪政的运作还需要一个关键性的制度——违宪审查。"立宪共和制的关键问题在于任何个人能够有权向政府当局就政府是否恰当地行使了其特权提出并实施法律的诉求。立宪政府体制结构中统治者要服从法治，这一结构的根本要

---

① 广东已着手率先在全国制定《政治协商规程》和《办理政协提案规程》，以保障政协委员履行职能的制度化、规范化、程序化。《政治协商规程》结合广东实际，对政治协商的内容、形式、程序等进行明确界定和规范细化，推动政治协商纳入决策程序，推动决策科学化；《办理政协提案规程》则对政协提案办理的程序、要求等进行科学规范，对党委政府主要领导牵头督办提案作出明确规定，并把它纳入领导干部政绩考核内容。参见林亚茗等《书记省长领衔督办政协提案》，2009 年 2 月 5 日《南方日报》；徐林等：《从"明星几点"到"群星璀璨"》，2009 年 2 月 11 日《南方日报》。

② 〔美〕凯斯·R. 孙斯坦：《设计民主：论宪法的作用》，金朝武、刘会春译，法律出版社，2006，第 276 页。

素是，任何个人能够提出诉求的权威，或者任何个人拥有不可剥夺的权利。"① 违宪审查制度不仅能够防范国家权力侵犯公民权利，更重要的是，它能够保证国家的立法机关制定的法律及行政机关的行为，是人民或其代表的意志的体现，能够保持一国的法律在宪法之下的统一性，并且能够使失范的权力得到矫正，促进国家权力的正当行使。由此，违宪审查是现代立宪国家保障人权的基本制度，为维系共和国的健康发展所不可或缺。而这项制度对于协商宪政的正常运作，亦是举足轻重。

---

① 〔美〕文森特·奥斯特罗姆：《复合共和制的政治理论》，毛寿龙译，上海三联书店，1999，第151页。

"先行先试"的宪法学审视

李　昭[*]

【内容摘要】"先行先试"是国家专门对综合配套改革试验区所作的授权。从宪法学的视角对其加以审视，可以发现"先行先试"从一个侧面体现了我国中央与地方之间的相互关系。"先行先试"的权力来源体现了中央对地方的授权；"先行立法权"和"立法变通权"作为"先行先试"最主要的权力内容体现了地方政府的自主性；"先行先试"的前提是坚持国家法制统一的原则，其权力运行体现了中央与地方之间的领导与服从关系。

【关键词】"先行先试"　权力来源　权力内容　权力运行　中央与地方关系

经过近 30 年的改革开放，中国实现了由计划经济体制向社会主义市场经济体制的重大转变，在经济领域取得了令世人瞩目的伟大成就。时至今日，改革已进入攻坚阶段，国家决定在局部地区建立综合配套改革试验区。国务院在《关于推进天津滨海新区开发开放有关问题的意见》（国发〔2006〕20 号）中指出："批准天津滨海新区为全国综合配套改革试验区。要按照党中央、国务院的部署并从天津滨海新区的实际出发，先行试验一些重大的改革开放措施。要坚持重点突破与整体创新相结合、经济体制改革与其他方面改革相结合、解决当地实际问题与攻克面上共性难题相结合，不断拓展改革的领域，通过综合配套改革推进天津滨海新区的开发开放。"[①]

综合配套改革试验区"是国家所建立的以制度创新为主要动力，以全方

---

[*]　天津师范大学法学院副教授，硕士生导师。
① 国务院《关于推进天津滨海新区开发开放有关问题的意见》，国发〔2006〕20 号，2006年 5 月 26 日。

位改革试点为主要特征，对全国社会经济发展带来深远影响的实验区"，① 其优势在于"试验区"能够作为优先试点单位，实践国家确定的有关对外开放和制度创新方面的重大改革举措，即试验区有权根据当地的实际情况，在一些重点领域和关键环节"先行先试"。例如，在《国务院推进天津滨海新区开发开放有关问题的意见》中提到："鼓励天津滨海新区进行金融改革和创新。在金融企业、金融业务、金融市场和金融开放等方面的重大改革，原则上可安排在天津滨海新区先行先试。"又如，在《国务院关于推进重庆市统筹城乡改革和发展的若干意见》（国发〔2009〕3 号）中提到："支持北部新区在土地、财税、金融、投资、外经外贸、科技创新、管理体制等领域先行先试。"② 在国务院对《浙江省义乌市国际贸易综合配套改革试点总体方案》的批复（国函〔2011〕22 号）中指出："义乌要在国际贸易重点领域和关键环节深化改革、先行先试，探索建立新型贸易体制机制。"③ 可以说，"先行先试"是国家出于综合配套改革的需要，选取我国的部分地区进行制度创新的试验，以为其他地区和全国提供成功的范本，为更广范围、更深层次的改革积累经验。

一 "先行先试"的解析

"先行先试"从字面上理解就是率先实行、率先尝试。所谓"先行"，就是先走一步；所谓"先试"，就是先行试验。概言之，"先行先试"就是先走一步、搞试点和试验，对某种制度进行尝试。在这一过程中，改革者们不能因循守旧、按部就班，要"解放思想"，大胆进行改革试验，敢于突破旧有体制，勇于实现制度创新。可以说，试验、突破和创新是"先行先试"中的主要意蕴。

"先行先试"所具有的试验性贯穿于中国改革的整个过程。改革作为一项异常复杂的社会系统工程，风险极大，其本身就是一场试验。邓小平曾经指出："现在我们干的是中国几千年来从未干过的事"，④ 所以"具体章法还

---

① 郝寿义、高进田：《试析国家综合配套改革试验区》，《开放导报》2006 年第 2 期。
② 国务院《关于推进重庆市统筹城乡改革和发展的若干意见》，国发〔2009〕3 号，2009 年 1 月 26 日。
③ 江国成、胡作华：《中国第 10 个综合配套改革试验区在义乌全面启动》，http://www.chinanews.com/gn/2011/05－06/3021733.shtml，2011 年 5 月 6 日。
④ 《邓小平文选》第 3 卷，人民出版社，1993。

要在试验中一步步立起来"。① 既然是试验，就有可能成功，也有可能失败。如若成功，可以将成功的经验在更广范围内大规模推广；如若失败，可以及时总结失败的教训，避免改革走更多的弯路。正是基于改革本身所具有的风险，中国从一开始就确立了渐进式改革的思路，即首先在小范围内试验，然后再大规模推广并最终实现变革。20 世纪 80 年代初设立的深圳、珠海、厦门、汕头四个经济特区便是中国改革最初的"试验区"，近年来纷纷确立的综合配套改革试验区亦不例外，同样充当新一轮改革模式——综合配套改革的"试验田"和"排头兵"。

改革是对既定制度的调整和改良，要改变旧的、不适应社会发展需要的制度，打破原有体制的约束，采用不同于以往的思路和方法解决当前面临的新的社会问题。改革就是要不断尝试，发现实际生活中存在的问题并提出解决问题的方案，是一个不断反复的摸索过程。在探索中，改革者会遇到以前从未遇到过的难题，面临诸多障碍。要想找寻解决问题的方案，就要解放思想，勇于尝试和探索，在此过程中，不可避免地要突破旧有的体制和制度，要摆脱种种束缚，要有所创新。没有突破，就无法创新，没有创新，就无所谓改革，改革的过程就是不断突破和创新的过程。

综合配套改革相对于以往单一的经济领域改革而言，更需要改革者大胆突破，勇于创新。国家允许综合配套改革试验区"先行先试"，目的就在于通过改革突破现有的格局，使政治、经济、文化、社会等各方面处于一个更高更好的发展状态。综合配套改革中的"先行先试"强调的重点在于制度创新，就是要破旧立新，要对原有的不适应社会发展需要的制度加以变革，以新制度取代旧制度；或是根据现实的需要，创建新的制度，弥补原有制度领域的相应空白。只有为改革者提供更加宽松的环境，才能更好地激发改革者们的改革热情和潜在的创造灵感，使其敢于突破目前制度和体制的障碍，摆脱束缚，制定出符合本地方特色的改革创新方案，使改革切实取得成效。

以宪法学的视角审视"先行先试"，不难发现，"先行先试"实际上是国家专门对综合配套改革试验区所作的授权，它从一个侧面体现了我国中央与地方之间的相互关系。

二 "先行先试"的权力来源体现了中央对地方的授权

鉴于改革本身带有极大的风险，为控制风险，改革选取了先在小范围内

---

① 《邓小平文选》第 3 卷，人民出版社，1993。

试验、再大规模推广的具体推进方式，因此，作为中国渐进式改革"试错"的先行者不可能是中央政府，只能是对特定地域享有治理管辖权力的地方政府。中国多年的改革实践证明，地方政府在改革过程中扮演了十分重要的角色，几乎所有意义重大的举措都是首先由地方政府提出并试验的，在试验成功并证明具有普遍性与可行性后，再借助中央政府的力量予以推广，并最终通过法律制度的变迁获得合法的地位。例如，安徽、四川两省的联产承包责任制改革，深圳率先开始实行的土地拍卖，当下的农村土地流转改革，无不证明地方政府在改革中所扮演的"先行先试"的角色，他们在相应领域率先尝试、大胆突破、勇于创新，为中国的制度创新作出了重要的贡献。可以说，中国的地方政府在 30 年来的改革过程中焕发出前所未有的活力，不仅推动了经济的迅速增长，而且是"先行先试"的主要实施者。

作为"先行先试"主要实施者的地方政府，其"先行先试"的权力从何而来？众所周知，"先行先试"来自中央对地方的授权。按照现行宪法的规定，国务院作为最高国家行政机关，有权"编制和执行国民经济和社会发展计划和国家预算"，"有权领导和管理经济工作和城乡建设"。目前进行的综合配套改革是完善经济、金融、行政管理等项制度，促进区域建设和发展的综合性改革，国务院当然有权对其实施的内容、方式和步骤作出决定。因此，在局部地区设立综合配套改革试验区、赋予其"先行先试"的权力，当属国务院的职权范围。

根据相关法理，"拥有制定、变更法律秩序的权力者可以将此项权力授予他人行使。"① 通过授权的方式将自己手中的一部分权力交给他人行使，可以适应改革引起的变化，确立新的权利义务关系，化解改革与法治的冲突。将权力授予一定区域的主体，不会引起整个国家法律秩序的变革，而且也易于对具体权力的运行进行有效的监督。改革如若失败，还可以降低成本和缩小影响范围。正是基于以上考虑，国务院对综合配套改革试验区授予了"先行先试"的权力。

从国务院对综合配套改革试验区授权的具体情况来看，分别采用了几种不同的方式。就最早作为综合配套改革试点地区的上海浦东新区而言，国务院以常务会议的方式批准了上海浦东新区的综合配套改革试点方案。② 《国务院组织法》规定，"国务院工作中的重大问题，必须经国务院常务会议或者

---

① 王诚：《改革中的先行先试权研究》，法律出版社，2009，第 127 页。
② 王诚：《改革中的先行先试权研究》，法律出版社，2009，第 70 页。

国务院全体会议讨论决定"。综合配套改革试验区及其所享有的"先行先试权"重要性不言自明，国务院采用常务会议的方式批准上海浦东新区作为综合配套改革试点地区，完全符合宪法和国务院组织法的相关规定。而天津滨海新区作为国家综合配套改革试验区的地位是国务院通过专门的规范性文件《国务院关于推进天津滨海新区开发开放有关问题的意见》（国发〔2006〕20号）加以确认的。国务院有权"根据宪法和法律，规定行政措施，制定行政法规，发布决定和命令"。关于滨海新区被确定为综合配套改革试验区并被授予"先行先试"权力的上述《意见》，毫无疑问属于国务院发布的决定，该种授权方式同样符合现行宪法的规定。而且，这样的授权方式相对于前述对浦东新区的授权方式而言，其对所授出的权力范围有更为明确的表述，也更易于对授出权力运行的规范和监督。

其他的综合配套改革试验区则是经国务院同意、由国家发展和改革委员会（以下简称发改委）以发布通知的方式批准设立的。具体包括《国家发展改革委关于批准重庆市和成都市设立全国统筹城乡综合配套改革试验区的通知》、《国家发展改革委关于批准武汉城市圈和长株潭城市群为全国资源节约型和环境友好型社会建设综合配套改革试验区的通知》、《国家发展改革委关于批准设立沈阳经济区国家新型工业化综合配套改革试验区的通知》、《国家发展改革委关于设立山西省国家资源型经济转型综合配套改革试验区的通知》。上述规范性文件虽然是以国家发改委的名义发布的，但因事前都必须报经国务院批准同意，因此，国务院才是实质意义上的授权主体。

至于深圳成为综合配套改革试验区的方式则是国家发改委在《珠江三角洲地区改革发展规划纲要（2008～2020）》中以附带方式提出的。国务院和发改委并没有单独发布文件确立深圳为国家综合配套改革试验区，而是在发改委发布的《珠江三角洲地区改革发展规划纲要（2008～2020）》中，在"再创体制机制新优势"中提出经济特区特别是深圳综合配套改革试验区，要制定综合配套改革总体方案，有序推进改革，允许在攻克改革难题上先行先试，率先在一些重点领域和关键环节取得新突破。①《纲要》作为发改委发布的文件，已经过国务院常务会议审议通过，表明国务院仍是深圳综合配套改革试验区"先行先试"权的授权主体。

由上可见，截至目前所设立的各个综合配套改革试验区，说到底都是经

---

① 《珠江三角洲地区改革发展规划纲要（2008～2020）》，http：//politics. people. com. cn/GB/1026/8644751. html，2009年1月8日。

我国最高一级政府——国务院批准设立的。国务院作为我国的中央人民政府，其对地方政府所作的授权完全符合授权法理，也完全符合我国所采取的单一制的国家结构形式。众所周知，单一制国家的突出特征在于中央政府是一切国家权力的拥有者，具有最高的权威。中央政府的政策、命令、授权是地方政府合法性的来源。综合配套改革试验区的地方国家机关在经过中央政府的授权后，为进行综合配套改革而"先行先试"，其合法性不容置疑。可以说，"先行先试"的权力来源直接体现了中央对地方的授权关系。

三 "先行先试"的权力内容体现了地方政府的自主性

从国务院对各综合配套改革试验区的授权来看，并未明确"先行先试"权力的具体内容，而是采用了概括授权的方式。这主要是因为综合配套改革涵盖经济、政治、社会等多重领域，从制度创新的角度讲，"先行先试"要尝试和探索的范围包括土地、财税、金融、投资、外经外贸、科技、环保等若干方面，所涉及的事权范围相当广泛，很难对其加以界定。另外，"先行先试"本身的性质亦决定，其具体的权力内容恰恰需要通过改革者的率先尝试来摸索，如果授权者事先对"先行先试"了然于胸并详加阐释，便难以称为"先行先试"。退一步讲，明晰"先行先试"的权力内容，还有可能产生负面效果，即有可能束缚改革者的手脚，不利于其大胆地试验和创新，如若这样，也就背离了国务院授权综合配套改革试验区"先行先试"的初始目的。在"先行先试"的权力内容无从界定的情况下，我们只有从现实出发，结合各综合配套改革试验区的"先行先试"实践，来阐释"先行先试"具体的权力内容。有人认为，"先行先试"由于在授权时并不明确，所以其具体内容在很大程度上有赖于被授权的改革者对该项权力的认知和使用。笔者以为，"先行先试"的权力内容应当按照法治国家的相关原则予以确定。

从第一个综合配套改革试验区——浦东新区的设立到目前已有的 10 个综合配套改革试验区的实践来看，地方政府在运用"先行先试权"推出一项或几项试验性或创新性的举措时，总是以制定相应的规范性文件作为行动的依据。尽管在一些场合这样的规范性文件是否具备合法性值得商榷，但作为执行性行政措施前提的书面的抽象性规定仍然客观存在，并且不可或缺。[1]如上海市人民代表大会常务委员会在 2007 年 4 月 26 日通过的《关于促进和保

---

[1]　王诚：《改革中的先行先试权研究》，法律出版社，2009，第 35 页。

障浦东新区综合配套改革试点工作的决定》中指出："在坚持国家法制统一原则和本市地方性法规基本原则的前提下，市人民政府和浦东新区人民政府可以就浦东新区综合配套改革制定相关文件在浦东新区先行先试，并报市人民代表大会常务委员会备案；浦东新区人民代表大会及其常务委员会可以就推进浦东新区综合配套改革试点工作作出相关决议、决定，并报市人民代表大会常务委员会备案。""市人民代表大会常务委员会根据实际情况，适时制定相关地方性法规，进一步支持和保障浦东新区进行综合配套改革试点。"① 可以说，"先行先试权"在实际运用过程中首先表现为"先行立法权"。

所谓"先行立法权"是指在综合配套改革过程中遇到新问题，现有的法律、行政法规、地方性法规、规章和其他规范性文件没有规定，而由地方国家机关先行制定相应规范的权力。其目的旨在以立法的形式，推出改革措施，为改革提供法制保障。"先行立法权"的存在主要是基于国家法律体系尚不完备，中央相关立法处于空白状态，而地方却对某一方面的社会关系急需调整和规范，此时便由地方国家机关先于中央而制定相应的法律规范，其可谓综合配套改革试验区在立法领域的"先行先试"。在地方立法的理论中，相对于上位法的空白，地方所进行的带有创制性的立法被学者称为"先行立法权"。② 但笔者此处所讲的"先行立法权"在内容上更为宽泛，它不仅包括拥有地方立法权的地方权力机关（即省、自治区、直辖市和较大的市的人大及其常委会）制定地方性法规的权力，还包括不享有地方立法权的综合配套改革试验区（诸如浦东新区、滨海新区等）的权力机关及行政机关制定法律规范性文件的权力。对于前者，现有规范层面有着直接的法律依据，《立法法》第 64 条第 2 款第 1 句明确规定："除本法第八条规定的事项外，其他事项国家尚未制定法律或者行政法规的，省、自治区、直辖市和较大的市根据本地方的具体情况和实际需要，可以先制定地方性法规。"对于后者，虽然在现有规范层面找不到直接的依据，但基于综合配套改革的需要，完全可以通过专门的授权，赋予综合配套改革试验区的地方国家机关制定相应规范的权力。事实上，我国多年的改革实践中早已有过成功的先例。在改革开放初期，全国人民代表大会对作为最先实行改革开放的"试验田"——经济特区专门授权，赋予其制定法律规范性文件的权力，确立了一系列重要的改革

① 《上海市人民代表大会常务委员会〈关于促进和保障浦东新区综合配套改革试点工作的决定〉》，2007 年 4 月 27 日第 2 版《解放日报》。
② 参见于兆波《从〈立法法〉看地方先行立法权》，《法学论坛》2001 年第 3 期。

措施，保障了改革的顺利进行。笔者以为，国务院对综合配套改革试验区授予"先行立法权"，恰恰是参考和借鉴了最高权力机关对经济特区授权立法的做法。因此，综合配套改革试验区"先行先试"的权力内容包括"先行立法权"当属无疑。

综合配套改革试验区"先行先试"的权力内容除了包括"先行立法权"以外，从综合配套改革试验区"先行先试"的实践中还反映出另外一项权力，即"立法变通权"。所谓"立法变通权"，是指在上位法已有相关规定的情况下，为了适应某些地方的特殊需要，由地方权力机关在不违背上位法规定的前提下，对上位法作出变通规定的权力。其目的是为了更好地适应特殊地区的特殊情况，做到"特事特办"。例如，我国针对少数民族聚居的地方实行民族区域自治制度，为了保证少数民族人民真正实现当家作主、管理本民族内部地方性事务的权利，从《宪法》到《民族区域自治法》均规定民族自治地方的自治机关享有广泛的自治权，《立法法》则将其享有的立法方面的权力更具体地表述为："民族自治地方的人民代表大会有权依照当地民族的政治、经济和文化的特点，制定自治条例和单行条例"（第66条第1款）；"自治条例和单行条例可以依照当地民族的特点，对法律和行政法规的规定作出变通规定"（第66条第2款）。据此，法律确立了民族自治地方的自治机关享有"立法变通权"，这主要是基于少数民族的特殊性而规定的。为了保证民族自治地方的自治机关能正确行使法律赋予的"立法变通权"，《立法法》还特别对其作出了限制性的规定，即变通规定"不得违背法律或者行政法规的基本原则，不得对宪法和民族区域自治法的规定以及其他有关法律、行政法规专门就民族自治地方所作的规定作出变通规定"（第66条第2款）；与此同时，还明确了变通后的法律规范的效力范围，即"自治条例和单行条例依法对法律、行政法规、地方性法规作变通规定的，在本自治地方适用自治条例和单行条例的规定"（第81条第1款）。作为综合配套改革"试验田"的各个综合配套改革试验区，虽然与民族自治地方存在诸多不同，但其自身的特殊性决定"特事特办"的原则也是完全适用的。尤其是综合配套改革试验区所享有的"先行先试"的权力，使改革者在实践中为了达到制度创新的目的，经常会突破现有法律的规定。正视综合配套改革的现实，赋予改革者相应的"立法变通权"，可以为其实施的改革举措提供更大的立法空间，这会在一定程度上缓解改革与法制的冲突，从根本上推动改革的不断前行。基于此考虑，毫无疑问"立法变通权"也是综合配套改革试验区"先行先试权"的应有内容。改革初期最高国家权力机关对经济特区在立法方面的特别授权也为此提供了重要的佐证。时至今日，《立法法》已经从规范层面正式确立了经济特区所享有的"立法变通权"。同样基于保障该项权力的运行符合法制统一原则的要求并体现"特事特办"的精神，《立法法》规定："经济特区所在地的省、市的人民代表大会及其常务委员会根据全国人民代表大会的授权决定，制定法规，在经济特区范围内实施"（第65条）；"经济特区法规根据授权对法律、行政法规、地方性法规作变通规定的，在本经济特区适用经济特区法规的规定"（第81条第2款）。

上述"先行立法权"和"立法变通权"共同构成"先行先试"最主要的权力内容，为综合配套改革试验区的地方国家机关所享有，反映出我国中央与地方关系的突出变化。在1979年《地方组织法》出台之前，我国的立法权统一归中央行使，地方政府没有立法权，完全听命于中央，自主性较为欠缺。在1979年《地方组织法》通过之后，从《宪法》、《地方组织法》到《立法法》都确认了省级人大及其常委会、较大的市的人大及常委会有制定地方性法规的权力，同级人民政府有制定规章的权力，从而赋予了地方国家机关的立法权。现如今，综合配套改革试验区被允许"先行先试"，其中具体的权力内容相较一般性的制定地方性法规和规章的权力，进一步扩大了地方政府的权限范围，使地方政府的自主性不断增强。正如有学者所言，"先行先试"最吸引人之处，便是以"试验"的名义向地方让渡了中央的部分职权，使地方在完善市场经济体制的探索中拥有更大的自主权。[1]

四 "先行先试"的权力运行体现了中央与地方间的领导与服从关系

"先行先试"因其本身试验、突破和创新的特质，极有可能触动现有的法律秩序和制度安排，因此，在有关综合配套改革试验区的规范性文件中，为"先行先试"设置了必要的前提。例如，上海市人民代表大会常务委员会在2007年4月26日通过的《关于促进和保障浦东新区综合配套改革试点工作的决定》中指出："在坚持国家法制统一原则和本市地方性法规基本原则的前提下，市人民政府和浦东新区人民政府可以就浦东新区综合配套改革制定相关文件在浦东新区先行先试，并报市人民代表大会常务委员会备案。"[2]

---

[1] 沈翀、皮曙初：《国家"试验新区"之争》，《瞭望》2007年第13期，第14页。

[2] 《上海市人民代表大会常务委员会〈关于促进和保障浦东新区综合配套改革试点工作的决定〉》，2007年4月27日第2版《解放日报》。

又如，重庆市人民代表大会常务委员会于 2007 年 9 月 28 日通过的《重庆市人民代表大会常务委员会关于保障和促进统筹城乡综合配套改革试验工作的决定》中规定："在坚持国家法制统一原则的前提下，授权市人民政府可以就统筹城乡规划建设与管理、统筹城乡产业发展、统筹城乡基础设施建设、统筹城乡社会事业发展、统筹城乡劳动就业与社会保障等综合配套改革试验重大事项制定相关文件，进行改革试验，并报市人民代表大会常务委员会备案。"① 由上可见，"先行先试"的基本前提就是要"坚持国家法制统一的原则"。

中国采取的是单一制的国家结构形式，法制统一的原则历来被强调。法制统一，最为重要的是立法统一，即所有的法律规范性文件都必须与宪法保持一致；各类法律规范性文件之间应当相互协调，不能相互矛盾；下位法不得违反上位法的规定。我国现行宪法及《立法法》通过一系列条文的规定，确立了法制统一原则。现行宪法第 5 条第 2、3 款明确规定："国家维护社会主义法制的统一和尊严。""一切法律、行政法规、地方性法规都不得同宪法相抵触。"《立法法》中具体规定了法的效力位阶，"法律的效力高于行政法规、地方性法规、规章。行政法规的效力高于地方性法规、规章"（第 79 条）；"地方性法规的效力高于本级和下级地方政府规章。省、自治区的人民政府制定的规章的效力高于本行政区域内的较大的市的人民政府制定的规章"（第 80 条）。《立法法》还就法律冲突的解决作出了相应规定，对于下位法违反上位法规定的，由有关机关依照法定的权限予以改变或者撤销（第 87 条第 2 项）。全国人民代表大会常务委员会有权撤销同宪法、法律和行政法规相抵触的地方性法规（第 88 条第 2 项）；国务院有权改变或者撤销不适当的部门规章和地方政府规章（第 88 条第 3 项）；授权机关有权撤销被授权机关制定的超越授权范围或者违背授权目的的法规，必要时可以撤销授权（第 88 条第 7 项）。宪法和《立法法》的上述规定充分体现了"坚持国家法制统一的原则"。

综合配套改革试验区虽然经国务院授权可以"先行先试"，但其在立法方面的"先行先试"一定要遵循相关法规及规范性文件的规定，即要"坚持国家法制统一的原则"，这是国家允许各个综合配套改革试验区"先行先试"必不可少的前提。具体而言，综合配套改革试验区出台的改革方案及具体措

---

① 王君宏：《重庆出台决定，保障和促进统筹城乡综合配套改革》，http://npc.people.com.cn/GB/6370236.html，2007 年 10 月 12 日。

施，不论是以先行立法的形式表现出来，还是以变通规定的形式加以确认，都必须与国家的宪法、法律和行政法规保持一致，不能发生抵触，也不能违反其他相应的法律规范性文件，这是衡量综合配套改革试验区"先行先试"合法性的重要标准。

为了确保综合配套改革试验区的"先行先试"能在遵循"坚持国家法制统一原则"的前提下运行，相关的规范性文件还按照法治的原则对地方政府行使先行先试权提出了明确要求。例如，天津市人民政府于 2008 年 3 月 28 日发布了《天津滨海新区综合配套改革试验总体方案》，该方案中提出了要"依法进行改革试验"，"滨海新区综合配套改革试验要遵守国家法律、法规，符合国家产业政策的要求。综合配套改革试验内容超出国家有关规定的，由天津市人民政府依法定程序报请审批；法律、法规没有规定的，由天津市人大常委会制定法规或者由天津市人民政府制定规章，予以规范。"① 体会其中的精神，天津滨海新区综合配套改革试验，连同其他综合配套改革试验区的改革，都要遵守国家法律、法规的规定，坚持做到依法进行。

应该明确，国务院在授予综合配套改革试验区"先行先试"的权力时，并没有涉及权力的具体行使方式，但这并不代表权力的行使不需要受到法律的约束，也不意味着地方政府可以自行其是，随意行使中央政府赋予的"先行先试"的权力。"坚持国家法制统一原则"的前提本身已经蕴涵着"先行先试"应在法治的轨道中运行，如要求综合配套改革试验区的地方国家机关就综合配套改革制定的相关文件向有关国家机关"备案"，即体现了法治原则对行使"先行先试"权力的约束和限制，也是中央对地方立法进行监督的一种具体方式。各国经验表明，立法控制是中央控制地方的最为重要的手段。中央直接掌握国家的最高立法权，最高立法机关的立法在全国有效，地方政府必须遵守，等等，都是中央控制地方立法的具体表现。因此，上述"先行先试"的前提——"坚持国家法制统一原则"说到底即是要求地方政府必须服从中央政府的统一领导，它直接体现了我国单一制国家结构形式下中央领导地方、地方服从中央的相互关系。

五 余论

回顾我国自新中国成立后 60 余年的历程，可以看出，尽管地方政府的

---

① 《关于印发天津滨海新区综合配套改革试验总体方案的通知》，http://www.tj.gov.cn/zwgk/wjgz/szfwj/200804/t20080415_52650.htm，2012 年 7 月 29 日最新访问。

立法权从无到有，且范围不断扩大，但地方的立法权是否享有以及所享权力的大小，完全取决于中央政府，取决于中央政府是否对地方政府"授权"或"放权"。可以说，在中央与地方的关系上，地方受制于中央，中央掌握着处理与地方相互关系的主动权和决定权。多年的实践表明，中央既可以"授权于地方"，也可以"收权于中央"。中央的"授权"或"放权"，往往都是根据形势的需要对地方所作的让步，并非源于宪法有关中央与地方权限划分的明确规定。国务院授予综合配套改革试验区"先行先试"的权力，恰恰是出于综合配套改革的需要而为之，如此做法，不尽符合宪法学有关中央与地方分权的基本原理。

在肯定"先行先试"所具有的积极意义的同时，亦应看到，国务院对综合配套改革试验区所作出的"先行先试"的授权，仍然局限于我国传统意义上的中央与地方关系，与学者们多年来期盼的中央与地方关系的法治化尚存较大距离。笔者认为，处理我国中央与地方的关系，不应仅仅停留于宪法过于笼统的规定（"中央和地方的国家机构职权的划分，遵循在中央的统一领导下，充分发挥地方的主动性、积极性的原则"），而应在宪法中进一步明确中央与地方权限的划分，并通过制定"中央与地方关系法"，将两者的事权划分细化，即用法律来规定中央和地方各自的事务管理范围和拥有的具体权力，从而实现中央与地方关系真正意义上的法治化。

社会管理创新背景下检察监督的拓展

——以对创制性行政过程的监督为例

王　声*

【内容摘要】深入推进社会管理创新是检察机关三项重点工作之一。检察机关通过履行法律监督职能确保公共权力沿着法治轨道运行，从而成为社会管理创新的建设者和保障者。在此背景下，将创制性行政过程纳入检察机关的监督范畴是拓展检察监督、盘活检察机关行政监督机能、实现法治政府的基本要求。

【关键词】社会管理创新　检察监督　创制性行政过程

社会管理创新是指在现有社会管理的条件下，运用现有的资源和经验，依据政治、经济和社会的发展态势，尤其是依据社会自身运行规律乃至社会管理的相关理念和规范，对现行社会管理理念、方法和机制进行改造、改进、改革，构建新的社会管理机制和制度，健全社会管理体系，以实现社会管理目标及一系列活动的过程。① 深入推进社会管理创新是当前全国政法机关三项重点工作之一。作为履行国家法律监督职能的检察机关，通过对公共权力的约束和监督，保证其沿着法治的轨道运行而实现对社会的管理。在此新形势下，检察机关如何以改革的思路和创新的方法拓展检察监督，成为社会管理创新中的建设者和保障者是一个值得探索的课题。本文以创制性行政过程的监督为例，论证将创制性行政过程纳入检察监督范畴的正当性，寻找检察机关监督创制性行政过程的法理依据，并提出监督的程序构想，试图将此作为检察监督拓展的路径之一，为检察机关参与社会管理创新提供有益启示。

＊　中国社会科学院法学研究所博士后。
①　杨建顺：《社会管理创新的内容、路径与价值分析》，2010 年 2 月 2 日《检察日报》。

一 检察机关监督创制性行政过程的正当性

创制性行政过程，即行政主体依职权作出的在一定范围内具有普遍约束力的行政方式及其过程。它包含了传统的抽象行政行为，但相对于抽象行政行为而言，其外延更为宽广，主要包括：（1）行政立法过程，即国家行政机关依照法律规定的权限和程序，制定行政法规和行政规章的活动及其过程；（2）行政决定和命令过程，即具有普遍约束力的决定和命令的创制活动及其过程，意指行政机关（包括国务院和地方各级人民政府）针对不特定对象发布的能反复适用的行政规范性文件等活动及其过程；（3）行政规划过程，即行政主体为了实现特定的行政目标，而作出的对行政主体具有约束力、必须采取具体措施在未来一定期限内予以实现的、关于某一地区或某一行业事务的部署与安排的活动及其过程；（4）行政决策过程，即国家行政机关基于预定目标与具体情势的考量，针对所要解决的问题或处理的事务而拟定行动策略和抉择行动方案的活动及其过程。它具有国家强制性、权威性和社会性。

作为创制性行政过程产物的各类行政规范、命令、规划以及决策，广泛地作用于公民社会，并成为影响公民生活最为主要的公权因素之一。为此，加强对创制性行政过程的监督成为中国行政法治建设的当务之急。其中，检察监督成为这种监督体系中最基本的环节。

（一）创制性行政过程的侵害性需要规制

违法创制性行政过程不仅会对不特定的多数人的合法权益造成侵害，如因"孙志刚"事件而废除的《城市流浪乞讨人员收容遣送办法》①，乔占祥律师以春运火车票涨价违法为由而诉的有关涨价的《通知》②；而且也会对社

---

① 2003年3月，年轻的大学毕业生孙志刚在广州收容遣送站被殴打致死。同年5月，俞江等3名法学博士联名上书全国人大常委会，要求对国务院制定的《城市流浪乞讨人员收容遣送办法》进行合法性审查。迫于舆论压力，6月，国务院正式废除了实施20余年的收容遣送制度。

② 2001年4月，律师乔占祥在春运期间乘坐火车，购买了涨价的火车票。随后，他以铁道部关于春运火车票涨价的有关《通知》未经国务院批准，也未组织听证，并损害其利益为由，将铁道部告上法庭，却终审败诉。次年，铁道系统在此案的推动下开始对价格变动进行听证。

会公共利益产生侵害，如破坏自然景观的"紫金山观景台"①、影响市民居住环境和安全的 PX 项目②等。有关数据显示，从 2003 年到 2005 年 8 月，全国省级人民政府共收到报送备案的规范性文件 9745 件，经审查发现存在违反上位法规定的 623 件。③ 另据不完全统计，违法或不当的规范性文件占全部备案规范性文件的 10% 左右。按照各级政府和所属部门发布的规范性文件每年应当在 30 万件的数量估计，④ 全国每年发布的违法或不当的规范性文件应当在 3 万件左右，其数量之巨、危害之大难以想象。

行政过程是行政权运行的动态体现，行政权以行政过程为载体而得以行使。因此，违法的创制性行政过程实质上是行政权的违法行使。英国史学家阿克顿说："权力导致腐败，绝对的权力导致绝对的腐败。"⑤ 法国孟德斯鸠说："一切有权力的人都容易滥用权力，这是万古不易的一条经验。有权力的人们使用权力一直到遇有界限的地方才休止。"⑥ 行政权天生具有扩张性，享有权力的人总是在想方设法地攫取更多的利益。政府工作人员"在政治身份方面虽然留意谋取公共福利，但他同样会谋取他自己以及他的亲属和亲友的私人利益"，"在大多数情况下，当公私利益冲突的时候，他就会先顾个人的利益，因为人们的感情力量一般来说比理智更为强大"，⑦ 我们没有理由将

① 2001 年，东南大学的两位教师因南京市中山陵园管理局在风景区兴建"紫金山观景台"严重破坏了自然景观，向南京市中级人民法院提起侵权之诉，要求市规划局撤销"紫金山观景台"规划许可。法院经审理，以案件在辖区内未造成重大影响为由，裁定驳回起诉。但其后，规划局迫于舆论压力拆除了观景台。
② 2007 年 3 月，全国政协委员、中国科学院院士、厦门大学教授赵玉芬发起并联合 105 名全国政协委员共同签名的"关于厦门海沧 PX 项目（对二甲苯化工项目）迁址建议的提案"在两会期间公布，提案认为：PX 项目离居民区太近，如果发生泄漏或爆炸，厦门百万人口将面临危险。但国家相关部门和厦门市政府非但未采纳这项提案，反而加快了 PX 项目的建设速度。同年 6 月 1 日，数千名激愤的厦门市民以"散步"的名义，上街游行，反对在厦门建设 PX 化工项目。迫于压力，厦门市政府宣布，暂缓建设海沧 PX 项目，并将根据对厦门市全区域总体规划环评的结论进行决策。最终，PX 项目迁建了，厦门市的环境得以挽救。
③ 国务院法制办 2005 年 8 月 18～19 日在江西省南昌市召开规范性文件备案审查工作座谈会，http://www.chinalaw.gov.cn/article/dfxx/dffzxx/Bj/2005 - 09 - 02，2012 年 8 月 8 日最新访问。
④ 赵振华：《我国规范性文件的现状与问题》，周汉华主编《行政复议司法化：理论、实践与改革》，北京大学出版社，2005，第 168 页。
⑤ 〔英〕阿克顿：《自由与权力》，侯建、范亚峰译，商务印书馆，2001，第 286 页。
⑥ 〔法〕孟德斯鸠：《论法的精神》，张雁深译，商务印书馆，1982，第 154 页。
⑦ 〔英〕霍布斯：《利维坦》，黎思复、黎廷弼译，商务印书馆，1985，第 44 页。

他们看成超凡至圣的神造物，他们并非"经济阉人"。公共利益的代表者尚且如此，政府同样也会犯错，也常常不顾公共利益而追求其官僚集体自身的私利，导致政府实有职能的扭曲。① 厦门市政府不顾政协委员的提案，反倒加速 PX 项目进程，对这个总投资 108 亿元人民币、号称厦门"有史以来最大工业项目"表现出极大热情；铁道部在部门利益的驱使下擅自涨价的行为，都是行政权滥用的生动诠释。

"要防止滥用权力，就必须以权力约束权力"，② 使相互分离的权力之间形成制约关系，不能由任一权力占据绝对优势，以保持国家各部分权力总体平衡。人类社会发展的历程表明，从古罗马的元老院，到现代社会的议会制，从无序的武力征服到有序的政府管理，从人治到法治，无不伴随着对权力的监督与制约。因此，要防止行政权的异化，确保创制性行政过程的合法有序就必须对创制性行政过程进行监督。

（二）"监督行政"是检察机关的当然职责

检察机关对创制性行政过程进行监督实质上就是检察机关的法律监督权与行政权的交互作用，"反复进行而形成超博弈的非合作均衡"③，以不断接近权力制衡理论的预期效果。从我国的宪政体制来看，"监督行政"乃法律监督部门的当然职责。

在我国的政权组织形式下，检察机关代表国家，并以国家名义专门享有对行政权、审判权进行监督制约的法律监督权。因此，法律监督权是为制约权力而生，是国家权力制约国家权力模式的一种实现形式，它担负着保障宪法和法律完整统一实施的职责，使行政机关和审判机关的一切行动统一到权力机关的意志上来；④ 它贯彻于法律制定、适用和遵守的全过程；它的根本落脚点在于保障公民权利，维护公平正义。具体说来：从权力内涵来看，检察监督不是一种一元性的权力，而是一种权力束，是由一系列权力组成的集合，其包含公诉权、职务犯罪侦查权、批准逮捕权、审判监督权等——这些

---

① 参见〔美〕理查德·A. 波斯纳《法律的经济分析》，蒋兆康译，中国大百科全书出版社，2003。
② 〔法〕孟德斯鸠：《论法的精神》，张雁深译，商务印书馆，1982，第 154 页。
③ 韦森：《哈耶克式自发制度生成论的博弈论诠释》，《中国社会科学》2003 年第 6 期。
④ 庄建南等：《民事抗诉属性研究》，张智辉主编《中国检察》（第 6 卷），北京大学出版社，2004，第 8 页。

权力的共同属性是法律监督性①——检察机关通过行使这些法定职权来发挥对审判权和行政权的法律监督功能；从权力外延来看，检察机关的法律监督借助严格的程序实现监督和制约权力的目标，并不仅仅为诉讼制度而存在，即法律监督权不仅包含对诉讼活动的监督，还包含对法律实现全过程的监督，它"既通过诉讼形式进行监督，也通过非诉讼形式进行监督"。② 正是这一职能的特殊性，使法律监督能够在权利和权力、权力和权力的纷争解决方面发挥作用。

（三）"行政的检察监督"是中国行政法治的内在要求

行政法治是现代法治的核心内容，它要求行政权力的运行受到监督和制约，行使权力的主体必须依法承担违法行政所产生的法律责任。而"行政的检察监督"正是通过检察机关对行政过程的监督来达到对行政权的规制，这既是行政法治的内在要求，也是依法行政的重要保障。具体来说，就检察监督的实现方式而言，检察机关在权力机关的意志和授权下具体负责对行政权、审判权的监督，以个案的形式对行政过程实施法律监督。而且，检察官是经过职业法律训练，受法律拘束的群体，其具有发现行政过程违法、提出法律解决方案的职业素养和监督能力。这就保证了创制性行政过程能够受到切实可行的监督。就检察监督的法律效力而言，检察机关是依据法律规定的方式、程序对违法的创制性行政过程进行程序意义上的监督，而非对违法行政过程进行实体内容上的纠正。这种检察监督所具有的程序性法律效力决定了它是属于"最小危险的部门"，③ 便于积极主动地行使权力。这就有利于创制性行政过程受到合法的全方位监督。就检察监督的主体性质而言，检察机关既不是行政过程的参与者和实施者，也不是行政过程的直接得益者和受害

---

① 朱孝清：《中国检察制度的几个问题》，《中国法学》2007 年第 2 期。
② 王桂五：《中华人民共和国检察制度研究》，法律出版社，1991，第 256 页。
③ 美国学者认为，立法权、行政权、司法权中，司法权对社会的危险最小，它既不配置社会资源，又不创设公民的权利、义务，其根本的权力仅仅是适用法律的判断权。"美国政府中危险最小的部门，却是人类所知道的那家权力异乎寻常地巨大的法院。合众国最高法院最引人注目的权力，乃是其对政府——包括联邦和州——其他分支之行为进行合宪性审查（constitutional review）的权力。最可怪者，此种被称为司法审查的权力，却在宪法上并无任何明文规定。"它通过联邦最高法院的判例确立其在宪法中的位置。笔者认为，"最小危险部门"原理更符合中国检察权的特性。参见〔美〕亚历山大·M. 比克尔《最小危险部门——政治法庭上的最高法院》，姚中秋译，北京大学出版社，2007，第 1 页。

者，其对违法行政过程的监督是站在国家和社会公益的立场之上，并独立履行监督职责，正如德国刑事诉讼法学者 Eb. Schmid 曾说，"检察官乃国家法意志的代表人，而非政府的传声筒"。① 这就有助于创制性行政过程受到客观、公正的监督。

二 检察机关监督创制性行政过程的法理依据

制度作为人类行为的结果，"是一系列被制定出来的规则、守法程序和行为的道德伦理规范"，是以宪法、法律、法规为基本内容的正式规则和以习俗、传统、习惯等形式存在的非正式规则交错构成的一整套的规则体系及其实现机制，② 是不同社会群体为了存续和利益分配而交互作用的过程。创制性行政过程检察监督不仅要从宪法、法律等正式规则中找到依据，还必须考虑其是否具有与检察机关运行的内部业务规则之间衔接的可能性。惟其如此，才能论证创制性行政过程检察监督在宪政架构下的生存空间。

（一）宪法依据

从宪法文本来看，现行宪法第 129 条规定："中华人民共和国人民检察院是国家的法律监督机关。"第 131 条规定："人民检察院依照法律规定独立行使检察权，不受行政机关、社会团体和个人的干涉。"第 133 条规定："最高人民检察院对全国人民代表大会和全国人民代表大会常务委员会负责。地方各级人民检察院对产生它的国家权力机关和上级人民检察院负责。"据此可以认定：（1）法律监督制度是国家制度的一项重要内容，确立了人民检察院在履行法律监督职责中的特殊地位；（2）检察机关在履职中有制度保障及独立性的优势；（3）法律监督权是来源于权力机关的授予，表明了检察机关在权力体系中的地位。上述规定意味着检察机关要对国家法律实施的各个领域进行监督职责，既要监督司法机关的执法行为，又要监督行政机关的执法过程；这既符合立法之本意，又为检察机关对创制性行政过程监督提供了根本法之依据。

---

① 《维基百科·检察官》，http://zh. wikipedia. org/wiki/% E6% AA% 2% E5% AF% 9F% E5% AE%98，2012 年 8 月 8 日最新访问。
② 〔美〕道格拉斯·C. 诺斯：《经济史中的结构与变迁》，陈郁等译，上海三联书店、上海人民出版社，1994，第 225～226 页。

如果说，宪法的规定侧重于原则性、抽象性，那么作为宪法性法律的《立法法》中的规定则侧重于具体性、操作性。《立法法》第90条规定，最高人民检察院认为行政法规同宪法或者法律相抵触的，可以向全国人民代表大会常务委员会书面提出进行审查的要求，由常务委员会工作机构分送有关的专门委员会进行审查、提出意见。该条规定就明示了最高人民检察院监督创制性行政过程的具体方式。

（二）法律依据

在宪法昭示了检察监督的合法性之后，有关创制性行政过程检察监督的法律规范主要体现在《人民检察院组织法》和《检察官法》之中。(1)《人民检察院组织法》第1条、《检察官法》第6条，明确了人民检察院作为法律监督机关的地位，检察官履行法律监督的职责。(2)《人民检察院组织法》第9条、《检察官法》第9条明确了检察机关、检察官行使法律监督权的独立性保障。(3)《人民检察院组织法》第10、21、22条和《检察官法》第12条明确了人民检察院对人大负责、受人大监督。

（三）行政法规和地方性法规依据

《法规规章备案条例》第9条规定，国家机关认为规章及国务院各部门、省、自治区、直辖市和较大的市的人民政府发布的其他具有普遍约束力的行政决定、命令同法律、行政法规相抵触的，可以向国务院书面提出审查建议，由国务院法制机构研究并提出处理意见，按照规定程序处理。由此，检察机关属于国家机关之列，其对创制性行政过程进行监督即属应有之义。

此外，地方性法规在创制性行政过程的检察监督方面已有探索，比如浙江省人大制定的《浙江省地方立法条例》（2001）第76条第1款规定："省高级人民法院、省人民检察院和设区的市人民代表大会常务委员会认为省人民政府制定的规章同宪法、法律、行政法规、省地方性法规相抵触的，可以向省人民代表大会常务委员会书面提出进行审查的要求，由常务委员会工作机构分送法制委员会和有关专门委员会进行审查、提出意见。"

（四）检察机关内部业务工作规则

最高人民检察院发布的《人民检察院民事行政抗诉案件办案规则》第48条规定了人民检察院可以向有关单位提出检察建议的三种情形。这说明检察机关在办案时发现行政机关违法行政情况的，可以通过提出检察建议的形式，促使行政机关自行纠正。该条规定不仅表明检察机关监督行政机关创制性行政过程的合法性，而且明确了检察监督的形式。

三　检察机关监督创制性行政过程的程序构想

制度的正当性取决于"正当化的过程"以及为了达到这一目的而运用的"说服的技术"。① 检察监督能否奏效，不仅需要在法理基础上站得住脚，在规范依据上靠得住，而且还需要将其加以正当化地运用。因此，检察监督的程序必不可少。从人们认识事物的逻辑看，检察监督的推进具有层次性，至少包括发现违法、确认违法、纠正违法、惩罚违法等若干阶段。由于每个阶段的参与主体及要实现的任务各不相同，检察监督的具体体现也各不相同。

（一）检察监督启动程序

在发现违法阶段，主要是检察监督的启动程序。创制性行政过程检察监督的启动应该包括两种情形：依申请的启动和依职权的启动。② 依申请启动，是指当公民、法人或其他组织向检察机关控告、申诉反映某行政法规、行政规章的制定，行政决定、命令的发布，以及行政规划、行政决策等创制性行政过程违法，要求检察机关予以监督时，检察机关初步审查，认为该行政过程可能违法的，应当予以立案审查，启动监督程序。依职权启动，是指检察机关在工作中发现某创制性行政过程可能违法的，可依职权予以立案调查，启动监督程序。一般说来，对行政机关编制行政规划、行政决策等过程应依申请启动为原则，以依职权启动为例外。这是由于行政机关编制行政规划、作出行政决策等不仅数量浩大，专业操作较强，而且基于行政管理的效率所需，检察机关不便主动介入监督。对行政机关制定行政法规、行政规章及发布其他具有普遍约束力的行政决定、命令等过程两种启动程序均可。

（二）检察监督审查程序

审查程序是开展检察监督的必要环节，是检察机关发现违法创制性行政

---

① 〔英〕麦考密克、〔奥〕魏因贝格尔：《制度法论》，周叶谦译，中国政法大学出版社，1996，第5页。

② 傅国云：《行政抽象命令的检察监督》，《浙江大学学报》（人文社会科学版）2009年第4期。

过程的实体真相，从而有针对性地纠正违法的题中之义。通过审查程序对创制性行政过程予以评价，认定其是否违法，为确定是否继续监督、采用何种程序追究相关责任提供依据。因此，审查程序是检察监督中承上启下的环节。参照《立法法》第87条、《法规规章备案条例》第10条，以及《行政诉讼法》第54条第2款的规定，检察机关对创制性行政过程的监督审查应该主要包括如下方面：（1）是否超越权限、滥用权限；（2）下位法是否违反上位法规定；（3）规章之间或行政措施、决定、命令之间对同一事项的规定不一致，是否应该改变或者撤销一方的或者双方的规定；（4）是否违背法定程序。对于审查的具体方式，一般为书面审查，必要时可以进行调查。检察机关在调查时应能获取相关规范性文本、规划和决策文件，查阅相关制定的依据，要求行政机关协助调查，询问及要求行政机关提供作出行政过程的理由等说明。

（三）检察监督纠正程序

对经审查程序确定行政主体的创制性行政过程违法的，检察机关应当着手推动纠正程序。参照目前司法实践中检察机关发出检察建议和纠正违法通知书的做法，检察机关可以向存在违法过程的行政主体发出检察建议，在检察建议中明确说明行政主体的某项创制性行政过程损害了公共利益并涉嫌违法，建议相关行政主体自行采取措施予以调整。行政主体收到检察建议后，应当在一定期限内予以回复，并可以在回复中进行解释，如果行政主体的解释不能成立，或根本没有予以回复，检察机关最终确定相关行政过程构成违法的，应当再向相关行政主体发出纠正违法通知书，告知其行政过程已正式确认违法，应进行适当调整。相关的纠正违法通知书应当同时抄送立法机关①及违法行政主体的上级行政机关。如果行政主体没有作出合理回复并进行调整的，在发出纠正违法通知书的一定期限内，检察机关将正式进入诉讼程序。检察监督的纠正程序作为检察机关采取诉讼形式的前置程序，既规范和约束了检察机关的下一步诉讼活动，又可以通过非诉讼的监督方式节约法律监督和司法诉讼的成本，并给予行政主体及时调整的充分余地。

---

① 按《立法法》规定，对行政法规存在违法的应呈报最高人民检察院，由最高人民检察院向全国人大常委会提出审查要求。参照上文提到的《浙江省地方立法条例》规定，对地方性规章存在违法的应呈报省、自治区、直辖市级人民检察院，由其向同级人大常委会提出审查要求。

（四）检察监督诉讼程序

经确认行政主体的创制性行政过程违法，而其又拒不更改、调整，涉嫌行政违法失职、渎职达到犯罪程度的，检察机关应进行立案侦查，追究有关人员的刑事责任。[①] 当然，这不是唯一的途径。当行政权运行出现真空地带又危及国家、社会公益时，检察监督责无旁贷，检察机关有责任代表国家和社会公益，以原告资格向法院提起行政公诉。[②] 尽管这在目前立法中尚不明确，司法实践还需要完善，却值得考虑。在设计行政公诉适用的条件上可以适当从严，如必须因违法的行政过程引起了争议；侵害了公共利益；侵害的公共利益无人主张保护；[③] 且在诉讼的条件上设定必要的起诉前置条件。

总之，对创制性行政过程实行检察监督，既可以加强行政外部监督，同时又可以进一步深化人民检察院依据宪法和法律所享有的法律监督权的权力内涵，全面和有效地挖掘我国现行人民代表大会制度的潜力和优势，进一步推进依法行政，全面提升依法治国基本方略贯彻实施的效果。

[①] 值得说明的是，这种方式只适用于行政规划和行政决策过程。

[②] 目前理论家、实务部门对行政公诉的呼声较大，即将提交全国人大常委会审议的行政诉讼法修改稿规定："检察院认为行政规章及其他行政规范性文件违反法律、法规，可以以公益代表人的身份，向法院提起行政诉讼"，参见 2005 年 6 月 27 日第 6 版《检察日报》；在北京大学行政法学者起草的《行政诉讼法修改建议稿》中载有公益诉讼条款，"在无利害关系人的情况下，人民检察院可以直接提起行政公益诉讼"，参见 2012 年 2 月 23 日《检察日报》。

[③] 黄海华：《检察权与行政权的碰撞——论我国行政公诉制度的建立及其理由》，《研究生法学》2002 年第 1 期。

社会管理创新的宪法保障

上官丕亮[*]

【内容摘要】社会管理的创新不能忽视宪法的保障作用。宪法在社会管理创新中的立法指导作用、审查监督作用、执法解释作用，值得重视。社会管理的所有立法必须以宪法所规定的"国家尊重和保障人权"为根本出发点，遵循"人民管理社会事务"以及"确保中央权威，发挥地方积极性"的宪法规定。全国人大常委会应尽快启动现行违宪审查制度，保障社会管理的创新不违宪。行政机关在开展相关社会管理活动以及司法机关在审理有关案件而执行和适用有关社会管理的法律规定时，应当依据宪法上的有关规定及其精神来理解、解释，开展依宪解释，确保社会管理的创新符合并充分贯彻宪法精神。

【关键词】社会管理创新 宪法保障 立法指导 审查监督 执法解释

社会管理创新，第一次是在 2004 年《中共中央关于加强党的执政能力建设的决定》中提出来的："加强社会建设和管理，推进社会管理体制创新。""深入研究社会管理规律，完善社会管理体系和政策法规，整合社会管理资源，建立健全党委领导、政府负责、社会协同、公众参与的社会管理格局。"2007 年党的十七报告再次强调："要健全党委领导、政府负责、社会协同、公众参与的社会管理格局，健全基层社会管理体制。"2006 年 3 月 14 日，十届全国人大四次会议批准的《中华人民共和国国民经济和社会发展第十一个五年规划纲要》专门设立了"完善社会管理体制"一章（第 42 章），明确规定："健全党委领导、政府负责、社会协同、公众参与的社会管理格局，推进社会管理体制创新。"2011 年 3 月 14 日十一届全国人大四次会议通过的《中华人民共和国国民经济和社会发展第十二个五年规划纲要》更是专

---

* 法学博士，苏州大学王健法学院副教授、宪法学与行政法学教研室主任。

门设有一篇"标本兼治 加强和创新社会管理"（第九篇），下设"创新社会管理体制"、"强化城乡社区自治和服务功能"、"加强社会组织建设"、"完善维护群众权益机制"、"加强公共安全体系建设"5 章，强调"适应经济体制深刻变革、社会结构深刻变动、利益格局深刻调整、思想观念深刻变化的新形势，创新社会管理体制机制，加强社会管理能力建设，建立健全中国特色社会主义社会管理体系，确保社会既充满活力又和谐稳定"。显然，在当今中国，社会管理创新不仅是党的要求，而且已经成为国家的重要任务和工作重点。①

虽有的学者认为，社会管理的主体包括政府和社会组织，② 但多数观点认为，社会管理主要是政府对社会的管理，是指政府对除政治、经济以外的各项社会事务（例如劳动就业、社会保障、食品安全、居民住房、安全生产、环境保护、教育、卫生、体育、民政、人口计生、城乡建设等）的管理。③ 随着我国市场经济的发展、风险社会的到来以及和谐社会的建设，过去计划经济时代那种以"单位"和"准单位"为基础构建的"大一统、指令型"④的社会管理体制已经不能适应时代发展的要求了，需要改革，需要创新。"推进社会管理创新，关键是要切实转变政府职能"，"要重点解决政府社会管理职能'缺位'、'越位'、'错位'的问题"。⑤笔者以为，社会管理的创新，主要包括：（1）社会管理范围的创新，原来由政府直接管理而实际上

---

① 值得关注的是，2011 年 9 月中央社会治安综合治理委员会更名为中央社会管理综合治理委员会。参见《周永康在中央社会管理综合治理委员会第一次全体会议上强调，认真贯彻中央决策部署，切实履行各项职责任务，协调各方面力量推动解决社会管理面临的突出问题》，2011 年 9 月 17 日第 1 版《人民日报》。

② 参见丁元竹《社会管理若干理论问题探讨》，《中国社会保障》2007 年第 9 期。

③ 2004 年 2 月 21 日，国务院总理温家宝在省部级主要领导干部"树立和落实科学发展观"专题研究班结业式上讲话时指出："在社会主义市场经济条件下，政府的主要职能是经济调节、市场监管、社会管理和公共服务四个方面。""社会管理。就是通过制定社会政策和法规，依法管理和规范社会组织、社会事务，化解社会矛盾，调节收入分配，维护社会公正、社会秩序和社会稳定。加强社会治安综合治理，保障人民群众生命财产安全。保护和治理生态环境。加强社会管理，必须加快建立健全各种突发事件应急机制，提高政府应对公共危机的能力。"参见温家宝《提高认识 统一思想 牢固树立和认真落实科学发展观——在省部级主要领导干部"树立和落实科学发展观"专题研究班结业式上的讲话》，《国务院公报》2004 年第 12 号。

④ 参见唐钧《市场经济条件下的社会建设和管理》，《前线》2005 年第 10 期。

⑤ 陈福今：《转变政府职能 推进社会管理创新——在首届福建·政府管理高层论坛上的致辞》，《福建行政学院福建经济管理干部学院学报》2005 年第 3 期。

社会可以自我管理的事务交由城乡基层自治组织、社团、行业组织、社会中介组织以及民间组织等社会组织去做，发挥社会组织在社会公共事务管理中的作用；（2）社会管理方式的创新，即使仍由政府管理的事务，也让社会协同合作，让公众参与；（3）社会管理机构的创新，例如"大部制"改革、行政服务中心的创建等；（4）社会管理央地关系的创新，即合理划分中央政府与地方政府在社会管理方面的权责。

"创新不是刻意突破现有宪法和法律的界限，而是更好地维护宪法、执行法律。社会管理创新必须在尊重宪法、法律的前提之下进行，不能违反有效的法律规定。"①社会管理的创新，离不开也不能离开法律的指导、监督以及支持和配合，当然也离不开且不能脱离宪法的指导和监督，社会管理的创新不能忽视宪法的保障作用。

一　宪法在社会管理创新中的立法指导作用

社会管理的创新，在依法治国的今天，当然离不开立法，这不限于全国人大及常委会制定有关社会管理的国家法律，还包括国务院制定有关社会管理的行政法规、各部委制定有关社会管理的部门规章，以及较大的市以上的地方各级人大及其常委会制定有关社会管理的地方性法规、较大的市以上的地方各级人民政府制定有关社会管理的地方政府规章。在进行社会管理创新方面的立法（包括有关社会管理法律的修改）时，我们不应忽视宪法的指导作用，这是因为宪法是国家的根本大法，"一切法律、行政法规和地方性法规都不得同宪法相抵触"（宪法第 5 条第 3 款），宪法是普通法律的立法基础和依据。笔者以为，各级立法机关在进行有关社会管理创新的立法和修法时，特别要注意在以下几方面发挥宪法的指导作用。

（一）社会管理的所有立法必须以宪法规定的"国家尊重和保障人权"为根本出发点

2004 年我国宪法修正案正式将"国家尊重和保障人权"写入宪法（宪法第 33 条第 3 款）。尊重和保障人权，维护人民群众的权益，是国家一切工作的出发点，当然也是社会管理及其创新和相关立法的出发点。

2011 年 2 月 19 日，胡锦涛总书记在省部级主要领导干部社会管理及其

---

① 韩大元：《实现社会管理法治化的路径》，2011 年 8 月 24 日第 12 版《法制日报》。

创新专题研讨班开班式的讲话中强调，社会管理，说到底是对人的管理和服务，涉及广大人民群众切身利益，必须始终坚持以人为本、执政为民，切实贯彻党的全心全意为人民服务的根本宗旨，不断实现好、维护好、发展好最广大人民根本利益。要以人民群众利益为重、以人民群众期盼为念，着力解决好人民最关心最直接最现实的利益问题，始终保持党同人民群众的血肉联系。

2011 年 5 月 30 日，中共中央政治局召开会议，研究加强和创新社会管理问题。会议强调，加强和创新社会管理，要坚持以人为本、服务为先，多方参与、共同治理，关口前移、源头治理，统筹兼顾、协商协调，依法管理、综合施策，科学管理、提高效能的原则，立足基本国情，坚持正确方向，推进改革创新。

上述领导讲话和中央会议关于社会管理要坚持以人为本、以人民群众利益为重的精神体现了国家尊重和保障人权的宪法精神，应当在有关社会管理的立法中得到体现，确保宪法关于国家尊重和保障人权的精神在立法中得到落实。比如，社会管理创新要求将原来由政府直接管理而实际上社会可以自我管理的事务交由社会组织去做，这就要求国家应当尽快加强社会组织方面的立法，包括结社法的制定，改变长期以来由国务院《社会团体登记管理条例》调整乃至限制公民基本权利的状况，首先在立法上落实我国宪法关于公民有结社自由的规定（宪法第 35 条），保障公民的结社自由等基本人权，改进对社会组织的管理，进而充分发挥社会组织在社会公共事务管理中的作用。

（二）社会管理方式的立法必须遵循"人民管理社会事务"的宪法规定

我国宪法规定："人民依照法律规定，通过各种途径和形式，管理国家事务，管理经济和文化事业，管理社会事务"（第 2 条第 3 款），"一切国家机关和国家工作人员必须依靠人民的支持，经常保持同人民的密切联系，倾听人民的意见和建议，接受人民的监督，努力为人民服务"（第 27 条第 2 款）。这些规定是公民参加社会管理的宪法依据，也是创新社会管理，构建社会协同、公众参与的社会管理新体制和新方式的宪法依据。

有关社会管理及其创新特别是构建社会协同、公众参与的社会管理新体制和新方式方面的立法，理应遵循上述宪法规定。正如胡锦涛总书记 2011 年 2 月 19 日在省部级主要领导干部社会管理及其创新专题研讨班开班式的讲话中所强调的：要坚持贯彻党的群众路线，坚持人民主体地位，发挥人民首创精神，紧紧依靠人民群众开创新形势下社会管理新局面。要坚持思想上尊重群众、感情上贴近群众、工作上依靠群众，把群众满意不满意作为加强和创新社会管理的出发点和落脚点。

（三）社会管理机构的立法必须遵循"精简机构"的宪法精神

加强社会管理，并不是强化更不是新增设社会管理的国家机关，而恰恰是减少政府对社会的管理，让社会组织来管理原来许多由政府来管理的事情，所以加强和创新社会管理必须精简机构。在这方面，要遵循宪法上的规定。我国宪法第27条第1款明确规定："一切国家机关实行精简的原则，实行工作责任制，实行工作人员的培训和考核制度，不断提高工作质量和工作效率，反对官僚主义。"为此，在开展社会管理创新的过程中，我们应当注意依照宪法的规定来制定和修改有关社会管理机构的法律，严格遵循宪法的原则规定，下大力气精简社会管理的政府机构。

（四）社会管理央地关系的立法应当遵循"确保中央权威，发挥地方积极性"的宪法规定

目前我国社会管理的问题突出，一个重要原因是中央有关社会管理的政令在一些地方不畅通，而政令不畅通的一个重要根源在于中央与地方的社会管理职责权限划分不明。所以，加强和创新社会管理，必须加强对中央与地方社会管理权限划分的立法，实现社会管理央地关系的法治化。①

在通过立法对社会管理的央地关系进行创新时，务必遵守宪法第3条第4款关于"中央和地方的国家机构职权的划分，遵循在中央的统一领导下，充分发挥地方的主动性、积极性的原则"的规定，明确中央在一些社会管理重大事项的专属管辖权和职责以及地方的自主权，改变当前中央与地方之间的社会管理关系在法律上不明确、不完善的状况，实现中央与地方关系的法治化，既确保中央权威，又维护地方应有的权力和利益，真正发挥"中央和地方两个积极性"。② 在此，为更好理顺中央与地方的关系，建议由全国人大

---

① 上官丕亮：《社会管理央地关系的创新及其宪法保障》，《华东政法大学学报》2010 年第 5 期。

② 毛泽东：《论十大关系》，《毛泽东著作选读》（下册），人民出版社，1986，第729 页。

根据宪法的规定精神专门制定一部《中央与地方关系基本法》。①

二 宪法在社会管理创新中的审查监督作用

没有监督，就没有真正的保障。有关社会管理的立法，既可以大力推进社会管理创新，也可能违背宪法，从而使社会管理的创新偏离正确的方向。我国宪法规定，全国人大及其委员会监督宪法的实施，全国人大有权改变或者撤销全国人大常委会不适当的决定，全国人大常委会有权撤销国务院制定的同宪法、法律相抵触的行政法规、决定和命令，撤销省、自治区、直辖市权力机关制定的同宪法、法律和行政法规相抵触的地方性法规和决议。这就是我国的违宪审查制度。违宪审查制度是监督立法机关有关社会管理创新的立法是否违背宪法有关规定的有效保障，我们应当充分运用。

固然，目前我国的违宪审查制度还存在机构不独立、程序不完善、范围过于狭窄等弊端以及"自己监督自己"的缺陷，我们应当完善现行违宪审查制度。②然而，当务之急是全国人大特别是全国人大常委会尽快启动现行违宪审查制度，将我国的违宪审查工作真正开展起来。在全国积极推进社会管理创新的过程中，全国人大常委会至少应当随时关注并审查监督国务院所制定的有关社会管理的行政法规和地方人大及其常委会所制定的有关社会管理的地方性法规是否同宪法和法律相抵触，违宪必纠，以保障社会管理的创新不违背宪法的规定及其精神，不偏离正确的改革方向。

三 宪法在社会管理创新中的执法解释作用

"只有维护体现先进理念和符合我国社会实际的宪法法律的权威，尊重依据宪法和法律所形成的社会秩序，我国的社会才能够达到长治久安、持续发展进步的目标，人民幸福安定的生活才有保障。因此，严格依法办事实际上就是最大的也是最好的社会管理创新，一切体制、机制和方法上的创新都必须在宪法和法律的框架内进行。"③在目前我国违宪审查制度尚未启动的情

---

① 上官丕亮：《中央与地方关系的法治化值得期待》，《人大研究》2008 年第 2 期。
② 杨海坤、上官丕亮、陆永胜：《宪法基本理论》，中国民主法制出版社，2007，第 357 ~ 359 页。
③ 胡锦光：《社会管理创新不能游离于法律框架之外》，《人民论坛》2011 年第 23 期。

况下，如何保证社会管理创新在宪法的框架内进行呢？其实，没有违宪审查，宪法仍大有可为。宪法可以通过法律解释的路径和方法在社会管理创新中发挥监督和引导作用。宪法中有关社会管理的规定乃至公民基本权利和国家机构的原则性规定是行政机关和司法机关在开展社会管理创新活动而执行有关社会管理法律的解释依据。这是确保社会管理创新既不违宪又充分体现宪法精神的重要保障，也是当下中国宪法发挥作用的重要路径。这一点目前在我国往往被忽视。法律依据宪法而制定，至少在立法时考虑了不与宪法相抵触，但我们在执行法律中理解、解释和适用法律时往往忘记了宪法，不去考虑我们对法律的理解和解释是否符合宪法的基本精神、是否与宪法相抵触，显然这是不妥当的，这一点务必引起我们的注意和改正。

适用法律，首先应当解释法律。"法律适用是以法律解释为前提的，因而法律适用就意味着法律解释，没有法律解释就不可能有法律适用。"①正如德国学者魏德士教授所指出的："一切文本学都有这样一个共识：任何类型的文本如果要为人们所理解，首先要进行解释。这对法律工作意味着：任何法律、具体的法律规定以及受合同约束的协议在能够恰当地适用或执行之前都需要解释。"②显然，执法者（包括司法者）在执行和适用法律时，离不开解释法律。近些年来，我国最高人民法院也开始认识到法院解释法律的重要性，明确指出："在裁判案件中解释法律规范，是人民法院适用法律的重要组成部分。"③在很大程度上，我们可以说，执法者（包括司法者）适用法律的过程就是解释法律的过程。

既然执法者在适用法律时必须解释法律，那么执法者（包括司法者）应当如何解释法律呢？学界一般认为，法律解释的方法主要有文义解释、体系解释、历史解释、比较解释、目的解释、合宪解释，此外还有偏重于社会效果的预测和社会目的的考量的社会学解释。④其中，主张依照宪法来解释法律的"依宪解释"（"合宪解释"，又称"合宪性解释"。为区别于一些学者把违宪审查中那种如果没有确切依据认定法律违宪则应推定该法律合宪的"合宪推定"也称为"合宪解释"或"合宪性解释"，更准确地表达其含义，笔

① 陈金钊：《法治与法律方法》，山东人民出版社，2003，第270~271页。
② 〔德〕伯恩·魏德士：《法理学》，丁小春、吴越译，法律出版社，2003，第323页。
③ 参见2004年5月18日最高人民法院印发的《关于审理行政案件适用法律规范问题的座谈会纪要》，《最高人民法院公报》2004年第6期。
④ 参见杨仁寿《法学方法论》，中国政法大学出版社，1999，第132页。

者称之为"依宪解释"①） 是法律解释的基本方法。②既然适用法律首先必须解释法律，而依宪解释是解释法律的基本方法，那么执法者（包括司法者）在适用法律时对法律进行依宪解释，就成为适用法律的应有之义。

同时，执法者（包括司法者）在适用法律中应有宪法思维，积极开展依宪解释，依照宪法来解释和适用法律，这也是我国宪法的明确要求。我国宪法明确规定，宪法是"是国家的根本法，具有最高法律效力"（序言）、"一切国家机关和武装力量、各政党和各社会团体、各企业事业组织都必须遵守宪法和法律"（第5条第4款），"都必须以宪法为根本的活动准则，并且负有维护宪法尊严、保证宪法实施的职责"（序言）。显然，作为国家机关的行政机关和司法机关在适用有关社会管理及其创新的法律时也必须以宪法为根本的活动准则，理应进行依宪解释，即依据宪法的基本精神来理解、解释和适用法律。这是行政机关和司法机关必须履行的宪法义务。

总之，执法者在执行和适用普通法律的有关规定时必须依据宪法上的相关规定来理解和解释。显而易见，在推进社会管理的创新中，行政机关在开展相关社会管理活动以及司法机关在审理有关案件而执行和适用有关社会管理的法律规定时，必须依据宪法上的有关规定及其精神来理解、解释，开展依宪解释，至少要考虑自己对所适用法律的理解和解释是否与宪法相抵触，以确保社会管理的创新符合并充分贯彻宪法精神。

---

① 上官丕亮：《宪法与生命：生命权的宪法保障研究》，法律出版社，2010，第120页。
② 一般认为，所谓合宪性解释，是指以宪法及阶位较高的法律规范解释阶位较低的法律规范的一种法律解释方法。参见梁慧星《裁判的方法》，法律出版社，2003，第137页。

第二编
公民基本权利的宪法保障

网络隐私权保护中的政府责任

王秀哲*

【内容摘要】本文结合"360 与 QQ 事件"详细分析了网络隐私权侵权的特点及政府应该承担的责任与义务，通过介绍当今世界两种政府管理模式：一种为以美国为代表的强调信息自由流通的行业自律模式，另一种为以欧盟为代表的强调法律规制的模式，指出两种模式各有利弊，但是都不否定政府介入保护网络隐私的重要性。在网络信息社会活动中，政府具有双重角色。首先，政府是网络个人数据信息的最大消费者。其次，网络隐私权的保护离不开政府的直接监管和引导。两种不同的政府介入角色，决定了政府既不能侵犯网络隐私又需要承担积极保护个人隐私的职能，在具体的制度设计上需要宪政制度和行政法制度共同发挥作用。作者提出要加快制定《个人信息保护法》，推进以政府监督、行业自律与企业自我监督为内容的依托公共治理保护网络隐私权的行政法制度建构。

【关键词】"360 与 QQ 事件"　网络隐私　政府监管　个人信息保护

　　中国互联网近年来飞速发展，截至 2011 年 3 月底，中国已备案网站数量达到 382 万个，网民数量达到 4.77 亿，互联网正对社会、经济、文化等各个领域产生巨大影响。① 相对于中国的民主法制建设而言，互联网的飞速发展带来了法律制度应对的滞后性。目前在我国，互联网上的恶意竞争、侵犯权益等行为尚缺乏法律的有效规制，政府在网络秩序的维护中充当了临时救火

---

　　* 　山东工商学院副教授，法学博士，中国社学科学院法学研究所进站博士后。主要研究领域：宪法基本权利。
　　① 华春雨：《中国网民数量已达 4.77 亿　备案网站 382 万个》，http：//news. xinhuanet. com/tech/2011 - 05/16/c_ 121421711. htm, 2011 年 8 月 20 日最新访问。

员的角色，而实际上基于行政管理色彩的政府对网络的监管只能治标不能治本，尤其是受隐私权弱化的观念影响，隐私权问题往往被忽略不计。但是随着网络的发展，近年来网络隐私权的侵权行为愈演愈烈，不仅直接侵害个人隐私的行为越来越多，而且一些网络大事件也都涉及网络隐私权的保护问题。由于对网络隐私权权利性质的认识不清，政府在保护网络隐私权方面的地位定位不准，导致了网络隐私权保护问题往往讨论热闹，但实际总被忽略的状况。这一状况不改变，不仅直接影响网民基本权益的保障，而且对于互联网安全秩序的维护也有极大危害。本文将结合 2010 年底发生的"360 与QQ 事件"分析网络隐私权侵权的特点及政府应该承担的责任与义务。

一 "3Q"大战及其引发的网络隐私权保护思考

（一）"360 与 QQ 事件"始末

2010 年 360 公司与腾讯公司发生不正当竞争纠纷，是我国互联网行业发展中的重大事件。其间不仅仅当事企业涉身其中，数以亿计的用户也被卷入，不但引发媒体的关注，而且最终导致政府介入干预，成为整个社会关注的"公案"。

深圳市腾讯计算机系统有限公司基于即时通信 QQ 构建了 QQ、腾讯网、QQ 游戏以及拍拍网四大网络平台，形成了中国规模最大的网络社区。北京奇虎科技有限公司凭借 360 安全卫士成为继腾讯之后的第二大客户端软件。2010 年 2 月以来，360 与 QQ 持续不断地进行互联网纷争，在经历了 QQ 将QQ 医生自动升级为电脑管家，360 推出隐私保护器和"扣扣保镖"等持续攻防之后，2010 年 11 月 3 日"3Q 之争"达到了顶峰，腾讯在《致广大 QQ用户的一封信》中"作出了一个艰难的决定"，宣布将在装有 360 软件的电脑上停止运行 QQ 软件，使得网民不得不在两个常用软件中作出二选一的抉择。该案被社会普遍关注，此后工业和信息化部介入此事，认定两公司在互联网业务发展中采取不正当竞争行为，对两公司通报批评，责令其向社会公开道歉，妥善做好用户善后处理事宜，两公司分别发出向社会和网民的道歉信，双方和解，实施兼容。

但当事双方的纠纷并没有彻底解决，2010 年 12 月 14 日，腾讯诉 360 公司不正当竞争案在北京市朝阳区人民法院开庭审理，2011 年 4 月 26 日，法院就腾讯起诉 360 隐私保护器不正当竞争案作出判决，奇虎被判停止发行

360 隐私保护器，赔偿腾讯 40 万元。至此该事件落下帷幕。

该事件进展过程中，社会各界、专家学者和政府部门关注的主要焦点是互联网企业擅自不兼容行为的法律属性问题，基本上是从不正当竞争和垄断行为入手讨论该事件。与此相关联，更多地探讨垄断以及不正当竞争行为中的消费者权益保护问题。关于该事件中的网络隐私权保护问题虽有提及，但基本上是附带提起，深入讨论的不多。该事件最后通过诉讼，以不正当竞争判罚结案，也标志着我国主流法律界对这一有重大社会影响的事件的性质的认识，即认为这是一次不正当竞争行为。至于事件的导火索用户隐私权问题，在事件的解决过程中似乎已经被遗忘，最终广大用户也不知道两个公司推出的软件是否侵犯了自己的隐私权。

该事件中，出于网络竞争秩序的维护，在没有法律规制的情况下，政府以管理者的身份对事件进行了平息处理。该事件过后，工信部 2011 年 7 月 27 日公布了《互联网信息服务管理规定（征求意见稿）》。该意见稿显然是与 2010 年点燃互联网世界大战的"3Q 大战"紧紧捆绑在一起的。该意见稿中的下列规定，与 3Q 大战的战事细节吻合：不得捏造、散布虚假事实损害其他互联网信息服务提供者合法权益；不得恶意对同行提供的服务或者相关产品实施不兼容；不得欺骗、误导、强迫用户作出不使用其他互联网信息服务提供者的服务或者相关产品的选择；不得干扰或者影响用户终端上同行所提供的服务或者相关产品的运行，或者修改其他互联网信息服务提供者提供的服务或者相关产品参数；不得欺骗、误导、强迫用户卸载、关闭同行提供的服务或者相关产品。3Q 大战中，双方恶战不止，网络用户也一度沦为网络经营者"绑架"的"人质"而无可奈何，《互联网信息服务管理规定》一旦出台，互联网领域将不再是无专门法律规制的"草莽江湖"，至少经营者们将根据该规范明确自己行为的界限，知道孰不可为。[①] 该事件折射出了我国网络空间秩序急需法律规制的现状，商家之间的恶意竞争需要处理，商家之间恶意竞争所裹挟的用户个人隐私也亟待保护，但是，显然在该事件的处理中，个人隐私这一引发商家口水战的问题仅仅被商家利用随后便被遗忘了。

仔细回顾整个事件，奇虎科技公司是以发行隐私保护器、保护用户隐私为名，挑起与腾讯的争端的。腾讯公司是否侵犯了用户的个人隐私，奇虎公司在指责对手窃取对方隐私时，是否做到了自身清白，用户的隐私到底应该

---

① 张维：《工信部新规能否阻止 3Q 大战》，http：//www. legaldaily. com. cn/index_ article/content/2011 - 07/29/content_ 2827197. htm? node = 5955，2011 年 8 月 6 日最新访问。

怎样保护？这些问题都没有答案。有关用户隐私是否安全的问题是本次争端的核心，但是，在不正当竞争的外壳下，这一核心问题并没有得到解决和重视，实际上，广大的 QQ 用户还是不知道自己的个人信息是否安全。诚然，我国互联网法律规制一直落后，无论是针对互联网上的商业竞争还是信息自由以及隐私保护等都没有成熟的法律制度建构，互联网上的有序竞争需要维护，个人隐私保护的问题也不能忽视。从两个垄断性质的公司已经拥有的上亿用户资源方面看，奇虎公司打出的隐私保护牌尤其值得我们广大用户以及政府监管部门重视。个人隐私问题在这一事件中呈现隐性状态，并没有表现为破坏性的发作，但实际上，互联网上的隐私侵犯就带有一种不知不觉的状态的特点，用户甚至无法知道那些破坏自己安宁生活的侵扰是从哪一次上网和信息提供行为中泄露的。商家的感觉最为敏锐，奇虎公司以保护用户隐私为由挑起与腾讯的争端，实际上是看到了个人隐私保护的重要性，也抓住了用户越来越重视保护隐私的心理。

（二）"360 与 QQ 事件" 凸显用户网络隐私保护问题

回顾事件的整个过程，用户隐私权问题是事件的起点和争斗的武器。两家企业在较量中先后用指责对方窥探用户隐私，利用垄断地位进行威胁、胁迫用户进行选择等方式互相攻击，不难看出，这场纷争的本质是长期以来互联网行业恶性竞争的升级。但是，双方互相以隐私权为武器的指责，的确也戳中了用户的最痛处。事件升级的导火索是 360 发布直接针对 QQ 的"隐私保护器"工具，宣称其能实时监测曝光 QQ 的行为，并提示用户"某聊天软件"在未经用户许可的情况下偷窥用户个人隐私文件和数据。这样的说法，立刻引起了网民对于 QQ 客户端的担忧和恐慌。随后，腾讯起诉，针对起诉，360 随即回应，在回应中，360 称"各界对腾讯提出的质疑，腾讯一直回避窥探用户隐私，这时候起诉 360，除了打击报复外，不排除是为了转移视线，回避外界质疑"。紧接着，360 公司推出一款名为"360 扣扣保镖"的安全工具。360 称该工具可以全面保护 QQ 用户的安全，包括阻止 QQ 查看用户隐私文件、防止木马盗取 QQ 以及给 QQ 加速、过滤广告等功能。72 小时内下载量突破 2000 万，并且不断瞬速增加。腾讯对此作出强烈说明，称 360 扣扣保镖是"外挂"行为。腾讯反击，通过公开信宣称，将在装有 360 软件的电脑上停止运行 QQ 软件，倡导必须卸载 360 软件才可登陆 QQ，这是 360 与腾讯一系列争执中，腾讯方面最激烈的行动，也即引起业界震动和用户愤怒的对用户做出二选一的逼迫行为。从用户的角度看，既担心自己的隐私真的被侵犯和盗取，又无法放弃对聊天软件的使用而无奈被两个公司挟持。这的确是与两大公司在互联网业界的垄断和竞争有关。

根据官方数据，腾讯即时通讯服务的活跃账户数达 6.125 亿。凭借庞大的用户规模和天然的客户端资源，腾讯也逐步将业务延伸到互联网的诸多领域，网络游戏、新闻门户、电子商务、电子邮件、影音、播放等，均抢下较大的市场优势，让人不得不感叹腾讯的扩张力之大。360 公司于 2006 年 7 月推出主打互联网安全的"360 安全卫士"软件，由于免费安装，使用方便，不到一年即成为国内最大的安全软件。据官方数据，其用户数量已经超过 3 亿，覆盖了 75% 以上的中国互联网用户，成为国内第二大桌面客户端软件。以该客户端为基础，360 延伸出免费杀毒软件、浏览器等产品，均获得了成功。两家公司非常清楚自己的市场地位和用户拥有量，腾讯公司之所以能够作出让用户卸载 360 才能使用 QQ 的决定，就是清楚用户无法弃 QQ 而不用。尽管"3Q"之争从开始到和解都是打着"为了用户利益"的旗号，但实际上，被"绑架"来攻击对手的亿万用户才是最终的受害者。实际上，无论是腾讯的"QQ 医生"，还是 360 的"扣扣保镖"，都没有充分告知用户该软件对用户的个人信息、电脑终端所实施的探测行为，这无疑是对用户隐私权的侵犯。如今，许多用户资料被当做商品销售，某些软件扫描用户隐私文件和数据，可能已经成为常态或潜规则。这些行为既涉嫌侵犯了用户的隐私权和知情权，又侵犯了用户的自主选择权，对整个行业的形象造成了严重的损害。

在"3Q 大战"中，腾讯理直气壮地认为一旦 360 完全阻止了 QQ 扫描用户电脑，那么腾讯将失去竞争优势，无法准确了解用户消费习惯和使用习惯，进而无法准确投放广告。360 推出"扣扣保镖"，目的是保护用户的隐私，不让用户的使用习惯为其他企业所了解、所利用。用户的电脑不能没有安全软件。仔细分析可以看出，这里面涉及很多值得思考的问题。首先，什么是隐私？用户的使用习惯是否属于隐私？腾讯是否侵犯了用户的隐私？如何判断网络环境下的用户隐私？一个企业是否具有评价另一家企业产品的权力？其次，网络公司到底能否备份用户的个人数据信息？360 在指责 QQ 的同时，通过"扣扣保镖"备份走了腾讯 6 亿用户的资料，这算不算也是对隐私权的侵犯？最后，也是最主要的问题，网络公司备份和扫描的用户资料到底用作什么用途？都有哪些去向？3Q 大战结束了，似乎是皆大欢喜，用户可以继续使用 QQ 聊天，也可以继续使用 360 杀毒，保卫电脑安全，但是，上面的这些问题是没有答案的，我们依然不知道自己的网络隐私是否受到了侵犯，不知道自己的个人信息是否被作为商品在出卖。对于隐私权保护意识越来越强的中国网民来说，实际上，放弃追问这些问题实是无奈之举，因为现有的法律和制度都没有提供解决这一问题的方法。

综上，3Q大战中，精明的商家从个人隐私权保护入手挑起的不正当竞争，由于个人隐私保护的缺位，被商家利用，当出现竞争分歧时，保护个人隐私是商家的借口，但是当双方合作，就无法保证个人隐私是不是他们交易的对象了。如果说竞争有利于良好的网络市场秩序的形成，维护良好的竞争秩序非常必要，而竞争中双方争夺的对象——网民权益的保护即网络隐私权的保护也不能忽略不计，必须结合制度设计认真对待。政府能够介入平息不正当网络竞争，在网络隐私权的保护中，政府也必须认清自己的角色，承担起必要的责任。

二 我国网络隐私权政府介入保护的必要性

我国网络隐私权是否需要保护，政府介入是否有必要，网络本身发展引申出来的问题已经作了回答。

（一）网络隐私被侵犯的现实

随着互联网的迅猛发展，侵害网络隐私权的行为日趋频繁，网络隐私权受到了前所未有的挑战，网络隐私权的保护成为人们关注的焦点。

1. "3Q" 事件背后的网络隐私权侵权

从 "3Q" 事件看，互联网企业通常是在经济利益驱使下侵害消费者的隐私权。企业利用网络手段，在未经消费者同意的情况下获取大量消费者信息，包括消费者终端上安装的软件信息、访问网页信息、下载资料的信息以及个人信息等，然后从海量数据中挖掘出对企业自身发展有利的商业信息用于企业重大决策，把用户信息直接进行买卖或在广告销售中利用他人的名誉权。这些非法获取数据、非法披露数据和非法买卖数据的行为严重侵害了消费者的网络稳私。除了侵害私人数据，互联网企业还侵入网络私人活动和私人空间，主要包括企业对网络交易、网络聊天、通信等网络私人活动的监视，企业对网上个人空间、邮箱、联网账户等的侵袭。对私人数据、私人活动和私人空间的侵害将使消费者对网络产生不信任感、造成严重扰乱互联网市场秩序，阻碍互联网市场的发展。

"3Q" 事件只是爆出了个人网络信息被侵犯的冰山一角，由于网络隐私权侵犯的隐秘性，也由于我国网民网络隐私权保护的意识不够高，甚至在"3Q"事件中我们都没有看到隐私权被侵犯的实际例证。但是联系网络活动中个人信息被泄露的事实，我们会发现如今在我国网络活动中个人信息被泄露的事件一波接一波，防不胜防，即使是放低网络隐私权保护的意识和诉求，但是当侵犯已经成为既成事实并严重威胁网民人身财产利益时，对网络隐私权侵权保护问题就不能视而不见。

2. 商业利益驱动的网络隐私权侵权

央视曝光中国移动"甩卖"用户个人信息事件后，后来又爆出"全国老板手机号码"、"身份证复印件1元1张"等个人信息被泄露事件。在国内最著名的搜索引擎里，输入"老板手机号码"，相关链接甚至比"色情"等低俗字眼的链接信息还多，可见个人信息安全情况堪忧。

运营商泄露用户个人信息恐怕是隐私泄露的"九牛一毛"。2009年，一本《中国老板手机号码大全》的资料书正在网上悄然热卖，出售者称，该资料包含了全国省、直辖市以及440多个大城市的老板的姓名、95万个手机号码等重要消息，而售价仅1500元。一家网站的销售人员称，"现在全国已经增加到280万个企业老板的手机号码了"，"准确率颇高，在八成左右"。通过中国两款最流行的搜索引擎搜索发现，只要输入"老板电话号码"，分别有11万条和271万条的相关资料。甚至还能找到专门出售私人信息的网站，其网站出售的不仅包含"全国老板手机号码"，还包括"高端移动VIP客户名录"、"银行金卡用户手机身份证号码"、"全行业2500万邮件地址"、"高档小区业主名录"等，这些资料保证真实，通过邮局、银行汇款即可购买。让人颇为惊奇的是，网站还有正规的ICP备案号。

如今通过网络，个人隐私几无"防空洞"，泄露方式非常多。出售老板电话仅是目前最"流行"的隐私销售案例。另据一些媒体报道，出售身份证复印件、私人名片等行为也愈演愈烈，而这些出售的个人信息来源途径也五花八门。据报道，在网上"1元即可买1张身份证复印件"，同时，还有网站非法兜售1.3亿股民信息和各级政府官员的电话号码。2009年3月，瑞星发布的《瑞星2009社交网站与网民隐私安全报告》显示，我国网民的个人隐私泄露情况已相当严重，个人资料正在被大规模地进行商业收集利用，而社交网站则成了诱导网民泄露隐私的重灾区。社交网站普遍存在收集网民个人隐私资料的现象，其商业利益达到了相当惊人的程度。①

---

① 参见《个人信息买卖走俏网络，隐私保护亟需监管跟进》，《信息系统工程》2009年第5期。

3. "人肉搜索"对网络隐私权的侵犯

除了商业利益驱使的网络隐私侵权外，由于网络传播的速度、广度和即时性，近年来，网民自发的网络行为侵犯网络隐私的情况也不在少数。"人肉搜索"就是典型的例证。

据了解，人肉搜索的罪魁祸首是"猫扑网"，接近"百度知道"一类的提问回答网站。先是一人提问，然后八方回应，通过网络社区集合广大网民的力量，追查某些事情或人物的真相与隐私，并把这些细节曝光。人肉搜索中或许没有标准答案，但人肉搜索追求的最高目标是：不求最好，但求最肉。由于人肉搜索引擎聚集了各地的不同阶层、不同知识背景的人，人肉搜索引擎时刻展示着网民互动战争的浩瀚与壮阔。

人肉搜索引擎其实就是在一个社区里面提出一个问题，由人工参与解答而非搜索引擎通过机器自动算法获得结果的搜索机制。通俗来说，就是通过广聚五湖四海的网友力量，每个遇到困难的人提出问题，而有这方面知识或者线索的人就对其解答、分析，可以说是一种问答式搜索。百度知道、新浪爱问、雅虎知识堂从本质上说都是人肉搜索引擎，也是应用这种针对性的人工参与方式。

人肉搜索被称为最恐怖的社会搜索。"网络通缉令"发出后，被通缉者的手机和家庭住址等私人信息都被公布在网络上，因此接到大量骚扰电话，生活会受到极大干扰。著名的案例如"死亡博客事件"。由姜岩的死亡博客引发的人肉搜索，掀起了 2008 年的第一场网络风暴，被誉为网络暴力第一案。网友在谩骂谴责之后，动用了所谓的"人肉搜索"。公布了姜岩丈夫王菲和第三者的详细资料，在网上号召其所在行业驱逐他们，激动的网友甚至找到了王菲父母的家，在其门口用油漆写下了"逼死贤妻"等字样。很多网友将此事闹到王菲的单位，王菲因此被辞退，其他单位一接到王菲求职也退避三舍。王菲父母的住宅被人多次骚扰，门口被贴满诬陷恐吓的标语。在不胜其扰之后，王菲请求法院判令大旗网、天涯社区、北飞的候鸟 3 家网站停止侵害自己的名誉权、消除不良影响，公开赔礼道歉，并承担自己的工资损失、精神损失共计 13.5 万元。

在百度上输入"人肉搜索"，近年来有关"人肉搜索"的大事件就呈现在眼前，有些"人肉搜索"起到了社会舆论监督的作用，比如针对官员"天价烟"的搜索、官员包养情人的搜索等，对惩治腐败起到了推动作用。但是，更多的"人肉搜索"对象是普通老百姓，人肉搜索导致肇事人的姓名、身份、家庭地址等个人资料被广泛公布，并由此从网络世界延伸到现实生活中对当事人进行骚扰和暴力攻击，甚至越来越多的"人肉搜索"事件正在向私刑的性质发展。其对隐私权的侵犯性质非常恶劣。"人肉搜索"使用不当，容易引起网络暴力等消极影响。对于被搜索对象的搜索一旦失去控制，"人肉搜索"超越了网络道德和网络文明所能承受的限度，就容易成为网民集体演绎网络暴力非常态行为的舞台，进而会侵犯个人隐私权等相关权益。

如今，"人肉搜索"如何被纳入法律规范领域内，已经引起了地方立法机关和全国人大的重视，在研究如果用法律规范"人肉搜索"行为时，通过法律设定不受侵犯的个人信息范围非常重要。

中国传统上并无隐私权观念，只有隐私案件（指男女关系之阴私），对隐私的理解仅局限在伦理道德层面。究其原因，这与中国的传统文化密切相关，与中国古代即建构起来的牢固的德、礼、法的大一统制度密不可分。中国一直没能发展出自由的传统，这样一种观念甚至延续到了当代。① 即使是在新中国成立以后，以集体主义为价值取向的政治结构也是否定个人私人自主的自由的。所以，在中国改革开放以前，并不存在隐私权的权利主张。而据学者考证，1987年以前，我国未曾发表过有关隐私权研究的文章，1988年以前，我国的立法文件和最高人民法院的司法解释未曾使用过"隐私"这一概念。② 但是，网络信息的发展，网络信息活动的参与，让中国的网民切实感受到了隐私权的力量。当我们的生活越来越离不开网络信息时，我们生活中也多了很多莫名的烦恼，电子邮箱中充斥各种广告，经常接到各种有针对性的推销广告，以及不知道哪天就有可能成为网络"人肉搜索"的"名人"，网络隐私权保护的需求的出现，实在可以看成是对我国隐私权保护观念的一大推动。

（二）网络隐私权的特征和侵权特点

网络隐私权保护的是个人在网络活动中的隐私利益，如前文所述，其概念和特征从属于传统的隐私权。当隐私权成为现代社会公民的基本权利时，网络隐私权也具有直接对抗政府公权力的基本人权特征，这一点已经通过个人信息这一客体内容写入一些国家的成文宪法得到了验证。但是由于网络的

---

① 上海辞书出版社1985年出版的《法学词典》中，还将隐私案件解释为"阴私案件"，指"内容涉及奸情、伤风败俗或其他私情私事方面的案件"。参见《法学词典》，上海辞书出版社，1985，第872页。

② 张新宝：《隐私权的法律保护》，群众出版社，1997，第12页脚注。

特点，由于信息技术的支持，在网络活动中的个人隐私权具有一些不同于传统隐私权的特征，其在被侵权方面也有自己的特点。

1. 网络隐私权的特点

第一，网络隐私权的范围更为广泛。

从范围上看，网络隐私权与传统隐私权一样，包括个人信息、个人私事和个人领域，但网络隐私权在每一个方面的保护内容都有所扩展。就个人信息而言，网络环境下的"个人数据信息"比传统社会的个人信息有着更为广泛的内容。在传统个人信息的基础上，伴随着网络出现了网络上才能存在的个人信息，如电子邮件地址、网域名称、使用者名称及密码、IP 地址等；随着科技的发展，产生了由高科技支持收集与处理的网络个人信息，如个人及其家族的基因图谱等。由于网络信息的支持，个人网络私事活动的空间大大扩展，不必像在现实社会那样，必须面对面接触才能进行社交，网上购物、远程教育、异地聊天、浏览网页等活动都属于个人在网络上从事的私人活动。个人领域在传统社会通常指现实世界的私人空间，包括住宅、私人物件等，网络世界中，又出现了数据库、服务器、电子邮箱等，网络中的个人领域是个人数据存储的载体空间，比现实世界中的物质载体更容易被侵入和窥探。

第二，网络隐私权的内容具有经济价值。

在信息社会，信息同物质、能源一起构成社会发展的三大支柱。"信息就是财富"的观念已经普遍被人们接受。网络技术的发展使得用户的个人数据成为一种有巨大经济价值的商品，并具有巨大的交易市场，网络服务商可以通过对个人数据的收集、分析和交易谋取利益。如美国最大的信用机构之一 Equifax，收集了 1.6 亿个用户的信息记录，贩卖给 5 万家企业使用，从而牟取暴利。[①] 同时，个人数据的价值还在于，可以无止境地被重复使用、重复获取经济利益。对商家而言，在网络中窥探他人隐私完全受利益驱动，推销商之所以要收集甚至以不法手段购买私人信息，目的是向消费者推销他的商品，获取商业利益。单一的个人数据也许价值有限，但如果将若干具有某种共同特征的主体的个人数据按照一定的方式组成数据库，并通过该数据库所反映的某种群体的共性来满足其自身或其他数据库使用者的需要，其价值就是不可估量的。"3Q"大战中，腾讯公司对用户使用习惯的数据进行收集，

---

① 刘小涛：《隐私权在网络空间中面临的挑战与对策》，http：//www. zh09. com/Article/fgzd/200701/169512. html，2011 年 8 月 6 日最新访问。

然后有针对性地发放广告的说法就直接暴露了使用个人数据信息的经济利益所在。

第三，网络隐私权以个人信息为核心内容。

网络隐私权虽然和传统隐私权一样具有个人信息、网络活动和网络领域内容，但是网络活动是以数据信息为载体的，由此决定了网络隐私权的核心内容是个人信息，其他内容都是围绕着个人数据信息展开的。以个人信息为核心内容，也决定了网络隐私权的保护重心是对个人数据的控制和利用。这种控制和利用既表现在网络信息自由流通的需要，也表现在网络隐私保护的需要。一方面，网络环境下社会的发展、企业的发展尤其是电子商务的发展需要信息的自由流动和合理利用，如果没有对个人数据的收集、挖掘和利用，网络社会的优势就会大打折扣，所以网络事业的发展需要个人数据的流动，而不是不被知悉的"隐"。由此，网络个人数据中的相当一部分是可以公开的，至少在得到了相应的制度保障和技术措施保护的承诺以后，可以向特定的主体公开。另一方面，在公开个人数据信息的网络环境下，网络隐私的保护重点就应该是用户对个人数据信息的控制和支配，即个人拥有资讯自决权。

第四，网络隐私权具有隐匿性和虚拟性。

和传统隐私权内容都是可以触摸、可以眼见为实的真实性相比，网络隐私权具有隐匿性和虚拟性特点。网络本身就是一个依靠信息技术支撑的虚拟交往平台，个人隐匿现实生活中的真实身份参与到虚拟的网络活动中去是网络交往的最大特点。隐匿真实身份的社会交往体现了个人自我保护的一种需求，也是人性中自治的需要。隐私实际上是个人社会性面孔中保留给个人自治的领域。能够通过网络隐匿真实身份，然后参与社会交往，可以不用有顾忌地发表言论，这实际上是网络能够提供给个人回归真实自我的一个绝好的机会，个人可以隐匿身份进行网络活动，大多数网络用户不希望他人知晓自己的网上活动和真实身份。所以，与网络的隐匿性与虚拟性相连，网络隐私保护的内容包含一些个人自我决定隐匿和虚拟的内容，比如，在现实社会中，一个人的性别是一目了然的，不会成为隐私保护的内容，但是在网络社会中，个人对性别可以采取隐匿的做法，性别是其故意虚拟的信息。就网络隐私保护而言，在不侵犯他人和公共利益的前提下，尊重个人的虚拟决定，保护这种虚拟的网络个人信息也是网络隐私权的当然内容。同时，网络的虚拟性也给他人篡改个人资料提供了便利和机会，被他人伪造的个人形象是受到了诋毁的个人形象，如何保证个人虚拟的身份不被他人利用，这也是网络隐私权保护的内容。

2. 网络隐私权被侵犯的特点①

网络隐私权自身的特征以及网络本身的特点，决定了网络隐私权被侵犯有特别需要注意的特点。

第一，侵害方式更加便捷。

计算机网络作为一种越来越普遍的信息交流工具，为获取和传播未经数据主体同意的隐私资料提供了方便，使人们私生活的不安宁因素增加。在现实生活中，向不特定的人发送含有他人隐私的信息，必须通过书籍、报纸、杂志、广播电台、电视台等媒体的审查，在经过过滤后才能向社会发布。而在互联网时代，使用者在整个网络内存取信息，任何一台联网的电脑面对的都是整个世界，含有他人隐私的信息的发布非常便捷，只需要将其放在某个网页上或张贴在电子公告板上就可以在瞬间完成侵害过程。

第二，侵害手段多样，并且日趋高科技化。

信息技术的发展与普及为侵害隐私权提供了日新月异的高技术手段。例如，通过破解他人电子信箱的密码偷窥私人电子邮件；使用木马软件打开他人系统的端口从而查看私人硬盘的文件；通过特定技术远程操控他人的电脑；利用特殊仪器截获并放大电磁波，从而发现私人计算机正在运行的内容等。信息技术也推动了监控技术的发展，通过计算机对公共场所的监控以及对用户上网行为的监控，不仅使用户的网络活动一览无余，而且，日常生活的一举一动也被上网展示。可能一个人没有上网，但是他依然会成为网络生活中广大网民津津乐道的主角。近年来许多普通人成为"网络红人"的例子很多，如小胖、猥琐男等。网络的发展已经使现代人的生活无处可逃，网络隐私权时刻面临被侵害的危险。

第三，侵害手段隐蔽。

网络的隐蔽性和网络技术的先进性使得网络环境下对个人隐私的侵害，成为一种"无形的侵害"，不仅被侵害人不容易察觉甚至察觉不到，而且找不到明显的侵害现场，也很难判断侵害的时间。由于侵害的证据主要存在于软件中，这就使得侵害人很容易转移或毁灭证据，特别是利用远程计算机通信网络实施的侵害行为，侵害人远在异国他乡，实施侵害后往往难以追寻。一些利用先进信息技术来进行个人隐私侵害的智能型罪犯，他们的侵害手段更是不断翻新且愈加隐蔽，往往在发明侵害技术的同时，也为自己设计了隐

---

① 张秀兰：《网络隐私权保护研究》，北京图书馆出版社，2006，第60~62页。

匿逃跑的方法。

第四，侵害后果严重，保护困难。

计算机系统的脆弱性和个人数据的不公开性很容易使网络个人隐私受到侵害。一方面，从事信息服务的经营者都会不遗余力地收集各种信息以丰富其数据库内容，有些不法之徒可能会利用各种手段打入个人信息文档，刺探、窃取或随意篡改他人数据，甚至可能用以向他人施加压力或敲诈；某些机关也可能会滥用职权，非法扩大个人信息的收集与存储范围，监视公民的个人隐私，限制公民的自由权利。另一方面，个人隐私一旦在网上泄露，就有可能在全球范围内广为传播，且被人无休止的转载、复制，造成的后果极为严重。由于网络侵权的高科技性，对于网络隐私权的保护也需要借助于高科技手段，需要应对不断推新的高科技技术，所以，对网络隐私权侵权的取证、保护困难重重。

第五，侵害的社会危害性严重。

其实网络隐私被侵害的危害不仅局限在个人权益上，其对网络环境的整体影响，以及对社会道德底线的挑战都有危害，网络隐私权受到侵害，还会激化社会矛盾，造成难以弥补的社会损失。网络技术提高了政府社会管理和监控的能力，可以使社会生活更有秩序。但是，假如我们所身处的社会中，各项私人资料都会被记录下来，则人们将失去自由，无法在没有记录的情况下从事任何活动。人们并未做错任何事便可能失去自由。当人们的医疗记录、消费记录、教育记录、政治活动等都被监控时，人们或许会因为有人在监控而和以往举止有所不同，可能会做出较符合希望出现在别人面前的良好印象的行为，或许社会上的犯罪行为会减少，但同时失去了民主社会中最可贵的自由。所谓的民主就是人们可以拥有自治权、不受控制的自由发展能力。因此，隐私的保障不单单是个人的福祉，同时也是社会善的完成。①

（三）网络隐私权保护中的政府角色和作用

网络隐私权的上述特点和侵权危害性决定了对网络隐私权保护的必要性和重要性。在网络隐私权的保护中，有几个基本问题需要解决，即到底什么是网络隐私权，就网络隐私权保护的实践而言，明确网络个人数据信息的范围非常重要；然后需要回答网络隐私权是否受到了侵犯，网络隐私权侵犯如

---

① 贾忠婷：《虚拟世界之人性歧出现象探究》，《应用伦理研究通讯》（台湾）第 42 期，
  2007 年 5 月。http：//www.docin.com/p - 18970484. html，2011 年 8 月 6 日最新访问。

何救济以及网络隐私权侵犯能否事先预防？这些问题在不同的国家是通过不同的法律和制度设计进行解决的。在世界范围内，有两种解决模式：一种为以美国为代表的强调信息自由流通的行业自律模式，另一种为以欧盟为代表的强调法律规制的模式。两种模式各有利弊，但是都不否定政府介入保护网络隐私的重要性。

在网络信息社会活动中，政府具有双重角色。首先，政府是网络个人数据信息的最大消费者。其次，网络隐私权的保护离不开政府的直接监管和引导。两种不同的政府介入角色，决定了政府既不能侵犯网络隐私又需要承担积极保护个人隐私的职能，在具体的制度设计上需要宪政制度和行政法制度共同发挥作用。

1. 利用宪政制度控制政府利用个人数据信息的行为

有学者研究指出，我国已经进入政府巨型数据库时代，政府掌握着大量的公民个人信息。但是，当我们开始进行个人信息保护立法的时候，却没有人注意到政府巨型数据库可能对公民隐私权造成的危害。在世界范围内，个人信息保护逐渐成为宪法隐私权的一部分，个人信息保护法与宪法的关系也越来越紧密。这一发展又促使个人信息保护法对政府巨型数据库的规制越来越严格，对个人的保护越来越完善。我国在进行相关立法时必须做好调查研究工作，弄清楚我们的政府巨型数据库的运作情况及其对公民隐私权的影响。我国在确立宪法隐私权的同时还要处理好个人信息保护法与宪法的关系。①

有学者通过统计分析，认为我国目前已经处于政府巨型数据库时代，"可以想象一下，首先是比对各部门分别掌握的个人信息，然后是融合与共享各种专业数据，最后生成一个多层次、多用途、可持续、深度开发的个人信息数据库。而且这个数据库一旦建成将具有实时更新、不断扩容的能力。不用说姓名、住址、婚姻、工作单位等基本信息，就是收入状况、纳税记录、受教育状况、身体健康状况、犯罪记录，甚至是日常消费、电话上网、旅馆住宿、违法犯罪、医疗记录、在公共场所的行为等等，都将被收录到这个数据库当中。那时，我们中国公民就真的没有什么隐私了。只要敲几下键盘，点几下鼠标，原来分散存在的各种政府记录就能瞬间拼凑在一起，形成一张详细、完整的人格图像。而且公民根本不知道被收集了哪些信息、其信息又是如何被收集的、收集的目的是什么、收集和储存的信息是否准确及

---

① 孙平：《政府巨型数据库时代的公民隐私权保护》，《法学》2007 年第 7 期。

时、信息是如何被使用的、信息是否被传递给其他部门、传递的目的又是什么、信息有没有被公开以及有没有被泄漏、数据库是否安全，等等。这样的巨无霸数据库如果不加以严格的管理和控制，一旦出现问题，很可能就不是个案了，而是大面积侵权！而且，技术总是无限发展的，如果我们的政府在使用现代科学技术进行行政管理时不加任何的限制，完全不顾及对个人隐私权和其他个人基本权利可能造成的各种危害，另一个更加极端的年代很可能就会降临。"① 所以，个人信息保护是宪法问题，因为面对政府巨型数据库的形成和发展，个人信息保护需要直面政府的权力行使，必须在个人权利对抗公权力的角度完善个人信息的保护。

在政府巨型数据库时代，政府的收集利用个人数据信息行为是否侵犯公民隐私权，显然不是一般民法可以解决的，西方国家通常通过宪法判例和特别法限制和规范政府权力对个人数据信息的利用，其判断标准一是宪法隐私权保护，二是个人信息保护立法。宪法隐私权保护确立了个人在网络世界的资讯自决权，而个人信息保护法有专门针对政府行为的原则和程序规定。总之，借助于网络信息技术力量，政府自身的管理能力极大提高，但是这种能力应该是在承认公民基本权利的前提下运作，所以，政府的个人数据信息消费者角色是宪政限权之下的角色，必须服从于公民网络隐私权的保护。

2. 发挥行政法职能，政府应该担当积极保护个人数据信息的角色

抛开政府消费个人数据信息不论，在网络信息社会，个人数据信息是个人网上交流、网上社会活动以及企业商家网络活动必不可少的资源。与现实社会的运行一样，网络社会也需要一定的运行秩序，只有在安全有序的秩序下，网络信息才能顺畅流通，才能实现信息的自由流通和信息资源的有效交换，也才能最终增进社会效益。

担当社会基本秩序的维护者，也即警察的角色是政府在传统行政法中的职能，这种职能是一种限权职能，即除了维护社会秩序和安全以外的社会活动政府应该退避，这是自由资本主义时期的典型政府职能设置。但是随着市场经济发展带来的诸多社会问题，从福利国家发展的需要出发，政府积极促进社会发展的职能不断增加，这种促进职能是在承认社会自发秩序与市场调节的前提下，政府以积极的姿态介入，政府的行政职能得到了极大的扩张。"福利国家论"认为，在社会关系日益复杂的形势下，国家不仅应该保障个人自由，而且还应为个人提供充分的生存条件或福利保障，以促进个人幸

---

① 孙平：《政府巨型数据库时代的公民隐私权保护》，《法学》2007 年第 7 期。

福，并为此可限制个人自由。具体地讲，现代行政法理论主张，在行政主体与相对人的关系中，行政主体被认为几乎只有义务、职责或责任，即不断为公民谋取"福利"；行政主体与相对人之间的关系，是一种服务与合作的关系。这一关系决定着行政法的性质及其发展，也决定了行政职能不断扩大的必然性和必要性。但在行政职能不断扩大的背景下，行政权必须依法行使并受制于程序控制已成为世界各国的共识。

就网络信息活动而言，市民社会自发调节以及市场竞争调节的作用不能忽视，政府不能全面介入管理和控制网络信息活动，但是政府完全不介入也是不现实的。即使是极力主张保护信息自由流动的美国，也没有完全关闭政府介入监管的大门。正确的做法是，政府介入网络信息活动，承担维护网络秩序、积极保护网络隐私权的责任，但是这种责任承担必须依法进行，包括依实体法和程序法，且为了防止政府权力滥用能够寻求司法救济。

政府积极介入引导、监督和管理的角色受制于行政法制度建构，实质是个人隐私权宪法权利保护在行政法领域的落实。

三　网络监管与个人隐私权保护

通过以上分析，可以看出，政府在网络隐私权保护中具有双重角色，这种双重角色受制于隐私权基本权利保护理念和制度设计，以及现代社会政府职能的转变。我国改革开放后，随着法治建设的推进，政府职能转变很快，公民基本权利保护意识不断提高，但是传统上政府监管与权利保护弱化的惯性依然存在，在网络隐私权保护问题上体现得就比较明显。我国目前网络隐私权保护的背景依然是政府监管、个人信息权利弱化。在隐私权宪法保护没有完善的前提下，期待通过隐私权宪法权利地位的规范确立之后再解决问题不现实，最好的做法是从现实出发，转变对网络隐私权权利性质的认识，认清政府在网络监管中的地位和作用，通过平衡网络监管与个人隐私权的关系达到保护网络隐私权的目的。

（一）网络监管的必要性与政府责任

传统媒体的发展通常局限于一个国家的内部，虽然世界上有许多跨国传媒集团，但是它们也经常为跨国传播而苦恼，因为进入一个国家就需要本土化的措施。但是网络不同，网络天生就是一个跨国媒体，确切地说，它是全球化媒介。那么，从旧媒体到了新媒体，这中间又发生了什么变化呢？一个突出的感觉是，媒体的组织化程度在下降，这意味着什么呢？我们过去的媒体史基本上就是从个人向组织的过渡，媒体组织越来越强大，传播者的影响力越来越大，结果是被传播者的抵抗力越来越低，受众的地位越来越低，受众越来越容易被渗透和穿透。正是在这种历史背景下，政府对新媒体的监管就显得非常必要。因为我们有可能又回到了个人媒体时代，也就是我们通常说的自媒体时代，我们在新媒体上看到了更多的网络暴力和"人肉搜索"，还有谩骂的情绪，这些都可以让我们得出一种结论，就是对网络的监管并不是仅仅出于政治上的考虑，更多的动机可能来自国家安全和市场因素，当然还有技术和道德层面。

但是我国目前的网络监管本身还很不成熟，2010 年，中国的网络管理部门先后做出多种尝试，维护网络安全、保护网络上的公共利益，这里面既包括得到公众广泛支持的"网络扫黄"专项行动，也包括推行在做法上有异议的绿坝软件的尝试。国务院新闻办网络局副局长刘正荣说，中国政府对互联网的监管正处在不断摸索与完善的阶段。他说："互联网一直在快速发展之中，网络技术的演变日新月异，政府只有不断总结经验、完善相关立法和治理措施，才能真正确保互联网的安全。""政府在监管过程中注意不断创新和汲取他国成功经验，近年来更是充分发挥了行业自律和公众监督的巨大作用。"①

笔者认为，网络监管的目的是维护网络的秩序和安全，自然，能够留给网民与商家自主和协商处理的应该留给他们处理，通过行业自律能够解决的也应该交给行业协会去解决，但是保持可运行的最低秩序维护是政府的责任，同时还应该保护个人宪法基本权利不被侵犯。网络隐私权就是网络环境下的一个最基本的人权，在行业自律和平等主体的协商行动中依然是容易受到侵犯的权利，政府对网络的监管应该包含对这一基本权利的保护。

从限制权力行使的角度，政府监管网络需要处理好两组矛盾：一是政府监管与信息自由流通的关系，二是言论自由与个人隐私权两种基本权利的关系。信息自由流通的制度基础是自由竞争的网络信息市场，通过"看不见的手"，促进信息的自由流通，各国政府都必须意识到这样一个事实：信息的流通是信息时代的美好所在，但同时也会带来一些不利因素。这些不利的因素如果是指向政府权力行使的，政府必须允许其存在，而如果是指向个人权

① 王帆等：《中国网络监管：在探索中起步》，http：//intl. ce. cn/zhuanti/ggwljg/wgjgxz/201007/29/t20100729_ 21668897. shtml，2011 年 6 月 6 日最新访问。

益的，那么通过法律程序解决。言论自由与个人隐私权是两种基本权利的矛盾冲突，任何权利行使的边界都是他人的权益以及公共利益，所以，言论自由与隐私权互为边界，其博弈依然需要通过法律途径解决。依据依法行使权力的原理，政府监管职能是一种法律制度架构内的监管，监管中网络隐私权保护的范围和方式需要具体的制度设计。

（二）在网络监管中保护网络隐私的制度设计

针对"3Q"大战是否侵犯个人隐私问题，中南财经政法大学校长吴汉东提出，究竟是否侵犯用户的隐私权，为了保持客观中立，不能由竞争企业来认定，应由政府、行业机构制定认定和评价机制，并进行审查与监督。在此次事件中，主管部门和行业协会均没有有效的干预调解手段，这是"3Q之战"暴露出的一大缺陷。中国科学院计算所博士韩振江通过分析 QQ 安全模块的运行原理后表示，根据安全软件的工作原理和通用技术，所有的安全软件包括 QQ 安全模块在内都必须对文件进行扫描，而扫描是在本地进行的，不会进行文件回传。"通常情况下，并不涉及用户隐私。"[1]

那么，在现有的法律、规制、机制下，如何保障用户的隐私权益不受侵害呢？中国互联网信息中心吴丹认为，保护互联网用户个人隐私要做到以下两点：一是由公立专业机构出面，推动相关的网络隐私认证计划出台，在企业端进行更好的限制和监督，让真正凭良心做事的企业能够获得相应的用户认知。二是在一个更加广泛的参与者（企业、研究机构、行业协会、政府等）的背景下，制定相关的个人隐私选择平台技术标准，或者在国际标准的基础上进行改进。[2]

与西方发达国家相比，我国公民的隐私权保护意识相对淡薄，至今还没有一个专门关于隐私保护的法规，更谈不上网络隐私保护了。我国在隐私保护领域一直采取他律方式，隐私权在已有的法律中尚未取得独立权利类型的地位，在隐私权的保护方面没有专门的法律法规。从目前我国对隐私及网络隐私保护的现状来看，所采取的他律制度已不能满足人们对隐私以及消费者对网络隐私保护的要求，必须对其进行改革与完善。

---

① 《法学专家解析"3Q 之战"法律本质》，http://tech.ifeng.com/internet/detail_2010_11/10/3065512_0.shtml，2011 年 6 月 6 日最新访问。

② 王雅平：《"停战之后"——由中国互联网产业"3Q 大战"所引发的法律思考》，《中国电信业》2011 年第 1 期。

具体制度设计包括：

1. 加快制定个人信息保护法

政府监管和保护网络隐私权，首先需要有个人信息保护的基本法律。早在 2003 年至 2005 年，我国根据国内需要和借鉴其他先进国家的立法经验，已研究完成了个人信息保护法专家建议稿。特别是 2009 年 2 月 28 日通过的《刑法修正案（七）》中增设了非法获取公民个人信息罪，严惩"国家机关或者金融、电信、交通、教育、医疗"等单位的工作人员非法泄露公民个人信息的行为。

加强个人信息保护的立法刻不容缓。结合网络隐私权保护的需要，个人信息保护法的立法需要注意两点：

第一，立法的核心应该是确保个人拥有资讯自决权。资讯自决权是网络隐私权的核心内容。值得一提的是，2009 年国务院公布的《征信管理条例（征求意见稿）》中有关征信机构的规定，有不少内容接近自我信息控制权理论。如第 3 章"征信业务的一般规则"的第 16 条规定，除了行政机关、司法机关及法律、法规授权的具有管理公共事务职能的组织已经依法公开的个人信息或其他已经依法公开的个人信息以外，征信机构收集、保存、加工个人信息应当直接取得信息主体的同意。第 5 章"信息主体权益保护"的第 36 条明确列举了征信机构原则上不得收集民族、家庭出身、宗教信仰、所属党派、身体形态、基因、指纹、血型、疾病和病史、收入数额、存款、有价证券、不动产、纳税数额等敏感个人信息。第 38 条规定禁止征信机构目的外使用个人信用信息。第 39 条及第 40 条规定了信息主体对征信机构的开示请求权和错误修正、删除请求权。

但耐人寻味的是《征信管理条例（征求意见稿）》第 6 章有关中国征信中心的规定。它明确了"中国征信中心是由国务院征信业监督管理部门设立的征信机构，负责全国统一信用信息基础数据库的建设、运行和管理"，"中国征信中心可以依法与行政机关、司法机关以及法律、法规授权的具有管理公共事务职能的组织开展信息共享"。该章第 48 条还特别规定，除了第 2 章"征信机构的设立"的内容、第 16 条直接取得信息主体的同意的原则以及第 40 条第 3 款信息主体的删除请求权的规定外，其余规定均适用中国征信中心。

这一征求意见稿可以看出是对资讯自决权的接近，但是显然没有贯彻始终，在个人信息保护法的立法中应该彻底贯彻资讯自决权。

第二，个人信息保护法的立法应该针对政府行为作出专门规定。个人信息保护法的适用范围包括政府机关和其他个人信息处理者。在国外的立法中，有针对两者的统一立法，也有分别立法，周汉华研究员主持起草的个人信息保护法（专家建议稿）中提出了分章规定的建议。[①] 在我国政府管制色彩的惯性影响下，需要对政府机关处理个人信息专门立法规定。在个人信息保护法的立法中，应该从尊重个人隐私权的角度出发，在为了追求公共利益的最大化并采取合理手段的条件下，允许公权力在合理范围内收集、管理、使用个人信息。不应该站在"政府当然有权力集中各种个人信息于政府巨型数据库，当然有权力通过信息共享来进行社会管理"的前提下立法。如果是这样的话，是违背个人信息保护初衷的。政府机关利用个人信息的能力远远超过私人和组织的使用，但是政府利用个人信息必须严格依法和依程序，从保护个人隐私的角度进行，所以，有必要严格原则规定和程序设计。

对政府机关的个人信息利用应该以强调个人资讯自决权为前提。具体规制原则和制度包括：政府机关必须在法定职权范围内收集个人信息；收集处理信息的目的必须合法明确；履行信息收集和处理的告知义务；在使用范围内利用个人信息；个人拥有信息获得和修改、更正权利；明确政府机关侵权的赔偿责任；设计权利侵害的救济机制；等等。

2. 推进以政府监督、行业自律与企业自我监督为内容的依托公共治理保护网络隐私权的行政法制度建构

实践证明，信息自由流通有赖于市场竞争的环境，在竞争中为了更好地生存，企业会加强保护个人信息的自律行为。"3Q"大战中，奇虎公司打出的隐私保护武器，就意味着企业知道这张牌的分量，因为保护个人信息不力，导致客户流失，这是企业不愿意看到的现象。但是，企业的自律行为带有自利性，一旦保护隐私不足以威胁企业的赢利，或者因为处于垄断地位，不用再害怕客户流失，企业就不会考虑采取自我监督的自律行为。腾讯用卸载360作为使用QQ的条件就表明了这样的状况。西方国家的经验是，利用行业自律解决这样的问题，从业界整体的发展和遏制恶性竞争入手，采用行业自律制定行业规则的方式可以起到很好的保护网络隐私权的作用。

首先，从国家或行业角度，由公立的第三方专业机构出面成立相应的行业组织，推动诸如中国互联网市场的自律公约和行业规范，为全行业推出隐私权声明样本，对网站隐私权政策执行情况进行认证等，同时承担起向全行

---

① 周汉华：《中华人民共和国个人信息保护法（专家建议稿）及立法研究报告》，法律出版社，2006，第66~67页。

业宣传网络隐私权保护的重要性。从企业角度，应该制定严格的网络隐私权保护制度，进行企业内部自律，从制度上保证网民的网络隐私权不受侵害，建立一种真正的互信关系，以此实现网络隐私权的基础保护。从社会角度，建立社会监督机制，企业一旦违反隐私权保护约定或制度，应受到惩罚，设立专门机构接受来自社会的举报和监督。

其次，充分发挥政府对互联网市场的引导、培育和规范作用。政府要尽快制定网络隐私权保护的相关法律法规，为网络隐私权保护提供法制环境；由政府组织行业内相关企事业单位和专家制定互联网市场发展相关的产品和技术标准，规范互联网市场产品和行为，支持隐私权保护行业自律和法律法规实施的标准，如网络软件分类规范、网络软件产品测评规范、隐私权保护框架、隐私信息描述语等；政府通过行政手段对网络产品和服务推行准入机制，营造良好的市场运行环境；推进和鼓励保护网络隐私权新技术开发和利用，诸如支持发展 P3P 之类的网络隐私保护软件、网络流量异常提醒机制和软件等。

政府的监管主要是引导和监督，在类似的事件中应该切实承担起"裁判"的职责，要综合运用法律、经济、技术和行政手段加强市场监管，规范互联网市场秩序，优化行业生态环境。① 针对政府的监管，应制定相关的监管法律和设立必要的程序，例如增加对互联网信息服务及相关业务经营行为规范的立法，应着力解决经营者与用户之间信息不对称问题，设定规范的申诉仲裁程序，有针对性地制定互联网信息服务互联和相互可操作规则，避免用户被经营者挟制，约束和规范行业垄断经营者，加大对不正当竞争等违法行为的惩处力度，增大其违法成本，以防患未然等。

---

① 王雅平：《"停战以后"——由中国互联网产业"3Q 大战"所引发的法律思考》，《中国电信业》2011 年第 1 期。

中国近代基本法权利规范在实证法律中的变迁

柳　飒[*]

【内容摘要】 近代基本法中的权利规范仅仅是纲领性的宣示，其原则式的规定需要下位法予以主体、程序、处罚等方面的配制，同时，近代基本法对基本权利大多采用"依法律保障"的模式，实证法律成为公民法定权利的实质规范，直接决定着公民实有权利的享有程度。如此一来，当权者往往把实证法律作为桎梏公民基本权利的工具，对权利和自由"莫不限之以法律"。在这种国家导向的权利立法模式下，传统法文化完成了对现代宪政主义的重构。

【关键词】 基本法　权利规范　实证法律　变迁

从 1908 年《钦定宪法大纲》到 1947 年《中华民国宪法》，公民基本权利在基本法中得以确认并自成体系。在自由权方面，包括人身自由、居住自由、迁徙自由、言论讲学著作出版自由、通信秘密自由、信仰自由、结社集会自由等，与西方早期自由权体系相比较，在权利类型与内容的规定上大致接近，但因为程序性的规定较少导致权利规范过于简洁而内涵模糊。在参政权方面，以选举权、被选举权和公务就任权为主要内容，罢免、创制、复决之权是孙中山直接民权思想的体现，在南京国民政府制定的基本法中有所规定。在国务请求权方面，从接受裁判的权利发展到请愿权、诉愿权，还增添了国家赔偿与补偿请求权，有与世界潮流保持一致的倾向。在社会权方面，条款主要涉及生存权、工作权、财产权、受教育权、文化权、社会救济权等方面，不失其全面性。

---

*　广东商学院法学院副教授，法学博士。

但是，近代基本法中的权利规范仅仅是纲领性的宣示，其原则式的规定需要下位法予以主体、程序、处罚等方面的配制，同时，近代基本法对基本权利大多采用"依法律保障"的模式，实证法律成为公民法定权利的实质规范，直接决定着公民实有权利的享有程度。如此一来，当权者往往把实证法律作为桎梏公民基本权利的工具，对权利和自由"莫不限之以法律"。这是传统法文化对现代宪政主义的重构，于是，基本法中的权利规范效力被虚置，成为"徒饰宪法之外观，聊备体裁，以慰民望已耳"。①

重构路径一：为基本权利配置管理型的法律

《尔雅·释诂》在训"法"时说"刑，法也"，"刑"与"法"基本同义，因此"在古代法也就是刑，刑也就是法，刑与法是通用的"。② 这种法即刑的观念是立法的宗旨，在历代法制中不断强化，成为维护专制统治的重要工具。同时，这一观念经过长时间的积淀，已成为中国传统法文化的一部分，当遭遇近代法制现代化的必然时，只是更深层次的掩伏，但仍服务集权和统治的需要。所以，考察公民基本权利的相关实证法律，不难发现其"刑"的宗旨和表征。

以公民的言论自由为例，作为基本权利，其"不可缺乏性"是毋庸置疑的，因此，从《钦定宪法大纲》到"1947年宪法"，都无例外的规定了公民有"言论，讲学，著作及出版之自由"。然而，追踪近代有关法律，可以清晰地看到：言论自由被法律近乎苛刻地限制着，在"法定"的名义下被深度克减。

例如，自清末的《大清报律》起，便采取了"控制"模式。清末政府对报刊发行采注册登记制＋保证金制，规定实行事前检查，"诋毁宫廷之语、淆乱政体之语、损害公安之语、败坏风俗之语"③ 不得登载。北京政府对出版物实行批准制＋保证金制，规定："每号报纸，应于发行日递送该管警察官署存查。"④ 南京国民政府对新闻、书刊、剧本等进行规制的法律、法令是政出多门，有国民政府及下属内政部、行政院、交通部、财政部、社会部、侨务委员会颁布的，有国民党中央执行委员会制定的，有军事委员会令准施行的，还有地方党部如西南执行部通令实施的。实施过程中效力最高的当属

① 《考察宪政大臣达寿奏考察日本宪政情形折》，转引自夏新华等编《近代中国宪政历程：史料荟萃》，中国政法大学出版社，2004，第63页。
② 乔伟：《中国法律制度史》，吉林人民出版社，1982，第28页。
③ 转引自刘哲民编《近现代出版新闻法规汇编》，学林出版社，1992，第32页。
④ 转引自刘哲民编《近现代出版新闻法规汇编》，学林出版社，1992，第87页。

"中央关于出版品之各项决议"，即国民党中央执行委员会的决议，其次为"中央宣传部颁布注意之要点"，起至关重要作用的还有"中央检查新闻处及各该省、市主管军政机关临时指示"。规定新闻、出版实行党政双轨审核批准制，从报纸、杂志、书籍、剧本到新闻记者证都要先行登记，须经党部和地方主管官署的双重核准，由中央内政部和中央宣传部（宣传委员会）颁发许可证方能开始执业。禁载内容由"党义"范畴扩展到国家、军事、党政、财政经济、交通、社会各领域，审查方式采用事前审查与事后审查两种，前者为原稿审查，后者为印成品审查。检查是随时可以进行的，党员、各级党部、警察机关、内政部、中央宣传部为当然的检查机关，再特设专门机关，如新闻检查所、出版物审查会、中央图书杂志审查委员会、地方图书杂志审查委员会、军事委员会战时新闻检查局等进行严实的检控，还将行业自治组织如新闻记者同业公会、商会等组建成官署辅佐机关并强制加入，实现了社会和政府的全面控制。

以公民的集会、结社权为例，作为基本权利其"不可取代性"是不言而喻的，所以，从《钦定宪法大纲》到"1947 年宪法"，都无例外的规定了公民有"集会及结社之自由"。然而，考察近代相关法律，可以清晰地看到：无论是集会还是结社，都是相当不自由的。

例如，1908 年 3 月 11 日《结社集会律》① 规定："政事结社，应由首事人于该社成立前，开具左列（下列）各款，呈报该管巡警官署或地方官署。在京申呈民政部核准，在外由巡警道、局申呈本省督抚核堆，咨部存案：一，宗旨；二，名称；三，社章；四，办事处；五，设立之年月日；六，首事人、佐理人姓名、履历、住址；七，办事人姓名、履历、住址；八，现有入社人数。"（第 3 条）"政论集会，须先定倡始人，由倡始人于开会前一日，开具左列（下列）各款，呈报会场所在地方该管巡警，或地方官署：一，宗旨或事由；二，会场；三，开会之年月日时；四，倡始人姓名、履历、住址；五，现有入会人数。若距呈内所定时刻逾六小时不行开会，或中止逾三小时者，其呈报作废。"（第 6 条）这是对政事结社、政论集会实行严格的批准制。

《结社集会律》还规定："左列（下列）人等不得列入政事结社及政论集会：一，常备军人及征调期间之续备、后备军人；二，巡警、官吏；三，

---

① 《宪政编查馆会奏拟订结社集会律折》，《政治官报》光绪三十四年二月十三日，第 135 号。

僧道及其他宗教师；四，各项学堂教习、学生；五，男子未满二十岁者；六，妇女；七，曾处监禁以上之刑者；八，不识文义者。"（第9条）"政事结社，非本国人民不得列入。"（第11条）"政论集会，非本国人民不得充倡始人。"（第12条）同时，限制参与人数，"凡政事结社，人数以一百人为限；政论集会，人数以二百人为限"（第10条）。通过资质和人数的限制，享有结社、集会自由的主体范围大大缩减。

《结社集会律》赋予民政部或本省督抚及巡警道、局、地方官监督权与解散权，"政论集会，巡警或地方官署得派遣人员临场监察，所派人员若向该会请列坐位，该倡始人或监察员所指名之会员，应即照设"（第14条）。"无论何种结社，若民政部或本省督抚及巡警道、局、地方官为维持公安起见，饬令解散，或令暂时停办，应即遵照办理。"（第19条）"无论何种集会，或整列游行，巡警或地方官署为维持公安起见，得量加限禁，或饬令解散。"（第20条）如此一来，公民的结社、集会自由完全"臣服"于治安警察权之下。

1940年6月1日南京国民政府公布《非常时期人民团体组织纲领》① 规定："各种人民团体之成立，无论下级团体或上级团体均应先经政府之许可"；"职业团体之会员及下级团体加入上级团体，均以强制为原则，退会应有限制"；"各种职业团体应设书记一人，以曾经特种训练合格之人员充任，必要时得由政府指派，承各该团体执行机关之命，办理事务并负推进各该团体各种活动之责任"；"各种人民团体除受中国国民党之指导、政府主管机关之监督外，关于抗战动员工作并受军事机关之指挥"。1940年8月22日《非常时期党政机关督导人民团体办法》② 规定："凡人民申请组织之团体依法属于县政府主管者，依左（下）列程序办理：一，县政府于接受人民申请许可组织团体后，应即派员视察同时函知县党部；二，视察完毕后，县政府应将视察报告提报县各级党政关系调整办法第七条所规定之会议（以下简称会议）决定之，其准许组织者，由县政府核发许可证，同时派员指导；三，县政府应将团体筹备经过提报会议，经决定后始得核准召开成立大会并派员监选；四，团体组织完成依法向县政府立案后，指导员应填具组织总报告四份呈报县政府，县政府除抽存一份以外，一份送县党部，二份呈省政府，并由省政府以一份送社会部备查。"（第3条）"凡人民申请组织之团体依法属于

① 蔡鸿源主编《民国法规集成》第42册，黄山书社，1999，第173页。
② 蔡鸿源主编《民国法规集成》第42册，黄山书社，1999，第176页。

省政府主管者，依左（下）列程序办理：一，省政府于接受人民申请许可组织团体后，应即派员视察同时函知省党部；二，视察完毕后，省政府应将视察报告提报省党政联席会议（以下简称会议）决定之，其准许组织者，由省政府核发许可证，同时派员指导；三，省政府应将团体筹备经过提报会议，经决定后始得核准召开成立大会并派员监选；四，团体组织完成依法向省政府立案后，指导员应填具组织总报告三份呈报省政府，省政府除抽存一份以外，以二份分送省党部及社会部备查。"（第 4 条）这些法规的核心用意便是：建立在国民党及政府控制下的人民团体体系，对其进行有效的监督和管理，使其服从于国民党政府的统治。

"新型"人民团体并不是公民结社权的行使，而是政府课以人民服从统治秩序的法定义务，集会自然也是严格受限的。1942 年 5 月 30 日社会部公布《人民团体集会须知》①规定："人民团体集会应于会期一星期前呈报社会行政主管官署及目的事业主管官署，并请派员出席指导"；"人民团体集会应绝对遵守时间，每次集会以不超过二小时为原则，其经休会后继续开会者亦同"；"人民团体集会得柬请当地有关机关及团体派代表参加，必要时得请致词，但以三人为限，每人致词时间不得逾十分钟"；"人民团体集会应制成会议记录，并于会后呈送主管官署备核"。

重构路径二：为基本权利配置附条件型的法律

法律依据人的等级身份来规定其权利和义务是中国传统法文化的一大特征，在法制现代化的进程中，也时时有这一烙印的隐现，对于某些基本权利设置身份、财产、资历等条件，于是，基本权利变成了附条件的"资格"。

以公民的参政权为例，近代基本法中参政权规范没有太大的变化，主要内容就是选举权、被选举权和公务就任权，但不同时期的选举法却赋予选举与被选举不同的条件，使得实际享有选举权与被选举权的人群处于不断变化中，唯有具备"资格"的人才享有参政权。而所谓的"资格"，往往是当权者的有意设置，目的是把参政的人员圈定在自己可以搞定的范围内，如此一来，名为民选机关，实为御用设施，其功能是为当权者的旨意披上"民主"的外衣，使之变成"合法性"的管理。

例如，1914 年 1 月 24 日，袁世凯令政治会议拟下《约法会议组织条例》，规定议员由"京师选举会选出 4 人，各省选举会每省选出 2 人，蒙、藏、青海联合选举会选出 8 人和全国商会联合会选举会选出 4 人"组成，选

---

① 蔡鸿源主编《民国法规集成》第 42 册，黄山书社，1999，第 298 页。

举人资格为"中华民国国籍","年满三十岁以上之男子",加上"曾任或现任高等官吏而通达治术者"或"曾由举人以上出身而夙著声望者"或"在高等专门以上学校三年以上毕业而研精科学者"或"有万元以上之财产而热心公益者"。被选举人资格是"中华民国国籍","年满三十五岁以上之男子",还得"曾任或现任高等官吏五年以上而确有成绩者"或"在内外国专门以上学校,习法律、政治之学三年以上毕业,或曾有举人以上出身,习法律、政治之学而确有心得者"或"硕学通儒富于专门著述而确有实用者",且被选举人各省选举会不以本省人为限,其他选举会不以地方为限。① 袁世凯认为这些规定"符合各国限制选举之良规","而在事实上,此种限制方法,是远超限制选举范围之外。不宁唯是,除年龄国籍性别以外,每一资格,如'通达治术'、'夙著声望'、'研精科学'之类,在其解释上富有弹性,实与选举监督以过大之权力"。②

袁世凯倒台后,段祺瑞把持北京政府,下令修改民初的国会组织法及选举各法,1918 年 2 月 17 日公布了《修正中华民国国会组织法》、《修正参议院议员选举法》和《修正众议院议员选举法》。规定:参议院由地方选举会选出 138 人和中央选举会选出 30 人组成,选举人资格包括"中华民国国籍之男子","年满三十岁以上",地方选举会和中央选举会的要求不同,地方选举会为"曾在高等专门以上学校毕业,及与高等专门以上学校毕业,有相当资格,任事满三年者,或曾任中学以上学校校长及教员满三年者,或有学术上之著述及发明,经主管部审定者";"年纳直接税百元以上,或有不动产值五万元以上者"。中央各部资格要求:"第一部,曾在国立大学或外国大学本科毕业,以其所学任事满三年者,或曾任国立大学校校长及教员满三年者,或有学术上著述及发明经主管部审定者";"第二部,退职大总统、副总统、国务员,及曾任特任官满一年以上,或曾受三等以上勋位者";"第三部,年纳直接税一千元以上者,或有一百万元以上之财产,经营农工商业,经主管官厅证明者";"第四部,华侨有一百万元以上之财产,经驻在地领事官证明者";"第五部,满洲王公具有政治经验者";"第六部,回部王公具有政治经验者"。被选举人资格是"中华民国国籍之男子,年满三十五岁以上",其排除项与众议院要求相同。③

---

① 《东方杂志》第 10 卷第 9 号。
② 钱端升等:《民国政制史》(上),上海世纪出版集团,2008,第 74 页。
③ 《东方杂志》第 15 卷第 3 号。

众议院是由各地方人民选举议员组成，每人口满一百万，选出议员一名，但人口不满七百万的省份可选出议员七名，不满一百万的特别行政区也可选出议员一名。选举人资格包括"中华民国国籍之男子，年满二十五岁以上，在选举区内住满二年以上"，还得"年纳直接税四元以上"或"有值一千元以上不动产（蒙、藏、青海得就动产计算）"或"在小学以上毕业"或"有与小学以上毕业相当之资格"。被选举人资格为"中华民国国籍之男子，年满三十岁以上"，蒙、藏、青海区的必须通晓汉语。不能成为选举人及被选举人的有"褫夺公权，尚未复权者"，"受破产之宣告确定后，尚未撤销者"，"疯癫或有病疾者"和"不识文字者"（这些也适用参议院议员）；停止选举权及被选举权的是"现任官吏及巡警"、"现役海陆军人"、"各学校肄业生"和"僧、道及其他宗教师"（这些限制同样适用参议院议员）。①

修改后参、众两院议员的选举资格大大提高，参议员不再是由各省议会、蒙古选举会、西藏选举会、青海选举会、中央学会、华侨选举会选出，而是由省区地方选举会通过复选制选出及由中央选举会采单选制分六部互选选出。这些修改直接导致民选选民比例降低，选举权范围缩小，使选举操纵成为可能，这一特性在其后的选举实践中表现得淋漓尽致。

重构路径三：为基本权利配置不能实施型的法律

传统的中华法系以刑为主，诸法合体，有关诉讼的规定也是混杂在实体规范之中，没有"程序正义"的法理念。法制现代化无可避免要服膺于程序的正当性，于是，在基本法层面上移植了某些程序性的规定，似乎实现了权利的保障。然而，这些程序性的规定没有得到真实有效的法律予以支持，变成了虚文。配置的法律不能实施，至始至终没有效力，于是，基本权利自然被架空了。

以公民人身自由为例，每部基本法无一例外都规定了人民"非依法律，不受逮捕、监禁、审问或处罚"，其中1923年《中华民国宪法》还规定："人民被羁押时，得依法律，以保护状请求法院提至法庭审查其理由"；1931年《中华民国训政时期约法》规定："人民因犯罪嫌疑被逮捕拘禁者，其执行逮捕或拘禁之机关至迟应于二十四小时内，移送审判机关审问，本人或他人并得依法请求于二十四小时内提审"；1947年《中华民国宪法》的规定已呈现"程序宪法"的特色："人民身体之自由应予保障。除现行犯之逮捕由法律另定外，非经司法或警察机关依法定程序，不得逮捕拘禁。非由法院依

---

① 《东方杂志》第15卷第3号。

法定程序，不得审问处罚。非依法定程序之逮捕、拘禁、审问、处罚，得拒绝之。人民因犯罪嫌疑被逮捕拘禁时，其逮捕拘禁机关应将逮捕拘禁原因，以书面告知本人及其本人指定之亲友，并至迟于二十四小时内移送该管法院审问。本人或他人亦得声请该管法院，于二十四小时内向逮捕之机关提审。法院对于前项声请，不得拒绝，并不得先令逮捕拘禁之机关查覆。逮捕拘禁之机关，对于法院之提审，不得拒绝或迟延。人民遭受任何机关非法逮捕拘禁时，其本人或他人得向法院声请追究，法院不得拒绝，并应于二十四小时内向逮捕拘禁之机关追究，依法处理。"

首先来看 1923 年《中华民国宪法》所确认的人身保护状制度是否得到法律的配置。保护状制度也称出庭状制，起源于英国古老的令状制度。"按照这种制度，人民如被任何人监禁，其本人或任何他人，俱得向高等法院请求颁给一种命令，命令监禁者将被监禁者移交法院审理其监禁理由；这种命令就叫做出庭状。法院经审查后，如认为无正当的监禁理由，则被监禁者，自可立时恢复自由；否则法院亦当按照法定手续，进行审判。"① 简而言之，即是一种对抗非法关押的救济制度。承袭《天坛宪草》第 5 条，1923 年《中华民国宪法》首次正式确认了人身保护状制度，但由于政权的合法性遭到否认，这部宪法几乎没有任何效力。1924 年，直系政权被奉系及冯玉祥推倒，曹锟被拘禁，新成立的段祺瑞执政府通过颁发《临时执政府组织令》，正式宣布不承认这部"贿选宪法"，与宪法上有关规定相应的"人身保护法"也就不可能纳入正常立法。

直到 1927 年 2 月 5 日，强弩之末的顾维钧摄政府公布了《保护状条例》。② 该条例规定：凡是被无发押票权之公署或公务员擅行拘押、行为显不为罪、没有被视以拘票或拘票未载明被告的犯罪行为、不以法定期限送交被告到指定处所或审判厅、拘票不符合法定格式、羁押原因消灭未被释放、羁押期满未被移送预审或起诉而仍被羁押、声请保释且合乎条件而不准或迟延不准、虽被放可停止羁押而被要求的保证金不相当等情况之一者，被拘押者及其亲戚朋友，皆可向高等审判厅声请保护状。高等审判厅受理后，若查声请合法，即行裁决提审，同时颁发保护状送达原拘押公署，并令其限期声复；如认为必要，得向原押公署调取宗卷或其他证据物件；审理后可裁决释放、保释或还押。原拘押公署主任人员拘押违法的，或接到保护状及裁决书

---

① 王世杰、钱端升：《比较宪法》，商务印书馆，2004，第 86 页。
② 《东方杂志》第 24 卷第 4 号。

后不立即将被拘押人送审的，提付惩戒，并得以私擅捕论罪。此条例似乎在形式上完成了人身保护状制度的法律构建，其实却只是在正式宪法未能产生、国家政治生活极为混乱的情况下，仓促模仿英美相应的人身保护法而创制的一纸虚文。在存续的一年零五个月内，无数平民被随意逮捕、拘禁的事件屡屡发生，未曾出现一起启动《保护状条例》的案例，北洋军阀也没有因《保护状条例》的颁布而有所顾忌，其法律效力自始至终为零。

其次来看南京政府对于人身保护的法律配置。1935 年 6 月 21 日国民政府制定、颁布了《提审法》①，该法规定：人民被法院以外之任何机关非法拘禁时，其本人或他人得向逮捕、拘禁地之地方法院或其所隶属之高等法院声请提审；法院受理声请后，依法认为显无理由者，于二十四小时内裁定驳回，当事人不服可抗告于上级法院，但对于高等法院所为之裁定不得抗告；法院依法认为声请有理由者，应于二十四小时内向逮捕、拘禁机关发提审票，并即通知逮捕、拘禁机关之直接上级机关；执行逮捕、拘禁机关接到提审票后，应于二十四小时内将被逮捕、拘禁人解交；法院讯问被逮捕、拘禁人后，认为不应逮捕、拘禁者应即释放，认为有犯罪嫌疑者应移付检察官侦查；执行逮捕、拘禁之公务人员，凡未在二十四小时将逮捕、拘禁理由告知被逮捕、拘禁者或未告知其亲友的，以及未按提审票要求即行将被逮捕、拘禁者解交的，处二年以下有期徒刑、拘役或一千元以下罚款；等等。

作为人身权利保障的宪法性程序法，《提审法》于 1946 年 3 月 15 日正式实施，于是，《中华民国训政时期约法》中的相应规定实际上是"无法"可依的。而且，从所能查到的资料看，《提审法》至始没有被启动过，因为法院对人身保障所能起的作用非常有限。1947 年 12 月 25 日《戡乱时期危害国家紧急治罪条例》② 规定："犯本条例之罪者，除军人由军法审判外，非军人由特种刑事法庭审判之。前项特种刑事法庭之组织，由行政院会同司法院定之。"特刑庭属独立机关，不隶属于法院，在行政上受司法行政部管辖，人事由该部提请任免。与一般法院不同，特刑庭不是独立审判，而是受同级国民党党部的监督。国民党省党部对本省特刑庭的审判持有异议时，可向中央特刑庭提出"非常上诉"，国民党中央党部和国民政府亦有权直接插手中央特刑庭的审判。特刑庭的被告人无权聘请律师辩护，一审终审，被告人无权

① 林纪东、郑玉波、蔡墩、古登美：《新编六法（参照法令判解）全书》，五南图书出版公司，1986，第 763 页。

② 蔡鸿源主编《民国法规集成》第 66 册，黄山书社，1999，第 468～469 页。

上诉。特殊司法机构的设立，不仅使《提审法》成为一纸空文，也让 1947 年宪法中"完美"的程序规定化为泡影。

通过考察中国近代基本法权利规范在实证法律中的变迁，不难发现近代权利立法属于国家导向模式。官府主导权利立法，先宣示一些纲领性权利，然后在实践中逐一通过部门法去完善。完善的过程往往有政治现实状况的客观限制，还有传统统治理念的主观重构，将保障权利的立法变成了限制权利的立法。从基本法到实证法律，基本权利在法定的层面已然发生了本质的变迁，于是，权利不是与生俱来的，也不是不可剥夺的，而是国家所赋予的，是官府所设定的，其核心价值远离了人性尊严，其功能背离了权力制约，成为服务于政治的衍生物。

强征农村土地和房屋的宪法法律问题

刘松山 *

【内容摘要】农民的宅基地使用权，不仅是一项重要的法定权利，也是党的农村经济政策的基本内容，是农民生存、发展的重要基础和条件。违背农民意愿，强征其房屋，不仅侵犯了农民的法定权利，也违背了党的农村经济政策。在农村土地和房屋的征收中，农民的个人利益或者集体利益，只要是在所谓"公共利益"之先就已经存在的合法的利益，任何个人或者组织，在没有得到被征收人同意的情况下，都不能轻易地用所谓假"公共利益"的名义来否定它，不能用后来的一个所谓合法的利益来否定业已存在的另一个合法利益，否则就会形成一个以"公共利益"为载体的多数人暴政。对宪法征收条款中的"国家为了公共利益的需要"应当予以准确解读，即"国家"是指统一的中华人民共和国，"公共利益"是指全国性的公共利益，也就是说，宪法中所说的征收，是指中央一级政府基于全国性公共利益的需要才实行的征收。

【关键词】土地　房屋　征地　土地承包经营权　城镇化

这些年来，特别是最近几年，由地方政府一手主导的土地和房屋征收已从城市向农村急速地大规模扩展。虽然 2008 年党的十七届三中全会《关于推进农村改革发展若干重大问题的决定》，提出要"改革征地制度"，"逐步缩小征地范围"，① 但是，不少地方对这一要求置若罔闻。2010 年 11 月 2 日，《新京报》就报道：受土地财政的驱使，全国 20 多个省市已经掀起了规模浩

---

　*　华东政法大学法律学院教授，博士生导师。
　①　中共中央文献研究室编《十七大以来重要文献选编》（上），中央文献出版社，2009，第675 页。

大的"拆村"风潮，这些地方政府打着城乡统筹、新农村建设、旧村改造、小城镇化等各种旗号，违背农民的意愿，强拆民居，拿走宅基地，无数的农民正在"被上楼"。① 该报道引起极大震动。一周后的 11 月 10 日，温家宝主持召开国务院常务会议，强调要"开展农村土地整治"，"把维护农民合法权益放在首位"，"坚决制止违背农民意愿搞大拆大建"。② 2011 年 7 月 20 日，温家宝主持国务院常务会议再次强调要依法保护农村耕地和农民宅基地物权，严禁侵害群众权益。③ 但时至今日，农村的"拆村"风潮并没有得到有效制止，拆迁过程中发生的一连串的冲突和血腥故事时常见诸媒体。

看来问题已相当严重，上述《新京报》就引用中央农村工作领导小组副组长陈锡文的话说："这场和平时期大规模的村庄撤并运动是古今中外，史无前例，如果得不到有效遏制，恐怕要出大事。"④ 强征农民房屋和集体所有土地，将农民赶出家园，将会出什么样的"大事"，本文姑且不去作令人惊恐不安的讨论和预见，这里要提出的是，农村的房屋和土地征收是相当复杂的问题，这么多年来，我们的各级党委和政府在会议、文件和负责人的讲话中，不断地强调要依宪和依法执政，特别是要依法行政，但是，在涉及 9 亿人口的农村工作中，特别是在涉及农民切身利益和农村发展方向的土地和房屋征收中，宪法和法律真正被放到应有的位置了吗？宪法和法律的相关规定得到了准确的理解和切实的遵守、执行了吗？

一　工业化、城镇化与宪法序言中农业现代化的关系

现在，工业化、城镇化是两个特别热门的语词。在网络上稍加搜索就会发现，自七、八年前到现在，从东部沿海到西部边远地区的党委政府，都在不断地提出本地方的重要发展战略目标：加快推进工业化、城镇化以及与这"二化"紧密相连的农业现代化。用江苏省省长在该省推进农业现代化工程会议上的说法，就是要坚持"新型工业化、新型城市化、农业现代化'三化

---

① 参见涂重航《20 余省市撤村圈地发土地财 失地农民"被上楼"》，2010 年 11 月 2 日《新京报》。
② 参见新华网，2010 年 11 月 10 日。
③ 参见新华网，2011 年 7 月 20 日。
④ 参见涂重航《20 余省市撤村圈地发土地财 失地农民"被上楼"》，2010 年 11 月 2 日《新京报》。

同步'"。①

问题的关键是，地方政府似乎总认为，只有搞工业化、城镇化，将农村富余的劳动力集中到工厂和城镇，才能搞所谓"城乡统筹"、"以城带乡"、"以工哺农"，才能实现农业的所谓规模化经营，进而促进农业的现代化。这种认识实际是既将工业化、城镇化与农业的现代化等同起来，也将工业化、城镇化当做实现农业现代化的措施和手段。

但是，1982 年宪法制定的时候，全国流行的一句话与今天的工业化、城镇化大不相同，那时叫做实现"四个现代化"，也就是宪法序言所确立的国家根本任务："逐步实现工业、农业、国防和科学技术的现代化"。根据宪法的这一要求，实现农业的现代化是国家的根本任务之一。30 年来，宪法序言有关农业现代化的这一表述没有修改，这说明国家的这个根本任务没有发生变化。但值得注意的是，宪法通篇没有出现"城镇化"的提法，或者类似现在所热衷的城镇现代化的表述，更没有将城镇化与实现农业现代化联系起来。序言所表述的工业化，也不是现在各地方所提出的工业化，而是工业的"现代化"，而且，宪法也没有将工业的现代化与农业的现代化联系起来，甚至把工业的现代化作为实现农业现代化的手段。

那么，农业的现代化究竟包括哪些内容？实现农业现代化的具体措施是什么？农业的现代化要在什么时间内实现？农村要变成什么样子才叫实现农业的现代化呢？是不是把农村都城镇化，到处建立工厂，把农民都赶上楼房，就叫做实现了农业的现代化呢？就像一些文件和媒体上所说的，要与国外城镇化对比，国外的城镇人口达到多少，我国的城镇人口现在只有多少，要达到国外的比例，我国才叫实现了农业的现代化呢？这些问题宪法都没有回答。

宪法没有回答的问题按理应当由法律来回答。1993 年制定、2002 年修改的农业法，是促进农业发展的重要基本法律，但这部法律无论是立法目的还是其他具体条文，都没有对宪法序言中农业现代化的表述进行进一步的规定。其他如土地管理法、城乡规划法、农村土地承包法以及村民委员会组织法等法律，虽然与农村的发展密切相关，但也都没有对农业现代化方面的事项进行规范。即使是 1996 年制定的乡镇企业法，也没有说发展乡镇企业这个类似今天的所谓"工业化"，与实现农业的现代化有什么关系。此外，2010 年修改的村民委员会组织法，专门加上了"促进社会主义新农村建设"这样

① 参见东方网，2011 年 6 月 11 日。

时下很流行的提法，但就是没有提农业的现代化。全国人大常委会制定的上述诸多法律，用今天的眼光看，已经完全涉及所谓工业化、城镇化、城乡统筹等事项，都可以说与实现农业现代化密切相关，甚至可以说搞这些"化"本身就是在实现农业的现代化。但是，法律对此只字未提，为什么呢？笔者以为，这绝不是立法机关的疏忽，更不是立法机关无视宪法的规定甚或不愿去推动农业的现代化，这只能说明，在中国，实现农业现代化的路子尚不清晰。宪法的规定是一个很高的目标，要在法律中确定实现农业现代化的具体措施和目标，不是一件简单的事情，相关法律中涉及的所谓工业化、城镇化、城乡统筹、基层民主等事项，与农业的现代化都没有必然的联系，更不能把这些事项当做实现农业现代化的措施和手段。

就笔者查阅所及，目前为止，只有 1993 年制定的农业技术推广法提到了农业现代化。这部法律在第 1 条规定，加强农业技术推广，促使农业科研成果和农业技术尽快应用于农业生产，目的是为了"实现农业现代化"。这一规定清楚地说明，迄今为止，立法机关不仅重视农业的现代化，而且认准了一条：推广农业技术是实现农业现代化的必要条件。

不仅是法律对宪法的表述缺乏系统的细化规定，即使是党和国家的重要文件以及领导人的讲话，迄今似乎也没有对农业现代化提出一个完整的概念和实现的路径。[①] 党的十五届三中全会就坦承："积极探索农业现代化的具体途径，是农村改革和发展的重大课题。"[②] 党的十七大报告提出要"统筹城乡发展"，"建立以工促农、以城带乡长效机制，形成城乡经济社会发展一体化格局"。[③] 十七届三中全会《关于推进农村改革发展若干重大问题的决定》进一步提出，要"统筹工业化、城镇化、农业现代化建设"，"建立促进城乡经济社会发展一体化制度"。[④] 但是，这些提法并没有揭示工业化、城镇化与农业现代化之间的关系，而城乡统筹、城乡一体化显然也不能说明就实现了农业的现代化。

[①] 当然，有个别地方已经对本地方的农业现代化提出了一个评价指标体系。比如，广东省政府办公厅在 1999 年就印发了《关于广东省 2010 年珠江三角洲基本实现农业现代化的评价指标体系的通知》，参见广东省政府网，1999 年 7 月 27 日。

[②] 中共中央文献研究室编《十五大以来重要文献选编》（上），人民出版社，2000，第 562 页。

[③] 中共中央文献研究室编《十七大以来重要文献选编》（上），中央文献出版社，2009，第 18 页。

[④] 中共中央文献研究室编《十七大以来重要文献选编》（上），中央文献出版社，2009，第 673 ~ 677 页。

2006 年胡锦涛在《建设社会主义新农村，不断开创"三农"工作的新局面》的讲话中揭示了城乡统筹发展的目标，就是"工业与农业、城市与农村协调发展，逐步缩小城乡差距"，[①] 具体做法是"实行工业反哺农业、城市支持农村和'多予少取放活'"。[②] 但是，这个目标和做法也都不能说就可以实现农业的现代化。紧接着，温家宝在《扎实稳步推进社会主义新农村建设需要把握好的几个问题》的讲话中提出，"我们推进的城镇化，是能够带动农村发展的城镇化；我们要建设的新农村，是城镇化进程中的新农村。社会主义新农村建设的过程，应当是城市带动农村发展的过程"，"是农民更多地参与经济建设、分享发展成果的过程"。[③] 这里虽然揭示了新农村与城镇化的辩证关系，但是，新农村与农业的现代化是两个不同的概念，而事实上，即使是城镇化带动的新农村，也未必是实现了现代化的新农村。

温家宝在 2011 年的政府工作报告中提出，要"在工业化、城镇化深入发展过程中同步推进农业现代化"。[④] 这个表述与前述江苏省省长有关"三化同步"的说法类似。单纯地看，这个表述并没有直接表明，搞工业化、城镇化就是在实现农业现代化，或者是实现农业现代化的具体措施，但在地方政府的实践中，是极易引起这样错误的理解和认识的。

十一届全国人大四次会议通过的《国民经济和社会发展第十二个五年规划纲要》继续沿用了温家宝的上述提法，但并没有揭示农业现代化的内涵和要素，在第五章用了"加快发展现代农业"的标题，并在此章下用"增强粮食安全保障能力"、"推进农业结构战略性调整"、"加快农业科技创新"和"健全农业社会化服务体系"作为四个小节的标题。[⑤] 所幸这里没有将所谓工业化和城镇化列为一节，不然又可能引起对这"二化"与农业现代化之间关系的曲解。纲要在第二十章用的标题是"积极稳妥推进城镇化"，并提出三个措施："构建城市化战略布局"、"稳步推进农业转移人口转为城镇居民"、

---

① 中共中央文献研究室编《十六大以来重要文献选编》（下），中央文献出版社，2007，第276 页。

② 中共中央文献研究室编《十六大以来重要文献选编》（下），中央文献出版社，2007，第280 页。

③ 中共中央文献研究室编《十六大以来重要文献选编》（下），中央文献出版社，2007，第297 页。

④ 全国人大常委会办公厅编《中华人民共和国第十一届全国人民代表大会第四次会议文件汇编》，人民出版社，2011，第19 页。

⑤ 全国人大常委会办公厅编《中华人民共和国第十一届全国人民代表大会第四次会议文件汇编》，人民出版社，2011，第53～55 页。

"增强城镇综合承载能力"。① 值得注意的是，这里对推进城镇化的表述用了"积极"二字，但同时又要求"稳妥"，并不是一些地方政府用的"加快"，更重要的是，这里也没有将城镇化与农业现代化联系起来。但是，要求构建城市布局、增强城镇承载能力、将农业人口转移为城镇居民的提法，在地方政府那里，是极易演变成营造城市，强行将农民"赶上楼"的。

以上的情况表明，对宪法确立的实现农业现代化的根本任务，无论从法律还是政策或者其他方面，我们还没有形成一个全国性的统一目标认识，没有提出一套稳定的、能够行之久远的措施体系。而现在各级地方政府轰轰烈烈地开展的工业化、城镇化，本不应当与农业现代化发生多少必然的联系，却是以直接牺牲农民和农村的利益为代价的，危及广大农民的利益和农村的长远发展，危及农业现代化这一宪法根本性任务的实现。

这里要顺带提出的一个严峻问题是，在所谓工业化、城镇化的过程中，政府究竟应当充当什么样的角色，起什么样的作用？工业化和城镇化是一个经济、社会和文化等各种要素发展的自然的历史过程，还是一个完全可以由政府主观推进，甚至头脑发热时随意捏拿打造的社会形态呢？在所谓工业化、城镇化的热潮中，政府又如何在宪法和法律的范围内活动，切实做到依法执政、依法行政呢？可以肯定地说，在宪法确定的农业现代化的任务还摸不着头绪的时候，各级党委和政府是无论如何不可以用牺牲农业发展为代价去搞什么工业化、城镇化的，否则就涉及执政理念和执政方式上的违宪问题。

现在的各种做法已经令人忧虑。所谓工业化，在很多地方实际就是先招商引资，再大面积征收农村宝贵的耕地，在耕地上建各种工厂企业，甚至搞那些高污染的企业。所谓城镇化，大抵就是由政府主导，占用耕地人为地建一座城镇，将大批农民拆迁后赶来集中居住。所谓农业现代化，在很多地方实际就是把分散居住的农民赶走，搞一些所谓"万亩良田"之类的，称为规模化、集约化经营。这三"化"的核心，说到底就是征收农村的土地，将农民赶到政府临时打造的城镇，就是所谓城镇化。2011 年出版的引起极大震动的《朱镕基讲话实录》披露了朱镕基在 2003 年就发出的惊人之语："我非常担心的就是搞'城镇化'。现在，'城镇化'已经跟盖房子连在一起了，用很便宜的价格把农民的地给剥夺了，让外国人或房地产商搬进来，又不很好地

① 全国人大常委会办公厅编《中华人民共和国第十一届全国人民代表大会第四次会议文件汇编》，人民出版社，2011，第 93~95 页。

安置农民，这种搞法是很危险的。"① 朱镕基八年前就担忧和警告的这种很危险的情况，现在已是遍地开花了！重温他的讲话，是应当令人警醒的！

二 征地损害和动摇了宪法、法律确立的农村经济制度

地方政府以推进工业化和城镇化为目标，随意地、大面积地征收农村土地和农民房屋，必然会带来以下一系列涉及农村经济制度的严峻问题。

1. 损害了农村土地集体所有制的宪法地位

根据宪法第 6 条的规定，我国经济制度的基础是生产资料的社会主义公有制，即全民所有制和劳动群众集体所有制。对于土地这一最为重要的生产资料，宪法第 10 条明确规定了两种公有制形式，"城市的土地属于国家所有"；"农村和城市郊区的土地，除由法律规定属于国家所有的以外，属于集体所有"；"宅基地和自留地、自留山，也属于集体所有"。这说明，农村土地的集体所有制，与城市土地的国有制，同样具有十分重要的宪法地位。值得注意的是，宪法在这里还明确规定，对于农村和城市郊区的土地，只有在"法律规定属于国家所有"的情况下，才可以属于国家所有，否则一律属于集体所有，这就进一步强调，集体所有的土地，除了最高立法机关以制定法律的方式确定为国有，其他任何组织或者个人都不得以任何方式将之变为国有，这就足见集体所有土地的宪法地位之重要了。

为什么要赋予农村土地集体所有制如此重要的宪法地位呢？这至少有两个重要原因：一是，我国迄今为止还是一个农业大国，9 亿人还是农业人口，农村经济在整个经济体系中长期占有重要地位的国情，不会也不可能在短时间内改变。所以，农村土地只有实行集体所有，才有利于农村各项事业的发展。二是，中国共产党领导农民推翻封建的土地私有制度，一个重要初衷就是要让农民拥有土地，直接感受到他们为革命付出了巨大牺牲后能够享受到胜利的果实。对这个问题，制定 1982 年宪法时就有过讨论。那时，针对要求将农村土地一律收归国有的意见，就有人提出，农民从参加土地革命开始，为了打土豪、分田地进行了长期艰苦的斗争，如果今天突然宣布将土地收归国有，就会在农民心理上产生不良的影响。② 对此，胡乔木解释说："农村土地收归国有会引起很大的震动，没有实际意义。""如果规定农村土地一律国

---

① 《朱镕基讲话实录》（第 4 卷），人民出版社，2011，第 486 页。
② 蔡定剑：《宪法精解》，法律出版社，2006，第 196 页。

有，除了动荡，国家将得不到任何东西。"① 由此可见，宪法确立农村土地的集体所有制地位，是具有十分重要的历史和现实背景的。

那么，土地集体所有制与土地国有制之间，是否存在一个后者地位高于前者地位、前者必须无条件服从后者的情况呢？或者说一级政府是否可以动辄用国有或者公共利益的名义来征收农村土地和房屋呢？宪法的规定没有体现这样的含义。土地管理法、物权法有关土地所有权的规定也没有表明这样的含义，相反，物权法第 4 条明确规定，国家和集体的物权一律受法律保护，"任何单位和个人不得侵犯"，这清楚地表明，土地的国有和集体所有这两种公有制形式，在法律地位上是完全平等的，没有什么高下之分，更不存在一个国家可以随意吞并集体土地的问题。这个问题本文最后一部分还将述及。

有人可能会提出，根据宪法第 10 条的规定，国家基于公共利益的需要，可以征收集体所有的土地，所以，农村土地的集体所有制地位是可以随意改变的。实践中，很多地方政府也正是这样理解宪法第 10 条并大面积随意征收农村土地的。但这是对宪法规定的错误理解。宪法有关将集体土地征收为国有的规定，是农村土地集体所有的一种例外情形或者极个别的情形，绝不意味着地方政府都可以随意以公共利益为由，大面积征收农村土地。这种例外情形在土地管理法第 45 条的规定中得到体现。根据该条的规定，征收基本农田以及基本农田以外的耕地超过 35 公顷或者其他土地超过 70 公顷的，都必须由国务院批准。在一个单一制大国，征收基本农田或者 35 公顷以上的耕地，都必须要国务院批准，这足以证明农村土地绝不可以任何理由轻易觊觎和染指，农村土地集体所有制不得轻易动摇。

由上可以得出的基本结论是，以所谓公共利益为由，大面积征收农村土地，实际构成了对农村土地集体所有制宪法地位的损害和挑战，也向我们提出一个严肃的问题：我国农村集体所有制在土地公有制中的宪法地位是不是已经过时了？全国政协常委、全国工商联原党组书记胡德平前不久说了一句很令人深思的话："农村土地是集体所有制，集体所有制和全民所有制在所有权上是平等的。但实际上，很多人已经忘掉了这一点。"②

---

① 蔡定剑：《宪法精解》，法律出版社，2006，第 197 页。

② 《胡德平：把中国为何要改革的道理追寻到底》，南方报业网，2011 年 9 月 26 日。

2. 违背和动摇了宪法确立的农村经营体制

大规模征收农民土地和房屋，将农民"赶上楼"，不仅动摇了土地集体所有制的宪法地位，也直接违背和动摇了宪法确立的农村经营体制，即统分结合的双层经营体制。

1998 年，党的十五届三中全会《关于农业和农村工作若干重大问题的决定》提出，由"家庭承包经营"，"建立统分结合的双层经营体制"，是"农村改革二十年的基本经验"，① 并进一步提出，"实现我国农业和农村跨世纪发展目标"，必须"坚持长期稳定农村基本政策"，"实行以家庭承包经营为基础、统分结合的经营制度"。《决定》在第三部分还以"长期稳定以家庭承包经营为基础、统分结合的双层经营体制"为标题，系统阐述了这一经营体制的基本内容。② 党的中央全会作出的这一重要决定，在 1999 年宪法修改时被明确写进第 8 条，即"农村集体经济组织实行家庭承包经营为基础、统分结合的双层经营体制"。

统分结合的双层经营体制，是以农村家庭承包经营为基础，并与农业社会化服务体系相结合的农业生产经营体制。"统"是指土地、大型水利设施等主要生产资料归集体所有，由集体统一行使管理权和经营权，以发展和完善社会服务体系。"分"是指分散经营，即农民在承包土地后，对土地有自主经营权。③ 宪法确立的农村双层经营体制，是我国现阶段农村经济情况、生产经营情况的客观反映和要求，对提高农民积极性、解放和发展农村的生产力具有重要意义。

宪法 1999 年修改十多年来，理论和实践中都没对这个农村经营体制的基本方针提出质疑和否定。而且，2007 年，胡锦涛在党的十七大报告中还强调，要"坚持农村基本经营制度"。④ 2008 年，党的十七届三中全会再次提出，"稳定和完善农村基本经营制度"，并特别强调："以家庭承包经营为基础、统分结合的双层经营体制，是适应社会主义市场经济体制、符合农业生

---

① 中共中央文献研究室编《十五大以来重要文献选编》（上），人民出版社，2000，第556 页。
② 中共中央文献研究室编《十五大以来重要文献选编》（上），人民出版社，2000，第559～563 页。
③ 参见全国人大常委会办公厅研究室编《新宪法修正案学习辅导》，中共中央党校出版社，1999，第172～173 页。
④ 中共中央文献研究室编《十七大以来重要文献选编》（上），中央文献出版社，2009，第18 页。

产特点的农村基本经营制度，是党的农村政策的基石，必须毫不动摇地坚持。"①

但是，现在将农民赶出自己的土地和房屋，让他们住到政府人为打造的城镇，宪法确立的农村双层经营体制就失去了基础，农村改革开放几十年来经济发展的基本经验和成果实际上随之葬送了，而在人造的城镇，无论政府还是农民都没有摸索到也来不及探索和积累成功的经营体制。这是十分危险的。

除了上述双层经营体制外，宪法第 8 条还规定，"农村中的生产、供销、信用、消费等各种形式的合作经济，是社会主义劳动群众集体所有制经济"。这种重要的经济形式也是长期实践经验的总结，是农村生产关系的客观反映，是党的农村经济政策的十分重要的内容，对发展农村经济、改善农民生活十分重要。但是，将广大农民赶出房屋和土地，农村的这一法定的合作经济形式也必将被破坏，直到消失。

3. 侵犯了法律赋予农民的土地承包经营权

如何保证宪法确立的双层经营体制得到贯彻呢？1998 年，十五届三中全会提出，"稳定完善双层经营体制，关键是稳定完善土地承包经营关系"，并强调，"要坚定不移地贯彻土地承包期再延长三十年的政策，同时要抓紧制定确保农村土地承包关系长期稳定的法律法规，赋予农民长期而有保障的土地使用权"。②

根据宪法的规定和十五届三中全会的精神，2002 年，全国人大常委会专门制定了农村土地承包法。这部法律在第 4 条第 1 款规定：国家依法保护农村土地承包关系的长期稳定，又在第 20 条进一步规定：耕地的承包期为 30 年；草地的承包期为 30 年至 50 年；林地的承包期为 30 年至 70 年。可见，土地承包经营权已经成为农民的一项十分重要的具有长久性的法定权利。2007 年通过的物权法，专门就土地承包经营权设立一章，并明确规定，承包经营权人对其承包经营的耕地、林地、草地等享有占有、使用和收益的权利。在已有立法的基础上，党的十七届三中全会又一次提出："赋予农民更加充分而有保障的土地承包经营权，现有土地承包关系要保持稳定并长久不变。"③"完善土地承包经营权权能，依法保障农民对土地的占有、使用、收

---

① 中共中央文献研究室编《十七大以来重要文献选编》（上），中央文献出版社，2009，第 674 页。

② 中共中央文献研究室编《十五大以来重要文献选编》（上），人民出版社，2000，第 562 页。

③ 中共中央文献研究室编《十七大以来重要文献选编》（上），中央文献出版社，2009，第 674 页。

益等权利。"①

赋予农民土地承包经营权利，并使这项权利长久不变，不仅是法律的明确规定，也是党一以贯之的农村经济政策。现在的问题是，地方政府动辄将农民赶到城镇，剥夺他们的土地，那么，法律赋予农民的土地承包经营权又由谁来保障呢？党的中央全会屡屡强调的确保农村土地承包经营权长久不变的农村经济政策究竟被置于何地呢？

4. 侵犯了农民的法定宅基地权利

征收农民的房屋和土地，还涉及农村宅基地使用权的问题。农村宅基地是农民的立身之地。根据宪法第 10 条的规定，农民的宅基地属于集体所有。那么，农民对宅基地享有什么样的权利呢？对这个问题，物权法第 13 章专门规定了宅基地的使用权。按照物权法的规定，农民依法对自己的宅基地享有占有和使用的权利，有权利用该土地建造住宅及其附属设施。

针对这些年地方政府侵犯农民宅基地使用权的问题，党的十七届三中全会公报特别强调，要"完善农村宅基地制度"，"依法保障农户宅基地用益物权"。②

农民的宅基地使用权，不仅是一项重要的法定权利，也是党的农村经济政策的基本内容，是农民生存、发展的重要基础和条件。违背农民意愿，强征其房屋，不仅侵犯了农民的法定权利，也违背了党的农村经济政策。

三 对宪法有关征收条款的准确理解

根据宪法第 10 条第 3 款的规定，"国家为了公共利益的需要，可以依照法律规定对土地实行征收或者征用并给予补偿"，据此，农村集体土地属于可以被征收的范围。根据宪法第 13 条第 3 款的规定，"国家为了公共利益的需要，可以依照法律规定对公民的私有财产实行征收或者征用并给予补偿"，据此，农户房屋包括城镇居民的房屋属于可以被征收的范围。但是，宪法的这两条规定无论在理论还是实践中，甚至在某些法律和行政法规的规定中，恐怕都没有得到准确、全面的理解和贯彻。

---

① 中共中央文献研究室编《十七大以来重要文献选编》（上），中央文献出版社，2009，第674~675 页。
② 中共中央文献研究室编《十七大以来重要文献选编》（上），中央文献出版社，2009，第675 页。

1."公共利益"有被人为拔高和神化的倾向

"公共利益"被视为征收条款中的核心内容。政府以公共利益为由实行征收，被征收人以否认公共利益为由反对征收。理论中对公共利益的讨论更是汗牛充栋，仅从中国期刊全文数据库的检索看，自1994年至今，在标题中出现"公共利益"的文章就达1537篇，可谓古今中外、见仁见智；从物权法到国有土地上房屋征收与补偿条例，在讨论中无不纠结于公共利益的界定。时至今日，对公共利益的讨论仍然未能达成共识，虽然国有土地上房屋征收与补偿条例界定了公共利益的范围，但显然是存在很大争议的。

为什么我们如此热衷于对公共利益的讨论却又至今难以达成共识呢？笔者以为，公共利益的内容本身就具有不确定性，是变动不居的。比如，即使现在确定了一个利益属于或者不属于公共利益，但是，这种已经确定的公共利益将来又可能转变为非公共利益，而已经确定的非公共利益将来也可能转化为公共利益。仅从这个角度看，要人为地将某一利益归为公共利益，就既无可能，也无必要。而理论和实践中过度纠结于界定公共利益范围的根本原因，是各方面有意无意地夸大了公共利益的重要性，过于拔高甚至神化了公共利益，对公共利益存在一种集体的错觉。这有三个主要表现：

一是认为，以征收过程中的公共利益为抓手，就可以保护被征收人的合法权益。比较典型的就是北大的五位学者上书全国人大常委会要求废除拆迁条例。他们认为，拆迁是政府基于公共利益需要对被拆迁人实行的征收，因此，其法律关系应当是政府与被征收人之间的行政法律关系，而不是拆迁公司与被征收人之间的民事法律关系，只有这样，被征收人的利益才能得到保障。① 理论和立法、执法实践中对公共利益的执著讨论，深层的原因都是希望清楚地界定公共利益的范围，以确保被征收人在征收过程中可以直接与政府谈判，从而保障其合法权益。这种想法初衷可嘉，但很单纯。实际上，只要一个国家的法制真正健全，并得到有效的实施，无论基于公共利益还是商业利益，被征收人的利益都能得到法律的保护，甚至在商业利益下被征收人的利益还能得到更大的实现。如果法律发挥不了真正作用，即使把所有的征收缘由都定性为公共利益，被征收人的利益也未必能得到保障。

二是认为，公共利益是大于或者高于个人利益的。这大概是一个全民性的错觉。在国家主义、集体主义至上的理念支配下，我们不懈地宣扬个人要

① 参见《北大五学者就拆迁条例上书全国人大》（全文），人民网，2009年12月10日。

服从集体和国家，"小我"要服从"大我"，但是，这个带有哲学、伦理和政治意义的命题是否完全适用于法律领域呢？是否适用于一个尊重权利、崇尚和推行法治的国家呢？这个问题，尚没有引起足够的重视和讨论。实际上，无论在英国、美国，还是德国、日本等法治环境成熟的国家，"公共利益"从来就不是什么一往无前、任何人必须无条件服从的征收缘由，相反，只要被征收人为个人利益决心与公共利益抗争，最终总是以公共利益的退让为结局。所以，在国外房屋和土地征收中也有不少"钉子户"，只是他们的结局与中国"钉子户"大不相同罢了。德国流传的一个经典故事是，普鲁士王国时期的威廉一世皇帝强拆小磨坊主房屋，最终被法院判决败诉。① 日本政府从 20 世纪 60 年代修建成田国际机场，想征收农民土地和房屋，但"钉子户"们抗争了 40 年，最终迫使首相谢罪。②

三是认为，只要是为了公共利益的需要，政府想拆就拆、想征收就征收，任何个人或者集体都必须服从。实践中，地方政府所持的正是这种观念和做法，各地房屋征收过程中屡屡发生的暴力和血腥冲突都与此有密切关系。从根子上看，这既是一种夸大和神化公共利益的认识，也是对宪法有关征收条款中"可以"二字的错误理解。这个问题本文将在最后述及。

看来，在土地和房屋的征收问题上，并由此引发开去，深刻反思公共利益与集体利益、个人利益的关系，已经十分紧迫。根据《物权法》第 4 条的规定，我们在法律制度上实际已基本确立了国家、集体和私人物权平等受法律保护的基本原则。这在农村土地和房屋的征收中，实际意味着，农民的个人利益或者集体利益，只要是在所谓"公共利益"之先就已经存在的合法的利益，任何个人或者组织，在没有得到被征收人同意的情况下，都不能轻易地用所谓假"公共利益"的名义来否定它，不能用后来的一个所谓合法的利益来否定业已存在的另一个合法利益，否则就会形成一个以"公共利益"为载体的多数人暴政了。

2. 征收条款中的"国家为了公共利益的需要"所指为何

根据宪法第 10 条和第 13 条的规定，征收的主体是"国家"，即"国家"为了"公共利益"的需要可以实行征收。这就提出一个问题，"国家"所指为何呢？"公共利益"又是指谁的公共利益？中央一级的权力机关或者人民

---

① 郭宇宽：《一个德国"钉子户"的故事》，《改革内参》2004 年第 7 期。
② 参见《日本成田机场"钉子户"抗争 40 年 迫使首相谢罪》，2007 年 5 月 10 日《南方周末》（网络版）。

政府当然代表国家，它确定的公共利益可以说属于国家的公共利益，那么地方的权力机关或者人民政府是否代表国家，它们所确定的公共利益是否一定属于国家的公共利益呢？

这个问题在物权法的制定过程中实际已经露出了端倪，但最终被回避和掩盖了。2005 年物权法草案的第二次审议稿第 47 条规定："国家为了公共利益的需要，县级以上人民政府根据法律规定的权限和程序，可以征收自然人、法人的动产或者不动产。"① 这个写法一下子就暴露出问题：国家为了公共利益的需要，怎么会让县级人民政府去征收呢？县级以上的地方政府征收中的公共利益，是不是国家的公共利益呢？也许是意识到这个问题，物权法草案的第三次审议稿删去了上述条文中的"国家"二字，改为"为了公共利益的需要，县级以上人民政府根据法律规定的权限和程序，可以征收、征用单位、个人的不动产或者动产"。对这个修改，全国人大常委会法制工作委员会的说明是，在不同领域内，在不同情况下，公共利益是不同的，情况相当复杂，物权法难以对公共利益作出统一的具体规定。② 但无论怎样解释，这个规定还是暴露出一个问题：县级以上地方政府实行的征收，完全等同于宪法条文中"国家为了公共利益的需要"所实行的征收吗？如果不能等同，是否就涉及一个物权法条文的违宪问题呢？

更有意思的是，几番周折后，《物权法》第 42 条第 1 款在继三审稿删去了"国家"后，又最终删去了"县级以上人民政府"的用语，"为了公共利益的需要，依照法律规定的权限和程序可以征收集体所有的土地和单位、个人的房屋及其他不动产。"这就刻意回避了公共利益的主体以及实行征收的主体，但从汉语语法的基本规范看，这一款就成了没有主语的病句。应当说，在涉及如此广泛、重要的公民基本权利事项上，立法中出现这样的情况是很不正常也很不应当的，因为取消了宪法征收条款中的"国家"二字，这个条文实际上对宪法作了扩充解释，为地方政府随意以公共利益为由实行征收开了口子，存在违宪的嫌疑。

现在需要研究的是，宪法征收条款中的"国家"和"公共利益"所指究竟为何？据统计，宪法文本共有 113 处使用了"国家"二字，它的含义没有

---

① 全国人大常务委员会法制工作委员会民法室编著《物权法立法背景与观点全集》，法律出版社，2007，第 24 页。

② 全国人大常务委员会法制工作委员会民法室编著《物权法立法背景与观点全集》，法律出版社，2007，第 34 页。

例外地是指统一的中华人民共和国这个国家。那么，地方的政权机关与"国家"是什么关系呢？《宪法》第 96 条规定，"地方各级人民代表大会是地方国家权力机关"，第 105 条规定，地方各级人民政府是"地方各级国家行政机关"，这两条揭示了地方权力机关和行政机关的性质或者属性的双重性：第一，地方权力机关和行政机关都属于统一国家的机关，行使国家的职能，接受国家最高权力机关的监督和最高行政机关的领导；第二，这些权力机关和行政机关又具有地方的属性，代表、执行地方人民的意志和利益，管理地方的事务，所以它们又是代表地方利益的政权机关。

由上可以进一步得出结论，所谓公共利益，不仅有国家的即全国性的公共利益，也有地方的即局部区域的公共利益，但是，"国家"即中央一级的权力机关和行政机关是全国性公共利益的代表，它们不可能也没有必要去代表地方性的公共利益，而地方权力机关和行政机关通常是地方公共利益的代表，除非有中央权力机关或者行政机关的特别授权，它们不得代表全国性的公共利益。举一个简单例子：国家的法律或者中央人民政府可以授权给县一级人民政府合理规划和使用本县城镇的国有土地，在这个情况下这是不是意味着县一级政府所确定的类似旧城区改造、道路、交通等公共设施的意见和规划，都是"国家"的规划，这些所谓公共利益都是国家的利益呢？恐怕不能这么说，如果这样的话，"国家"的含义在这里就被偷换了概念。但是，如果中央人民政府要在地方修建一个用于国家重大活动的大型公共设施，并要征收农村集体土地和农民房屋，这时候的公共利益就是国家的公共利益而不是地方的公共利益了，在这种情况下，中央人民政府既可以直接征收，也可以授权地方行政机关实行征收。

所以，对宪法征收条款中"国家为了公共利益的需要"的准确解读恐怕应当是："国家"是指统一的中华人民共和国，"公共利益"是指全国性的公共利益，也就是说，宪法中所说的征收，是指中央一级政府基于全国性公共利益的需要才实行的征收。

3. 对"可以"二字的重视与解读

上述宪法两个征收条款中还有一个词是很值得研究讨论的，就是"可以"二字。国家为了公共利益的需要，"可以"进行征收。那么，"可以"的含义是什么？宪法为什么要用"可以"而不是"必须"？这个问题迄今没有引起重视。用"可以"而不是"必须"，就意味着个人利益并非在任何情况下都必须无条件地服从公共利益。假设政府代表国家实行征收，这时候，即使有公共利益的需要，也是"可以"征收，但也可以不征收。什么时候可以不征收呢？可以采取征收以外的其他办法来解决问题的，就可以不征收。比如，被征收人强烈反对甚至以死对抗的，就可以不征收。"可以"二字本身就表明了，公共利益并不是绝对凌驾于个人利益之上的。那么，有没有"必须"征收的情况呢？应当说有。比如，在发生山崩、海啸、地震、洪涝等重大自然灾害的情况下，这种征收就是"必须"的。所以，从逻辑上说，公共利益是征收的必要条件而不是充分条件。"可以"对于被征收人来说，意味着公共利益并非霸王利益和绝对利益，你政府可以征收，但我也有权反对和拒绝征收。只要不是基于特别重大的自然灾害或者其他特别情况的需要，被征收人完全有权拒绝政府对其房屋或者土地的征收，所以，以公共利益的名义不加分析地强制拆迁或者征收本身就是违宪的。

论基本权利规范的虚置

孙 平*

【内容摘要】 由于基本权利规范缺乏立法衔接、长期得不到权威的解释和发展，再加上执政党和各国家机关不重视对宪法规范的引述和使用，基本权利规范的核心含义逐渐呈现真空化，而真空化留下的空白则逐渐被各种隐性宪法填补。之所以出现这种情况，主要是我国政治体制尚不完善、社会上下对基本权利实施的相对独立性认识不够、法治配套建设相对滞后、社会精英缺乏面对问题的胆识、社会自身发展的倒逼等原因造成的。而这种全面虚置在实践中激化了地方的社会矛盾，架空了整个宪法相关法体系，放任了一些违宪法规的长期存在，在法制体系中造成了人权保障上的"木桶效应"，严重阻碍了相关的学术研究，造成一种"无底线"的学术研究的危险倾向。要扭转这一不利局面，执政党必须重视基本权利条款与某些意识形态之间的现实张力。同时，各国家机关应当通过改进国家权力配置、完善立法、建立有效的违宪审查制度、制定适合国情的合宪性解释规则等方法，多管齐下，由易而难，有策略地保障基本权利规范的全面实施。而宪法学研究也应当重新审视基本权利的研究对象和方法，认真对待隐性宪法，改变宪法学在高等教育中的边缘化趋势。

【关键词】 基本权利 宪法规范 虚置 隐性宪法

改革开放之后，我国的人权事业逐渐走上了正轨，期间虽经历波折，但进步和发展是主流。尤其是进入 21 世纪以来，无论是在人权理念的更新，还是在人权立法的完善，抑或是在人权发展的配套建设方面，我们所取得的成就均堪

---

* 上海交通大学凯原法学院讲师。

称斐然。① 但是不可否认的是，我国的人权建设依然有很多不足之处。特别是在近几年，随着社会的快速发展，一方面，整个社会对宪法保护基本权利的要求和期望越来越高；另一方面却是一次次的失望和不解。更为严重的是，一些严重侵害公民基本权利的现象开始涌现，非法征收、暴力拆迁、"黑监狱"、"被精神病"、"躲猫猫"、各种类型的冤假错案、陈旧的新闻理念和管理体制、因言获罪的"短信"诽谤和"跨省追捕"、个人信息保护制度建设的停滞不前、泛滥成灾的就业歧视和教育不公、举步维艰的"独立选举人"、丑闻不断的官办慈善、接二连三的有毒有害食品侵权事件、有名无实的政府信息公开等等，似乎我们每前进一步带来的却是更多的问题和矛盾。那么，这些问题和矛盾的根源在哪里呢？根源就在于一直以来宪法的实施保障没有得到应有的重视。人权事业的推动依靠的是经济建设的飞速发展、政治权力的自我纠错、意识形态的自我革新、科学技术的快速进步、文化教育水平的迅速提升、社会文明程度的自然提高、公民意识的不断增强等。而原本应该成为主角的基本权利规范，似乎就只能在修宪的时候风光一把，激情过后就总是被有意无意地晾在一边；于是就产生了本文所要探讨的基本权利规范被全面虚置的状况。

一 基本权利规范如何被虚置

宪法实施保障一直是我们国家宪政建设的一个"软肋"。在现行宪法中，这一现状对基本权利部分的影响是最大的。总纲部分规定的是我们国家的基本制度，其中大部分都是对已有国策和制度的总结、宣示，因此，除少数条款之外，宪法实施保障制度的滞后对这一部分的影响不大。至于国家机构部分，由于绝大多数条款都是具体的、技术性的规范，加之配套的法律法规相对完善，因此即使缺乏行之有效的宪法争议解决机制，这部分的现实运转总体上依然是正常的。② 唯独基本权利规范在实践中出现了一种被全面虚置的状况。③ 什么是虚置？在日常语言中就是指视而不见、束之高阁、置之不理。

---

① 郭道晖：《人权六十年：从否定到回归》，《炎黄春秋》2011 年第 4 期。

② 这并不是说这一部分的内容在宪法实施方面就没有改进的必要了，只是就本文的主题来说，现行宪法国家机构部分的规范与现实的国家机构及其运作总体上是契合的。

③ 需要说明的是，本文所说的"基本权利规范"不仅是指现行宪法第二章"公民的基本权利和义务"中的基本权利条款，而且包括该章节中的基本义务条款、第一章"总纲"中若干与基本权利有关的条款，如第 12、13 条中的财产权，第 11、18 条中的经营权，第 14 条中的社会保障权等。

这可能也是很多人对基本权利规范实施的大致印象。① 但是，通过更进一步的思考和观察，我们就会发现基本权利规范的虚置比日常语言要复杂得多。其主要表现如下：

1. 重立（修）宪，轻实施

宪法实施的最重要的手段是完善的法律衔接和切实有效的违宪审查制度。基本权利规范也不例外。但我们国家一直比较重视立宪和修宪，而忽视这两块工作。首先，宪法相关法中的基本权利立法存在大量空白，多数基本权利规范的法律衔接亟待完善。② 目前已有的立法中，比较齐全的是特殊群体权利的保障立法，其他作为普遍性权利保障的立法多处于空白状态，如新闻法、出版法、结社法以及言论自由、宗教信仰自由、批评建议权、控告检举权、申诉权、社会救助、社会保险、知情权等方面的立法。③ 即使是少数几项基本权利有专门性法律相衔接，其立法的理念、完备程度以及实施状况也都不尽如人意，比如《游行示威法》。这部法律制定于一个比较特殊的历史时期，其立法目的是以管理和限制为主。而如今，因为各种社会矛盾，事实上的游行示威活动非常普遍，且绝大多数的诉求是具体的、社会性的，与纯粹的政治诉求无关，也很少引起大的社会秩序的动荡。④ 在这种情况下，《游行示威法》的滞后是显而易见的。与此类似的还有选举法。随着社会的发展，尤其是当普通公民参与选举活动的热情越来越高的时候，《全国人民代表大会和地方各级人民代表大会选举法》的立法缺陷就暴露出来。比如选区划分、非户籍人口的选民登记、候选人提名的公开化、候选人推荐、选举的竞争性、选举委员会的独立性、选举纠纷的解决和权利救济等等。在实践中，这些问题已经严重阻碍了公民行使选举权和被选举权。

---

① 关于公民对基本权利规范的认识状况参见韩大元先生主持的两次关于公民宪法意识的调查报告。韩大元、王德志：《中国公民宪法意识调查报告》，《政法论坛》2002 年第 6 期；韩大元、秦强：《社会转型中的公民宪法意识及其变迁——纪念现行宪法颁布 25 周年》，《河南省政法管理干部学院学报》2008 年第 1 期。

② 王广辉：《论中国特色社会主义法律体系中的宪法及其相关法——以基本权利的立法完善为视角》，《河南社会科学》2010 年第 5 期；郭延军：《改善宪法与法律衔接状况初论》，《法学评论》2008 年第 1 期。

③ 王广辉：《论中国特色社会主义法律体系中的宪法及其相关法——以基本权利的立法完善为视角》，《河南社会科学》2010 年第 5 期。虽然，这些基本权利大多有相应的行政法规作为配套，但是这些条例都是以具体的行政事务和政策为出发点的管理法，而不是公民权利的保障法。

④ 即使在一些地方因为矛盾长期积累而爆发群体性事件，其影响也仅限于地方。

其次，由于缺少一套切实有效的宪法实施保障制度，基本权利规范得不到权威解释，并与社会发展脱节。全国人大常委会既拥有宪法和法律赋予的监督宪法实施的权力，又不缺乏好的时机，但是始终怠于履职。① 至今未见其针对基本权利的核心含义作出任何一个正式的宪法解释或违宪（合宪）决定。比照其他国家的行宪经验可以发现，基本权利规范的适用、阐释和发展主要就是依靠违宪审查机构。因此，缺乏有效的违宪审查机制对基本权利规范的发展影响无疑是最大的。在宪法实施保障制度比较完善的国家，基本权利的含义绝不仅仅局限于宪法文本中那几十或几百个文字。通过相关宪法条款的适用，仅某一项基本权利的宪法含义往往就能达到汗牛充栋的地步。更为重要的是，在持续的解释活动之中，宪法规范才能够被理性地用于解决一个接一个的社会重大问题，才能够跟上时代的发展。这从各国或地区宪法判例中基本权利类案件与国家机关类案件的比例便可窥见一斑。远的不说，就以我国台湾地区为例。在台北"司法院"大法官成立的头 30 年里，他们就几乎没有作出几个人权解释。随着政治形势的宽松，从第四届大法官开始人权解释才逐渐出现。而当"戒严解除"之后，人权解释的数量急速增长。② 第 5、6 届"司法院"大法官作出的人权解释比例均超过 70%。③ 从内容上看，这些解释既涵盖了所有的基本权利规范，同时也解决了一些社会重大而敏感的问题。如死刑与生命权④、服兵役义务与宗教信仰自由⑤、强制思想改

---

① 从 2003 年孙志刚事件开始，越来越多的人依据宪法和《立法法》的规定向全国人大常委会提交建议书，要求对有关违宪的法律法规启动违宪审查程序。如 2003 年由网友发起的"对公务员录用限制乙肝携带者规定进行违宪审查的建议"；2004 年胡星斗教授递交的"对二元户口体制及城乡二元制度进行违宪审查的建议书"；2005 年检察官杨涛等联名致信全国人大常委会建议对《婚姻登记条例》及《黑龙江省母婴保健条例》进行审查；2007 年 69 位学者、律师联署签名的"关于废止劳动教养制度的建议"；2009 年北大 5 教授提交的"关于对《城市房屋拆迁管理条例》进行审查的建议"；2011 年郝劲松律师提交的"关于对《铁路客运运价规则》进行违宪审查的建议书"等。针对这些建议，全国人大常委会从未作出正面回应。

② 李建良：《人权维护者的六十年回顾与时代挑战——试探大法官人权解释的反多数困局》，廖福特主编《宪法解释之理论与实践》第六辑（下册），台北中研院法律学研究所筹备处，2009，第 477、479、484 页。这里的人权解释，主要是指由人民提出而作出的解释。

③ 数据来源台北"司法院"大法官官方网站：http://www.judicial.gov.tw/constitutional-court/uploadfile/E100/第一届至第六届大法官作成解釋之統計數據表.htm。最后访问时间：2011 年 9 月 30 日。

④ 释字第 194 号、第 263 号、第 476 号解释。

⑤ 释字第 490 号解释。

造与思想自由①、限制人身自由之正当程序与比例原则②、个人财产征收与财产权③、契约自由限制之比例原则④、律师会见被告之监听与诉讼权⑤、公民之差别待遇与平等权⑥、租税法定主义⑦、诽谤罪与言论自由⑧、惩罚新闻跟访与新闻自由⑨等。除了宪法明确列举的权利，"司法院"大法官还与时俱进，通过解释发展出数种宪法未列举权利，如家庭权⑩、人格权⑪、结婚自由⑫、接近使用传播媒体之权利⑬、讲学自由⑭、隐私权及资讯隐私权⑮等。笔者不厌其烦列举这些例子是为了说明，台湾地区社会遇到的这些问题我们大陆一样也遇到了或正在遇到。我们要比的不是看谁问题多，而是可以思考不同的面对和解决方法有什么不一样的社会效果。

2. 集体性宪法失语

即使宪法的实施保障制度尚不完善，但宪法依然是我们国家的根本大法，基本权利规范理应成为国家权力活动的最高行为准则。立法机关、行政机关和司法机关，以及以执政党为首的其他各类政治组织也都有责任在自己的职责范围之内大力推动基本权利规范的实施。尤其是当遇到相关权利的争议时，应当在各自职权范围之内适时引述相关条款，并作出必要的说明或阐释。然而现实的情况却是基本权利规范常常被有意或无意的规避，哪怕遇到的就是基本权利方面的争议，讨论的仅是某一项基本权利。这方面有一个很有趣的例子。言论自由与人格权的冲突协调是宪法、刑法和民法都必须面对的问题。但是每次碰到这个问题，"言论自由"就好像是见不得光的东西，大家对它避之唯恐不及。1979 年刑法颁布之时，彭真在相关立法说明中对诽

---

① 释字第 567 号解释。
② 释字第 384 号、第 436 号、第 639 号、第 653 号解释。
③ 释字第 400 号、第 579 号解释。
④ 释字第 580 号解释。
⑤ 释字第 654 号解释。
⑥ 释字第 596 号、第 614 号解释。
⑦ 释字第 217 号解释。
⑧ 释字第 509 号解释。
⑨ 释字第 689 号解释。
⑩ 释字第 242 号解释。
⑪ 释字第 399 号解释。
⑫ 释字第 362 号解释。
⑬ 释字第 364 号解释。
⑭ 释字第 380 号解释。
⑮ 释字第 603 号解释。

谤罪的论述是这样,① 30 年后公安部②和最高人民检察院③面对"短信诽谤"时同样是这样。最高人民法院在名誉权解释的工作中也采取了相似的策略。无论是非正式的最高人民法院院长采访新闻,④ 还是正式的最高人民法院工作报告,⑤ 抑或具有法律效力的司法解释,⑥ 所有应该引述宪法第 35 条的地方几乎都被"舆论监督"代替。除了国家机关,执政党对基本权利规范的引述状况同样不尽如人意。仅以现行宪法颁行之后的 5 次全国党代会报告为例,最直接的引述基本权利规范或推动其发展的大概只有 3 处。首先是十三

---

① "我们必须继续坚持不抓辫子、不扣帽子、不打棍子的'三不主义',保护工作中的批评和反批评,讨论问题时不同意见的相互反驳,以及对领导、对工作提出的批评建议的权利,这些必须同诽谤、侮辱严格加以区别。国家既不允许以刑法(草案)的这个规定为借口压制批评、压制民主,也不允许以民主为借口对他人进行侮辱诽谤。"彭真:《关于七个法律草案的说明——一九七九年六月二十六日在第五届全国人民代表大会第二次会议上》,1979 年 7 月 1 日第 1 版《人民日报》。也许有人会说,"对领导、对工作提出的批评建议的权利"不是我们宪法第 41 条的原话吗?但是彭真发表这个说明是在 1979 年,当时有效的宪法是 1978 年宪法,在这部宪法中并没有批评建议权。不管 1982 年宪法的制定受到彭真个人多大的影响,在当时"对领导、对工作提出的批评建议的权利"依然只是一个政治术语,而不是宪法的术语。对于立法的主导者有意无意对宪法问题采取趋避态度的现象,有学者将其称为"立法中的意识形态思维"。秦前红:《宪法学者为什么总是缺席国内重大立法活动?》,中国宪政网:http://www.calaw.cn/article/default.asp? id =1794,最后访问日期:2011 年 9 月 28 日。

② "随着国家民主法制建设的不断推进,人民群众的法制意识和政治参与意识不断增强,一些群众从不同角度提出批评、建议,是行使民主权利的表现。部分群众对一些社会消极现象发牢骚、吐怨气,甚至发表一些偏激言论,在所难免。如果将群众的批评、牢骚以及一些偏激言论视作侮辱、诽谤,使用刑罚或治安处罚的方式解决,不仅于法无据,而且可能激化矛盾,甚至被别有用心的人利用,借机攻击我国的社会制度和司法制度,影响党和政府的形象。"中华人民共和国公安部:《公安部关于严格依法办理侮辱诽谤案件的通知》,2009 年 4 月 3 日。

③ "批捕案件质量不高甚至错捕,不仅严重侵犯当事人的权利,而且严重损害检察机关公信力,严重影响党和政府形象。""有些地方办理的诽谤案件出现的一些问题,侵犯了当事人的合法权益。""不能把对个别领导干部的批评、指责乃至过激的言语当做诽谤犯罪来办。"徐日丹:《为提高批捕诽谤案件办案质量,高检院将建立批捕诽谤案件报上一级院审批制度》,2010 年 8 月 7 日第 1 版《检察日报》。

④ "对报刊上发表文章引起的名誉权纠纷,要区分正当的舆论批评与侵犯名誉权的界限,既要依法保护名誉权,又要依法支持舆论监督。"苏宏宇:《任建新谈:恰当处理名誉权案》,1988 年 7 月 20 日第 1 版《法制日报》。

⑤ "既坚持有利于保护公民的合法民事权益不受侵害,又支持正当的社会舆论监督。"参见任建新《最高人民法院工作报告》,《最高人民法院公报》1989 年第 2 期。

⑥ "该报道的内容未有失实之处,属于正常的舆论监督。"最高人民法院:《关于刘兰祖诉山西日报社、山西省委支部建设杂志社侵害名誉权一案的复函》(〔1999〕民他字第 32 号)。

大报告中提到的："必须抓紧制定新闻出版、结社、集会、游行等法律，建立人民申诉制度，使宪法规定的公民权利和自由得到保障，同时依法制止滥用权利和自由的行为。"接着是十五大和十六大报告中都提到的"尊重和保障人权"最终被写进宪法。最新的发展是十七大报告中提出了"保障人民的知情权、参与权、表达权、监督权"，同时在"尊重和保障人权"后面增加了"依法保证全体社会成员平等参与、平等发展的权利"。①除此之外，还有一个细节值得玩味。除了十三大报告较为准确地使用了"公民"概念之外，其他几届党代会报告更多的是用"人民"作为权利的主体，如十五大报告中的"保证人民依法享有广泛的权利和自由"，十六大报告的"保证人民依法享有广泛的权利和自由"，还有上文已经提到的"保障人民的知情权、参与权、表达权、监督权"。众所周知，"人民"是一个政治概念，在正式的宪法文件中只有《中国人民政治协商会议共同纲领》使用过"人民"作为基本权利的主体，自1954年宪法开始就一直使用"公民"。

3. 宪法条款核心含义真空化

宪法实施不力，加之各个国家机关和政治组织对基本权利规范的轻视，基本权利的宪法内涵难免就出现了真空。这种真空化在某些重大社会争议当中表现得最为明显。比如最近几年争议越来越大的死刑存废问题。先是最高人民法院收回死刑核准权，接着是《刑法修正案（八）》取消了13个罪名的死刑适用，再加上药家鑫案、夏俊峰案、李昌奎案等争议案件的接连发生，死刑问题成为一个社会热点话题。然而，无论是全国人大常委会、法工委还是各方官员、舆论媒体、广大民众，不管是支持废除死刑的，还是反对废除死刑的，极少看到以生命权为基础的说理和探讨。② 宪法上的生命权到底是什么意思？有什么意义？在现代中国社会，保留死刑是否必要？怎样处理强势的刑事政策、固有的文化传统与宪法上的生命权的关系？如果有必要保留死刑，那么什么情况下才可以剥夺一个人的生命？如何审查个别罪名是否适

---

① 从宪法学的角度来看，就这些仅有的引述也有不少问题。比如十三大报告提到的"必须抓紧制定新闻出版、结社、集会、游行等法律"，因为种种原因至今没有完全实现。十五大、十六大和十七大报告对基本权利规范的发展也只停留在概念的提出阶段，缺乏具体含义的阐释，尤其是缺乏解决保障这些权利所面临主要问题的方略支撑，在实践中依然难免流于形式。

② 当然，很多学者还是注意到了死刑存废与生命权的关系。参见王建勋《刑法修正案，削减死刑彰显对生命权的尊重》，http：//opinion. nfdaily. cn/content/2010 – 08/24/content_15143096. htm；陈忠林：《取消13项死刑罪 表明对生命权的尊重》，2011年2月27日第003版《华西都市报》。

用死刑？同样是经济犯罪，为什么盗窃罪可以不适用死刑，但是贪污贿赂犯罪却依然要保留适用？同样是实践中极少适用的非暴力犯罪，走私文物罪可以不适用死刑，那为什么要在煽动颠覆国家政权罪中保留死刑的适用？即使是严重的暴力犯罪，还有偶发的、明显无后续社会危害性的犯罪个案是否应该适用死刑？这其中有什么样的具体标准？再者，适用死刑的过程如何遵循正当程序原则？有没有什么特殊的要求？现有的死刑核准程序是否符合这些要求和原则？如果有自首情节、立功情节怎么办？什么情况可以"免死"，什么情况不能？证明有罪的证据有明显瑕疵怎么办？面对这些问题，宪法无法直面，生命权就自然还只是那纸面上的生命权。与此类似的还有宪法第38条。这一条款背后有深远的"历史原意"，[①] 但是非常可惜的是，这么重要的一个条款却未得到很好的适用和发展。30年来，它的荣光似乎还停留在它被写入宪法的那一刻。"人格尊严"究竟是类似德国基本法中的一般人格权那样的抽象权利，还是一项与名誉权类似的具体权利？[②] 为什么民法学者从未探讨这一条款的"立宪原意"，就一口咬定是前者？民法中的"人格尊严"与宪法中的"人格尊严"有什么关系？人格权、隐私权、个人信息保护等与"人格尊严"又有什么关系？"人格尊严"与当代社会急速进步给人权带来的挑战有什么关系？当别的国家利用他们各自的"人格尊严"解决巨型政府数据库与个人信息保护，堕胎、避孕和生育控制，少年、儿童的特殊保护，新闻媒体与公民隐私权冲突等问题的时候，我们是不是也可以这么做？我们的问题有没有什么特殊的地方？该怎么解决？类似生命权和人格尊严这样的真空化在其他一些基本权利中也非常多，只是限于篇幅在此无法展开。

4. 隐性宪法暗流涌动

基本权利核心含义的真空化所造就的只是一个个的宪法"真空"，在实

---

① 关于宪法第38条的制定背景参见肖蔚云编《我国现行宪法的诞生》，北京大学出版社，1986，第137～138页；许崇德：《中华人民共和国宪法史》（下卷），福建人民出版社，2005，第497页。

② 大多数宪法学者都倾向于前者。刘志刚：《人格尊严的宪法意义》，《中国法学》2007年第1期；秦前红、韩永红：《宪法"基本权利核心概念"研究——基于中日比较的视角》，《广东社会科学》2008年第1期；林来梵：《人的尊严与人格尊严——兼论中国宪法第38条的解释方案》，《浙江社会科学》2008年第3期；谢立斌：《中德比较宪法视野下的人格尊严——兼与林来梵教授商榷》，《政法论坛》2010年第4期。但是，为什么要采用这种模式？采纳这种模式是为了解决我们自己的哪些实际问题？为什么美国式的"隐私权"模式不能解决这些问题？我们的传统文化能否接受这种本体哲学论？如果一定要采纳德国模式的话会不会造成水土不服？采纳这种模式之后如何发挥其效用？这些问题依然论述得不够充分。

践中，这些"真空"很快为各式各样的意识形态、传统文化、法律法规、政治惯例所填充。久而久之，这些临时性的、替代性的东西逐渐得到强化、固化，甚而制度化、体制化，最后成为事实上的宪法、一种隐性的宪法。这方面最典型的例子莫过于言论自由。从《中国人民政治协商会议共同纲领》开始，我国的宪法文本中一直都有与言论自由相关的条款内容。20世纪80年代中期，还曾经着手制定新闻法。但是到了80年代末期，这项工作被迫暂停。进入90年代，关于重启新闻法起草工作又出现过一些零星的消息，但是逐渐的，全面搁置争议的做法占了上风。① 正是在这样的一个过程中，宪法第35条逐渐出现了"真空"。而到了实践中，这些真空就逐渐为各种隐性"言论自由"所代替，主要是执政党的新闻理念和思想。如新闻事业的"耳目喉舌"论；坚持新闻事业党性原则；坚持正确的舆论导向，以正面宣传为主；实行正确的新闻批评和舆论监督；坚持真实性原则，力求从总体上、本质上以及发展趋势上把握事物的真实性；等等。② 依据这些理念和思想，新中国成立后我们很快就形成了一套新闻管理体制，其特点是经济上的完全国有化和非盈利化③、组织性质上的事业化（在某些特殊的历史时期甚至是国家机关化）④、管理体制上的党政化⑤和内容控制上的有限民主化⑥。改革开

---

① 宋克明：《美英新闻法制与管理》，中国民主法制出版社，1998，第227页；《新闻出版总署副署长柳斌杰谈新闻出版业改革》，http：//www.xwcbj.gd.gov.cn/news/html/zxdt/article/9309934291493.html，最后访问日期：2008年11月26日。关于新闻法的起草经过参见孙旭培《新闻法：最需要的法律　最困难的立法》，《新闻知识》1999年第9期。新闻法的难产经历在各项基本权利中极具代表性，宗教信仰自由与宗教法、结社自由与结社法等都有类似经历。

② 中国共产党的新闻理念和思想非常复杂，在不同的时期有不同的内容，但是对现行新闻体制影响最大的基本就是这几条。关于中国共产党各个时期的新闻思想的变化和发展可参见郑保卫《简论中国共产党90年新闻思想的形成与发展》，《现代传播》2011年第5期；郑保卫主编《中国共产党新闻思想史》，福建人民出版社，2004。

③ 方汉奇、陈业劭主编《中国当代新闻事业史（1949～1988）》，新华出版社，1992，第6页。

④ "我们的绝大部分的新闻事业也已不是或不可能属于利润追求的企业范围，而基本上是以工人阶级为领导的人民公营事业了。"刘尊棋：《在共同纲领下　新闻工作者的努力方向》，1950年1月4日第5版《人民日报》。

⑤ 郑保卫主编《中国共产党新闻思想史》，福建人民出版社，2004，第312～316页；孙旭培：《新闻学新论》，当代中国出版社，1994，第277页。

⑥ 《中共中央关于在报纸刊物上展开批评和自我批评的决定》，1950年4月19日，中国社会科学院新闻研究所编《中国共产党新闻工作文件汇编》（中），新华出版社，1980，第5～6页。

放之后，我们虽然在经济方面采取了很多改革措施，但是这种管理体制的基本面貌并没有改变。而且，当新闻法的制定被全面搁置之后，这种体制进一步通过一系列的宣传纪律、法律法规和政治惯例得到固化。① 抛开其优点和不足暂且不论，这一整套新闻理念和管理机制实际上就是现实有效的"言论自由"及其保障制度。其实，不仅是具体的基本权利，在人权基本理论中也存在种种"隐性宪法"。本来，仅就现行宪法的文本来看，很难判断不同的权利之间的轻重关系。但是在我国政府发布的若干人权方面的权威报告中则一直强调"中国政府始终把解决人民的生存权和发展权问题放在首位，坚持以经济建设为中心，大力发展社会生产力，使经济和社会发展突飞猛进，综合国力显著增强，人民生活水平大幅度提高，实现了从贫困到温饱和从温饱到小康的两次历史性跨越"。② 暂且不论我国宪法中是否包含生存权或发展权，这一观念无疑在基本权利体系中注入了一个价值秩序：生存权和发展权比其他权利更重要。如果结合这些报告的其他内容来看，这一观念还可以进一步延伸为：人民集体的权利比个人权利更重要，积极权利比消极权利更重要，政府的积极作为比消极限权更重要。显然，这些冥冥之中支配着我国宪政实践的"隐性宪法"并非出自宪法本身，正统的宪法学也很少会将其纳入研究的范围，而且其中有些内容似乎与我们学界公认的宪法原则或精神也不尽相符。因此，笔者才称其为"隐性宪法"。

二 造成基本权利规范被虚置的主要原因

造成基本权利规范全面虚置的因素是多方面的，总结起来大致有以下几方面的原因。

1. 行宪的现实阻力

首先，基本权利规范的实施，无论是消极权利还是积极权利均有赖于国家权力的限制。③ 而在我们国家，权力过分集中，官僚主义、党政不分，党政领导人权力过大等问题一直存在。因此，很多时候我们只能依赖于权力的自我限制，有时甚至是依赖于领导人的个人觉悟和法治意识的高低。而一旦

---

① 有学者将这种状况概括为"公民有自由，媒介归国家"。魏永征：《中国媒介管理法制的体系化——回顾媒介法制建设 30 年》，《国际新闻界》2008 年 12 期。
② 国务院新闻办公室：《中国人权发展 50 年》，2000 年 2 月。
③ 比如影响教育、医疗和社会保障投入的不仅仅是国家收入的整体增加，也包括国家在其他方面开支的削减，如行政经费、"三公"经费等。

政治体制改革和法治建设的进程整体放缓，冷落乃至忽视基本权利规范的情况就会在整个体制内迅速蔓延。其次，源自西方文化传统的宪政理念与我们固有的传统文化难免发生龃龉不合。这不光是指"旧中国留给我们的，封建专制传统比较多，民主法制传统很少"，[①] 有些我们自认为是优点的传统文化，同样也可能为基本权利的实施带来阻碍。比如，宗教信仰自由源自西方历史上宗教与世俗国家、宗教与宗教之间的斗争史。而在我们国家的历史上，"各种宗教地位平等，和谐共处，未发生过宗教纷争"。[②] 也正因为此，我们国家一直缺乏在宗教事务中保持中立的传统或动力，再加上宗教又常常裹挟着民族关系、国际关系、社会秩序、民俗文化等，这使得我们的宗教与公权力之间总是存在一种剪不断、理还乱的复杂关系。这当中，公权力既有对宗教事务的过度参与或介入，也有对宗教信仰自由的不当限制。[③] 最后，还有一个改革的时机问题。万事总是开头难。如果一旦错过了一次好的启动时机，要想重新开始相关工作往往需要面对更大的困难。因为，隐性宪法已经形成一套固有的制度体系，再加上虚置的现实与大家的理想之间差距越来越大，就容易导致自上而下的改革力量在路径依赖的现实退避之中而趋于保守，而自下而上的民主推动则容易在巨大的困难面前失去耐心而趋于非理性。

2. 基本权利规范的实施在执政党的政策体系中的地位不高，长期与经济建设和政治体制改革捆绑在一起，缺乏应有的相对独立地位

在我们国家的主流意识形态中，基本权利规范的实施往往被放在人权这个主题之下讨论，而人权又只是政治体制改革或民主政治建设之下的一个子课题。比如上文提到的几次全国党代会报告引述和发展基本权利规范的内容全部都是放在"政治建设和政治体制改革"或"坚定不移发展社会主义民主政治"这类大标题之下的。至于经济建设，它既是马克思主义理论的重心，也是我国当前社会主义建设的重心。因此，很自然的，我们会认为人权保障的水平决定于一定的经济发展水平，或者说社会经济发展本身就代表着人权

---

① 《邓小平文选》（第2卷），人民出版社，1994，第332页。

② 中华人民共和国国务院新闻办公室：《中国的宗教信仰自由状况》白皮书，1997年10月。

③ 参见郭延军《我国处理政教关系应秉持什么原则》，《法学》2005年第6期；韩大元：《试论政教分离原则的宪法价值》，《法学》2005年第10期；张千帆、朱应平：《宗教信仰自由及其法律限制——中国的理论与现实》，http://www.paciliution.com/ShowArticle.asp?ArticleID=2645，最后访问时间：2011年9月27日。此外，非三自教会，即俗称的"家庭教会"的法外存在与我国现有的宗教法规和政策之间的关系，参见段琦、唐晓峰《2008年中国基督教现状及研究——兼论中国教会组织的多元存在格局及张力》，金泽、邱永辉主编《中国宗教报告（2009）》，社会科学文献出版社，2009，第136~142页。

水平的提高；具体基本权利的保障也必须以经济手段为主，或者说那些能够通过经济手段推动发展的基本权利就更重要一些。这些认识本身并没有错，但是一旦陷入教条便会在实践中带来这样一个后果：只要我们国家还处于发展中国家的行列、经济还不够发达，人权建设就需要顾及我们的特殊国情，基本权利的实施就要有所为、有所不为；只要政治体制改革无法重新全面启动，或者社会主义民主政治的发展进程遇到了难以突破的瓶颈，基本权利规范就只能跟着被全面虚置。这使我们丧失了很多可以先行一步的机会，因为有些具体基本权利的实施，或者基本权利实施的有些方面只要具备一定的经济、政治条件就可以实质性地往前推进。正所谓"勿以恶小而为之，勿以善小而不为"。

3. 一些基础性的法治条件尚不完备

首先，我们缺乏一套行之有效的宪法实施保障制度，这其中最重要的莫过于违宪审查制度。违宪审查对于基本权利规范的重要性上文已经论述过，此处不再赘述。其次，公权力纵横配置尚不完善。从横向配置来说，主要有两个问题：一是立法权尚无法完全承担起自己的职责，尤其是很多应该由全国人大及其常委会来完成的立法工作由于种种原因大都交给了行政机关，再加上全国人大常委会怠于行使其监督宪法实施的权力，这就使得人大与国务院之间的立法授权常常陷入毫无原则的境地，那原本就残缺不全的法律保留原则也基本沦为有名无实。二是司法独立无法保障。一个国家的法院本应该是处于各种基本权利争议的第一线，法官应该是对我们国家基本权利规范实施状况最为敏感的一个群体。但现实的情况是，敏感的不是法官的专业精神，而是基本权利方面的案件，是基本权利规范，是宪法学的术语。[①] 在公权力的纵向配置方面问题最大的是地方党政领导权力过大，地方立法可以肆无忌惮地任意解释法律、曲解基本权利规范而不受监督。这是基本权利规范虚置最终转化为大面积违宪的重要原因之一。对此下文还将详细讨论。最后，在国家权力的配置当中还有人的问题，即我国党政领导人和公务员中受过专门的宪法学训练的比例过低。宪法的实施最终要依靠具体的人，特别是公权力从业者。因此，他们是否受过良好的宪法学教育将直接决定公权力部

---

① 最近几年一些地方法院也开始逐渐打破禁锢，引述宪法，利用宪法的基本原理和精神增强判案的说理依据，在法院的合宪性解释方面做了不少探索工作。但是，由于最高人民法院对此一直讳莫如深，地方法院在引用宪法的过程中也出现了一些乱象。比如越权适用宪法、引述错误、为了引述而引述等。童之伟：《宪法适用如何走出"司法化"的歧路》，《政治与法律》2009 年第 1 期。

门遵守和实施宪法的水平。但从我国党政领导人的教育背景来看，专门学习过宪法的可谓凤毛麟角。而我国每年毕业的宪法学研究生能够到人大、国务院、法院、检察院、公安等宪法实施关键部门工作的也非常少。

4. 社会精英缺乏面对复杂问题的胆识

在我们国家，基本权利规范的实施的确是事关重大，往往牵一发而动全身，因此，政治精英和知识精英在面对这些问题时既要有"胆"，也要有"识"但如果有了问题或争议，大家所能做的就是搁置，而且一搁就是 10 年、20 年，这恰恰说明我们的社会精英们缺乏面对这些问题的勇气和智慧。也许举一个"反例"更能说明问题。选民推荐候选人，即"独立候选人"在我们国家一直是一个比较敏感的问题，尤其是 2011 年。借助微博的传播，"独立候选人"已经成为一个公共事件。而我们国家的主管机关对这个问题依然采取了回避的态度。① 但是中央政治局委员、上海市委书记俞正声在一个公开场合非常理性地作出了回应："群众推荐不能认为是不正常的现象，要分析四种情况：第一种是有的人是真正希望参与对党和政府的监督，这个是要支持的；第二种是他想参与监督但没有经验，有时候说话偏激，这个也要支持，不要在乎；第三种可能是为了个人出风头，我看也没有什么了不起；而第四种可能就是出于想推翻现有制度，追求西方制度。"② 其实，有责任的不光是政治精英。我们这些以宪法研究为职业的学术从业者也有一定的责任。有学者已经敏感地意识到我国宪法学者总是缺席国内重大立法活动，而产生这种情况的重要原因之一是"诸多立法活动，需要宪法学者在睿智之外，还有扎实的部门法功底与对实践问题的真切把握，惜乎诸多宪法学者在此方面表现出先天不良"。③

---

① 曾有全国人大常委会法制工作委员会负责人对这个问题作出过回应。霍小光、周婷玉、崔清新：《全国人大常委会法制工作委员会负责人就当前县乡人大换届选举问题答记者问"独立候选人"没有法律依据》，2011 年 6 月 9 日第 2 版《中国青年报》。但其表述如"由选举委员会统一组织开展对代表候选人的介绍活动"，"我国……没有所谓的'独立候选人'，'独立候选人'没有法律依据"，并不合乎法理。童之伟：《"'独立候选人'无法律依据"的说法不正确》，中国选举与治理网：http://www.chinaelections.org/NewsInfo.asp? NewsID=208391。最后访问日期：2011 年 9 月 28 日。

② 陈中小路、徐燕燕：《听俞正声上党课——"执政者的声音"》，2011 年 6 月 23 日第 A6 版《南方周末》。当然，俞书记所使用的依然是政治的语言和方式，如果能够使用法律的术语和思维方式把这个问题重新阐述一下，特别是把"第四种"情况列举清楚，那将更加完美。

③ 秦前红：《宪法学者为什么总是缺席国内重大立法活动?》，中国政政网：http://www.calaw.cn/article/default.asp? id=1794。最后访问日期：2011 年 9 月 28 日。

5. 社会的进步使得基本权利规范虚置的情况越来越突出

不可否认，我们国家人权保障事业的发展可谓是突飞猛进。一个切实的感受就是公民享有的权利越来越多，享有的自由度越来越大。于是就产生了一个奇怪的现象：以前法治保障水平比较落后的时候，忽视宪法的实施可能问题还不大；反倒是我们取得了巨大进步的今天，问题却显现出来，而且越是进步，问题越多、越严重，基本权利规范的虚置也越"扎眼"。30 年前，我们刚刚恢复高考，从来不会觉得招生政策有什么问题；30 年后，参加高考的人数已近千万，录取率超过 70% ,① 但是我们发现高考招生政策中的不平等是多么显而易见。30 年前，公开批评国家或地方领导人是不可想象的事情，而且也没多少人觉得这是一个问题；30 年后，我们不仅可以光明正大的在媒体上开展舆论监督，而且可以在手机上群发短信、在 BBS 上发帖子、在微博上实名举报，甚至是上访、"散步"，但是当出现几个"跨省追捕"、秋后算账、因言获罪的事例之后，我们却群情激昂、义愤填膺。30 年前，我们为新中国第一部刑事诉讼法的制定欢欣鼓舞；30 年后，收容审查已经转变为流浪乞讨人员的救助，而涵盖了多项进步理念的新刑事诉讼法草案也正在征求公众意见，但是我们对人身自由保护状况的担忧不减反增。类似这样的悖论，还有很多。比如上文提到的死刑复核权收归最高人民法院、《刑法修正案（八）》废除 13 项死刑罪名、国务院不定期编制人权白皮书、制定国家人权行动计划并进行评估等改革措施都是我们国家人权事业进步的表现，但是在这些进步之中宪法缺位了，基本权利规范被绕开了。所以，这种策略已经不能满足当今社会的需求了。

三 基本权利规范虚置对法治的影响

基本权利规范虚置的最直接后果就是对整个宪法权威的损害。宪法是国家的根本大法，具有最高的法律效力。但这么长时间，不管是进步还是退步，总是把宪法晾在一边。这样会动摇上上下下维护宪法、实施宪法的信心和决心，进而伤害到对宪政的渴求，甚至会危及我们既有的法治建设成果。基本权利规范的长期虚置对整个法治所造成的影响就像热量从一个金属金字塔的顶端自上而下、一层一层传导，而且这种传导不是简单的效应递减的物理反应，而是一个接一个的、能量不断倍增的化学反应。具体来说，这种传导作用通过以下几

---

① 《教育部：2011 年高考总人数 933 万 录取率 72.3%》，腾讯网：http://edu.qq.com/a/20110603/000447.htm. 最后访问时间：2011 年 9 月 29 日。

种途径展开。

1. 在国家权力体系中的传导

本文一开始曾列举了很多严重违反基本权利规范的案件和事例。最近也不断有学者感觉到我们的"法治在倒退"。这是为什么呢？细细分析起来，其中一个最重要的原因就是宪法没有得到很好的实施。上文讨论过，这种状况持续的时间一长，基本权利规范出现真空化，接着就是各种各样的隐性宪法开始滋生，填补那些宪法真空化留下的空白。到这个阶段，问题基本上还只停留在中央层面，而且看起来也还不是很严重。但是再进一步传导下去，到了一些具体的管理领域和地方，恶果就显现出来了。比如在制定《人口与计划生育法》的时候并没有好好权衡生育权和生命权等基本权利，因此在一些关键的地方总是"语焉不详"。如第19条第1款规定："实行计划生育，以避孕为主。"这种似是而非的法律条文留下的空白到了地方竟然变成了赤裸裸的强制"终止妊娠"。还有第41条第1款规定："不符合本法第十八条规定生育子女的公民，应当依法缴纳社会抚养费。""社会抚养费"不是罚款，所以征收的金额、程序全由地方定，更重要的是这笔钱还不用上缴国库。可想而知，各个地方性法规围绕这笔费用会有多少"发明创造"。① 而到了最后的基层执行阶段又会出现什么情况呢？除了时常出现因为超生而遭受强制堕胎、强制节育、非法扣押等事件外，竟然还出现了邵氏"弃儿"这样挑战人类良知底线的恶性事件。② 从基本权利规范虚置到似是而非的立法，再到地方上的恶法，最后的结果就是恶政。实际上，这个发展的过程还没有结束，它还在继续往下传导，其表现形式就是各种各样的非理性诉求方式，上访截访再上访③、民意审判④、群体性事件⑤，甚

---

① 王贵松：《中国计划生育制度的合宪性调整》，《法商研究》2008年第4期。

② 上官敫铭：《邵氏"弃儿"》，《新世纪》（周刊）2011年第18期。

③ 对于这种信访与维稳的怪圈可参见李秀林《于建嵘提出要警惕信访恶性循环》，2009年12月31日《南方农村报》。

④ 近来，一些公共事件的发展往往表现为民意与公权力的直接交锋。暂且不论这种方式是否能解决问题，即使某些被认为"让人民满意"的个案其实也往往隐含着法治的失败。比如轰动一时的"开胸验肺"事件实际上是依靠卫生部门违法作为平息的。参见董保华《从"开胸验肺"事件看劳动者权益保障的法治命题》，《法学》2009年第9期。而广受好评的"李双江之子打人事件"的解决，其实是公安部门的违法决定。童之伟、孙煜华：《李双江之子案的处理有违法理性人情》，中国选举与治理网：http://www.chinaelections.org/NewsInfo.asp? NewsID=214819。最后访问时间：2011年9月29日。

⑤ 根据有关统计数据，我国的各类群体性事件一直呈现快速的增长趋势。孙立平：《社会失序是当下的严峻挑战》，2011年2月28日第10版《经济观察报》；米艾尼：《未来10年群体性事件成执政最大挑战》，《瞭望东方周刊》2010年第4期。

至是以死相逼、以暴制暴①。这些非理性的解决问题的方式实在不值得提倡，长此以往社会就会走向失控。而这对执政党、对国家、对我们整个民族来说都是需要警惕的，因为我们在这方面的历史教训比世界上任何其他一个民族都要深刻。

2. 在法制体系中的传导

基本权利规范的实施会对部门法的内容产生巨大的影响，这在宪法实施保障制度比较完善的国家和地区表现得尤为明显。反过来说，把相关宪法条款放在一边，不适用、不解释、不发展、不研究，宪法同样会对部门法产生显著的影响。只是这种影响同样是反向的。首先，基本权利规范的虚置架空了整个宪法相关法体系。比如上文提到过的新闻法、结社法、宗教团体法、个人信息保护法等。② 其次，失去了基本权利规范的审查，一些明显违反宪法的法律法规得以大量存在、长期存在。比如《城市流浪乞讨人员收容遣送办法》实施了20年才因为孙志刚案被废止。再比如，《城市房屋拆迁管理条例》同样是实施了20年，直到2011年才修正了其中大部分违反宪法的内容。③ 而且，不要忘记，收容遣送背后还有历史更加"悠久"的劳动教养制度，城市房屋拆迁背后也还有问题更加严重的集体土地上的房屋征收。④ 最后，基本权利的虚置会给现有的法律制度造成一种"木桶效应"。⑤ 如果把一部法律比作一个木桶的话，基本权利规范的虚置就像是一把随时待命的锥子，一锥子扎下去，我们的人权保障"水平面"就会随之下降。更可怕的是，我们有时无法预计这把锥子会扎在哪，会扎得多低、多深。比如刑法第246条第2款，关于诽谤罪亲告例外的内容就是这样的一个被扎破的

---

① 前者如各地暴力拆迁中的"自焚"事件；后者如杨佳事件、钱明奇事件。

② 王广辉：《论中国特色社会主义法律体系中的宪法及其相关法——以基本权利的立法完善为视角》，《河南社会科学》2010年第5期。

③ 现在有很多媒体人将孙志刚案和《城市房屋拆迁管理条例》的修改视为一种舆论监督推进法治进步的成功模式。不得不说，这种法治"成果"是用了多少血的代价换来的，是通过多么剧烈的、自下而上的"全民动员"的方式推进的。其社会成本之高，代价之惨痛实在不应将其视为一种常态。

④ 最具有讽刺意味的是《城市流浪乞讨人员收容遣送办法》和《劳动教养试行办法》与我们的现行宪法是在同一年颁布实施的。

⑤ "木桶效应"是指一只木桶想盛满水，必须每块木板都一样平齐且无破损，如果这只桶的木板中有一块不齐或者某块木板下面有破洞，这只桶就无法盛满水。换句话说，一只水桶能盛多少水，并不取决于最长的那块木板，而是取决于最短的那块木板或最低的那个漏洞。参见厉以宁《经济·文化与发展》，三联书店，1996，第133页。

漏洞。① 除了诽谤罪，在刑法当中可能威胁到公民言论自由的地方还有很多，比如煽动类犯罪和损害商业信誉、商品声誉罪等。② 而在实践中，甚至有些一眼看上去与言论自由毫无关系的罪名也可能被用来作为打压言论的工具，比如非法经营罪、偷税罪、贪污罪、受贿罪、寻衅滋事罪等。刑法如此，民法、行政法也是如此；实体法如此，程序法也是如此；立法如此，执法、司法更是如此。只要那把锥子依然锋利，依然神出鬼没，我们就无法保证法律"木桶"完好无损。

3. 在学术研究中的传导

首先，受到影响最大的当然是宪法学自身。法学是一门非常讲究实践的学科，没有实践就会导致研究对象的缺乏，进而危及其学科的独立性基础。翻开 20 世纪 80～90 年代的宪法学教科书，基本权利的内容本来就少，③ 论述的时候还不得不大量借用其他学科的概念和理论，如民法学、刑法学、法理学，甚至是政治经济学、哲学等非法学学科。这几年研究基本权利的成果虽然越来越多了，研究方法上的独立品格也越来越高，但真正以本国的实践为论说核心和基础的作品依然稀缺。尤其是结合域外经验，运用宪法学基本原理深入分析本国宪政实践的成果更是难得一见。而学术研究的困境也直接影响到宪法在高等教育中的地位。尤其是在当下法学教育正在向职业教育大跃进的时候，宪法这门"没什么用处"的学科更是有被边缘化的倾向。其次，基本权利规范的虚置同样会给部门法的研究造成很多困扰和阻碍。在各个部门法中，行政法与宪法的关系是最密切的，尤其是基本权利方面的宪法相关法大多就属于行政法。因此，基本权利规范的虚置必定会严重限制我国行政法学的研究领域和发展空间。至于民法、刑法、民事诉讼法、刑事诉讼法等其他部门法学，同样也会受到影响。④ 比如，法人几乎是所有部门法都

---

① 借助这个漏洞，在全国已经发生了 20 余起利用公诉诽谤罪侵害公民言论自由的案件。雷丽莉：《从 20 起诽谤案看公权力追究公民言论责任的路径》，载《法治新闻传播》2010年第 5 辑，中国检察出版社，2010，第 42～46 页。该文统计的案件中有 4 起是行政案件，1 起是损害商业信誉罪案件。另据笔者自己的统计，2006 年之后新闻媒体公开报道的至少还有另外 7 起这类公诉诽谤罪案件。

② 有学者统计认为刑法当中与言论自由相关的罪名多达 47 个。刘守芬、牛广济：《试析我国宪法中的言论自由在刑法中的规制》，《法学家》2006 年第 3 期。

③ 童之伟：《中国 30 年来的宪法学教学与研究》，《法律科学》2007 年第 6 期。

④ 学界最有影响的事件莫过于围绕物权法草案合宪性展开的一系列争论。关于这场争论的过程和主要成果及观点参见韩大元《回应与挑战：中国宪法学研究新进展》，《法学家》2007 年第 1 期。

要面对的基础性问题，但在我们国家，法人的种类和法律性质极其混乱。为什么会出现这种情况？其中一个非常重要的原因就是在宪法上我们还没有解决好公民结社组织、宗教团体、群众自治性组织、新闻媒体单位、工会、人民团体、政党等的法律性质问题。而这些问题的根源基本都在相关的基本权利规范当中。最后，基本权利规范的虚置还会阻碍宪法学与其他学科之间的良性联系，并且对各个相关学科的研究工作产生不利的影响，这既包括法学，也包括非法学以及各种法学与非法学的交叉学科。我国的宪法学主动关注其他部门法问题的非常少，尤其是当面对同一个现象或问题的时候，我们常常对别人的观察结果置若罔闻。与此同时，笔者也经常听到其他学科的学者抱怨，当遇到宪法学方面的难题时往往找不到现成的答案，有时不得不自己动手研究宪法，解决问题。这种现象在基本权利的研究中尤为明显。不过这还不是最严重的。如果说法律是最低限度的道德，那么基本权利规范就是这个最低限度的道德的底线。如果宪法"底线"出现了问题，或者说连宪法学自己都搞不清这条"底线"在哪里，那其他学科的研究就难免会犯"没有'底线'"的错误。而一旦失去了"底线"，哪怕仅仅是无心的向那些不应该成为"底线"的"隐性底线"妥协，那么其研究成果究竟是能够推动社会进步，还是阻碍社会的进步，甚或起到相反的作用就要打个大大的问号了。

四 结论：如何改变现状

宪法实施的责任主体是国家，但在我国问题显然没有这么简单。基本权利规范被虚置的时间长、程度深、范围广，要扭转这一局面我们必须从具体的基本权利入手，多管齐下，由易而难，有步骤地从以下几个方面着手推进改革。

第一，要扭转基本权利规范被虚置的局面，首先需要执政党采取更加开放和务实的态度，正视改革开放30年来的主要问题和矛盾，主动做出改变。（1）重视基本权利规范与某些意识形态之间的现实张力，不可长期搁置争议并放任这些意识形态成为隐性宪法的发源地。[①]（2）仔细甄别各种相关方针、政策是否符合基本权利规范及其宪法精神：符合的，应当学会用宪法和法律的语言加以重新阐释和发扬；有争议或不相符合的，则应当厘清争议，依据

---

① 这里所说的"某些意识形态"并不是指四项基本原则、中国特色社会主义理论、党的基本路线等核心执政理念和思想，而仅仅是指一些具体的、针对某一领域的政治习惯、主张或措施。

宪法的要求和现实的发展逐步进行改革。① （3）适时提升基本权利规范在党的重要决议和政策中的地位，无论是经济建设还是民主政治建设，都应当以公民基本权利的切实保障为底线，而与基本权利相关的政策则应当直接以宪法为依据。（4）重塑基本权利与政治体制改革之间的关系，把加强消极基本权利的保障作为推进政治体制改革的核心内容之一。（5）要完善政党制度，建立执政党与宪法之间的良性互动关系。一方面，中国共产党应当逐步开始使用宪法条款和原理阐述重要决议和政策；另一方面，在理顺党的领导与宪法的关系基础上实现政党制度的法治化。

　　第二，改进国家权力配置的相关制度，逐步为基本权利规范的实施创造良好条件。这方面需要采取以下几项具体的措施：（1）建立切实有效的宪法实施保障制度，在全国人大或其常委会之下设立宪法监督委员会，② 制定宪法监督委员会法，适时开展公民基本权利方面的宪法审查工作。（2）完善人民代表大会制度，使全国人民代表大会及其常委会能够切实地履行其保障宪法实施的职责。（3）推进司法体制改革，保障司法独立，完善法院对抽象行政行为的司法审查制度，赋予法院对法规、规章和其他规范性文件的实质性审查权力。（4）完善法律保留制度，严格限制行政立法和地方性立法的范围。（5）完善地方人大和选举制度，扩大直接选举的范围，加强限制地方党政领导人的权力。（6）在公务员考试录用中增加宪法与行政法的内容，并且要逐步增加其分

---

① 比如舆论监督，它本身是一个非常民主的措施，其中有很多具体的理念和做法，如对公权力的监督、对媒体责任的强调、对新闻真实性的要求等完全可以在言论自由的框架内用法治的方式去进一步总结和发展；而另一些内容，比如事无巨细、面面俱到的党管新闻的体制则需要因势利导，适时改革。关于后者，已经有学者提出了非常具体的建议。"建立以党报为中心、由多种类多层次的报纸组成的多样化的报业结构，报纸可以有党报与非党报之分，机关报与非机关报之分，有政治报与非政治报之分，有全民所有制与集体所有制之分，公办民办之分。所有这些报纸都是为人民服务的，但它们执行社会政治功能发挥上述两种作用时，允许各有侧重，促使报纸各具风格。对于这种多层次的新闻事业，应该有两种标准管理，一个是法律标准，一个是党性标准。非党的报纸，只要服从宪法和包括新闻法在内的各种法律（至于报业按新闻职业道德自律，这是一种自我约束，其必要性自不待言）；党的机关报除遵守宪法和法律以外，还有党性的标准，即在依法工作的基础上，还要执行党的决议和指示。"孙旭培：《新闻学新论》，当代中国出版社，1994，第196页。

② 这个观点在学界得到的支持比较多。相关学术观点的总结参见陈云生《宪法监督司法化》，北京大学出版社，2004，第525～549页。至于具体制度设计细节不是本文的重点，而且就我国面临的主要问题来说，关键的是把理论付诸实践，而不是在具体备选方案上的纠缠。

数比重；在内容上可以先以国家机构为主，以后逐步增加基本权利的内容。(7) 在司法考试中逐步增加宪法学的分数比重，而且要改变现在这种以考察记忆力为主的考试形式，增加案例分析、事例分析等能力方面的考核内容。

第三，多个国家机关共同努力，保障基本权利规范的全面实施。必须强调的是，本部分的改革措施必须以上文提到的关于执政党的第 (1)、(2) 条建议开始启动为前提条件。没有这个基础和起点，以下的绝大部分措施无法展开。① (1) 全国人民代表大会。首先，全国人大应当加强研究基本权利规范的法律衔接工作，适时重新启动相关立法的起草；其次，全国人大及其常委会可以尝试通过增加立法程序透明度的方法，公开回应一些立法过程中的合宪性争议，并就法律草案中的合宪性问题作出权威说明；再次，与前两项工作可以同时进行的是开展系统性的法律清理工作，启动对行政法规、地方性法规、部门规章等的实质性审查工作，发现有违宪违法的情况应当尽速废止或监督修改。在这些措施中，最紧迫的是全国人大需要尽快搭建宪法相关法体系的基础框架。(2) 宪法委员会。在成立初期，宪法委员会的受案范围可以仅限于国家机关提起的宪法争议，并主要通过合宪判决或宪法咨询等方式加强基本权利规范的解释。在不同的基本权利之间，也可以从政治风险较小、情况较为简单的基本权利问题入手，进而逐步过渡到较为敏感、情况较为复杂的基本权利。② 随着民主政治建设的推进，可以再逐步允许公民间接乃至直接提起宪法诉愿，同时适时增加违宪判决，增加针对敏感问题、重大问题的宪法适用和解释，发展出符合我国宪政体制的基本权利基础理论和解释理论。③ (3) 最高人民法院。明确法官适用法律与遵守宪法之间的关系，④

---

① 也就是说，只要能够启动，哪怕相关方针政策的改革还没有完成，各国家权力机关都可以在自己的权力范围内为推进基本权利的实质性实施开展一些工作。

② 这种策略对执政党和其他国家机关同样适用。

③ 其实，一个违宪审查机构能作出多少违宪判决，能对其他国家机关起到多少限权作用完全是因国而异、因时而异。比如日本最高法院在违宪判决方面一直很消极，但这并不妨碍其对公民基本权利规范作出重要的宪法解释。裘索：《日本违宪审查制度》，商务印书馆，2008，第127~133页。我国台湾地区的"司法院"大法官在20世纪60、70年代的政治氛围中也照样能够为基本权利的解释作出贡献。参见李建良《人权维护者的六十年回顾与时代挑战》，第479~482页。对于基本权利的实施来说，重要的是摒除偏见，跨出这关键的第一步，哪怕这只是一小步，也足以使我国的基本权利规范先期告别全面的虚置境地。

④ 童之伟：《宪法适用应依循宪法本身规定的路径》，《中国法学》2008年第6期；童之伟：《法院"依照法律"规定行使审判权释论——以我国法院与宪法之关系为重点的考察》，《中国法学》2009年第6期。

并开始尝试依据基本权利规范或宪法精神对相关法律作出解释，同时对下级法院引述宪法和合宪性解释活动作出指导。在逐步鼓励各级法官在审判中合理引述宪法条款的同时，既要避免越权释宪，也要避免错误引述和无谓引述。

第四，宪法学应当重新审视基本权利研究的对象和方法，真正回归本国的宪法实践和问题。（1）认真对待隐性宪法。当代中国基本权利研究最引人瞩目的成就莫过于围绕宪法规范和宪法解释展开的一系列全新的成果和探索。但是在当前的形势下，基本权利规范的最大问题是长期虚置而形成各种隐性宪法。不重视这个现实，再好的学说也难免陷入"鸵鸟策略"。因此，我们不应该忽视与基本权利相关的各种意识形态、传统文化、政治史、政治哲学以及执政党的重要决议、文件、政策和方针、领导人讲话、管理体制、行政法规、规章、纪律、红头文件等材料和现象的研究。当然，与以往不同的是，我们不是用这些研究对象来解释宪法，而是用宪法来解释这些研究对象。（2）深化宪法事例的研究。在没有违宪审查制度支撑的情况下，我国的宪法事例研究已经取得了非常可观的成就。① 但是，在注重个案研究的同时，也应当把更多的注意力放在单个现象背后的问题上面，而且应当通过深入的挖掘找到产生这些问题的根源所在。在此基础上，再结合域外经验，系统性地提出解决问题的方法。唯有如此，学术方能具有前瞻性，而不至于总是被现实牵着鼻子走。（3）加强与其他学科之间的良性互动。宪法学中的基本权利所涵盖的内容是非常庞杂的，涉及的社会现象非常广泛，因此学习和尊重其他学科的研究成果是我们必须做的。当然，在借鉴的同时，我们也应当随时准备纠正别人的错误，为他人做好"底线服务"。（4）重视理性的学术批判。批判本应该是学术的天然职责，但是在我们宪法学界，那种既切中现实要害又具有建设性的学术观点并不多见。反倒是法理学者、部门法学者、律师、法官、检察官，甚至是非法学学科的经济学家、社会学家、新闻学家、政治学家有时对宪政领域的问题看得更准，提出的见解更加独到。但是，在我们这个时代其实是更需要真正来自宪法学的专业批判。（5）在基本权利部分的教学中寻找突破点，改变宪法学在高等教育中持续被边缘化的趋势。在本科教育中应当适当压缩基本理论和国家机构的内容，增加基本权利部分的

---

① 最具代表性的成果是韩大元教授从 2005 开始主持编撰的《中国宪法事例研究》和胡锦光教授从 2007 年开始主持编撰的《中国十大宪法事例评析》（2007 年第一本名为《2007 年中国典型宪法事例评析》）。

比重，并且在教学内容上注意围绕具体的宪法事例和部门法展开；在专业学位教育中，需要在课程设计上力求突破，从一些学科的交叉热点中开拓新的教学领域；① 在公务员培训和职业再教育当中，应当以社会热点问题为导向，将宪法原理融入社会现实当中。

其实，要扭转公民基本权利被虚置的局面并不难，因为我们一再强调改革开放 30 年我们的社会发展并没有停滞。经济在发展，人权保障的水平也一直在提高；我们所能享受的福利在不断增加，拥有的自由也越来越大。难就难在因势利导，持续不断地用宪法的形式肯定并审视已经取得的进步成果，让一切国家行为"师出有名"，同时也为整个社会设置一条理性的底线，防止惨痛的历史不断地重蹈覆辙。也许成败就只决定于那关键的几步，跨出去就是一马平川、迎刃而解、海阔天空。但如果在一些关键问题上总是犹豫不决、停滞不前，一再错过改革的良机，最终就会被社会自身发展超越而再也无力追赶。这是我们每一个热爱宪法、珍视公民基本权利的人都不愿意看到的。

---

① 比如基本权利与部门行政法，民权与科学技术等。

浅议热点案件中民意与司法裁判

王 声[*]

【内容摘要】在司法领域，民意是社会公众对某些案件大体相近的、带有普遍性的意见。尽管目前缺乏较为准确、便于评估民意的方法，但民意仍对司法裁判产生了许多重要影响，有时甚至使之处于尴尬地位。囿于司法者与民众的思维方式、司法裁判与民意评判的形成方式以及司法裁判与民意的本质特性方面存在差异，司法裁判与民意之间必然有诸多纠结。因此，司法裁判要改变尴尬现状，实现与民意的共赢，就必须以司法独立为基本前提，在法律的框架内尊重民意并不断完善相关制度，畅通民意参与渠道。

【关键词】民意　司法裁判　司法独立

司法活动正确与否从来不取决于它是否得到公众的欢迎或是否符合大多数人的想法与做法。

——（美国）沃塞曼

　　随着社会转型和法治建设的推进，社会民众对某些个案裁判的关注度大为提升，并从自身朴素的正义观出发，以一般善恶、对错为标准，基于道德伦理要求对个案作出评价。尤其在互联网的推动之下，博客、微博等方式为民众评判提供了平台并不断激发民众关注的热情，进而形成对个案倾向性的意见、看法或者态度。我们将备受关注和引发争议的案件称为热点案件，如浙江的吴英案、陕西药家鑫案以及早年的佘祥林案、刘涌案等；将因案件产

---

　　* 中国社会科学院法学研究所博士后。

生的在社会上占主流性、主导性意见或意向的观点称为民意。①

就个案而言，在一定的期限内它终将尘埃落定。然而，由此引发的问题却值得深入探讨和反思。在民意的注视下，司法裁判处于何种境地？这种境地又是因何而起？司法裁判又将走向何方？

一　司法裁判的尴尬现状

尽管目前没有一个较为准确的民意概念，没有一个便于评估民意的方法，但可以公认的是民意不都是由舆论所代表的，舆论所体现的未必都是民意，其中也夹杂着谣言；且事实上，民意对司法产生了重要影响，并不时地使司法裁判处于尴尬地位。

从积极影响来看，主要有：一是民意促使司法裁判取得良好的社会效果。在街头小贩崔英杰杀死城管队长不判死刑而判死缓案②中，民意对以摆地摊为生的崔英杰抱有很强的同情心，对野蛮执法的城管队长长期抱有成见，因此希望法院从轻发落不判死刑。律师代表民意向法院提出诉求并有事实为证，法官在搜查被告人住所时发现了一份能证明其极度贫穷的财产清单，与律师的意见形成印证，最后法官采纳了律师的观点，认为他并非必杀而判处死缓。③ 这个结果体现了民意，使得司法裁判得到了社会的认同，形成了民意与司法双赢的局面。二是民意促使司法裁判更加公开、公正，切合司法民主的要求。在社会共同关注下，司法个案及其审判活动需要有更为透明的程序、更为广泛的公开、更为详细的信息共享，这在一定程度上体现了司法民主，有利于民意对司法的监督。三是民意引发对个案进行更深层次的思考并促进各项制度的完善。在浙江吴英集资案中，不仅涉及此罪与彼罪、量刑及死刑改革等有关问题，还涉及我国民间资本出路、金融垄断、价值观

---

① 目前学界对民意没有一个统一的称谓和概念，有学者将民意称为"涉案民意"，有学者将民意称为"公众判意"，还有学者将民意分为"公众意见"与"人民意见"等，笔者选取其共性，将民意称为社会公众对某些司法个案大体相近的、带有普遍性的意见。

② 2006 年 8 月 11 日，北京市海淀城管大队副队长李志强及其同事在中关村科贸电子商城北侧路边执法时，依法扣押了在那里违法卖烤肠的崔英杰的三轮车。当执法人员将崔英杰的三轮车抬上执法车时，崔英杰手持小刀刺入李志强的颈部并致其死亡，崔英杰随后逃走。2007 年 4 月，崔英杰被北京市第一中级人民法院以故意杀人罪判处死刑缓期 2 年执行，剥夺政治权利终身。

③ 《夏霖律师对崔英杰一审的辩护词》，http://xialinblog.sohu.com/128965007.html，2012 年 8 月 8 日最新访问。

标准等一系列问题。① 在孙志刚案②中，民意不仅促成了案件的公正办理，还导致《城市流浪乞讨人员收容遣送办法》的废止，直接推动了流浪乞讨人员管理与保障制度的完善。

从消极影响来看，主要有：一是民意对司法自治性产生影响。法治社会的真正理性在于司法的意思自治。司法自治要求司法者只对法律负责，严格实行规则治理，并能够坚持自己的判断，它强调司法机关的意思表达必须是完全自由自主的，而不是外力干涉或者压力的产物。在四川泸州继承案③中，立遗嘱人生前以合法有效的形式将财产赠与"小三"，但民众基于朴素的道德情感，几乎一边倒地支持发妻的继承权而反对"小三"的继承权。于是，法官迫于民意放弃了对遗嘱的采纳，放弃了对《继承法》中法律规则的适用而引用民法的基本原则作为判决依据，从而造成了在有法律规则的情况下却适用法律原则的方法论上的错误。二是民意对司法程序的主治性产生影响。"程序乃法律之心脏"，④ 程序主治系法治社会的灵魂，是社会正义得以实现的必然要求。在湖北佘祥林案⑤中，当湖北省高级人民法院发现该案存在疑点而发回重审时，该案却被退回到京山县检察院，严重违背了刑事诉讼法的

---

① 《新华社刊文关注吴英案，呼吁为制度改良留生路》，http://news. qq. com/a/20120207/000064. htm，2012 年 8 月 8 日最新访问。

② 2003 年 3 月，年轻的大学毕业生孙志刚在广州收容遣送站被殴打致死。同年 5 月，俞江等三名法学博士联名上书全国人大常委会，要求对国务院制定的《城市流浪乞讨人员收容遣送办法》进行合法性审查。迫于舆论压力，6 月，国务院正式废除了实施 20 余年的收容遣送制度。

③ 2001 年 4 月，四川泸州男子黄永彬临死前立下遗嘱，指定遗产归他情人而不归发妻。黄死后，情人张学英据此遗嘱向其妻子蒋伦芳索要财产和骨灰，遭蒋拒绝。于是，张将蒋告到法院。2001 年 10 月，泸州中级人民法院终审确认，遗嘱因违背了"公序良俗"原则而无效。

④ 〔日〕谷口安平：《程序的正义与诉讼》，王亚新译，中国政法大学出版社，1996，第 56 页。

⑤ 1994 年 10 月，原荆州地区中级人民法院以佘祥林涉嫌杀害其妻子张在玉一审判处死刑。佘不服而提出上诉。1995 年 1 月，湖北省高级人民法院以事实不清、证据不足为由撤销一审判决发回重审。1996 年 12 月，因行政区划的改变，京山县由荆州市归为荆门市管辖。后经政法委协调，该案于 1998 年 6 月，由京山县人民法院以故意杀人罪判处佘祥林有期徒刑 15 年。同年 9 月，荆门市中级人民法院裁定驳回上诉，维持原判。判决生效后，佘祥林被投入监狱关押。2005 年 3 月 28 日，佘祥林的妻子张在玉突然归来，由此本案真相大白。3 月 30 日，荆门市中级人民法院紧急撤销一审判决和二审裁定，要求京山县人民法院重审此案。2005 年 4 月 13 日，京山县人民法院重审此案，宣告佘祥林无罪。

规定，导致诉讼程序倒流。① 三是民意对司法裁判的既判力产生影响。诚如布鲁诺·莱奥尼所说，"法律的确定性"是古典意义上法治的本质特征之一，如果不能保障法律的确定性，法治是不可能维系的。② 既判力通过终局性裁判而起到定分止争、维护司法权威和尊严、节约司法资源的效果。然而，民意却立足于个案的解决，并且将"个案解决"置于司法裁判的既判力之上，必然会导致时间上有碍司法裁判的效力稳定，空间上有碍法制统一。在刘涌案③中，依据"刑讯逼供取得的证据无效"的法律规则，刘涌在二审时被改判为死刑缓期两年执行。但是，民众对此却无法理解，在群情激昂的强烈要求之下，最高人民法院在该案已经发生效力两个月之后对其进行了再审，最终判处刘涌死刑立即执行。

二 司法裁判处于尴尬现状的原因分析

司法裁判在民意的影响下，既有可喜的进步，也有堪忧的困境。这就意味着民意并不总是对司法裁判产生促进作用，它有时也会牵绊和阻碍司法裁判。这就犹如司法裁判和民意是两个不同频率的声波，两者在某处相遇叠加而形成波峰，达到效应的最大值；两者在某处相遇抵消而形成波谷，导致效应的最小值。因此，有必要分析两者的"频率"差异，找出司法裁判处于尴尬现状的症结所在。

（一）司法者与民众在思维方式上的差异

司法是一项精英们所从事的职业，具有极强的规范性。正如托克维尔在《论美国的民主》中所说，"美国的贵族是那些从事法律职业和坐在法官席位上的人"，他们如同贵族那样，生性喜欢按部就班，由衷热爱规范，对观念

---

① 周叶中、江国华：《法律理性中的司法和法官主导下的法治——余祥林案的检讨与启示》，《法学》2005 年第 8 期。

② 〔意〕布鲁诺·莱奥尼等：《自由与法律》，秋风译，吉林人民出版社，2004，第 100 页。

③ 2002 年 4 月，辽宁省铁岭市中级人民法院因刘涌涉嫌黑社会性质的组织犯罪而以故意伤害（致人死亡）罪一审判处其死刑立即执行。一审判决后，被告人刘涌以公安机关在侦查过程中存在刑讯逼供、口供取得形式违法为由，提出上诉。2003 年 8 月，辽宁省高级人民法院二审予以改判。该判决结果公布后受到广大民众的普遍质疑。2003 年 10 月，最高人民法院以"原二审判决对刘涌的判决不当"为由，依审判监督程序提审该案。2003 年 12 月，最高人民法院作出终审判决，判处刘涌死刑，剥夺政治权利终身，并在宣判当天立即执行了死刑。

之间的规律联系有一种本能的爱好。① 正是在日复一日的司法审判中，法官们形成了独特的法律逻辑思维方式，这种思维方式不同于一般的生活逻辑，它严谨程度高，不仅体现在实体法律方面，更体现在程序法律方面；它独立性强甚至带有一定的封闭性，从前提到结论，推理严密，环环相扣，其中又蕴涵着独特的法律理性。正如贺卫方教授所言，在司法程序中，法官必须抑制自己的情感，泯灭自己的个性，就是要像自动售货机那样——一边是输入案件事实和法律条文的入口，一边是输出司法判决的出口，机械运行，不越雷池半步。②

　　然而，民意不太在乎法律体系的内在秩序，而偏重于朴素的道德感和正义观，它对案件的看法往往依据个人的主观善恶观，正如苏力所言："普通人更习惯于将问题道德化，用好人和坏人的观点来看待这个问题，并按照这一模式来要求法律做出回应。"③ 而这种主观的善恶观并不是统一受制于某种伦理体系，它是公众在多种复杂的文化因素影响下，根据自己的切身感验而形成的民间伦理。事实上，公众参与个案讨论的过程同时也是一个自我识别和认同的过程，即公众对于身份、地位与自己相同或相近的个案当事者容易产生更多的亲近感，对与之相同或相近生存遭遇的个案当事者容易产生更多的理解和同情，对与之在此个案情境中采取相同或相近行为的当事者容易产生更多的偏向和支持。因此，公众用以判断个案的善恶观与立法中所守持的善恶观并非完全一致，与主流的意识形态倡导的价值观念也具有一定的差异。

（二）司法裁判与民意评判在形成方式上的差异

　　司法裁判是在贯彻规则之治，遵循证据—法律—结论的归纳逻辑而得以形成的，其中的证据必须是经当事人双方质证后而认定。通过这种方式得出的法律结论才具有客观性、真实性，才能体现司法的公信力。

　　相对而言，民意对个案信息的掌握却有失偏颇。在信息来源的多元化、网络的虚拟化及传媒行业自律弱化等诸多因素的影响下，片面激进、虚假失真的内容广泛存在，而这些内容又缺乏技术上的证实或者证伪，严重影响了

---

① 〔法〕托克维尔：《论美国的民主》（上），董国良译，商务印书馆，1997，第302～303页。

② 贺卫方：《许霆案：法官何以说理》，2008年1月24日第A5版《南方周末》。

③ 苏力：《基层法院审判委员会制度的考察及思考》，《北大法律评论》（第1卷第2辑），北京大学出版社，1998，第353～354页。

公众的判断。其中传媒的影响力最大。新闻报道为迎合受众需要，具有很强的时效性，过时的新闻不再是新闻；同时，在传播中往往重塑案件，对于案件事实的表达作出相应的调整，故意强调案件当事人的社会背景、当事人之间的社会关系、当事人所遭受的伤害等；有时甚至虚构事实，成为"网络暴力"。① 比如在药家鑫案中，传媒故意放大甚至虚构药家鑫的家庭境况，将其贴上"富二代"的标签，同时又强调受害人是一位年幼孩子的母亲。传媒的叙事在道德话语的裹挟与推动下，就会引导社会大众形成越来越强的道德共识，进而控制着民众对于案件看法的形成。因此，"媒介的参与会使一起普通的纠纷成为一个公共话题，或者将一个普通的人推成一个公众人物，并在广大受众（社会力量）的关注和参与下，重构了事件以及人物的细节，从而塑造了当事人在案件结构中的不同地位，以及对案件结果具有决定意义的法律事实，最终推动着纠纷朝着它所期望的方向发展"。刘涌本可因"刑讯逼供取得的证据无效"规则而免于死刑，却因与公众所认定的"杀人偿命"的生活常识和经验相悖而最终难逃一死。当吴英因涉嫌集资诈骗一审判处死刑时，为其求情的舆论不绝于耳，其中多数所持的理由是，"吴英并没有杀人，不需要偿命"。

（三）司法裁判与民意在本质特性上的差异

司法裁判是法院作为审判机关行使审判权的具体体现，其遵循着司法独立的基本原则，追寻着司法公正的价值目标，体现着不容置疑的司法权威。因此，司法独立是司法裁判的本质特性，它既是保证司法公正体现法意的前提，又是司法获得公众普遍认同和遵从的前提。司法独立包括法官的整体独立和内部独立，要求法官在审理案件时应当尊崇法律和良知，独立于任何机关、传媒、舆论、团体和个人，秉承正义的价值追求，公正无私地行使审判权。我国现行宪法第 126 条也明确规定："人民法院依照法律规定独立行使审判权，不受行政机关、社会团体和个人的干涉。"2007 年实施的《人民法院组织法》第 4 条更重审了这一规定。

民意实质上是一种"群体心理"。② 用勒庞的话来说，就是冲动、易变和

---

① 杨涛：《什么才是药家鑫案中的"网络暴力"》，http://news. sina. com. cn/pl/2011 – 08 – 12/060222977993. shtml，2012 年 8 月 8 日最新访问。

② 〔法〕古斯塔夫·勒庞：《乌合之众》，冯克利译，广西师范大学出版社，2007，第 54 ~ 57 页。

急躁。群体是易受暗示和轻信的，群体的情绪是夸张与单纯的，群体是偏执、专横和保守的，群体的道德水平十分低劣。民意对个案的评判容易产生"群体极化"① 效应，就如哈尔滨"六警杀一人"案在网络上传播后出现的三个"大急转"。10 月 12 日，当网民听说警察打死人，还是六名警察时，一致抨击警察；10 月 16 日，当网民听说死者是哈尔滨某高官子弟时，网络民意几乎一边倒向"死者活该"；10 月 19 日，当事实澄清之后，网络民意再一次一致复原到对警察的抨击。② 因此，信任极化的群体十分危险。这不在于群体观点的"正义"与否，而是极化的群体观念表现出强烈的社会意愿，迫使法官服从；如果此观念是错误的，则错误将非常严重；更为关键的是，群体极化过程中没有任何机制来保证其正确性。③

三 司法裁判的可能走向

司法的权威性来源于将法律作为唯一规则的审判，它排斥法律以外任何权力的裁量——民意自然被拒之于法庭之外——使审判告别情感走向理性。这一规则在宪法中予以确立，并由独立的立法机关、行政机关和司法机关相互牵制的权力架构来保障，成为现代法治国家的主要标志之一。因此，司法裁判与司法的权威性及法治国家的建设密切相关。

在司法裁判存在现实困境的背景下，不能一味地放大或者强化民意与司法裁判之间的冲突和差异。因为这样既回避了问题的实质，又破坏了司法公信力，影响了司法权威。事实上，民意与司法裁判引发的争论，多数情况下在于司法机关未能严格按照司法程序进行独立审判，未能正确适用法律进行有据论证，而导致民意不满。正如有学者所言："说到底，问题的根子不在民意，而在于司法不独立。"④ 因此，司法裁判要改变尴尬的现状，实现与民意叠加的最大效应，就必须以司法独立为基本前提，在法律的框架内尊重民

---

① 群体极化，是指一个群体的各位成员针对某一问题进行讨论之后，整个群体会形成比讨论前的任何一个成员更加极端的结论。大多数时候群体极化效应仅指单方向的极端化，并不表现为两极分化。See David Isenberg, "Group Polarization A Critical Review and Meta - analysis", 50 J, *Personality and Soc Psych*, 1141 (1986).

② 孙笑侠：《公案的民意、主题与信息对称》，《中国法学》2010 年第 3 期。

③ 姜斌：《司法中群体观念的形成机制——司法如何应对民意的前提考量》，《浙江社会科学》2010 第 3 期。

④ 贺卫方：《网络时代的司法困境》，2009 年 6 月 18 日《中国周刊》。

意并不断完善相关制度。

（一）坚持司法独立，维护司法权威

与其说民意对司法裁判产生了诸多消极影响，不如说司法自身不够坚定、不够独立。无论是四川泸州继承案、陕西药家鑫案，还是刘涌案，如果司法者能够坚持法律规则、遵循法定程序，做到司法自治性、程序主治性，维护裁判既判力，那么即使在一定时间段里民众也许不能理解，有些异议，但是在整个历史的发展长河中，这将无疑具有里程碑式的进步意义。因此，坚持司法独立、维护司法权威是司法裁判突破民意羁绊的关键一步。

一要坚持司法理性化、规范化。司法必须是理性的，倘若司法非理性，其祸害较犯罪尤甚。英国的培根说过："一次不公的裁判比多次不平的举动为害尤烈，因为这些不平的举动不过弄脏了水流，而不公的裁判却把公正的源头败坏了。"[1] 而这种司法的理性和规范就体现为上述的司法自治性、程序主治性和司法裁判的既判力。

二要加强司法职业化。司法职业化是指司法者经由长期的专业化训练和实践过程，逐渐积淀而成的思维方式和职业习惯。司法者从其职业化的过程和结果中来阐释其中所包含的对世俗情理的认同和关怀，但不能指望它成为世俗情感发泄的一般渠道。这就意味着，做好定分止争的裁判者才是司法的首要任务和基本角色，不能让其承载过多的社会功能。

三要提高司法者的能力和素质。"法官是会说话的法律。"如果法官不能对法律是什么作出自己的裁判，则不存在法治了，所以西方有谚"法治乃法官之治"。但是，法官也并非超凡脱尘的神造物，也常常不顾公共利益而追求自身的私利，法官专横、法官腐败必将导致司法不公、权威弱化，为法治国家所不能容忍，民意所不能接受。因此，司法者必须树立"忠诚、为民、公正、廉洁"的核心价值观，加强业务学习，勤于总结思考，不断提高自身的能力和素质。

（二）尊重体认民意，谨慎甄别采纳

就应然状态而言，在一个讲求民主法治的社会，思想与表达自由是由宪法和法律所规定的，是人权的重要内容之一，让民意不评说司法是不可能的。就实然状态而言，民意对司法裁判的确也在某种程度上产生了积极效

---

[1] 〔英〕培根：《培根论说文集》，水天同译，商务印书馆，1983，第193页。

应，民意朴素的正义感应该成为司法的一种宝贵资源予以合法吸收，毕竟"在任何社会，司法公正都要反映民意，因为在绝大多数案件中，公众对是与非、善与恶都存在着一些基本的判断，如果司法的裁判与公意完全背离，则很难说是完全公正的"。① 就中国国情而言，"依靠群众"原则要求坚持群众路线和群众观点，借助群众的智慧与力量，采取向群众调查研究等工作方法。在司法领域中，依靠群众原则是民意参与司法、监督司法的重要依据。就发展趋势而言，在社会管理创新的背景下，司法机关都将加强和改进新时期群众工作作为一项重点，纷纷制定出台实施意见和细则，民意的参与力度越来越大。因此，要在司法过程中充分尊重民意、体认民意。

当然，民意并不具有天然的正当性。民众的思维方式、民意评判的形成方式及民意的本质特性表明，任何将民意与司法裁判简单对接都会造成法治的"短路"。因此，司法应该慎重看待民意、甄别民意。即使是司法必须考虑社会效果，也并不意味着司法应当被民意牵着鼻子走。对那些不符合案件实际情况的民意再强烈也不能迁就，应当将民意中的理性的成分转化为案件裁判中可以在逻辑上和经验层面上探讨的技术问题。

（三）完善相关制度，畅通民意参与渠道

美国学者博登海默指出："一个法律制度之实效的首要保障必须是它能为社会所接受，而强制性的制裁只能是作为次要的和辅助性的保障。"② 面对汹涌的民意，司法不能建造起一个由垄断性法律知识所垒砌的高大城堡，将民意完全隔离在外，而应该以一种积极的态度借助相关制度有序地疏导民意、合理整合民意。

一是完善人民陪审员制度。在现代法治国家中，陪审制和参审制是民意表达的主要形式，是民意得以采纳的正当化渠道。前者的特征明显在于"一群法律的外行居于追诉人与被追诉人之间，作出对有关事件的常识性判断"，③ 后者的特征在于由非职业法官和职业法官共同组成混合审判庭，就案件的真实问题和法律问题进行审理并作出裁判。我国当前实行的人民陪审员制度实质上接近于参审制。然而，从司法实践来看，陪审员"难请"、"陪而

① 王利明：《司法改革研究》，法律出版社，2001，第151页。
② 〔美〕博登海默：《法理学》，邓正来译，中国政法大学出版社，1999，第344页。
③ Wayne R. LaFave, Jerold H. Israel, Nancy J. King, *Criminal Procedure* (Fourth Edition), West Group, 2004, pp. 1038 – 1039.

不审"、"审而不判"等现象使得人民陪审员制度的效果大打折扣。2009 年河南省高级人民法院首创的"人民陪审团"①改革方案，引起了学界的热烈讨论，也为完善人民陪审员制度提供了可供借鉴的经验。

为解决实践中存在的问题，其一，人民陪审员制度应该增强人民陪审员的代表性和广泛性，放宽人民陪审员的资格限制，降低对人民陪审员学历的要求；取消对"被推荐和本人申请担任人民陪审员的公民，由基层人民法院进行审查"的规定。其二，明确界定人民陪审员的权限，主要有事实认定中对证明标准的把握；既定法律的理解与推理，即对可能适用的法律进行文义解释、情理解释或进行演绎推理、辩证推理的权力；法律适用中的自由裁量权等。② 其三，合理设定人民陪审员的管理制度，如人民陪审员审理案件不宜过多，对人民陪审员的培训、考核不能套用法官的管理模式等。

二是强化审判公开机制。审判公开作为民主法治社会的一项主要标志，"属于法治国家之基础设施"、"刑事程序之基础"；它既是民意监督司法的前提条件，又是司法裁判获得民众信任的基础，就如贝卡利亚所说："审判应当公开、犯罪的证据应当公开，以便使或许是社会唯一制约手段的舆论能够约束强力和欲望；这样，人民就会说：我们不是奴隶，我们受到保护。"③

从司法实践来看，完善审判公开机制主要体现在三个层次上：其一，法庭审理应当公开，法院应主动"曝光"，将审判活动尽量公开，公众可以旁听，新闻媒体可以报道，当然也必须遵从必要的法庭审理公开限制的情形。美国辛普森案成为全球家喻户晓的案件的重要原因之一就在于该案法庭审理过程的广度和深度得到了前所未有的报道。其二，诉讼证据应当公开，遵守证据规则使各项证据能够在法庭上公开亮相，并由此证明案件事实，使得民众能够切实地监督审判活动。其三，司法裁判应当公开，包括公开宣告裁判、裁判书可以被普通民众查阅、作出裁判的理由和推理过程得以公开。这有利于树立司法权威、赢得民众信任和提高民众法律意识。如英美法系普通

---

① 人民陪审团，是指凡具有"重大社会影响的案件、涉及群体性利益的案件、当事人之间矛盾激化影响社会和谐稳定的案件"都可组织"人民陪审团"参加庭审，"庭审中，陪审团向被告人发问，需将问题书面递交审判长，由审判长代为发问"，"庭审结束时宣判前，陪审团要召开会议讨论并作为重要参考"。参见河南省高级人民法院发布的《关于在刑事审判工作中实行人民陪审团制度的试点方案》。

② 齐飞：《完善我国人民陪审制度的思考》，张卫平、齐树洁主编《司法改革论评》（第7辑），厦门大学出版社，2008，第156页。

③ 〔意〕贝卡利亚：《论犯罪与刑罚》，黄风译，中国大百科全书出版社，1993，第20页。

审案件的裁判文书，极为详尽，动辄洋洋洒洒几十页，甚至百页以上，它不仅给民众交上了一份合理的答卷，也成为法官表达自己思想的主要阵地和研究法律和裁判的重要素材。

三是建立民意参与规约机制。民意参与司法承载着公民知情权、舆论自由权、监督权等基本权利，是宪政法治国家必不可少的。在保障民意参与的同时应当加以规范，尤其是要对媒体监督加以规范。就如我国台湾地区学者邱联恭所说："允许公众、媒体对审判进程或裁判内容施加讨论或批评，由此促进司法之民主化，防止司法的官僚化倾向；尤其在司法运作动辄漠视国民需求、疏离民意之社会，这种公评有助于唤醒法官之法律理念，开阔其视野，防止其裁判流于武断、偏颇，确保审判之实体公正与程序公正。当然，这种公评不是没有限度的，它应当也必须在不妨碍独立审判、公正审判的前提下方可适用。"[1]

因此，要建立民意参与规约机制，确保其在规范的轨道内运行。媒体要加强职业自律，规范职业行为，不应影响司法公正和法律判决，充分尊重和维护司法独立。宣传、公安、电信等职能部门要加强外部监管，各司其职、密切配合，加强对网络运行安全和信息安全的宣传教育，防范和制止利用网络制造和传播各种有害信息；加强对网络安全技术的研究，建立一套快速有效的筛查、甄别、调查、处理以及反馈信息的程序，对网络信息去粗取精、去伪存真，抑制虚假信息的泛滥，让民众在事实前面发表更为理性的评论。司法机关要加强舆情应对和引导能力，发挥新闻发言人作用，及时发布消息，澄清言论并正确引导公众。

---

[1] 邱联恭：《司法之现代化与律师之任务》，中国台湾地区五南图书公司，1993，第171页。

言论自由之宪法规制：域外经验及其镜鉴*

吴　展**

【内容摘要】言论自由是公民以语言或者其他形式公开或者非公开地表达思想、见解或传播信息、知识等的权利，其在增进公民个人福祉、推进人类社会进步领域蕴涵着丰富的价值。现代国家对于言论自由进行宪法规制的经验显示：宪法既要保护言论自由，也要对其进行限制，只有在保护和限制之间保持一种平衡，才能够实现言论自由的真正价值。上述经验，值得当下的我国在相关领域予以借鉴。

【关键词】言论自由　宪法规制　实际危害　个案衡量

以宪法权利的角度解读，言论自由是公民以语言或者其他形式公开或者非公开地表达思想、见解或传播信息、知识等的权利。鉴于言论自由在增进公民个人福祉、推进人类社会进步领域的重要价值，世界上许多国家都将其作为一项公民基本权利载入宪法，[①] 言论自由据此得到了大多数宪法文本的确认。然而，与宪法文本中相对完善的规定形成对照的是，或者由于宪法文

---

* 本文是笔者负责的教育部人文社会科学青年项目《区域法治研究》（项目编号10YJC820120）的阶段性成果之一。

** 武汉大学法学院 2009 级宪法学与行政法学博士生，上海海关学院法律系讲师，主要研究宪法基本理论。联系方式：上海市浦东新区华夏西路 5677 号上海海关法律系。

① 据有关学者对世界主要国家宪法的考察，所考察宪法中 124 个国家规定了发表意见自由，占总数的 87.3%，另有 18 个国家的宪法没有规定发表意见的自由，占总数的 12.7%。〔荷〕亨利·范·马尔赛文、格尔·范·德·唐：《成文宪法的比较研究》，陈云生译，华夏出版社，1987，第 149 页，转引自温辉《言论自由：概念及边界》，《比较法研究》2005 年第 3 期。我国《宪法》亦在第 35 条规定："中华人民共和国公民有言论、出版、集会、结社、游行、示威的自由。"

本所确认的言论自由制度本身的瑕疵，或者由于不同国家社会法治水平发展的参差不齐，言论自由在具体宪政实践当中却是属于较频繁诉诸宪法审查的范畴。① 在我国，言论自由虽因宪法的立法适用模式等因素未形成具体的宪法案件，但在社会领域仍然可以经常发现一些与言论自由相关的有违宪法原理的言论自由宪法事件。② 上述事件的处理由于宪法机制乃至法律的缺失等因素，一度引起广泛的社会影响，从而引致如隐私权与言论自由、批评建议权与言论自由、诽谤罪与言论自由类似权利冲突等问题。为了有效回应社会领域出现的上述问题，我们显然需要从宪法的角度厘清言论自由之宪法保护制度及其界限，以及宪政实践当中的言论自由限制准则，并从言论自由自身的发展过程寻找适当的借鉴之道。

一 何为言论自由

言论作为人类社会内在思想及观点的外在表达，存在多样化及复杂化的差异性表现，世界各国宪法及相关国际人权文本确认的言论自由也因此存在各种各样的表现。正因为如此，人们对言论自由的范围及内涵一直存在富有争议的认识。③ 在美国，宪法第一修正案所确立的言论并不仅仅限于文字，很多时候还意指传播或表达。④ 根据联合国有关人权法的规定，"言论自由"被包括在"意见自由"之内。但是根据《欧洲人权公约》的规定，"言论自由"与"意见自由"在概念上几乎是同义语。《欧洲人权公约》第 10 条第 1款规定："人人有言论自由的权利，此项权利应包括保持主张的自由，以及在不受公共机关干预和不分国界的情况下，接受并传播消息和思想的自由。"1969 年的《美洲人权公约》没有采取《欧洲人权公约》关于言论自由的规定方式。《美洲人权公约》第 13 条第 1 款规定："人人都有表达思想和发表意见的自由。这种权利包括寻求、接受和传递各种消息和思想的自由。而不

① 参见韩大元、莫纪宏主编《外国宪法判例》，中国人民大学出版社，2005，第 150 ~ 245页。
② 如最近几年发生的"红钻帝国案"、"彭水诗案"等案件，参见詹国文《言论自由的核心及其界限——以"红钻帝国案"和"彭水诗案"为例》，《郑州航空工业管理学院学报》（社会科学版）2008 年第 2 期。
③ Steven J. Heyman, *Free Speech and Human Dignity*, Yale University Press, New Haven, London, pp. 2 – 6.
④ Franklin S. Haiman, *Speech and Law in a Free Society*, The Ladenson Robert F., Chicago Press, 1981, p. 26.

论国界，或者通过口头、书写、印刷和艺术形式，或者通过自己选择的任何其他手段表达出来。"

尽管言论自由的规定存在一些差异，但世界各国大都以法律文件对言论自由加以规定是不争的事实。从规定言论自由的国家来看，这一事实的实现源于言论自由内蕴的丰富价值。言论自由作为西方自由传统中的核心价值之一，一直广受人们的重视。历史上，西方启蒙思想家多注重从天赋人权和人的智性发展两个方面为言论自由提供论证。① 在以上理路下，言论自由从属于人的社会自由的范畴，对人的发展具有重要的价值。如卢梭就认为，自由是社会制度的基石，社会契约所要解决的根本问题，在于"寻找出一种结合的形式，使它能以全部共同的力量来卫护和保障每个结合者的人身和财富，并且由于这一结合而使每一个全体相联合的个人只不过是在服从自己本人，并且仍然像以往一样地自由"。②从天赋人权的角度来看，"人是生而自由的，但无往不在枷锁之中"，每一个人生而自由，但这种自由只是天然的自由、自然状态中的自由，是一项自然权利，是仅仅以个人的力量为其界限的自由。在进入政治社会后，人便失去了这种自由，套上了枷锁。为了恢复自由，重获自由，人们诉诸社会契约的方式。这种自由是社会的自由。在社会契约下的自由范畴中，人类由于社会契约而丧失的，乃是他的天然的自由以及对于他所企图的和所能得到的一切东西的那种无限权利；而他所获得的，乃是社会的自由以及对于他所享有的一切东西的所有权利。

言论自由对于人的发展而言，具有提升智性、完善个性的重要价值。个性的自由发展不仅是个人与社会进步的主要动力，也是"人类福祉的一个因素"。如果没有言论自由，就不可能有个性自由生长的空间和环境。因为，那种"迫使社会中非主流的意见向主流意见靠拢、整合直至社会走向齐一、不同意见难以存在"的制度或实践是对人的个性的"社会暴虐"。③ 因此，从根本上说，言论自由是与人作为一个生命体存在的内在特征和健康发展联系在一起的，它与人权所强调的"人之存在本身就是目的"是一致的。在这个意义上，正如自由本身就是目的一样，言论自由本身就是目的，而不是达致更高目的的手段。它"不需要通过与别的有价值的事物的联系来表现其价

---

① 参见顾小云《言论自由对个人、国家和社会的价值》，《理论探索》2006 年第 6 期。
② 〔法〕卢梭：《社会契约论》，何兆武译，商务印书馆，1980，第 23 页。
③ 王焱等：《自由主义与当代世界》，三联书店，2000，第 67 页。

值，也不需要通过对别的有价值的事物起促进作用而显示其重要性"。① 正因为如此，西方自由主义宪法理论大多认为，人权以人性尊严为基础和目标，强调每个人的"主体性"地位和自由意志应该受到尊重。②

当人们通过社会契约确立政府与公民的关系时，人们所让渡出去的自然权利构成政府这一公共机构，但作为让渡权利所应享有的保护，人的生命、自由和财产作为人权是人人享有、政府不可违背社会契约加以侵犯的重要领域，"如果政府试图告诉人民思考的内容，这样的政府则是最危险的。"③ 从近代到现代，言论自由问题的提出从来都是针对政府压制、压迫言论的行为的，言论自由主张总是与一定的政治目标联系在一起的。故此，政治属性即政治自由权利属性在民主自由国家一直备受推崇，它是言论自由的核心属性，④ 人们可以借此对抗国家和政府的不法侵害。在此意义上，言论自由是完成以上任务的重要保障，也因此被称为"第一权利"。⑤

及至现代社会，言论自由的价值更加多元，涵涉"实现自我、沟通意见、追求真理、满足人民知的权利，形成公意，促进各种合理的政治及社会活动之功能，乃维持民主多元社会正常发展不可或缺的机制，国家应给予最大限度的保障"。⑥ 现代民主政治社会，言论自由也具有为人重视的价值。美国著名学者艾默生认为，可将民主政治社会中追求的表达自由权利的言论自由之价值分成四大部分：⑦其一，自我实现。作为民主政治社会中的公民，其最重要的使命是最大可能地发挥自身的潜能和特质。为了达致上述目的，个人心灵必须自由。那种侵犯人的言论自由的行为，不仅仅是一种侵犯人类尊严的行为，也是对人性的一种否定。其二，追寻真理的手段。民主政治社会中，知识的传播、真理的获知是在各种信息交流中实现的。公民个人追求知识和真理需要吸纳各方面的意见，经由必要的论证。上述过程可以使真理被

---

① 〔印〕阿马蒂亚·森：《以自由看待发展》，任赜等译，中国人民大学出版社，2002，第4页。

② 参见李惠宗《中华民国宪法概要——宪法生活的新思维》，元照出版有限公司，2001，第29页。

③ Charles Lane, "Justice Kennedy's Future Role Pondered", *WASH. POST*, June 17, 2002, at A1.

④ 参见屈群苹《宪政下的言论自由空间》，《法制与社会》2008年第3期。

⑤ 参见林园合《国家干预与言论自由之促进——对〈言论自由的反讽〉的质疑》，《厦门大学法律评论》2008年第2期。

⑥ 我国台湾地区大法官释字第509号解释理由书。参见吴庚《宪法的解释与适用》，三民书局，2003，第209页。

⑦ Thomas I. Emerson, *The System of Freedom of Expression*, Vintage Books, 1970, pp. 6 – 7.

证明是无误的，也可以使已经被接受的言论及价值，有被重新思考与检讨的机会。其三，作为保证社会成员参与社会包括政治决策过程的一种方式。在民主政治社会中，特别是在政治决策层面，政府的公权力必须获得被统治者的同意。被统治者为了行使同意权，需要拥有充分的言论自由，从而可以全面地了解公共决策的基础性信息。其四，维持社会稳定和社会变革间的平衡的手段。压制讨论使得合理的判断无法达成，并且妨碍社会对环境变迁的适应力及新思想的发展，进而掩盖掉一个正常社会所真正面临的挑战。与此相反，公开讨论的过程有助于提升社会凝聚力，通过人民言论的充分表达，使得社会稳定与社会变革之间能够充分和谐，以达成社会整体的进步。

正因为人类社会认识到言论自由的上述丰富价值，才通过包括宪法在内的相关法规范对其加以规定，使得言论自由在各种法规范保障之下，大大促进了人类社会人权事业的进步。

二 如何保护言论自由

在绝大多数西方民主国家的宪法中，言论自由都得到了明确的保护。言论自由因此成为在宪政实践当中制约公共权力、防止民主从多数统治走向多数暴政的重要手段。在西方国家中，美国宪法第一修正案一向被视为保护表达自由的典范。[①] 美国《宪法第一修正案》规定，"国会不得制定法律……剥夺人民言论及出版的自由……"在言论自由的内容方面，从具体立法例来看，各国宪法关于言论自由的表述均无言论类型的限定。对于言论自由的范围，国际人权文件及世界各国宪法的规定均留有很大的弹性空间。与宪法的文本规定同时存在的是，西方不少国家都制定了相关的专门法律将宪法上的言论自由加以具体化。如美国 1952 年颁布了《统一实施的单一出版物法》，1964 年由国会通过了《新闻自由法》，美国许多州的议会通过了《阳光法案》、《记者保护法》。英国《煽动兵变法》于 1797 年生效，1857 年《淫秽出版物法》施行，除此之外，相关的法律还有 1911 年的《国家机密法》和 1976 年的《出版自由规则》。

由于各国国情及宪法运行机制的不同，西方各国尽管在言论自由领域遵循一些相同标准，但与此同时也在适用一些存在差异的言论自由保障制度和措施。例如，由于政治传统不同，美国和西欧国家容忍公众（包括媒体）对

---

① 参见程洁《美国言论自由的限度》，《环球法律评论》2009 年第 1 期。

政治家的政治活动承受比普通个人更强烈的批评，而智利、洪都拉斯等国，对总统、内阁成员、军事领袖等身居要职的人进行批评则可能受到刑事处罚。此外，由于法律体系不同，隶属于普通法系的国家大多以金钱来赔偿受到新闻侵权的当事人，而在大陆法系国家，则通常不采用这种方式。由于对同一项权利的认识不同，英国的法庭可能就某个相对含糊的叙述而强迫记者公开他的信息源，瑞典的记者在同样的情况下却受到严密的保护。事实上，由于言论自由涉及问题的广泛性、复杂性、敏感性以及各国司法制度、司法技术等方面的巨大差异，言论自由不可能在世界范围内确立统一的标准。这一点，从言论自由实践中的各国差异就可略窥一二。

在美国司法实践中，宪法上的言论包括纯粹言论及象征性言论。所谓象征性言论，是纯粹言论的对称，是指"带有足够交流成分的行为"。[1]《布莱克法律词典》将其解释为：对某一问题表达意见或思想的行为，即带有"言论成分"的"表达式行为"。如在奥布莱恩案中，[2] 法院就承认奥布莱恩毁灭征兵登记卡的行为是一种言论。所谓纯粹言论，是以口头或书面语言表达意见的行为。而在日本，宪法第21条规定要保障集会、结社、言论、出版及其他一切表现的自由。所谓其他一切表现自由，包括电影、戏剧、音乐、广播、电视等所有表现形式，甚至包括绘画、照相、唱片等一切发表思想的手段。所谓言论，"就是像演说那样用语言来表现思想"，[3] 意指"口述的自由"。但在日本宪法第21条的表述下，集会、结社、言论和出版都是表现自由的下位概念。宪法不仅保障集会、结社、言论和出版自由，而且保障该条文中所未列举的其他一切表现自由，包括电影、戏剧、音乐、广播、电视等所有表现形式，甚至包括绘画、照相、唱片等一切发表思想的手段。[4]

应当注意的是，西方各国对言论自由的保护在不同国家，乃至同一国家不同时期，其具体理念和制度都是在不断发生变化的，这种变化总体上是与社会实际相一致的。以美国为例，美国政府在早期基于自由主义的立场，对

---

① 张千帆：《西方宪政体系》（上册），中国政法大学出版社，2000，第383页，转引自温辉《言论自由：概念与边界》，《比较法研究》2005年第3期。

② U. S. v. OB′rien, 391 U. S. 367, 1968.

③ 〔日〕三浦隆：《实践宪法学》，李力、白云海译，中国人民公安大学出版社，2002，第125页。

④ 〔日〕宫泽俊义：《日本国宪法精解》，董璠舆译，中国民主法制出版社，1990，第214页。

言论自由采取完全保障的态度。① 在吉特洛诉纽约州案②中，美国联邦最高法院大法官霍姆斯指出："我们可以假定，我们也确实假定，言论出版自由受到第一修正案的保障，禁止国会予以剥夺；言论自由属于个人基本的权利与自由，受到第十四修正案正当法律程序的保障，各州不得侵犯之。"政府对言论自由的保护，在于保证其不受政府事先的限制或审查。如果政府握有对公民的言论进行限制或审查的权力，则公民的言论自由便完全操诸政府之手，违背自由的本意。

美国政府言论自由理念的转变始于1931年尼尔诉明尼苏达州案。③ 在该案中，明尼苏达州政府认为其可以以国家安全为理由而要求法院对新闻界颁布禁止命令。美国联邦最高法院的休兹大法官对此认为："在若干特别情况下，政府可以对言论实行事先限制，如：a. 在战时，政府可以预先阻止实际阻挠征兵的言论，或阻止刊登运输舰起航的日期、军队的数量及驻扎的地点；b. 政府为了端正风气的需要，可以管制色情出版物；c. 政府为了维护小区生活的安全，可以限制煽动暴行及以武力推翻有纪律政府的言论；d. 宪法本来是保障言论自由的，但对于说话会引起暴力结果而遭受命令禁止者不予保障。"在尼尔诉明尼苏达州案之后，美国开始改变其言论自由理念，主张采取适当的方式予以规制。实践中，这一任务由美国法院承担。美国法院通过司法实践对宪法第一修正案以及相关言论自由法律的有关具体制度进行了发展，逐渐形成了一些对言论自由进行特定条件下限制的具体原则和制度。

三　何以限制言论自由

以法律的视角来说，任何自由都是相对的，世界上并不存在绝对的自由。作为基本权利之一的言论自由同样也是相对的，"任何一个理性社会的存在都会基于常识而否认这种绝对权利的存在"。④ 《布莱克法律词典》指

---

① See Black & Cahn, "Justice Black and First Amendment "Absolutes": A Public Interview", 37 N. Y. U. L. Rev. 549（1962）.

② Gitlow v. New York, 268 U. S. 652（1925）.

③ 参见胡建淼主编《外国宪法：案例及评述》（上册），北京大学出版社，2004，第113～114页。

④ 〔美〕亚历山大·米克尔约翰：《表达自由的法律限度》，侯健译，贵州人民出版社，2003，第18页。

出："宪法所保护的言论自由并不是在任何时候、在任何情况下都是绝对的。言论的种类是有明确定义和恰当限定的。对诸如猥亵、淫秽、亵渎、诽谤、侮辱、挑衅等言论的禁止和处罚就不会引起宪法问题。"① 在美国，尽管针对宪法修正案第 1 条言论自由条款的解释存在两种理论：绝对性理论和相对性理论，但采纳绝对性理论的联邦最高法院法官并非多数。② 为了便于依事务的本质而对相同的事务作出相同的处理，对不同的事务作出不同的处理，美国联邦最高法院在自身的司法经验中，进行了大量类型化各种言论，依照具体言论的具体价值提供相对应保障机制的工作。可以说，美国法律对于绝大多数言论都提供必要的保护；但对于那些缺少保护价值，甚或可能对美国社会造成危害乃至严重侵害他人正当权利的言论，美国联邦最高法院不仅予以严格限制，还课处法律上的制裁。

当然，从确立明确的限制言论自由的标准的角度来看，美国联邦最高法院法官霍姆斯在美国言论自由宪法制度的发展方面贡献殊异。③ 在霍姆斯看来，宪法所保护的言论自由，并不是对每种言论的使用都赋予豁免权，对言论的保护仍要取决于它在被作出时的情形。一切有关言论的案件，其问题在于所用的语言是否产生联邦议会有权防治的实质性的危害，是否在产生明显且现实的危险的状态下被使用，是否具有产生明显且现实的危险的性质。如果有这种危险，国会就有权阻止。这是一个是否接近和程度的问题。④ 通过一系列案例，霍姆斯的这种明显且现实的危险原则不断发展完善。1937 年的赫恩登诉劳里案⑤之后，该原则逐渐获得美国联邦最高法院多数意见的支持，从而成为美国法院在处理言论案件时奉行的一种基准。此后，美国最高法院通过相关案例，又确立了实质恶意⑥和模糊禁止⑦等原则来处理对言论自由的宪法限制问题。值得注意的是，最近几年来，在具体的言论自由案件中，美

---

① 〔美〕亨利·坎贝尔·布莱克主编《布莱克法律词典》（Black's Law Dictionary, WestPublishing Co., 1979, 5thEdi - tion, p. 1299. ）, pp. 565 - 566.

② See F. Canavan, *Freedom of Expression*, 1984, pp. 7 - 10, 转引自林子仪《言论自由与新闻自由》，月旦出版社，1993，第 6 页。

③ 马聪：《霍姆斯大法官的言论自由观——"明显且现实的危险"原则的发展》，《时代法学》2007 年第 5 期。

④ Schenck. v. United States, 249 U. S. 47 (1919).

⑤ 〔美〕亚历山大·米克尔·约翰：《表达自由的法律限度》，侯健译，贵州人民出版社，2003，第 23 页。

⑥ New York Times v. Sullivan 365 U. S. 254.

⑦ Grayned v. Rockford 408 U. S. 104.

国联邦最高法院多次采用衡平原则，将言论自由的价值与对该言论加以限制所得保障之其他价值，加以比较衡量，而保护其较重要者。① 此原则重在法益衡量，"当特定行为因公共利益受到限制，而其限制却牵制间接、有条件、部分侵犯言论自由时，法律之责任即在这种具体案件中，权衡比较这种相互对立之利益，决定予以何者以更大之保障"。

在日本，根据日本宪法的文本规定，对包括言论自由在内的基本人权的限制以是否违反公共福利为其要件，亦即以公共福利作为限制基本权利之界限。如第12条规定："（本宪法所保障之国民自由及权利）此种自由与权利，国民不得滥用，并应经常负起为公共福祉而利用的责任。"第13条规定："（关于国民之权利）只要不违反公共福祉，于立法及其他国政上都必须予以最大之尊重。"日本著名宪法学家杉原泰雄认为，第12、13条与第22、29条所说的"公共福利"，其概念完全不同。前者是"自由国家式的公共福利"，后者是"社会国家式的公共福利"。在杉原泰雄看来，"自由国家式的福利"就是"应服从于'必要的最小限度的制约'"（内在的制约），也就是说，为确保其他国民享有人权，只有在实际必要时才承认限制行使人权，而且为达到目的而限制的手段和方法必须是最小的。尽管杉原泰雄批评日本的最高法院，几乎没有根据"必要的最小限度的制约"基准判断限制精神自由权或人身自由权的法律违宪，但多数学者和日本最高法院的判例支持这样的观点，即为了公共福利，在必要时可限制基本人权。以美国的法益衡平观察日本在此领域的做法，日本宪法上之"公共福利"实际上也是一个法益衡量的问题。

实践中，德国亦通过法益衡量来限制言论自由的行使。在德国宪法学上，法益衡量相当于狭义的比例原则。比例原则最初产生于德国魏玛时代，主要适用于行政法领域，特别是警察法。德国联邦宪法法院自1958年"药房判决"以来，逐渐将比例原则从行政法领域移植到宪法领域中。虽然宪法法院对比例原则未作清晰的体系分析，但比例原则作为一项重要的宪法原则，大量适用于解决涉及宪法基本权利的案件。从具体理论来看，比例原则是一个相当广义的概念，其基于对人性尊严的尊重而产生，有助于缜密化地

① 刘性仁：《平衡论之价值——以美国政府有关公民言论自由的理念嬗变为例》，《河南公安高等专科学校学报》2007年第6期。

对人民的基本权利进行限制。① 通说皆将比例原则分为所谓适当性原则、必要性原则以及狭义上的比例原则。② 其中，狭义的比例原则是比例原则的精髓。所谓狭义的比例原则，是指立法机关所采取对人民损害最小之方法，必须与该方法所欲达成之立法目的相当。是否相当，必须就该方法所造成人民权益之侵害，与其所欲维护之法益两者之间，予以衡量。正如德国宪法法院在勒巴赫案件中所说："在发生冲突时，（普通法院）必须尽可能调整两种宪法价值；如果这不可能实现，那么根据案件性质及其特殊情形，它必须决定何种利益应作出让步。"③ 因此，作为实现法益衡量重要准则的比例原则，为权利之间的冲突提供了解决之道，能够实现言论自由的重要宪法价值。

四　如何借鉴

一定程度上，言论自由是现代人类文明普遍珍视的价值。但从西方主要国家规制言论自由的宪法旅程来看，相关价值的保障在各国都并非坦途。分析其间的原因，可以发现一个能够普遍接受的观点，任何国家都不可能在保护言论自由的同时，不考虑其对国家所可能带来的负面危害。毕竟，言论自由大多表现为一种个体自由，这种个体自由的实现无法离开作为整体的政权的存在。诚如霍姆斯所言："当国家处于战时，许多承平时期可以发表的言论，在战时也不得不因其有碍于战事而予以限制，即法院亦不能以其为宪法上的权利而予以保障。似乎可以承认的是，假如可以证明其确实有碍于兵员的征募，那么对造成此一结果的言论便要予以课责。"④ 这里的问题是，在有关言论自由的宪法规范业已确定，相关法律保护机制也已经确定的情况下，如何衡量言论自由的负面危害？从可能的结果来看，这样一种衡量显然应当是具体、个案式的。因此，在考虑言论自由对国家带来的负面危害方面，司法无疑是一个适当的、堪担此责的公共部门。法院、法官在具体言论自由案件的审理过程之中，通过综合审理工作，可能发现言论自由的危害，以及相关危害是否在国家可以容忍的限度之内，从而将言论自由的宪法文本规定与言论自由的权利人的个体利益和国家的整体利益结合起来，进行一种全面的

① 姜昕：《比例原则的理论基础探析——以宪政哲学与公法精神为视角》，《河北法学》2008年第 7 期。
② 陈新民：《德国公法学基础理论》（下册），山东人民出版社，2001，第 368 页。
③ 张千帆：《西方宪政体系》（下册），中国政法大学出版社，2001，第 455 页。
④ Schneck v. U. S. 249 U. S. 47. at 52.

衡量和规制。

从文本的角度来说，我国的宪政实践中对言论自由的规定存在悠久的历史。早在新中国成立初期，起临时宪法作用的 1949 年《中国人民政治协商会议共同纲领》就庄严规定："中华人民共和国人民有思想、言论、集会、结社、通讯、人身、居住、迁徙、宗教信仰及示威游行的自由权。"自 1954年第一部宪法颁行之后，宪法虽几经修改，但大都明确规定言论自由相关内容。现行宪法第 35 条亦庄严规定："中华人民共和国公民有言论、出版、集会、结社、游行、示威的自由。"与其他国家一样，我国宪法也为言论自由的正确行使确立了界限。现行宪法第 51 条规定："中华人民共和国公民在行使自由和权利的时候，不得损害国家的、社会的、集体的利益和其他公民的合法的自由和权利。"但正如前述，我国社会实践领域最近几年频发的言论自由事件昭示，我国言论自由的宪法机制及其实施存在一些亟待解决的问题。其中，最主要的问题是，作为个体的公民行使言论自由而对特定公权力机关产生一定的批评意见，这些意见是否对国家或政权整体上构成某种危害？如果答案为是的话，由谁、以何标准予以认定？尽管仍不明确，但相关问题的答案有待探索。对实务经验的观察显示，由于各种复杂的原因，我国目前的言论自由立法仍存在缺失现象，加之司法层面因固守"司法节制主义"传统，对公民言论自由的保护持消极态度，言论自由因此并未获致真正全面的法律保护。此外，立法的"缺失"和司法的"无为"等制度因素，也使得理论界对言论自由的价值和意义以及司法救济手段等问题缺乏系统研究。① 但随着我国宪法实践逐步深入，公民行使言论自由的需求趋向多元化，解决言论自由相关问题急需更新该领域的法律保护乃至宪法保护制度。在此方面，我国言论自由的宪法保护和限制问题可以从西方国家在此领域的实践中吸取经验教训。从宪法层面来看，我们需要明确言论自由宪法规制的基本理念、相关原则和具体规则，更为重要的是，要充分发挥宪法适用机制的能动功能，对作为个体基本权利的言论自由之行使与其他法益充分衡量，使得言论自由能够在平衡各种价值的前提下获得合宪性行使。

---

① 参见王俊壹《公民言论自由的法律保护》，苏州大学 2008 届硕士论文，第 3 页。

第三编
中央与地方关系的宪法学研究

中央与地方法治关系

——以地方立法权为视角

王　锴[*]

【内容摘要】 本文作者认为，目前学术界存在的一种将地方立法权定位为行政权的观点是不妥当的。我国地方立法的内容主要分为两部分：一是为了执行中央的立法而进行的地方立法，另一个是就地方性事务所制定的地方立法。还有一种比较特殊的地方立法是带有试验性质的地方立法，即在中央尚未立法的时候，地方先制定法规。要弄清楚地方立法的内容，首先要从地方立法与中央立法之间的界分谈起。也就是说，哪些事项属于地方立法的内容？哪些事项属于中央立法的内容？根据学者的归纳，主要有三种情况：中央专属立法权；地方专属立法权；竞合立法权（共同立法事项）。从我国相关法律的规定来看，对地方立法的监督可以分为：抽象监督和具体监督；事先监督和事后监督（这种分类主要是针对抽象监督而言的，具体监督都是事后监督）；主动监督和被动监督（这也是针对抽象监督而言的，具体监督都是被动监督）。作者主张，应当正确地界定中央立法权与地方立法权之间的关系，中央与地方的权限划分必须在事务的层面进行，就此而言，从全国人大及其常委会以及国务院的事权上进行分析，可能更有帮助，只有中央与地方事权明晰，才能建立起中央与地方之间的法治关系。

【关键词】 地方立法权　中央法治　地方法治　立法监督

我国宪法对地方立法权的规定比较简单，主要是宪法第 100 条：省、直辖市的人民代表大会和它们的常务委员会，在不同宪法、法律、行政法规相抵触的前提下，可以制定地方性法规，报全国人民代表大会常务委员会备案。另外，宪法第 116 条规定了民族自治地方的人大可以制定自治条例和单

---

[*] 法学博士，北京航空航天大学法学院副教授，硕士生导师。

行条例。同时，宪法第 31 条将特别行政区的制度交由全国人大的法律来规定。所以，根据《宪法》、《地方各级人民代表大会和地方各级人民政府组织法》、《立法法》①、《特别行政区基本法》的规定，我国的地方立法权主要包括：（1）一般地方立法权。包括省级人大及其常委会、较大的市的人大及其常委会制定地方性法规，省级政府、较大的市的政府制定地方政府规章。（2）民族区域自治地方的立法权。即自治区、自治州、自治县的人大制定自治条例和单行条例。（3）特别行政区的地方立法权。即特别行政区的立法会制定特别行政区法律。（4）授权立法。经济特区所在地的省、市的人大及其常委会可以根据全国人大的授权制定经济特区法规。限于篇幅，本文主要探讨第一种也是最主要、最常见的地方立法权，即地方性法规和地方政府规章。

一　地方立法权的来源

虽然《立法法》第 7 条第 1 款规定，全国人民代表大会和全国人民代表大会常务委员会行使国家立法权。但这只是规定了国家立法权的行使主体，并没有排除国家立法权之外的其他立法权的存在。② 其实，从我国的现实情况来看，除了国家立法权之外，我国还存在地方立法权、行政立法权、军事立法权、授权立法等多种立法权。那么，为什么地方享有立法权？或者说，地方立法权来自何处？

地方立法权的来源与地方在法律上的定位有关。在大陆法系，地方并非一个地理概念，而是一个法律实体，这个法律实体被称为公法人。公法人是为达成国家目的而由法律所创设的法人。③ 公法人包括公法社团、公法财团和公营造物三种，其中，公法社团是指由国家主权行为设立，具有权利能力，以社员形式组织起来的公法组织，在国家的监督下执行公共任务。④ 地

---

① 《地方各级人民代表大会和地方各级人民政府组织法》只规定了省、自治区的人民政府所在地的市和经国务院批准的较大的市的立法权，没有规定经济特区所在地的市的立法权，后者是由《立法法》规定的。

② 主权固然不可分割，但作为具体国家权力的立法权并非不可分割。因此，单一制国家中的地方固然不得主张地方主权，但就其享有地方立法权则不生任何障碍。蔡茂寅：《地方自治之理论与地方制度法》，学林文化事业有限公司，2003，第 160 页。

③ 张正修：《地方制度法理论与实用》（一），学林文化事业有限公司，2003，第 12 页。

④ 〔德〕哈特穆特·毛雷尔：《行政法学总论》，高家伟译，法律出版社，2000，第 572 页。

方就属于公法社团中的地域社团。① 地方作为公法人是与国家相对应，因为国家也属于公法人。与国家的构成三要素（领土、公民、主权）相比，地方也具有三要素：区域、住民、自治权。② 其中，自治权就包括自治立法权、自治行政权、自治组织权、自治财政权等。③ 因此，地方立法权来源于地方自治权。关于地方自治的本质，主要有固有权说、承认说、制度保障说和人民主权说四种。④ （1）固有权说主张，地方虽然存在于国家之内，为构成国家的部分要素，但其享有的地方自治权乃是地方固有的权利，并非来自国家的赋予。但固有权说预设地方先于国家而存在，有地方分离的倾向，故难以获得多数的赞同。（2）承认说主张，地方的法人格、区域与权能，皆由国家所赋予，而非固有的权利，因此又被称为授权说。但如果依此说，国家可随时收回地方自治权，容易导致对地方自治的否定，故当前的支持者也不多。（3）关于制度保障说，其提出者是德国学者 Carl Schmitt。该说认为，地方自治是宪法特别保护的制度，国家不得循一般立法程序加以废止或侵害其本质内容。制度保障说为德国和日本第二次世界大战后的通说。但该说的缺点在于，一方面地方自治既然来自宪法，而国家可以通过修宪来改变地方自治，就此而论，该说保障地方自治的功能，仍然相对有限；另一方面，地方自治的本质或者核心究竟为何？本身是一个不确定概念。（4）人民主权说。人民主权说从人权入手，认为无论是国家还是地方的存在都是以保障人权为终极目标，从人权保障的观点来看，地方所处理的均为与人民切近相关的事务，又因组织上与居民最为接近，所以地方在人权保障上具有不可或缺的地位。人民主权说通过说明人民与地方和国家的亲疏远近关系，从而推导出地方优先的原则：凡地方能够处理的事务，宜归地方；下级地方能够处理的事务，上级地方和国家不宜置喙。故日益获得学者的支持。在上述诸说中，笔者倾向于人民主权说，它不仅赋予地方一个稳固的地位，同时也与我国宪法的精神相契合。我国宪法第 2 条规定，中华人民共和国的一切权力属于人民。人

---

① 陈敏：《行政法总论》，神州图书出版公司，2003，第 918 页。

② 张正修：《地方制度法理论与实用》（二），学林文化事业有限公司，2003，第 198 ~ 199 页。

③ 张正修：《地方制度法理论与实用》（二），学林文化事业有限公司，2003，第 199 ~ 204 页。

④ 许宗力、许志雄、黄世鑫、刘淑惠、罗秉成、林志鹏：《地方自治之研究》，业强出版社，1992，第 11 ~ 14 页；张正修：《地方制度法理论与实用》（二），学林文化事业有限公司，2003，第 4 ~ 14 页；蔡茂寅：《地方自治之理论与地方制度法》，学林文化事业有限公司，2003，第 23 ~ 34 页。

民行使国家权力的机关是全国人民代表大会和地方各级人民代表大会。人民依照法律规定，通过各种途径和形式，管理国家事务，管理经济和文化事业，管理社会事务。由此可见，地方制度是实现人民主权的重要方式。

关于自治立法权的性质，有行政权说和立法权说两种。① 行政权说源自德国，因为德国法上将地方自治等同于自治行政。德国学说认为，在乡镇市的层次，并不存在三权分立。乡镇市议会并非 Parlement 意义上的议会，毋宁是为了形成主要意志的合议制行政委员会或主干行政委员会。② 但多数学者认为，自治立法权究竟是行政权还是立法权，应当从行政权与立法权的本质区别上加以理解。立法权拥有两项行政权所无的特征：直接的民主正当性和特殊的议事程序。③ 首先，就地方自治而言，其不仅意味着团体自治（是指在国家领土内，另有地域团体，其具备独立于国家的法律人格，可依自己的意思与目的，由本身的机关，自行处理地方公共事务），也意味着住民自治。住民自治要求由地方的住民，依自主意思处理地方行政事务。团体自治可以说是出于自由主义的精神，追求免于国家干涉的自由；而住民自治是本于民主主义的原理，强调人民的自我实践。④ 其次，从地方自治立法的程序来看，根据我国《立法法》第 68 条第 1 款，地方性法规的制定程序参照法律的制定程序。最后，即使从地方政府规章的角度来看，行政机关享有立法权已经成为一个不争的事实，过去那种固守“三权分立”，将行政权与立法权、司法权截然分立的做法并不符合当下的事实。⑤ 因此，笔者认为，将地方立法权定位为行政权是不妥当的。

二 地方立法权的主体

根据我国《立法法》的规定，享有一般地方立法权的是省级的人大及其常委会和政府、较大的市的人大及其常委会和政府。由此可见，在我国，较

① 黄锦堂等编著《地方立法权》，五南图书出版公司，2005，第 4～5 页；林文清：《地方自治与自治立法权》，扬智文化事业股份有限公司，2004，第 57～59 页。
② 张正修：《地方制度法理论与实用》（一），学林文化事业有限公司，2003，第 106 页。
③ 刘文仕编著《地方立法权：体系概念的再造与诠释》，学林文化事业有限公司，1999，第 22 页。
④ 许宗力、许志雄、黄世鑫、刘淑惠、罗秉成、林志鹏：《地方自治之研究》，业强出版社，1992，第 3 页。
⑤ 参见王锴《我国行政立法性质分析》，《重庆社会科学》2006 年第 3 期。

大的市以下的地方自治团体并无地方立法权（自治州、自治县除外）。但是，诚如前述，地方立法权来源于地方自治权。只要承认地方自治，地方自治团体享有地方立法权就是应有之义。当前，一提到地方自治，似乎就是要主张联邦制。笔者认为，这是对地方自治的误解。所谓地方自治，是指以一定区域内为基础的团体，其居民独立于国家意志之外，而以其本身的意思和责任，处理该团体事务的机制或其运用。① 因此，只要中央承认地方的某种独立地位就存在地方自治，地方自治并非联邦制的独有之物，单一制的国家，比如英国、法国、日本都存在地方自治。② 地方自治毋宁是民主的当然产物，因为人民民主既包括全体人民的民主，也包括某个范围内人民的民主，而地方自治就是某个地域范围内人民民主的体现。因此，大陆法系之所以将地方自治团体构建为公法人，就是确认地方自治团体的一种独立于国家的地位，从而为地方自治的实现提供制度性的保障。③ 同时，在我国人民代表大会制的根本政治制度下，每一级人大都是同级的"最高权力机关"，代表该地域范围内民众的利益，上下级人大之间并不存在领导关系。所以，从人大制度的角度看，我国的中央与地方并非单纯的领导关系，地方在某种程度上具有一种独立地位，这就为地方自治奠定了基础。况且，我国宪法和法律上已经出现了地方自治的"雏形"——基层群众自治。④

从现实情况来看，即使我国不承认较大的市以下的地方自治团体享有立法权，也并不能排除地方的各种规范性文件的制定与泛滥。

（一）地方的规范性文件

1. 地方立法机关的规范性文件

宪法上关于地方立法机关的规范性文件的规定主要有：（1）宪法第99条第1、2款规定：地方各级人民代表大会在本行政区域内……通过和发布决议。县级以上的地方各级人民代表大会……有权改变或者撤销本级人民代

---

① 蔡茂寅：《地方自治之理论与地方制度法》，学林文化事业有限公司，2003，第14页。
② 甚至有学者认为，地方自治只有单一制才有。参见张正修《地方制度法理论与实用》（一），学林文化事业有限公司，2003，第6页。笔者认为，这种观点如果从联邦制的联邦与州之间的关系来讲，是成立的，因为联邦制中的联邦和州并非中央与地方，而是地位平等的，但如果从州与州以下的地方的关系来看，联邦制国家也是存在地方自治的。
③ 许春镇：《论公法社团之概念及其类型》，《东吴大学法律学报》第16卷第2期。
④ 我国宪法虽然不承认基层群众自治组织——村委会和居委会作为国家机关，但是又将其放在"国家机构"部分来规定，这或许反映了制宪者对待地方自治的一种矛盾心理。

表大会常务委员会不适当的决定。（2）《宪法》第104条规定，县级以上的地方各级人民代表大会常务委员会……撤销下一级人民代表大会的不适当的决议。从宪法的规定来看，制定决定的主要是地方各级人大常委会，制定决议的主要是地方各级人大。另外，根据《地方各级人民代表大会和地方各级人民政府组织法》第8条第1项、第9条第1项、第44条第1项的规定，地方各级人大常委会也可以发布决议。那么，决定与决议的区别在哪里？根据学者的研究，凡是批准性的文件都采用决议的形式。如批准国民经济计划、预算和预算执行情况的报告，对法律的修改，批准有关法律，如批准《国务院关于劳动教养的补充规定》、《广东省经济特区条例》等。另外，关于实施法律的规划、关于全国县级直接选举总结报告等，也采用决议的形式。所以，决议是一种带有批准、宣告、结论、确认、表态性的法律文件形式。决议一般不具有实体的规定性和行为规范性，而是对已有文件或事件的表态或宣告。而决定则不同，如刑事诉讼法实施问题的决定，处理劳改劳教人员重新犯罪的决定，关于死刑核准问题的决定，刑事办案期限的决定，严惩经济犯罪的决定和严惩严重危害社会治安犯罪分子的决定，批准港口的对外开放、建立海南省和建立海南经济特区问题等，都采用决定的形式。可见，决定是对实体性问题作出的，有的还是具有明确的行为规范性的法律文件形式。①

2. 地方行政机关的规范性文件

宪法上对于地方行政机关规范性文件的规定主要有：（1）宪法第107条第1款规定，县级以上地方各级人民政府……发布决定和命令。（2）宪法第108条规定，县级以上地方各级人民政府……有权改变或撤销所属各工作部门和下级人民政府的不适当的决定。那么，什么是决定、命令呢？根据2000年新修订的《国家行政机关公文处理办法》第9条的规定，决定适用于对重要事项或者重大行动作出安排，奖惩有关单位及人员，变更或者撤销下级机关不适当的决定事项。命令适用于依照有关法律公布行政法规和规章；宣布施行重大强制性行政措施；嘉奖有关单位及人员。但是地方行政机关的规范性文件是否仅限于决定、命令？这两种形式虽然是宪法明定的，但从现实来看，其他规范性文件的形式要更多。2000年修订的《国家行政机关公文处理办法》第9条共列举了13种公文形式，除了命令（令）、决定之外，还有11种，分别是：公告、通告、通知、通报、议案、报告、请示、批复、意见、

---

① 蔡定剑：《中国人民代表大会制度》，法律出版社，2003，第316~317页。

函、会议纪要。除此之外，由于我国《国家行政机关公文处理办法》经过多次修订，所以，一些公文形式现在已经消失了，比如指示，但不排除这些"曾经"的公文种类仍然延续其效力。

3. 基层群众自治组织的规范性文件

根据《村民委员会组织法》第 27 条的规定，村民会议可以制定和修改村民自治章程、村规民约，并报乡、民族乡、镇的人民政府备案。村民自治章程、村规民约以及村民会议或者村民代表讨论决定的事项不得与宪法、法律、法规和国家的政策相抵触，不得有侵犯村民的人身权利、民主权利和合法财产权利的内容。《城市居民委员会组织法》第 15 条规定，居民公约由居民会议讨论制定，报不设区的市、市辖区的人民政府或者它的派出机关备案，由居民委员会监督执行。居民应当遵守居民会议的决议和居民公约。居民公约的内容不得与宪法、法律、法规和国家的政策相抵触。

4. 地方的规范性文件的性质及其反思

规范性文件与立法到底有何本质上的差别？或者说，规范性文件的普遍约束力与法的效力有何区别？

要解决这个难题，德国法上的二元法律观值得我们借鉴。① 所谓二元法律观，就是将法律分为形式意义的法律和实质意义的法律，前者是指所有必须得到人民代表同意的国家意思行为，即使这种意思行为不具有法规范力，如赠与、预算、贷款，也属于形式意义的法律；后者则仅具有法规范力的法才是。德国学者 Laband 的二元论学说植根于其所理解的法概念和法本质。如其所述，所谓法是指规范人类共同生活的范围与个人行为自由的界限。法的主旨在于划定个体主体间的权利与义务的界限。因此，法秩序是为了解决多数的意思主体之间的权利义务冲突而产生的，如果一种行为规范作为一个人本身的规范，那么这种规范不可能是法。Laband 将这种思想引申到国家，将国家看成一个人，自然人有密闭性，国家亦然。因此，只有国家本身之外才有法可言，法仅划分不同主体间的意思领域，包括个人与个人之间、个人与国家之间。国家本身的内部生活是与法无关的。②

---

① 二元法律观是德国公法学之父 Paul Laband 在 1871 年首先提出的，参见陈新民《法定预算的法律性质——释字 520 号解释的检讨》，刘孔中、陈新民主编《宪法解释之理论与实务》（第三辑下册），台北中研院中山人文社会科学研究所，2002，第 276~283 页。

② 朱武献：《命令与行政规则之区别》，朱武献：《公法专题研究》（下），自刊，1991，第 240~243 页。

由此可知，Laband 是以内部范围和外部范围为基础来区分法与非法的。另一种区分的理论是由公法学大师 Anschütz 提出的。Anschütz 在早期支持 Laband 的界限理论，但后来又于 1901 年发表论文提出，法应从自由与财产角度下定义。他认为，法是一种干预人民自由与财产的规范，亦即课予人民权利与负担的规范。一个实质的法的本质——每一个法之本质——是在设定一般人自由与财产的标准与界限，每一法都涉及个人的自由与财产。①

第二次世界大战后，德国学界对传统学说进行了若干修正。首先是 O. Bachof，他认为，传统学说的密闭性理论只能适用于自然人，法人是实体法秩序中的人造体，毕竟是一种法的拟制，因此，它的行为不可与自然人的行为等同视之，其行为的界限应依事务的本质，不应以内部、外部的标准加以划分。据此，若干国家或行政权的行为是属于从内部转向外部，这些行为，如果是一般性、抽象性规定者，仍属于法。② 另一位学者 D. Jesch 则对 Anschütz 的学说进行了修正。他认为 Anschütz 将法定义为自由与财产的干预太过狭窄，因为法领域不可能仅凭着干预规范而被描述，毋宁至少一切涉及自由与财产范围的一般性规范均必须是认为属于实质意义的法律，不论是对法地位的干预、侵犯、使受负担、法地位的授益或改善、详细说明与重复规定、概念规定与正当解释。③

总之，战后德国学界对传统学说并没有彻底颠覆，而是进行了一些修正。一方面，对 Laband 的内部—外部理论，不再单纯认为凡是内部的就不是法，还要结合第二种区分标准——是否影响国民的权利义务来判断；另一方面，对 Anschütz 的自由财产理论，主要是从干预扩大到关联，即凡涉及国民权利义务的规定均应属于法。

从德国的二元法律观来看，法与非法的区别并非形式上的是否由有立法权的机关制定以及是否经过立法程序，而更应当是实质上的：（1）是约束人民还是约束下级机关（内部外部理论）？（2）是否涉及人民的权利义务？对于约束人民的具有外部效力并且涉及人民的权利义务的规范性文件，应属于实质意义的法律。由此可见，即使我国不承认较大的市以下的

---

① 朱武献：《命令与行政规则之区别》，朱武献：《公法专题研究》（下），自刊，1991，第246 页。

② 朱武献：《命令与行政规则之区别》，朱武献：《公法专题研究》（下），自刊，1991，第255 页。

③ 朱武献：《命令与行政规则之区别》，朱武献：《公法专题研究》（下），自刊，1991，第262 页。

地方自治团体享有地方立法权，仍然无法阻挡它们进行"实质的立法"，而且对这些"实质的立法"还缺乏有效的控制（比如《立法法》对它们并不适用）。因此，当务之急，是放宽地方立法权的主体，允许地方自治团体享有地方立法权。

（二）地方自治团体作为公法人

在我国，要允许地方自治团体都享有地方立法权，除了要破除立法权不可分的迷思之外，还需要在制度上构建地方自治团体作为公法人。公法人与私法人是对法人的一种分类。公法人与私法人的区别在于：（1）法人设立法源的性质。如果设立的依据是公法，则推定为公法人；如果设立的依据是私法，则需要进一步依据其他的标准判别。（2）法人从事的任务，即是否履行公任务。当然，履行公任务的未必都是公法人，私法人也可为之。但私法人可以纯粹以私益的追求为其目的，但公法人则不能。（3）是否基于国家意思而成立。公法人与私法人区别的关键在于，公法人是基于国家的特别授权，有国家意思介入其中，而私法人则是由纯粹的私法行为所形成。① （4）是否可以行使强制的高权手段。私法人的活动原则上只能基于私法上的权利手段进行，并不能采取专属于国家统治地位所独有的高权措施，而公法人通常可以行使公权力，制定法规，并课征费用。②

从上述公法人的标准来看，地方自治团体毫无疑问属于公法人。首先，地方自治团体都是基于公法而设立的。省、地、县、乡的设立依据是宪法和《地方各级人民代表大会和地方各级人民政府组织法》，而村和居民区的设立依据是《村民委员会组织法》和《城市居民委员会组织法》。其次，地方自治团体从事的任务都是公任务。省、地、县、乡自不用说，即使就村和居民区来看，《村民委员会组织法》第2条第2款规定，村民委员会办理本村的公共事务和公益事业，调解民间纠纷，协助维护社会治安，向人民政府反映村民的意见、要求和提出建议。《城市居民委员会组织法》第3条、第4条

---

① 当然私法人的成立是否纯粹没有国家意思的介入，也不一定。关键在于，国家意思对于公法人和私法人设立的法律效果不同。对于私法人，国家意思（比如设立登记）仅是其取得权利能力的生效要件，并非基础。反之，对于公法人，国家意思（设立行为）则不仅是其取得权利能力的生效要件，更是其存在的基础。参见李建良《论公法人在行政组织建制上的地位与功能——以德国公法人概念与法制为借镜》，《月旦法学杂志》2002年第84期。

② 黄铭辉：《公法人概念之学理与实务》，《宪政时代》第24卷第2期。

规定，居委会负责：（1）宣传宪法、法律、法规和国家的政策，维护居民的合法权益，教育居民履行依法应尽的义务，爱护公共财产，开展多种形式的社会主义精神文明建设活动；（2）办理本居住地区居民的公共事务的公益事业；（3）调解民间纠纷；（4）协助维护社会治安；（5）协助人民政府或者它的派出机关做好与居民利益有关的公共卫生、计划生育、优抚救济、青少年教育等项工作；（6）向人民政府或者它的派出机关反映居民的意见、要求和提出建议；（7）开展便民利民的社区服务活动，兴办有关的服务事业。再次，地方自治团体都是基于国家的意思而设立的。根据《国务院关于行政区划管理的规定》第3~5条的规定，省、自治区、直辖市的设立、撤销、更名，报全国人大决定。自治州、县、自治县、市、市辖区的设立、撤销、更名和隶属关系的变更由国务院决定；乡、民族乡、镇的设立、撤销、更名，由省、自治区、直辖市人民政府审批。另外，根据《村民委员会组织法》第3条第2款的规定，村民委员会的设立、撤销、范围调整，由乡、民族乡、镇的人民政府提出，经村民会议讨论同意后，报县级人民政府批准。《城市居民委员会组织法》第6条第2款规定，居民委员会的设立、撤销、规模调整，由不设区的市、市辖区的人民政府决定。最后，地方自治团体还行使公权力。这里的公权力除了前述的（实质）立法权之外，还包括行政权。比如《村民委员会组织法》第8条第2款规定，村民委员会依照法律规定，管理本村属于村农民集体所有的土地和其他财产，教育村民合理利用自然资源，保护和改善生态环境。

当前，公法人主要包括公法社团、公法财团和公营造物三种。公法社团的成立要件包括：（1）由国家高权行为所创设。（2）权利能力，这种权利能力主要表现为公法社团是否是最终的责任归属者，而要作为最终的责任归属者，一个很重要的因素就是要有独立的财产。《国家赔偿法》第37条已经预示了地方行政机关的赔偿责任由地方财政承担，同时，我国从1994年进行的分税制改革也已经承认地方有独立的财源。（3）社员组织。公法社团区别于其他公法人的特征在于其成员性，即成员能够对团体事务发挥决定性影响。重大决定由团体成员共同作出或者由选举出来的代表性机构（代表大会）作出，而具体的管理活动通常由选举产生的执委会、团体领导人或者全体机构负责。（4）公法属性。① 由此可见，地方自治团体就是在国家内的一定区域，为实施地方自治，由地方人民组成，具有公法上的权利能力，能独立行使权

---

① 许春镇：《论公法社团之概念及其类型》，《东吴大学法律学报》第16卷第2期。

利和承担义务的公法社团。①

三　地方立法权的内容

根据我国《立法法》第 64 条规定，地方性法规可以就下列事项作出规定：（1）为执行法律、行政法规的规定，需要根据本行政区域的实际情况作具体规定的事项。（2）属于地方性事务需要制定地方性法规的事项。除该法第 8 条规定的事项外，其他事项国家尚未制定法律或者行政法规的，省、自治区、直辖市和较大的市根据本地方的具体情况和实际需要，可以先制定地方性法规。在国家制定的法律或者行政法规生效后，地方性法规同法律或者行政法规相抵触的规定无效，制定机关应当及时予以修改或者废止。第 73条第 2 款规定，地方政府规章可以就下列事项作出规定：（1）为执行法律、行政法规、地方性法规的规定需要制定规章的事项；（2）属于本行政区域的具体行政管理事项。

由此可见，我国地方立法的内容主要分为两部分：一是为了执行中央的立法而进行的地方立法，另一个是就地方性事务所制定的地方立法。还有一种比较特殊的地方立法是带有试验性质的地方立法，即在中央尚未立法的时候，地方先制定立法。

（一）中央立法权与地方立法权的界分

要弄清楚地方立法的内容，首先要从地方立法与中央立法之间的界分谈起。也就是说，哪些事项属于地方立法的内容？哪些事项属于中央立法的内容？根据学者的归纳，主要有三种情况：（1）中央专属立法权；（2）地方专属立法权；（3）竞合立法权（共同立法事项）。②

1. 中央专属立法权

中央的专属立法权涉及中央与地方权限划分的问题。有关中央与地方权限划分的标准，有以下几种学说：

---

① 陈敏：《行政法总论》，神州图书出版公司，2003，第 918 页。
② 陈清秀：《地方立法权》，台湾行政法学会主编《行政法争议问题研究》（下），五南图书出版公司，2000，第 1434～1437 页。

（1）事务本质理论。① 该理论要求，对于权限归属应直接探求事务的逻辑结构，并分析具体事务法律上重要的特征，而判断其是否有因地制宜或全国一致的属性。该理论的具体标准如下：①依利益所及的范围。如涉及全国或中央则属中央事务，如外贸、银行及交易制度等；如仅涉及某地区人民权益则为地方事务。②依所需地域范围。如国道、铁路的建设，系以全国为实施范围，属于中央的事项；如县道仅以各该县为实施范围，自属县的自治事项。③依事务性质的划一性。凡事务性质上需要整齐划一、全国一致的，如度量衡，归中央办理；如性质上可个别发展的，如农林水利等，应划归地方办理。④依所需能力。如事务的兴办需要大量人力、财力或高度技术、特殊人才的，如国际机场、核能电厂应归中央办理；反之，如可以就地筹措，也不需要特殊技术的，如合作社、公共汽车等，则由地方办理。②

（2）核心领域说。此说认为地方自治的价值部分与超越地方的整体价值部分应建立各自职权的核心领域，使互不侵害，而中间的模糊地带则交由独立客观有效的调处或裁判机构，或建立各层级政府之间的咨询协议制度。③那么，核心领域是什么？学者指出，乡镇市的核心内容为衣食住行等必须就近照顾解决的事项，包括活动的举办或小规模硬件设施的兴建。至于县市层级则为第一线承办委办事项的主体，而就县域内的自治事项只是补充的、衡平的介入，④ 因为委办事项通常具有管制性，执法者需要有足够的人力、配备、经验、权威，而乡镇市通常不具有这种能力，但是因为县市的财力、人力、设备均有限制，超过县市能力的应交由中央或省承办，如高度政治性、高度科技性的事项。⑤

（3）功能最适理论。该理论认为，应当根据地方的人口、经济特性及实力、历史背景等因素，再配合不同性质事务的不同需求，综合考量，得到事

---

① 事物本质是一个法哲学上的概念，根据德国联邦宪法法院的解释，是指存在于事物本身的法则。参见盛子龙《西德基本法上平等原则之研究》，《宪政时代》第13卷第3期。事物本质与自然法的联系紧密，是寻找存在于各种不同事物中的合乎自然法的正义。

② 薄庆玖：《地方政府与自治》，华视文化事业公司，1998，第137～138页。

③ 赵永茂：《中央与地方分权理论之建构与整合》，五南出版社，1991，第73页。

④ 所谓自治事项是指地方的固有事务，亦即由地方所产生或涉及地方的事务。委办事项是指交由地方执行的国家事务，或交由下级地方执行的上级地方的事务。参见陈敏《行政法总论》，神州图书出版公司，2003，第923～924页。关于自治事项与委办事项的区分，下文详述。

⑤ 黄锦堂：《地方自治法治化问题之研究》，月旦出版社股份有限公司，1995，第170～171页。

务应属地方或中央掌理方能达到"尽可能正确"的境地的结论。① 功能最适理论又称为功能结构理论，代表人物为德国学者 Fritz Ossenbühl。他认为，权力分立的原则并非仅止于一般人所熟悉的人权的保障和权力均衡的维护而已，毋宁更进一步要求哪种国家事务应由哪一机关负责决定，应依适当功能的机关结构来定。换言之，不同国家机关具有不同的组成结构和决定程序，该组成结构与决定程序因质的高度差异性自然赋予各种作成的决定不同的分量和不同的正当性，最终必然导致哪种国家事务仅能保留给哪一机关作成决定的宪法要求。②

（4）剩余权说。此说首先检讨宪法规定的权限究竟是中央抑或地方，然后在宪法规定的中央权限之外尽量交由地方自行决定，中央应尽可能处于协调的地位。这乃是基于现今民主原则和地方自治潮流的趋势。其优点在于：世界上重要政治人物主要是由地方事务的处理的磨炼所造就，而且使中央政府不会与人民产生距离感，因只有地方才最了解地方，同时并符合民主原则中更接近民众的基本要求。③

（5）程序保障理论。该说所主张者其实并非权限划分的基准（实体问题），而是如何划分的方法（程序问题）。程序保障的方式包括事前的协议程序和事后的救济程序。就前者而言，地方能够先行参与有关特定事项的立法规划过程，使地方的意见有机会反映在有关的国家政策上。④ 就后者而言，宪法或法律应确定权限争议时的仲裁机关，规定下级政府可以通过共同决定权与意见陈述的方式来确保自身权益。⑤

对此，笔者认为，事务本质与功能最适理论值得借鉴，其他一些理论，要么没有切中要害（比如核心领域说），要么避重就轻（比如剩余权说、程序保障理论）。只有事务本质和功能最适理论才真正指出了中央与地方权限划分的本质。其实，事务本质和功能最适在根本上是一致的，事务本质就是要找出本质上属于地方的事务，而本质上属于地方的事务也就是因为地方从

---

① 许宗力：《宪法与法治国行政》，元照出版公司，1999，第 295 页。

② 许宗力：《法与国家权力》，月旦出版社股份有限公司，1995，第 139 页。

③ 陈慈阳：《宪法规范性与宪政现实性》，翰芦图书出版有限公司，2007，第 270~271 页。

④ 一般而言，参与的方式分为仅有被征求意见的机会、方案需由地方内的公民投票通过、制度性协商三种。蔡茂寅：《地方自治之理论与地方制度法》，学林文化事业有限公司，2003，第 144 页。

⑤ 赵永茂：《中央与地方权限划分的理论与实际——兼论台湾地方政府的变革方向》，翰芦图书出版有限公司，1997，第 140 页。

事这种事务最适合、最能取得效果。

关于我国的中央专属立法权，有人认为《立法法》第 8 条应属之。① 对此，笔者表示反对：首先，《立法法》第 8 条是规定法律保留的事项，而法律保留旨在解决立法与行政之间的横向分权，与中央与地方之间的纵向分权并不一致。也就是说，法律保留仅规定了行政不能干之事，但并不代表地方立法机关就不能干。其次，从实际情况来看，地方的职权中就包含了《立法法》第 8 条所规定的一些事项。比如《地方各级人民代表大会和地方各级人民政府组织法》第 8 条第 3 项规定："县级以上的地方各级人民代表大会行使下列职权：……（三）讨论、决定本行政区域内的政治、经济、教育、科学、文化、卫生、环境和资源保护、民政、民族等工作的重大事项。"那么，问题出在哪里？为什么《立法法》第 8 条不能起到在中央与地方之间进行权限划分的作用？这恐怕与我们对中央与地方分权的本质的认识有关，从《立法法》以及其他相关法律的规定来看，似乎并不认为中央与地方在管辖的事务上存在差别，只是认为在管辖范围上有差别，比如经济问题，涉及全国的就由中央管辖，涉及地方的就由地方管辖。但是，如果仅仅是地域上的差别，那么中央与地方的权限划分就没有任何意义。所以，中央与地方的权限划分必须在事务的层面进行，就此而言，从全国人大及其常委会以及国务院的事权上进行分析，可能更有帮助。比如《宪法》第 62 条第 4～15 项，第67 条第 1、4～21 项，第 89 条第 3～18 项。

2. 地方专属立法权

关于地方立法权的内容，德国向来有自治事项与委办事项的区分。② 自

---

① 《立法法》第 8 条规定："下列事项只能制定法律：（一）国家主权的事项；（二）各级人民代表大会、人民政府、人民法院和人民检察院的产生、组织和职权；（三）民族区域自治制度、特别行政区制度、基层群众自治制度；（四）犯罪和刑罚；（五）对公民政治权利的剥夺、限制人身自由的强制措施和处罚；（六）对非国有财产的征收；（七）民事基本制度；（八）基本经济制度以及财政、税收、海关、金融和外贸的基本制度；（九）诉讼和仲裁制度；（十）必须由全国人民代表大会及其常务委员会制定法律的其他事项。"

② 自治事项与委办事项的区分意义在于：（1）地方对自治事项享有全面的管辖权，对委办事项则须法律的逐项授权，才具有管辖权；（2）地方对自治事项的执行，自行负责达成，对委办事项则受国家或上级地方自治团体的指挥监督，在其指挥监督及负责下达成；（3）地方对自治事项可以制定自治法规，对委办事项如未经授权则不享有立法权；（4）有关自治事项的地方自治团体内部管辖权的分配，须经地方议会的议决，而有关委办事项的管辖权，无须地方议会的议决；（5）地方执行自治事项，应受国家及上级地方自治团体的法律监督（合法性监督），执行委办事项不仅要受合法性监督，还要受专业监督（合目的性监督）。陈敏：《行政法总论》，神州图书出版公司，2003，第 925～926 页。

治事项就是地方专属的意思，委办事项本质上属于中央管辖的事项，只不过交给地方承办而已。关于自治事项与委办事项的区分标准，德国各邦的立法也不统一，有的甚至不承认这种区分，①但主流学说仍然承认自治事项与委办事项的差别。对此，德国联邦宪法法院认为，地方上事务是指在地方共同体上所生根的各种需求与利益，亦即其涉及地方居民的共同生活与居住，从而对居民整体而言其乃系属于共通的部分。地方自治事项的界定，并不取决于地方政府的行政力大小，进而言之，当然也与地方政治生态的良窳或地方财力的大小或地方公务员职等高低，并无关联。由此可见，德国联邦宪法法院在界定自治事项与委办事项时，关键是看与地方关联性的高低。

在二元论下，德国将自治事项分为自愿的（任意的）自治事项和义务的（强制的）自治事项两种。前者是指地方自治团体就此类事务有决定和选择的裁量权，国家完全无干涉的可能，当然也无从以国家的法律加以规范的事务。例如公共设施的设置（图书馆、博物馆、体育和休闲设施的设置经营）、地方性的经济供给（对老人、幼儿的福利措施）、文化生活措施及对居民基本生活的照顾（如地方交通、自来水、煤气及各种能源的供应）等。后者是指地方自治团体对此类事务并无裁量余地，亦即无决定是否承办的决定权，但对如何达成任务则有一定的裁量空间。对其达成目的的方法，国家不能干

---

① 德国有一元论和二元论两种模式，其中二元论就是承认自治事项和委办事项的划分。一元论认为，二元论已经因为国家与乡镇市均具有民主正当性，而且乡镇市于各个环节不断整合进入邦的架构之内，难以维持所谓地方本来、固有、本质上的自治事项的疆界，从而不无过时性。所以，一元论乃采单一性的观察法，认为凡属地方上的事务，均为地方事务，只不过接受国家的监督的状态不同。一元论将地方事务分为自愿办理事项、地方有义务办理但不受指令权监督的事项、地方有义务办理且受指令权监督的事项。黄锦堂：《自治事项与委办事项之划分标准——"行政法院"九十四年判字第四一九号判决评论》，《政大法学评论》第102期。但是，据笔者的观察以及从学者的论述来看，一元论与二元论并无本质的区别，只不过分类标准不同而已。比如一元论中自愿办理事项对应二元论中自治事项的自愿性自治事项，地方有义务办理但上级无指令权的事项对应二元论中自治事项的义务性自治事项，地方有义务办理且上级有指令权的事项对应二元论中的委办事项。林文清：《地方自治与自治立法权》，扬智文化事业股份有限公司，2004，第111~112页。也有学者指出，一元论中地方有义务办理但上级有指令权的事项是介于二元论中自治事项与委办事项之间的中间物，也就是说，上级的指示权越是无限制、越概括，就越类似传统的委办事项；上级的指示权越限定，就越近似自治事项。张正修：《地方制度法理论与实用》（二），学林文化事业有限公司，2003，第340~341页。

涉。比如国民教育、学校的兴建、社会救助、河川与道路的维护、废弃物与废水的处理等。[1]

就我国的情况来看，自治事项只能从地方人大及其常委会以及地方政府的职权中探求。[2] 比如《地方各级人民代表大会和地方各级人民政府组织法》第 8 条第 2 ~ 6、8 ~ 15 项，第 9 条第 4 ~ 13 项，第 44 条第 2 ~ 12、14 项，第 59 条第 1 ~ 3、5 ~ 9 项，第 61 条第 1 ~ 6 项。

3. 中央与地方的共同立法事项

通过比较中央立法机关与地方立法机关的职权，我们可以发现，它们在一些事项上有重合。比如《宪法》第 89 条所规定的国务院的职权与《地方各级人民代表大会和地方各级人民政府组织法》第 59 条所规定的县级以上地方各级人民政府的职权相比，至少在管理经济工作和城乡建设；管理教育、科学、文化、卫生、体育和计划生育工作；管理民政、公安、司法行政和监察等工作；管理民族事务，保障少数民族的平等权利和民族自治地方的自治权利等方面是共同的。对于此类共同立法事项，中央享有优先的立法权，亦即中央立法已经规定的事项，地方就不得再为之相抵触的立法。即使地方立法制定在前，而中央立法制定在后，中央立法仍优先适用，地方立法不得与之相抵触。这被称为法律先占理论。但是，如果存在：（1）中央立法就某事项并未制定规范者，亦即中央法令处于空白状态；（2）地方立法所规范的事项与中央立法所规范的事项相同，但立法目的不同；（3）地方立法与中央立法的立法目的相同，但规范对象不同时，则不存在法律先占领域。亦即此时地方如果立法并不被认为抵触中央立法。[3] 如果在中央立法已有规定的场合，如地方立法与中央立法的规范目的、对象均属同一情形，除非地方立法的规定属于补充管制，而中央立法又为地方预留了因地制宜的空间，否则不得进行地方立法。[4]

---

① 林文清：《地方自治与自治立法权》，扬智文化事业股份有限公司，2004，第 84 ~ 85 页。

② 从我国《宪法》第 107 条的规定（县级以上地方各级人民政府依照法律规定的权限，管理本行政区域内的经济、教育、科学、文化、卫生、体育事业、城乡建设事业和财政、民政、公安、民族事务、司法行政、监察、计划生育等行政工作，发布决定和命令，任免、培训、考核和奖惩行政工作人员）来看，我国的自治事项带有义务性自治事项的特征。

③ 陈清秀：《地方立法权》，台湾行政法学会主编《行政法争议问题研究》（下），五南图书出版公司，2000，第 1436 ~ 1437 页。

④ 蔡茂寅：《地方自治之理论与地方制度法》，学林文化事业有限公司，2003，第 224 ~ 225 页。

上述三种类型应属中央立法权与地方立法权的基本情形。但是，笔者认为，在这三种基本情形之外，应该还存在两种交叉的情形：

第一，虽然中央专属，但委托地方立法的情形，即委办事项。

二元论下，委办事项又分为一般委办事项和机关借用两种。① 前者是指地方自治团体接受中央的委托，以地方自治团体的身份执行该委办事项。后者是指国家将地方自治机关当做国家的下级机关，命其以国家机关的身份执行特定国家事务。② 一般委办事项和机关借用的最大区别就是前者中央委托的对象是地方自治团体，而后者中央是委托给地方自治机关，所以日本法上将这两者称为团体委办事项和机关委办事项。③ 当然，学者也指出，机关借用在德国法上不断减少，④ 日本也在1999年新《地方自治法》出台后废除了机关委办事项。⑤

我国的委办事项也有团体委办事项和机关委办事项之分，前者如《地方各级人民代表大会和地方各级人民政府组织法》第8条第1、7项规定："县级以上的地方各级人民代表大会行使下列职权：（一）在本行政区域内，保证宪法、法律、行政法规和上级人民代表大会及其常务委员会决议的遵守和执行，保证国家计划和国家预算的执行……（七）选举上一级人民代表大会代表。"第9条第1项规定："乡、民族乡、镇的人民代表大会行使下列职权：（一）在本行政区域内，保证宪法、法律、行政法规和上级人民代表大会及其常务委员会决议的遵守和执行。"第44条第1、13项规定："县级以上的地方各级人民代表大会常务委员会行使下列职权：（一）在本行政区域内，保证宪法、法律、行政法规和上级人民代表大会及其常务委员会决议的遵守和执行……（十三）在本级人民代表大会闭会期间，补选上一级人民代表大会出缺的代表和罢免个别代表。"后者如《地方各级人民代表大会和地方各级人民政府组织法》第59条第1、10

---

① 也有学者分为指令委办事项、一般委办事项和机关借用三种。参见林文清：《地方自治与自治立法权》，扬智文化事业股份有限公司，2004，第85页。但笔者认为，指令委办事项可能是把一元论中的指令事项与二元论中的委办事项混同的产物。

② 许宗力：《宪法与法治国行政》，元照出版社，1999，第293页。

③ 张正修：《地方制度法理论与实用》（二），学林文化事业有限公司，2003，第285～286页。

④ 黄锦堂：《自治事项与委办事项之划分标准——"行政法院"九十四年判字第四一九号判决评论》，《政大法学评论》第102期。

⑤ 蔡秀卿：《自治事项与委办事项》，台湾行政法学会主编《行政法争议问题研究》（下），五南图书出版公司，2000，第1480～1481页。

项规定："县级以上的地方各级人民政府行使下列职权：（一）执行……上级国家行政机关的决定和命令……（十）办理上级国家行政机关交办的其他事项。"第61条第1、7项规定："乡、民族乡、镇的人民政府行使下列职权：（一）执行本级人民代表大会的决议和上级国家行政机关的决定和命令，发布决定和命令……（七）办理上级人民政府交办的其他事项。"

第二，虽然地方专属，但中央为保持全国的统一性，可以进行大纲性立法或原则性立法。至于细节部分，则容许地方自治团体进行某些程度的补充立法。但中央立法的规范程度如果过高，而有侵犯地方受宪法保障的自治事项的专属立法权时，则有违宪之虞。台湾地区学者列举的这种大纲性立法或原则性立法的情形包括：财政收支、预算编纂、地方政府组织架构、行政处罚。① 比如我国《地方各级人民代表大会和地方各级人民政府组织法》第9条第3项规定："乡、民族乡、镇的人民代表大会行使下列职权：……（三）根据国家计划，决定本行政区域内的经济、文化事业和公共事业的建设计划。"第59条第4项规定："县级以上的地方各级人民政府行使下列职权：……（四）依照法律的规定任免、培训、考核和奖惩国家行政机关工作人员。"

（二）我国地方立法权的类型

回到我国《立法法》中有关地方性法规和地方政府规章的规定，我们可以发现，我国地方立法的内容可以分为：

（1）自治性法规、自治性规章。前者如《立法法》第64条第1款第2项规定："地方性法规可以就下列事项作出规定：……（二）属于地方性事务需要制定地方性法规的事项。"后者如《立法法》第73条第2款第2项规定："地方政府规章可以就下列事项作出规定：……（二）属于本行政区域的具体行政管理事项。"

（2）委办性法规、委办性规章。委办性法规的内容属于团体委办事项，如《立法法》第64条第1款第1项规定："地方性法规可以就下列事项作出规定：（一）为执行法律、行政法规的规定，需要根据本行政区域的实际情

---

① 陈清秀：《地方立法权》，台湾行政法学会主编《行政法争议问题研究》（下），五南图书出版公司，2000，第1438~1439页。

况作具体规定的事项。"委办性规章的内容属于机关委办事项，① 也就是德国法上的机关借用。② 如《立法法》第73条第2款第1项规定："地方政府规章可以就下列事项作出规定：（一）为执行法律、行政法规、地方性法规的规定需要制定规章的事项。"

（3）共同立法事项中旨在填补中央立法空白的地方立法，比如《立法法》第64条第2款。全国人大常委会法工委也认为，该款是限于在全国人大及其常委会专属立法权之外，中央尚未立法的事项。③

四　地方立法的效力位阶

从我国《立法法》第78~80、82条的规定，可以整理出，我国地方立法的效力位阶，如图1所示。

图中尚待明确的地方在于：（1）省级地方性法规与较大的市的地方性法规之间的效力位阶。根据全国人大常委会法工委的解释，它们的效力等级是一样的。④ 当然，这也反映了我国地方上下级人大（常委会）之间的关系现状，它们之间是指导关系，而非领导关系。但是，这一位阶关系仍然存疑。因为《立法法》第63条第2款规定，较大的市的人民代表大会及其常务委员会根据本市的具体情况和实际需要，在不同宪法、法律、行政法规和本省、自治区的地方性法规相抵触的前提下，可以制定地方性法规，报省、自

---

① 区分团体委办事项与机关委办事项的意义在于：（1）机关委办事项中，都道府县要接受主管大臣的指挥监督，乡镇市须受都道府县首长的指挥监督。但在团体委办事项中，地方自治团体不受主管部长或都道府县首长的指挥监督。（2）关于团体委办事项，地方议会在不违反法律的范围内，可以立法；但对于机关委办事项，则不得立法。（3）地方议会对团体委办事项，有权请求检调其书类、资料，并请求监察委员对之加以监察，并可要求提出监察结果的报告；但对于机关委办事项则无此种请求权，仅有权要求说明与陈述意见而已。（4）地方议会对于团体委办事项可以行使调查权，但对于机关委办事项不得行使。（5）管理、执行团体委办事项所应收取的费用由地方议会的立法加以规定，而管理执行机关委办事务所应收取的费用，则根据法律或内阁的政令加以征收。参见张正修《地方制度法理论与实用》（二），学林文化事业有限公司，2003，第285~286页。

② 支持委办性规章为机关借用的理由除了委办对象是地方政府外，还有一个重要理由在于，按照我国《宪法》第110条第2款规定，地方各级人民政府对上一级国家行政机关负责并报告工作。全国地方各级人民政府都是国务院统一领导下的国家行政机关，都服从国务院。

③ 张春生主编《中华人民共和国立法法释义》，法律出版社，2000，第195页。

④ 张春生主编《中华人民共和国立法法释义》，法律出版社，2000，第242页。

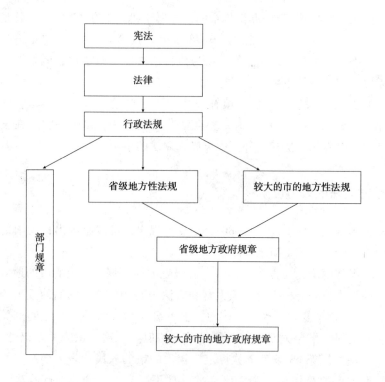

图1　地方立法的效力位阶

治区的人民代表大会常务委员会批准后施行。省、自治区的人民代表大会常务委员会对报请批准的地方性法规，应当对其合法性进行审查，同宪法、法律、行政法规和本省、自治区的地方性法规不抵触的，应当在四个月内予以批准。一般来说，这种"不抵触"的关系只有发生在上下位阶的立法之间，既然较大的市的地方性法规不能抵触本省的地方性法规，那么是否意味着较大的市的地方性法规的效力位阶低于省的地方性法规呢？对此，笔者认为，如果从保护地方自治空间的角度，应当承认省的地方性法规的位阶与较大的市的地方性法规相同，否则，下一级的地方性法规都必须服从上一级的地方性法规，以此类推，地方自治团体的自治权岂不层层缩减？关于如何理解《立法法》第63条2款的"不抵触"的问题，笔者认为应扩大理解为"不冲突"，也就是说，不抵触并不仅仅发生在上下位阶的立法之间，同一位阶的立法之间也应包含在内。这对于后面的第63条第3款也同样适用。（2）部门规章与地方性法规之间的效力位阶。对此，全国人大常委会法工委并没有给出明确的答案。笔者认为，它们的效力位阶应是一致的。因为从《立法法》第86条第1款第2项的规定来看，对部门规章与地方性法规之间的冲突是采用了立法裁决制度，而众所周知，立法裁决都是针对相同效力位阶的立法的，或者说，如果部门规章与地方性法规之间存在上下位阶的关系，那么它们之间的冲突就非裁决所能解决的了，而是要进行立法审查。（3）较大的市的地方性法规与省级地方政府规章之间的效力位阶。《立法法》对此并未明确规定，仅在第63条第3款表示，省、自治区的人民代表大会常务委员会在对报请批准的较大的市的地方性法规进行审查时，发现其同本省、自治区的人民政府的规章相抵触的，应当作出处理决定。而全国人大常委会法工委的看法是，考虑到较大的市的地方性法规是经省级人大常委会批准的，其法律效力应当同省级地方性法规相同。① 鉴于此，根据《立法法》第80条，既然省级地方性法规的效力高于省级地方政府规章，那么，较大的市的地方性法规的效力也就高于省级地方政府规章。

（一）地方立法与中央立法之间的"不抵触"问题

由图1可见，我国地方立法的效力一般是低于中央立法（部门规章除外）的，这就容易产生地方立法与中央立法的冲突问题。在我国，下位法对上位法是采取不抵触的原则。那么，什么是不抵触？首先，根据全国人大常委会法工委的解释，抵触是指：（1）上位法有明确规定，与上位法的规定相反的；（2）虽然不是与上位法的规定相反，但旨在抵消上位法的规定的，即搞"上有政策下有对策的"；（3）上位法没有明确规定，与上位法的立法目的和立法精神相反的；（4）违反了《立法法》关于立法权限的规定，越权立法的；（5）下位法超出上位法规定的处罚的种类和幅度的。② 其次，根据2004年最高人民法院发布的《关于审理行政案件适用法律规范问题的座谈会纪要》规定，下位法与上位法相抵触包括10种情形：（1）下位法缩小上位法规定的权利主体范围，或者违反上位法立法目的扩大上位法规定的权利主体范围；（2）下位法限制或者剥夺上位法规定的权利，或者违反上位法立法目的扩大上位法规定的权利范围；（3）下位法扩大行政主体或其职权范围；（4）下位法延长上位法规定的履行法定职责期限；（5）下位法以参照、准用等方式扩大或者限缩上位法规定的义务或者义务主体范围、性质或者条件；（6）下位法增设或者限缩违反上位法规定

---

① 张春生主编《中华人民共和国立法法释义》，法律出版社，2000，第192页。
② 张春生主编《中华人民共和国立法法释义》，法律出版社，2000，第249页。

的适用条件；（7）下位法扩大或者限缩上位法规定的给予行政处罚的行为、种类和幅度的范围；（8）下位法改变上位法已规定的违法行为的性质；（9）下位法超出上位法规定的强制措施的适用范围、种类和方式，以及增设或者限缩其适用条件；（10）法规、规章或者其他规范文件设定不符合行政许可法规定的行政许可，或者增设违反上位法的行政许可条件；（11）其他相抵触的情形。

但是，不能不注意的是，如果对不抵触的理解过于严格，将很可能导致地方立法丧失"活性"，变成中央立法的"附庸"。所以，地方立法到底在什么范围构成或者不构成对中央立法的抵触，要从保持全国的统一性与地方的主动性、积极性两个层面来考虑。对此，我们可以借鉴日本法上的相关做法。日本学者将地方立法与中央立法之间的关系，分为违反和不违反两种。不违反的情形包括：（1）地方立法如果系对中央立法上完全空白的事项加以规范时，地方立法并无违反中央立法可言。但在判断时，不能只以中央立法并无任何规定，就认为属于中央立法空白的状态，还要看该事项的性质到底属于中央专属的事项还是地方自治的事项，如果属于中央专属的事项，而无特别的法令委由地方处理时，即使该事项中央立法完全空白，地方立法也不得加以规定。如果本来属于地方自治的事项，地方立法当然可以规定，而无须有中央立法的先行规定。因此，所谓中央立法空白的事项其实是指中央和地方都有立法权的事项。当然，在这种情况下，如果地方自治团体先行立法，其后因法令的制定或修改使该事项成为国家事务或中央立法对该事项进行了规定时，究竟如何处理？日本学者基于地方自治团体对该地区的实际状况最为了解的原则，多主张中央立法应对地方立法加以尊重。① 但从我国《立法法》第64条第3款的规定来看，地方立法则要对中央立法进行避让，即地方性法规同法律或者行政法规相抵触的规定无效，制定机关应当及时予以修改或者废止。（2）地方立法虽与中央立法规范的事项一致，但该立法与中央立法有不同的目的时，该地方立法也不违反中央立法。例如，法律基于预防狂犬病的目的而制定对野狗的处置办法与地方立法基于公共卫生的目的而规定处置野狗者，规范对象虽一样，但不发生抵触的问题。（3）地方立法虽与中央立法具有相同的规范目的，但地方立法对中央立法规范范围外的事项加以规定时，并不违反中央立法。例如，法律与地方立法虽然均基于预防狂犬病的目的而规定，但一方就家狗为规定，另一方就野狗为规定，不生抵触的问题。违反的情形包括：（1）地方立法与中央立法的规定明显抵触，比如地方立法规定中央专属的事项。

---

① 陈树村：《日本地方自治法规与国家法令之关系》，《宪政时代》第23卷第4期。

（2）中央立法已对某一事项加以规范，地方立法仍对同一事项在同一目的下，作较中央立法更为严格的规范。但在环境问题方面，则是例外。在中央的环境立法中赋予地方可以作更为严格的规定（上乘条例）或对中央立法范围外的事项为规定（横出条例）。这种例外在于环境对地方的影响不仅是破坏地方的环境，具有直接性，更进而威胁到人民的生存权，因此，当中央立法不足以保护该地区人民的生存时，应当允许地方制定较中央严格的立法，从而体现地方是最贴近人民、站在保护人民的第一线的主体。当然，这种上乘条例是否有效还要依赖于中央立法是最低标准还是最高标准。如果中央立法是规定全国最低标准，则地方立法不构成抵触；如果中央立法是规定全国最高标准（或限度），则地方立法构成抵触。当然，到底中央立法是最低标准还是最高标准，要依地域具体的必要性、限制的合理性、比例原则、技术进步的程度与国家法律罚则的关系等因素整体加以考量。[①]（3）中央立法已对某一事项加以规范，地方立法仍对同一事项在同一目的下，作较中央立法更为强态的规范。比如中央立法规定是申请制，地方立法规定是许可制。[②]

（二）地方立法权与法律保留

法律保留本来是处理立法权与行政权之间的权限划分，即一种横向分权。而地方立法权则涉及中央与地方之间的权限划分，即一种纵向分权。因此，法律保留与地方立法权本来是没有交集的。但是，基于将地方立法权的性质认定为行政权还是立法权的不同观点，地方立法权与法律保留之间的关系就呈现两种不同的景象。在德国，由于将地方立法权认定为一种行政权，所以反对地方立法权规定法律保留的内容。[③] 但是，诚如前述，在我国，宪法承认地方享有立法权，况且法律保留原则之所以要求人民自由与财产应以法律定之，主要是因为议会拥有多元化、直接民主正当性基础，以及适用缜

---

① 林文清：《地方自治与自治立法权》，扬智文化事业股份有限公司，2004，第141页。

② 但也有学者从环境行政的严格、环境行政的地方特殊性等理由出发，认为地方立法为维持住民生命、健康所不可或缺的目的，可以允许这种更强态的规范存在。参见陈树村《日本地方自治法规与国家法令之关系》，《宪政时代》第23卷第4期。

③ 德国学者的另一个反对理由是：国家之下的所有自治团体，其人口或地域规模均远无法与国家相比，因此法治国所要求的立规范者与受规范者间的应有的距离势必难以保持，乃至因身份重叠而根本不存在，考虑到在这种情况下立法较不可能客观，局势比较可能引发直接、激烈的冲突，故地方立法权不能规定"距离较远"的国家立法权的内容。参见许宗力《地方立法权相关问题之研究》，林国胜、苏文华编《地方自治法2001》，台北市政府法规委员会，2001，第54~55页。

密、透明的议事程序等特殊的功能结构特征，足以担保能比行政机关作成更为正确的决定，而这些功能结构特征，国家的议会拥有，地方议会又如何不拥有呢？当然，如果允许地方立法权可以规定法律保留的内容，是否会导致法律保留中"法律"一词的内涵被无限放大？笔者认为，法律保留一词中的"法律"本来就不是指狭义的国会立法，在国会保留（绝对法律保留）出现之后，行政立法也可以规定相对法律保留的内容。① 那么，既然行政立法可以归入法律保留中"法律"的内涵，与国会立法性质更贴近的地方议会立法为什么不能归入呢？② 对此，日本实务上著名的"取缔街道引诱卖春条例合宪性"判决认为：（1）罪刑法定主义的规定，并非谓刑罚均须以法律为规定，其主要目的仅在限制法律为不特定、普遍性的空白委任而已，如果委任范围具体、特定，于有法律授权时，也可以行政命令为刑罚的规定；（2）地方立法系由人民公选议员组成地方立法机关所议决制定，性质上与行政部门的行政命令完全不同，而与经国会所议决的法律相类似。因此，地方立法可以规定刑罚的内容。日本学界认为地方立法可以规定法律保留的内容不外乎以下五个理由：（1）地方立法是民意代表机关所制定的；（2）地方立法并非行政权的行政命令，两者性质有异；（3）地方立法规定的刑罚比较缓和；（4）地方立法制定的事项仅限于地方自治的事务；（5）最低限度的罚则是担保地方立法施行所不可或缺的条件，有其事实上的必要。③

诚如学者苏永钦所言，用法律保留来讨论地方立法权也许是不适当的。地方立法权问题的实质是中央与地方之间的分权。如果是地方自治的事项，中央立法也不能打着法律保留的旗号来制定侵入地方自治领域的法律，国会保留不是中央无所不管的通行证或"去地方自治化"的"上方宝剑"。同样，如果是中央专属的事项，也不能因为中央怠于行使立法权而放弃法律保留，否则岂不是通过议会保留的解释来扩张地方自治的领域？④

---

① 参见王锴《论法律保留原则对行政创新的约束》，《公法研究》2007 年第 5 卷。

② 至于地方的行政立法能否规定法律保留的内容？笔者认为，这要根据地方行政机关的不同角色来区分。如果地方行政机关是作为地方议会的执行机关来执行自治事项，可以比照相对法律保留的做法，由地方议会授权其规定相对法律保留的内容；如果地方行政机关是作为中央行政机关的下级机关来执行委办事项，根据行政一体性的特点，不能规定法律保留的内容。

③ 陈树村：《地方法规与罪刑法定主义》，《宪政时代》第 22 卷第 2 期。

④ 苏永钦：《地方自治法规与人民权利义务》，林国胜、苏文华编《地方自治法 2001》，台北市政府法规委员会，2001，第 148～149 页。

五　地方立法权的监督

从我国相关法律的规定来看，对地方立法的监督可以分为：（1）抽象监督和具体监督。所谓"抽象监督"就是不以争议案件的存在为前提，仅对地方立法本身进行的独立的监督。所谓"具体监督"正好相反，是在一个具体的案件中，对作为案件适用依据的地方立法所进行的违宪监督，由于对案件本身也要进行监督，所以具体监督属于一种附带性监督。（2）事先监督和事后监督。这种分类主要是针对抽象监督而言的，具体监督都是事后监督。所谓"事先监督"是指在该地方立法生效之前对其进行的违宪监督，主要是起一种预防的作用。"事后监督"是指在地方立法生效之后对其进行的违宪监督，主要是起一种事后监督的作用。事后监督在实行抽象监督的国家比较普遍，事先监督则比较少见，法国是典型的采取事先监督制度的国家。（3）主动监督和被动监督。这也是针对抽象监督而言的，具体监督都是被动监督。所谓"主动监督"是指监督机关积极主动地采取措施对地方立法进行监督，所谓"被动监督"是指监督机关必须应法定的提请人的申请才能对地方立法进行监督。

（一）抽象监督

1. 事先的抽象监督

在我国，事先的抽象监督主要是"批准"制度，如表1。

表1　"批准"制度

被批准的法	批准机关	批准内容	法律依据
较大的市的地方性法规	省、自治区人大常委会	合法性监督、合宪性监督	《立法法》第63条

《立法法》规定，对于较大的市的人大及其常委会制定的地方性法规应在其生效之前报批准机关批准。批准的目的主要是为了监督，至于监督的内容，《立法法》第63条第2款明确指出"省、自治区的人民代表大会常务委员会对报请批准的地方性法规，应当对其合法性进行审查"，似乎与宪法没有关系。但是，该条紧接着又说，"同宪法、法律、行政法规和本省、自治区的地方性法规不抵触的，应当在四个月内予以批准"，因此，这里的"合法性监督"实际上也包含了合宪性监督（违宪审查）。

2. 事后的抽象监督

在我国，事后的抽象监督可以分为两种：主动的事后监督和被动的事后监督。

（1）主动的事后监督

主动的事后监督就是我们通常所说的"改变、撤销"制度，如表2。

表2　"改变、撤销"制度

	监督对象	监督内容	监督方式	监督主体	法律依据
地方性法规	省、自治区、直辖市、较大的市的人大及其常委会	同宪法、法律、行政法规相抵触	撤销	全国人大常委会	《宪法》第67条、《立法法》第88条
	省、自治区、直辖市人大常委会	不适当	改变或撤销	省、自治区、直辖市的人大	《立法法》第88条
地方政府规章	省、自治区、直辖市人民政府	不适当	改变或撤销	国务院	《立法法》第88条
		不适当	撤销	本级人大常委会	《立法法》第88条
	较大的市的人民政府	不适当	改变或撤销	国务院、省、自治区人民政府	《立法法》第88条
		不适当	撤销	本级人大常委会	《立法法》第88条

由表2可见，在监督的方式上有的是改变或撤销，有的是撤销；在监督内容上，有的监督"是否适当"，有的监督"是否同宪法、其他上位法相抵触"。究竟应如何区分？

首先，既能改变又能撤销的发生在直接领导机关之间。如本级人大对本级人大常委会、本级人民政府对本级人民政府的工作部门、上级人民政府对下级人民政府。这里的"改变"是指改变该地方立法中的部分条款，"撤销"是指废止整个地方立法。① 由于直接领导机关之间，上级机关对下级机关的情况比较熟悉和了解，因此可以根据自己的判断直接对下级机关制定的地方立法中的部分条款作出更改。

其次，撤销发生在非直接领导机关之间，如上一级人大及其常委会对下一级人大及其常委会、本级人大及其常委会对本级人民政府。前者是指导关

---

① 张春生主编《中华人民共和国立法法释义》，法律出版社，2000，第246页。

系，后者是监督关系，因此，上级机关对下级机关的工作范围并不了解，无法凭借自己的判断直接作出变更，只能予以撤销。

再次，一般来说，改变或撤销针对的是合理性（适当性）监督，撤销的多针对合法性监督和合宪性监督。① 主要原因在于，既有改变权又有撤销权的多是直接领导机关，由于其了解情况，自然监督的强度和深度要大、要广，因为合法性、合宪性监督主要是一种形式上的监督，而合理性（适当性）监督则是一种实质的监督，要深入分析其内容才能得到结论。而仅有权撤销的机关多是非直接领导机关，由于其不熟悉情况，自然只能监督形式上的合法与否、合宪与否。这里问题的关键在于什么是"不适当"，合理性监督是否排斥合法性监督、合宪性监督？所谓"不适当"，根据全国人大法工委的解释，是指：其一，要求公民、法人和其他组织执行的标准或者遵守的措施明显脱离实际的；其二，要求公民、法人和其他组织履行的义务与其享有的权利明显不平衡的；其三，赋予国家机关的权力与要求其承担的义务明显不平衡的；其四，对某种行为的处罚与该行为所应承担的责任明显不平衡的。② 按照法律的字面含义，合理性监督似乎是排斥合法性监督的，③ 也就是说，进行合理性监督的同时并不进行合法性监督、合宪性监督，但是，这样的解释将产生三个矛盾：第一，进行合理性监督的既然是直接领导机关，其监督的强度要超过非直接领导机关，为何非直接领导机关可以进行合法性监督、合宪性监督，直接领导机关反而不能进行合法性监督、合宪性监督呢？第二，对于一些地方立法，如地方政府规章，仅规定了合理性监督，那么，如果出现地方政府规章违法、违宪的情形，那么，是不是意味着没有机关能对其进行监督呢？第三，《立法法》第87条规定："法律、行政法规、地方性法规、自治条例和单行条例、规章有下列情形之一的，由有关机关依照本法第八十八条规定的权限予以改变或者撤销：（一）超越权限的；

---

① 也有例外，地方各级人大常委会对本级人民政府制定的地方政府规章虽然有权撤销，但进行的是合理性监督。

② 乔晓阳、张春生主编《选举法和地方组织法释义与解答》，法律出版社，1997，第94页。

③ 学者洪世宏也持这样的观点，他认为，宪法和《立法法》之所以如此规定，就是为了排除合宪性监督，因为宪法是全国人大制定的，而全国人大常委会与全国人大在组织上的一体性，导致其实际不可能违反宪法，所以只需要监督其是否合理即可。参见洪世宏《无所谓合不合宪法——论民主集中制与违宪审查制的矛盾及解决》，《中外法学》2000年第5期。这种解读有一定的道理，但只能针对全国人大常委会制定的法律而言，那么，对于部门规章和地方政府规章为什么仅监督其合理性呢，它们是不是同样也不可能违反宪法呢？显然无法解释。

（二）下位法违反上位法规定的；（三）规章之间对同一事项的规定不一致，经裁决应当改变或者撤销一方的规定的；（四）规章的规定被认为不适当，应当予以改变或者撤销的；（五）违背法定程序的。"该条的规定可视为对"改变或撤销"的监督内容的一个补充，也就是说，改变或撤销除了监督"是否适当"外，同时，对于超越权限、下位法违反上位法、违反法定程序等合法性问题也要进行监督，而其中的"下位法违反上位法"也包含了"下位法违反最高的上位法——宪法"的含义。① 如此一来，"改变或撤销"的监督内容实际上就突破了合理性监督的范围，而同时可以进行合法性监督、合宪性监督。

这种合法性监督与适当性监督的划分其实还有另外一种思路。在德国，合法性监督是针对地方立法中的自治事项，一方面因为在实施地方分权的单一制国家，地方自治团体所享有的自治事项通常是由法律所赋予，故为防止地方立法逾越该法律界限，从中央的角度而言，在立法授权时指定特定机关对地方立法作合法性监督；另一方面因为自治事项本属地方性质，宜由熟悉事务的地方自负其责地去推行，中央既然对此不了解，就不宜进行更深入、严苛的适当性监督，否则地方自治势必失去其根本的存在意义。适当性监督主要是针对地方立法中的委办事项，因为委办事项本来属于中央或上级地方自治团体所有，基于便宜考虑才委由下级地方自治团体代为推行，故委办者基于委托人的地位自可于委托时作各种专业上的指示。② 当然，对委办事项也不免除合法性监督。

（2）被动的事后监督

根据《立法法》第90条、《规章制定程序条例》第35条，我国的被动事后监督制度如表3所示。

被动监督根据提请人的申请对于监督机关是否具有拘束力，可以将其分为要求监督和建议监督两种。其中，国务院、中央军事委员会、最高人民法院、最高人民检察院和各省、自治区、直辖市的人民代表大会常务委员会可以向全国人大常委会提出审查要求，其他提请主体都是审查建议。监督要求和监督建议的不同在于，一旦有权机关提出了审查要求，监督机关就必须进

---

① 《立法法》第78~80条是有关上位法和下位法的规定，其中第78条规定，宪法具有最高的法律效力，一切法律、行政法规、地方性法规、自治条例和单行条例、规章都不得同宪法相抵触。

② 许宗力：《法与国家权力》，月旦出版社股份有限公司，1995，第358~359页。

入正式的监督程序。而提出审查建议，是否进行正式的监督程序，还要经过监督机关的研究，看是否有必要。也就是说，对于审查要求，监督机关是必须监督；而对于审查建议，监督机关是可以监督，也可以不监督。

表3　我国的被动事后监督

监督对象	提请主体	监督内容	监督机关
地方性法规	国务院、中央军事委员会、最高人民法院、最高人民检察院和各省、自治区、直辖市的人民代表大会常务委员会、其他国家机关和社会团体、企业事业组织以及公民	同宪法、法律相抵触的	全国人大常委会
地方政府规章	国家机关、社会团体、企业事业组织、公民	同法律、行政法规相抵触	国务院（较大的市的地方政府规章还可以向省级政府提出）

（二）具体监督

前面讲过，具体监督主要是一种附带性监督，发生在案件的审理过程中。在我国，具体监督表现为法院和行政复议机关对地方立法的监督。

1.《行政诉讼法》规定的具体监督

根据《行政诉讼法》第52、53条以及《最高人民法院关于执行〈中华人民共和国行政诉讼法〉若干问题的解释》（以下简称《若干解释》）第62条的规定，如表4所示。

表4　行政诉讼法规定的具体监督

监督对象	监督方式	法条依据
地方性法规	依据	《行政诉讼法》第52条
地方政府规章	参照	《行政诉讼法》第53条

（1）法院对地方性法规的具体监督

《行政诉讼法》第52条规定，法律、行政法规、地方性法规、自治条例和单行条例是人民法院审理行政案件的依据。至于这里的"依据"如何理解，学界的认识并不相同。大致有三种见解：第一种观点认为，"依据"即意味着人民法院在审理行政案件时，如果发现被诉行政行为所适用的法属于上述范围，则不能对其的合法性、合宪性进行怀疑，更谈不上监督。也就是说，此时即认定该行为的"依据"合法、合宪，转而直接判断该行为是否符合该"依据"。① 第二种观点认为，"依据"并不意味着人民法院不能对其的合法性、合宪性进行怀疑，如果人民法院认为该"依据"违反上位法，则应直接适用上位法。但是，法院不能直接对该"依据"效力作出判断，也就是说，"不适用"并不影响到该依据的法律效力。第三种观点同样认为，人民法院可以对"依据"的合法性、合宪性进行怀疑，但是，如果人民法院认为该"依据"违反上位法，由于人民法院并不具有对"依据"的"改变、撤销"权，所以，只能中止案件的审理，逐级上报最高人民法院，由最高人民法院依照《立法法》第90条第1款的规定，向全国人大常委会提出书面监督要求，等待全国人大常委会的处理决定。如果全国人大常委会认为该依据合法，则再继续审理其行为；如果全国人大常委会认为该依据不合法，则不予适用。

应当说，第一种观点是排除法院对法律、行政法规、地方性法规、自治条例、单行条例的具体监督权的；第二种观点和第三种观点都承认法院享有一定的具体监督权，但在监督方式有所不同。第二种观点是仿照了美国式的监督方式，即法院不予适用"违反上位法"的"依据"，这种方式比较简便，同时也照顾到了司法权对其他权力的尊重，该依据的法律效力不受影响，仍然可以在其他的案件中被适用。第三种观点是仿照了德国式的监督方式，即法院只有怀疑权，而具体的监督则由"改变、撤销"机关来进行，法院只能根据有权机关的监督结果来决定在个案中的适用。这种方式"一劳永逸"地解决了该依据的合法性、合宪性问题，避免了一个"违反上位法"的依据仍然有效、可以在其他的案件中得以适用这样的悖论，维护了法律秩序的统一，但是，这种方式比较费时费力，对于法院及时解决纠纷不利。

2004年最高人民法院发布的《关于审理行政案件适用法律规范问题的座谈会纪要》（以下简称《纪要》）规定，人民法院监督具体行政行为合法性时，应当对下位法是否符合上位法一并作出判断。下位法的规定不符合上位法的，人民法院原则上应当适用上位法。这表明，最高人民法院实际采纳了

---

① 由于受"依法行政原则"的约束，行政案件的审理过程实际上是分两步走的：第一，法院需要监督被诉行政行为的依据是否合法，如果发现其依据不合法，那么，就不需要再监督该行为了，该行为自然不合法。第二，如果法院经过监督认为该行为的依据合法，那么，接下来的问题就是，该行为是否符合该依据，也就是该行为本身是否合法的问题。

第二种观点。

（2）法院对地方政府规章的具体监督

《行政诉讼法》第53条规定，人民法院在审理行政案件时，对于规章是"参照"适用。这种措辞显然表明了人民法院在地方政府规章的具体监督上采取与地方性法规不同的态度。因为所谓"参照"，是"参考、依照"的意思，也就是说，不是非适用不可。地方政府规章与地方性法规不同对待的原因主要在于行政诉讼的自身特点，人民法院如果将行政机关自己制定的规章作为认定其行为是否合法的依据的话，那么，无异于让行政机关自己做自己的法官。[1]

这里的"参照"的内涵如何？不合法的规章不予适用，当然非常明确，但是，如果是合法的规章，是否必须适用呢？学界对此众所纷纭。2000年《若干解释》第62条第2款规定，人民法院审理行政案件，可以引用合法有效的规章。既然是"可以引用"，也就是说，也可以不引用。既然规章的适用如此灵活，那么，规章作为《立法法》中所规定的"法"的效力何在呢？对此，2004最高人民法院发布的《纪要》转而规定，人民法院在参照规章时，应当对规章的规定是否合法有效进行判断，对于合法有效的规章应当适用。这里采用"应当适用"的措辞，也就是说，对于合法有效的规章必须适用。由此可见，人民法院对于不符合上位法的规章不予适用，符合的应当适用，那么，就会产生另一个问题，这与人民法院对待作为"依据"的地方性法规的态度有什么区别？实际上，这两者之间已经没有什么区别，最高人民法院的法官说得明白：即便法律不规定参照规章而直接规定依据规章，对规章仍然必须选择适用，即在其不合法时不予适用。当然，使用"参照"一词更为明了，能够时刻给人们提个醒。[2]

（3）法院的监督效力

法院的这种具体监督效力如何呢？历来有废止与不予适用两种做法。所谓废止，就是法院宣布该地方立法无效，永远地终止其效力。所谓不予适用，就是法院不宣布该地方立法无效，只是在该案中认定其违法，不予适用，即不能作为判断具体行政行为合法的依据。废止与不予适用的区别主要

---

[1] 当然，行政法规也存在这样的问题，但是，由于国务院作为最高行政机关的地位以及国务院实际上不可能成为行政诉讼的被告，所以，对于行政法规仍然是作为"依据"。

[2] 孔祥俊：《审理行政案件适用法律规范的若干问题——〈关于审理行政案件适用法律规范问题的座谈会纪要〉释评》，《行政审判指导》（2004年第1辑），人民法院出版社，2004，第76页。

体现在：第一，权力形态上。废止权具有最终性，是一种最后的决定权，因为废止一个地方立法，这个地方立法就永远失去了效力，它的效力不可能再重新恢复。因此，享有废止权的只能是一个机关。比如，在德国，只有联邦宪法法院才能最终废止违宪的法律，而其他的下级法院即使发现法律可能违宪，也仅限于怀疑，不能自行废止，只能报请联邦宪法法院最后定夺。而不予适用权是一种权能，并不具有最终性。因为不予适用该地方立法只是针对某个个案而言，在其他的案件外，该地方立法可能得到继续适用。这虽然会产生违宪违法的地方立法继续存在的缺点，但也具有防止错判的优点，因为一旦地方立法被错误废止，就无法恢复；① 但是，即使一个法院在某个个案中错误地对合宪的地方立法不予适用，这并不妨碍其他的法院继续适用该地方立法。同时，如果一审法院在案件中对地方立法不予适用存在错误，完全可以在二审法院审理的过程中得到纠正。因此，不予适用权可以由多个法院享有。第二，效力上。废止权具有普遍效力，不仅约束个案中的当事人，也约束案外的其他人。也就是说，以后的所有案件中对于被废止的地方立法都不得适用。而不予适用仅具有个案效力，只能约束个案中的当事人，对案外人不发生影响。同时，废止权具有溯及力，不仅被废止的地方立法以后不能适用，之前发生曾经认定该地方立法合法的判决都要发生变动；② 而不予适用不会产生溯及力。第三，程序上。如果只有一个法院行使废止权，那么，其他法院发现地方立法有违宪违法的嫌疑后，就只能中止案件审理，报送该法院定夺。等该法院作出相应监督结果后，再继续审理。如果法院进行不予适用的话，不会出现中止案件审理的情形，各个法院都有权在个案中作出不予适用某个地方立法的判决，所以不予适用在为当事人提供救济的时效性上要优于废止。第四，与其他机关的关系上。由于废止权是最终决定权，所以不可能存在多个享有废止权的机关。如果法院享有废止权，那么，法院之外就不允许其他的机关来废止违宪违法的地方立法，否则，就会出现多个废止机关之间的冲突。然而，法院的不予适用并不排斥法院之外的其他机关享有废止权，当然，在不予适用与废止的关系上，由于废止是最终性的，所以，法院要尊重其他机关的废止权。

鉴于废止与不予适用的上述区别，笔者认为，我国法院在地方立法的合

---

① 林子仪：《普通法院各级法院法官及行政法院评事应否具有违宪监督权》，《宪政时代》第 18 卷第 3 期。

② 当然，这时要注意保护当事人的信赖利益。

法性监督上，应采用不予适用作为监督效果。原因在于：第一，司法权限只有存在"个案"、"争议"始能发动，发动之后所形成的规范，也应限于"个案"、"争议"。如果使之发生及于个案争议之外的一般性、抽象性的规范效果，则无异脱离了不告不理的原则。就地方立法的司法监督而言，个案争议如果自动引发地方立法的抽象性、全面性失效的结果，则无异是一种针对个案而通盘立法的功能，不仅无此必要，也可能真正撼动司法权与行政权的平衡地位。第二，废止多是针对绝对违法的情形，而不予适用针对的是相对违法的情形。但诚如前述，所谓绝对违法，是指在任何情况下适用都可能违法的地方立法。相对违法的地方立法是指该地方立法在某些情况下适用则为合法，某些情况下适用则为违法。相对违法的问题实际上是法律适用违法的问题，也就是说，只有在行政机关或者司法机关适用该法律形成处分或判决时，才有判断合法与否的余地。从现实的情况来看，相对违法的情况比绝对违法发生的概率更大，[①] 如果法院只关注数量极少的绝对违法，而忽视最广泛存在、最频繁发生的相对违法，对人权保障不利。第三，对法院不予适用的最大批评在于，允许违法的地方立法继续存在，可能会对未来的更多人的权益造成损害。但在一定程度上可以消除这种负面作用。英美法系国家是通过先例约束制度，来保证上级法院作出的不予适用的判决在下级法院的类似案件中得到遵守，从而使该违法的地方立法虽然没有废止，但成为实际上的"死法"，丧失效力。我国作为大陆法系气氛浓厚的国家，虽然不存在先例约束制度，但可以通过其他配套制度的建构来避免。其一，与地方立法的改变或撤销制度配合，在终审法院作出不予适用违法的地方立法的判决后，改变或撤销机关积极废止，彻底消除该地方立法的效力。其二，司法解释制度。如果多个法院对某个地方立法是否违法发生异议，可请求司法解释机关——最高人民法院进行最终的解释，最高人民法院的解释具有普遍的效力，下级法院在以后的案件中都要遵循。

问题在于，行政诉讼中对地方立法的具体监督如何与抽象监督制度相协调？由于行政诉讼中对地方立法的监督仅具有个案效力，所以，如果抽象监督机关在法院判决之前，就对该地方立法作出了合法与否的判断，那么，法院在审判过程中，就应当依据抽象监督机关的判断来决定是否适用该地方立法，因为抽象监督机关的判断具有一般效力。反之，如果法院已经在个案中适用了某地方立法，而后来该地方立法被抽象监督机关撤销，那么，应当允

---

① 李念祖：《司法者的宪法》，五南图书出版公司，2000，第19~20页。

许当事人或法院启动再审程序，纠正该判决。

2.《行政复议法》规定的具体监督

根据《行政复议法》第 27 条，行政复议机关在对被申请人作出的具体行政行为进行审查时，认为其依据不合法，本机关有权处理的，应当在 30 日内依法处理；无权处理的，应当在 7 日内按照法定程序转送有权处理的国家机关依法处理。处理期间，中止对具体行政行为的审查。这里作为"具体行政行为依据"的就包括地方立法。

《行政复议法》规定的对地方立法的附带式监督，虽然表面上是随个案争议发生，但由于监督机关要么是复议机关，要么是其他有权处理的机关，而这里"有权处理"的意思就是有权改变或撤销，所以，行政复议中对地方立法的监督效力与行政诉讼是不同的，并非个案的不予适用，而是一种自始无效的废止。问题在于：（1）复议中对地方立法的具体监督如何与抽象监督制度相协调？对此，笔者认为，如果监督机关相同，即该地方立法的抽象监督机关就是复议中的复议机关或有权处理机关，那么，基于平等原则，监督机关要遵守自己先前的监督决定。但如果该地方立法的抽象监督机关与复议中的复议机关或有权处理机关并非同一机关，比如某市地方政府规章的抽象监督机关是本级人大常委会，但如果复议机关是上一级政府，而上一级政府也有权改变或撤销该决定、命令，此时，就产生了上一级政府是否要遵守先前本级人大常委会对该地方政府规章的监督结果的问题。① （2）如果复议后，当事人对复议结果不服，又提起行政诉讼的，在诉讼过程中，法院对复议中已经监督过的地方立法该如何监督呢？笔者认为，这时法院应当尊重行政复议中对地方立法的监督结果，无须重新监督。因为根据《行政复议法》的规定，复议中对地方立法的监督实际上是一种直接废止程序，即复议机关有权废止的，自己废止；复议机关无权废止的，转送有权废止的机关废止，但无论是谁废止，都具有普遍效力。而行政诉讼中法院对地方立法的监督仅是一种不予适用，只具有个案效力，因此，对行政复议中已经被废止的地方立法，法院应当服从废止的效力，坚决不予适用。

---

① 具体分析参见王锴《财产权保障与宪法变迁》，海南出版社，2006，第 240~243 页。

中央与地方关系利益调整的宪法机制研究

程乃胜*

【内容摘要】 在中央与地方关系中，起决定作用的是中央与地方的利益关系，中央与地方利益冲突原因复杂、多样。地方权力的宪法化是商品（市场）经济发展的必然要求，是一国经济社会发展不平衡的法律体现。地方权力宪法化是单一制和联邦制国家宪法的共同规定，旧中国的宪法和1949年《共同纲领》对地方权力作了明确的规定；第二次世界大战以后，地方自治和地方权力的宪法化成为世界宪政发展的潮流，就连具有中央集权传统的法国也在1982年开始了地方自治和地方分权的改革。我国宪法应适应社会主义市场经济发展的要求和顺应世界宪政发展的潮流，尽快明确规定地方权力。

【关键词】 中央与地方关系　利益冲突　商品（市场）经济的必然要求　地方权力宪法化

从宪法学的角度来说，中央与地方关系只存在于单一制国家。① 但是从美国南北战争②以后，联邦制国家和单一制国家在国家内部治理上越来越趋同，

---

* 南京审计学院首席教师、法学院教授、法学博士。

① 联邦制国家整体与部分之间的关系不是中央与地方关系，而是联邦与成员的关系。从国家权力的视角来看，单一制国家地方的权力来自中央的授予，而联邦制国家正相反，联邦的权力来自成员的让渡。

② 南北战争是美国南部诸州要求脱离联邦而北部各州反对的战争。抛开战争的解放黑人奴隶的色彩，从基本法理的视角来看，北部诸州是非法的。因为按照当时的国家理论，联邦制国家的联邦成员随时有收回让渡给联邦的权力，以及成为独立国家或新的国家联合的权力。第二次世界大战之后，随着国家主权原则成为公认的国际法基本原则，联邦制国家成员实际上失去了脱离联邦而独立的权力。而各联邦制国家通过财政转移支付等手段，加强了对联邦成员的控制。有的联邦制国家如德国甚至在基本法中早已借鉴了单一制国家地方是中央的代理人理论。现在世界上绝大多数联邦制国家在其内部治（转下页注）

所以本文研究的中央与地方关系，以单一制国家特别是我国的中央地方关系为主，同时部分涉及联邦制国家的联邦与成员（联邦主体）的关系。

在中央与地方关系中，起决定作用的是中央与地方的利益关系。所谓利益，不外是主体在实现其需要的活动过程中通过一定的社会关系所体现的价值。利益的本质在于社会关系，恩格斯认为："每一社会的经济关系首先作为利益表现出来。"② 传统上人们认为在单一制国家地方是中央的代理人，中央与地方没有利益冲突。但实际上除了极端的例子如"社会主义计划经济时代"以外，单一制国家的中央与地方同样具有利益冲突。

一 现代国家中央与地方利益冲突的原因

中央与地方利益冲突原因复杂、多样。一个十分重要的原因是治理国家整体与治理国家部分之间的要求不同的冲突。从这个角度说，中央与地方之间的冲突不可避免。换言之，只要一个国家不是无须层级治理的寡民小国，有分层治理的国家结构，就一定会有不同层级的治理冲突。管理国家的不同层级之间的冲突主要是利益冲突，现代宪法的功能既要承认这种不平衡、反映这种不平衡，也要限制甚至设法缩小这种不平衡。

（一）政治经济发展的不平衡

政治经济发展的不平衡是现代国家中央与地方利益冲突的根本原因。马克思主义唯物辩证法认为，事物在发展过程中平衡是相对的，不平衡是绝对的。不平衡发展是事物发展的绝对规律，也是国家发展的普遍规律。1915年，列宁在《论欧洲联邦口号》一文中指出："经济政治发展的不平衡是资本主义的绝对规律。"③ 毛泽东在《矛盾论》中说："无论什么矛盾，矛盾的诸方面，其发展是不平衡的。有时候似乎势均力敌，然而这只是暂时的和相对的情形，基本的形态则是不平衡。矛盾着的两方面中，必有一方面是主要的，他方面是次要的。其主要的方面，即所谓矛盾起主导作用的方面。事物

理上与单一制国家并无明显不同。而绝大多数单一制国家也已经用宪法的形式规定了中央与地方关系。以德、法为例，德国是联邦制而法国是单一制，二者在内部治理上却越来越趋同。

② 《马克思恩格斯选集》（第2卷），人民出版社，1972，第537页。

③ 《列宁选集》（第2卷），人民出版社，1972，第709页。

的性质，主要地是由取得支配地位的矛盾的主要方面所规定的。"① "世界上没有绝对平衡发展的东西。"②

在无产阶级革命时期，帝国主义政治经济发展的不平衡是无产阶级革命在一国取得胜利的理论依据。列宁根据帝国主义政治经济发展的不平衡创造性地提出了俄国革命可以单独取得胜利的著名论断。在中国革命时期，毛泽东认为旧中国政治经济发展的严重不平衡是"工农武装割据"的基础，是中国共产党人建立农村根据地，以农村包围城市、武装夺取政权的先天条件。

现代国家的政治不平衡有诸多表现，列举如下。

第一，阶级力量对比关系的不平衡。一国政治发展的不平衡首先表现在国家的阶级统治上。人类进入阶级社会以后，总是少数人统治多数人。思想家们总想设计出多数人统治的制度，于是就有了民主的政治设计。但无论什么形式的民主，多数人统治仍然是一种美好的愿望，统治国家的只可能是少数人。只是在"真正的"民主条件下，统治者不是天生的且有任期制，在理论上每个人都有成为统治者的可能，尽管没有一个国家实际上能够做到这一点。在美国，真正统治这一超级大国的是各大财团的代理人，是大资本家。尽管穷人贡献选票，但穷人无法获得选票。在俄罗斯，苏联解体以后真正掌握国家权力的是在苏联时期就攫取了大量非法财富或掌握国家（包括加盟共和国和自治共和国）权力的金融寡头，普通百姓没有也不可能从苏共垮台和苏联解体中获取任何实际利益，他们仍然是被统治者。在日本，政治门阀势力强大，议员的子孙当议员，首相的子孙当首相是常见的现象，普通百姓难以染指政治。当然，这种政治的不平衡还不足以对中央与地方的关系造成实质的影响。造成地方利益不平衡的最重要的控制国家的力量在于中央统治集团的地方化，即某一地方集团控制了中央政权以后对地方利益会产生重大影响。以美国为例，小布什代表的是南部石油财团的利益，因而在他上台执政后，美国国家政策甚至对外战争都围绕着石油集团的利益来进行。

第二，控制国家的政治集团力量的不平衡。在美国，有所谓的东部财团、西部财团等统治阶级内部的统治集团对国家的控制。尽管无论是东部财团还是西部财团，都是大资产阶级统治国家，但不同的财团上台后，联邦各成员获得的利益是不一样的，财团所在的州往往会获取比其他州更多的利益。日本执政党长期与关西财团联系紧密，因而关西地区获得了更多的发展机遇。我国的现

---

① 《毛泽东选集》（第1卷），人民出版社，1966，第320页。
② 《毛泽东选集》（第1卷），人民出版社，1966，第322页。

实政治中还没有出现明显的财阀政治，但由于执政者生活在城市，因而新中国成立以来，城市获得的利益远多于农村。这种经济对政治的影响带有决定性，决定社会生活的方方面面，由于"有钱人"主要来自大城市特别是东部及沿海大城市，因而中国东部及沿海地区对国家的政治、经济的影响力越来越大，东部地区获得的国家法律和政策赋予的利益也就多于其他地区。

（二）地方财政收支的不平衡

地方有不同于整体的利益是现代国家不争的事实，除了中国"文化大革命"那样极端的时期外，各单一制国家的地方都有自己的财政，只是有的有宪法依据，有的依据其他的法律。1946 年《中华民国宪法》第 109 条规定"省财政及省税"，第 110 条规定"县财政及县税"，明确地方有不同于中央的财政及税收。1984 年修改后的马来西亚联邦宪法第 82 条规定："凡执行州自行决定的措施，其经费应由各州承担。"1929 年修订的奥地利联邦宪法第 116 条规定："乡镇是独立的经济实体，它有权在联邦和州的普通法律的规定范围内占有、取得和处理各类财产；有权在财政法规定的范围内独立地经营企业和管理乡镇自己的房产并有权课征捐税。"比利时王国宪法第 110 条规定："国家税收必须通过立法才能规定。省、城市、市镇联合体和市镇的地方税，非经各自议会作出决议，不得征收。"德意志联邦共和国基本法第 104 条规定："本基本法如不另作规定，联邦和各州分别支付因完成各自任务而引起的费用。各州作为联邦代理人进行活动时，联邦应支付费用。"第 105 条规定地方有地方货物税的立法权，第 106 条规定联邦和地方税的分摊。

新中国成立后，由于当时复杂的政治经济情况，比较多地强调地方服从中央。到"文化大革命"结束时，地方利益被完全忽视，地方积极性完全被挫伤。1978 年以后，逐步重视地方利益，调动地方积极性成为改革开放的重要内容。1980 年，中央与地方财政开始了"分权让利"的改革，开始有限承认地方利益，但这种承认现在回头来看，人为的色彩太浓。这种让利式分权没有任何法理的依据，完全是中央决策的产物。最为重要的是，从 1980 年到 1992 年我国改革开放的第一阶段，中央大量发展经济的特殊政策①如建立经

---

① 这些特殊政策主要体现在投资审批、土地使用、税收减免、金融政策、企业设立登记、进出口政策等经济发展的诸多方面。由于这些方面的权力主要集中在中央，因此这些政策优惠具有极高的含金量。在当时条件下，哪个地方享受这些政策，哪个地方就能发展起来。

济特区和设立开放城市、国家级经济技术开发区等都给了东部沿海省份，这种放权的结果是东部地区获得了充分的发展动力，而中西部地区则发展相对缓慢。

1993 年我国开始了中央与地方的分税制改革并于 1994 年以"新税制"的名义开始实施，中央与地方的利益关系开始步入法制调整的轨道。但由于大量预算外资金的存在，中央财政的大量资金用于基础设施建设和转移支付的非法定性，造成了新的地方利益的不平衡。当然，我们也应该看到，1994 年实行新税制以后，我国地方积极性得到明显提高，地方发展速度明显加快，出现了东、南、西、北、中共同发展的大好形势。

（三）地方发展的冲动

在各国中央与地方的利益冲突中，地方的发展冲动也是构成利益冲突的重要原因。以我国为例，地方有太多的争取发展的理由。首先是地方经济、社会事业发展的需要。在一个像我国这样的大国内，一个地方如果是经济"洼地"，那么就会有类似于国际上的殖民地的地位，会沦为商品与服务的市场和原材料产地，会沦为环境污染的重灾区，基础设施和教育及其他社会事业也会沦入无钱可办的境地，不仅人才会流失，甚至青壮年劳动力都留不住。我国中西部很多地方目前就是这样的状况。其次是官员前途发展的需要。在我国现行的官员晋升制度下，一个官员一般在某地履职时间不会太长，为了获得晋升，必须尽快出政绩。GDP、道路、市政等这样的数据对官员有太过重要的意义。最后是民生的需要。办民生事业需要钱，不发展就无钱办民生事业。教育、医疗、养老、公用事业，无论是涉及民生的哪一项事业都需要钱。这本来是地方发展的原动力，但在我国长期居于官员发展需要之后。近几年这种状况有所改变。

（四）自然资源及条件的差异

地方占有自然资源的不同构成了国家中央与地方利益冲突的原始动因。19 世纪美国的西部之所以得到了大开发，一个很重要的原因是因为在西部发现了黄金，淘金潮使得美国西部人口激增，西部城市充满活力。在委内瑞拉，马拉开波所在的苏利亚省有该国最大的石油产地，因而苏利亚省在该国获得了最好的发展。在泰国，普吉府因产锡和港口而具有很高的地位，1970 年后，普吉岛更是以旅游观光而名扬天下。在我国，东部地区因濒临海洋、地理环境有利而获得了更好的发展机遇，黄山、张家界等更是以独特的自然景观促进了经济的发展。

二 地方权力宪法化是世界潮流

地方到底应该拥有哪些权力是我国宪法所没有解决的问题。在宪法学界，有的学者拘泥于传统，认为在单一制国家地方是中央的代理人，地方的权力完全由中央规定，言下之意是：地方权力的收放应完全由中央决定；有的学者在这一问题上采取了实用的"描述主义"，对我国的地方制度完全按照现行宪法文本进行描述，不加以评判；更多的学者在论及这一问题时回避我国的"中央与地方权力的关系"，只论及单一制的优越性，似乎我国宪法有关国家结构形式的规定完美无缺。

在许多深谙中国历史的学者的潜意识里，有一种担心，他们害怕地方权力宪法化之后，地方主义会抬头，会不利于国家的团结统一。我们认为这种心态是可以理解的，是学者社会历史责任感的一种体现，但这种担心是多余的。一方面，新中国民族区域自治的成功经验表明，地方权力的宪法化不仅不会损害国家的统一和民族的团结，反而会加强这种团结统一；另一方面，地方权力的宪法化有助于中央对地方权力的监督法律化、制度化，中央可以通过法治化的手段确保国家的团结统一。

我国学界有一种认识误区，认为只有联邦制国家才在宪法中规定整体与组成部分之间的权力关系。实际上，不仅联邦制国家的联邦与成员之间的权力关系由宪法所规定，大多数单一制国家的宪法也规定了地方权力。第二次世界大战以后制定宪法的单一制国家无不有此规定；就是从来将地方视为中央代理人的法国，也不得不于 1982 年开始实行地方自治；苏联解体和东欧剧变后新独立的国家也在宪法中明确规定了地方自治，将地方自治作为一项普遍的制度。

（一）法国宪法不明确规定地方权力产生了严重误导

法国是欧洲大陆最早制定成文宪法的国家，由于法国大革命的影响巨大，再加上宪法变动频繁，法国宪法对人们宪政观念的形成有很大的影响。法国作为有中央集权传统的单一制国家，在大革命胜利之后制定的 1791 年宪法中基本没有涉及中央与地方关系，1793 年的雅各宾宪法由于以卢梭的人民主权学说为指导思想，虽涉及中央与地方的关系，但强调地方对中央的服从，没有规定地方的权力。总的说来，从法国大革命一直到 1982 年，法国地方权力没有得到宪法的保障，民选的地方机构权力十分有限，地方权力一直牢牢地控制在中央派驻地方的代理人手里。法国的这一做法被许多宪法学者误认为是单一制国家中央与地方关系的通用模式，因此将其描绘为单一制国家的重要特点，在论及单一制国家中央与地方关系时，往往以"地方是中央的代理人"加以表述。

1982 年，长期恪守不在宪法中规定地方权力的法国也不得不开始了地方分权改革。改革的根本动因是长期的中央集权导致行政机构庞大、行政效率低下、官僚主义盛行。这尤其不符合世界潮流，不利于人民权利和自由的实现。1982 年 3 月 2 日，法国国民议会通过了具有里程碑意义的宪法性文件《关于市镇和省、大区的权利和自由法》（《权力下放法案》），随后，法国国民议会和中央政府通过了一系列配套的法律、法令，将《权力下放法案》中的地方自治原则进一步具体化：具体明确了大区、省、市镇三个层次的地方自治主体资格；中央取消对地方自治主体的监管，只要自治主体不违反宪法和法律的规定，其管理地方事务的任何行为不受中央政府的干涉；1883 年以后，中央政府扩大了地方事权，陆续将经济发展与计划、市镇建设、住房、土地整治、职业训练、交通运输、社会活动、教育、文化、环境保护、警察事务等职权划归地方。

（二）大多数单一制国家宪法明确了地方权限

第一，除法国外，第二次世界大战前制定宪法的大多数国家在宪法中明确了中央与地方的权力关系，只是具体规定各有不同。如 1814 年 3 月 29 日公布、1983 年重新公布的《荷兰王国宪法》第 132 条第 1 款规定："省、市的设置及其行政机关的组成和权力，均由议会法令规定。"第 2 款规定："对省、市行政机关实施监督的办法由议会法令规定。"第 3 款规定："除议会法令另有规定者外，省、市行政机关作出决定无须事先请示批准。"第 6 款规定："省、市行政机关征课地方税，以及省、市行政机关同中央政府的财政关系均由议会法令规定。"① 1921 年 10 月 5 日公布的《列支敦士登公国宪法》第 110 条规定："各行政区之存废组织，及其本身职权范围内以及委办之任务，均由法律规定……各区的财产和地方治安实行自治管理，但接受中央政府监督。"

---

① 姜士林等主编《世界宪法全书》，青岛出版社，1997。本文所引宪法条文除注明者外，均出自该书。

第二，第二次世界大战结束后制定的资本主义宪法均规定了地方权力，或者在宪法中明确地方的具体权力由法律加以规定。如 1948 年 1 月 1 日实施的《意大利共和国宪法》第五章规定了"区、省、市（镇）"，第 115 条规定："根据宪法所规定的原则，区为具有自主权力和职能的自治单位。"第 119 条规定："区在共和国法律所规定的形式和范围内享有财政自治权，共和国法律协调区的财政自治权与国家财政、省和市（镇）财政之间的关系。"1967 年颁布的《巴拉圭共和国宪法》第 14 条规定："为便于建立共和国的政治和行政结构，国家领土分为若干个省。由行政机关授权负责行政省的当局和这些当局的职责和义务由法律规定。司法和行政权的方式也由法律规定。"1976 年 4 月 2 日葡萄牙制宪会议批准的《葡萄牙共和国宪法》第七章专门规定了"地方政府"（第 237～265 条），第 237 条规定："一、民主国家组织包括地方自治机关。二、地方自治机关是拥有为本地区全体居民的特殊利益服务的代表机关的区域性共同体。"第 239 条规定："地方自治机关的职权与组织及其代表机关的权限，由法律根据行政分权的原则规定。"第 240 条规定："地方财政的管理由法律规定，其目的在于经由国家和自治机关公平分配公有资源，并对同级自治机关间的不平等作必要的调节。"

第三，苏联解体和东欧剧变后新独立国家的宪法普遍规定了地方权力，不仅明确了地方权力由法律规定，而且普遍明确规定了"地方自治"。1990 年 12 月 22 日颁布的《克罗地亚共和国宪法》第 131 条规定："州是地方管理单位和自治单位。州的区域范围由法律规定……州机构的组织和权限由法律规定。大城市可以作为州来调节。"第 128 条规定："保障公民们的地方自治权利。地方自治权包括就有关地方意义的公民需要和利益作决定的权利，特别是就有关场地调整和市镇建设规划、村庄和居民区的调整、公用事业、关心儿童、社会保护、文化、体育运动和技术知识、一级保护和改善自然环境作决定的权利。要制定关于地方自治的法律。"第 129 条规定："地方自治单位依法可以是区和县或城市。它们的区域范围在事先征求了该地区居民的意见后，由法律规定。地方自治单位的组织和各机构的权限，由它们的章程依法作出规定。"第 130 条规定："地方自治单位的机构在完成地方事务的过程中，独立自主地依据法律和章程行事，仅受共和国主管机构的法律监督。为进行工作，国家管理机构可以通过法律在区和县或市建立地方管理机构。这些机构的组织和权限，由法律规定。"1991 年 11 月 21 日立宪会议通过的《罗马尼亚宪法》第 119 条规定："地方行政单位的公共行政工作遵循地方自治原则和公共事业分权原则。"1991 年 11 月 29 日颁布的《马其顿共和国宪法》第 114 条规定："保证公民实行地方自治的权利。自治地区是地方自治单位。自治地区按照法律规定从自己的收入来源中以及从共和国的基金中筹集财政资金。地方自治议会由议会代表总数的三分之二多数票通过的法律规定。"1991 年 12 月 23 日斯洛文尼亚议会通过的《斯洛文尼亚共和国宪法》第五章规定了"自治"（第 138 ~ 145 条），第 138 条规定："斯洛文尼亚的居民在区和其他地方共同体中实行地方自治。"第 142 条规定："区的财政经费靠本身的来源筹集。凡是经济不够发达不能完全保证任务实施的区，国家根据法律规定的原则和标准保证向它们提供补充资金。"1992 年 10 月 25 日全民公决通过的《立陶宛共和国宪法》（全文 153 条）第 10 章专门规定了"地方政府和管理"（第 119 ~ 124 条），第 119 条规定："赋予国家疆域内法律规定的行政区以自治权。这一权利通过地方政府委员会行使……自治机构的组织和活动程序由法律规定。"第 120 条规定："国家支持地方政府。地方政府在宪法和法律赋予的权限范围内自由和独立行使职能。"第 121 条规定："地方政府起草和批准其预算。地方政府委员会有权在规定的范围内并依照法律规定的程序设立地方税，规定由预算负担的税和关税的征收。"1996 年 6 月 28 日乌克兰最高苏维埃第五次会议通过的《乌克兰宪法》第十一部分规定了"地方自治"（第 140 ~ 146 条），第 140 条规定："地方自治是地区群体……在乌克兰宪法和法律范围内独立地解决本地的问题。"

（三）旧中国宪法对地方权力的规定

旧中国在国家结构形式上也是单一制，但旧中国宪法大多明确规定了地方权力，规定了中央和地方的权力划分，有的还明确规定了"均权"这一划分中央和地方权力的原则。尽管旧中国宪法带有"纸上宪法"的性质，但其关于地方权力的规定可以为我们今天所借鉴。

第一，1923 年的《中华民国宪法》（"贿选宪法"）在中国历史上最先规定了中央与地方的权力划分。在总共十三章 141 条宪法条文中，第五章"国权"、第十二章"地方制度"共 28 条规定了中央与地方的权限划分。其中第 22 条规定："中华民国之国权，属于国家事项，依本宪法之规定行使之，属于地方事项，依本宪法及各省自治法之规定行使之。"该宪法还具体规定了"由国家立法并执行之"事项 15 项，"由国家立法并执行，或令地方执行之"事项 13 项，"由省立法并执行，或令县执行之"事项 11 项以及省禁止事项和争议解决办法等。①

第二，1931 年南京国民政府的《中华民国训政时期约法》第六章规定了"中央与地方之权限"，第七章第二节规定了"地方制度"。明确规定："凡一省达到宪政开始时期，中央及地方权限应依建国大纲以法律详细定之。""中央与地方之权限，依建国大纲第十七条之规定，采均权制度。""各地方于其事权范围内，得制定地方法规，但与中央法规抵触者无效。"②

第三，1946 年《中华民国宪法》以第十章共 5 条规定了"中央与地方之权限"，第十一章共 17 条规定了"地方制度"，在体例与规定上与 1923 年的《中华民国宪法》类似。③ 国民党政权逃到台湾后，对 1946 年《中华民国宪法》进行了若干次局部修订，但在中央与地方权限上基本维持不变，现在我国台湾地区所谓"中央与地方"的权力划分是清楚的，有利于地方分权和地方自治。

（四）《共同纲领》对地方权力的规定

新中国成立之初，起临时宪法作用的《中国人民政治协商会议共同纲领》虽是个纲领性文件，但仍明确了中央人民政府与地方人民政府间职权的划分由法律加以规定。

1949 年 9 月通过并实施的《中国人民政治协商会议共同纲领》第 16 条规定："中央人民政府与地方人民政府间职权的划分，应按照各项事务的性质，由中央人民政府委员会以法令加以规定，使之既利于国家统一，又利于因地制宜。"④

此后历部正式的《中华人民共和国宪法》均没有明确的地方权力的规定，这既有苏联 1936 年宪法的影响因素，也有高度集中的计划经济的因素，因为在高度集中的计划经济条件下，地方利益十分有限，地方权力的诉求也就不太强烈。

三 地方权力宪法化是商品（市场）经济发展的必然要求

地方权力宪法化的本质是宪政国家内地方经济社会发展不平衡，是地

---

① 参见王培英编《中国宪法文献通编》，中国民主法制出版社，2007，第 332～345 页。
② 参见王培英编《中国宪法文献通编》，中国民主法制出版社，2007，第 363～369 页。
③ 参见王培英编《中国宪法文献通编》，中国民主法制出版社，2007，第 392～396 页。
④ 王培英编《中国宪法文献通编》，中国民主法制出版社，2007，第 268 页。

方权利要求在宪法上的体现，它类似于自由状态下的自然人或市民社会的法权要求。当然，地方权利要求与自然人或市民社会的法权要求并不完全是一回事，但从历史哲学的视角审视，地方权力宪法化是分权或限权的一极，也即宪法之源。王世杰、钱端升先生在论及宪法起源时说："欧洲中世纪时代是封建时代，也可以说是近代宪法观念萌芽时代。在这个时代内，君主的势力，每受各地方封建诸侯或各城市团体的限制；而国王对于所属诸侯或所属城市，往往以特别法律承认各诸侯或各城市的特权。此项特权，即为国王权力的限制；此项法律，亦颇类于近代的宪法或根本法。"① 当然，现代地方权力的宪法化与欧洲中世纪诸侯或城市的特权并不完全是一回事，但属性相同。最为重要的是，它们植根于相同或相似的经济基础。

宪法最初出现于西欧有许多复杂的原因，② 但中世纪中期以后西欧城市的兴起与市民社会的产生具有决定性意义。中世纪西欧城市的一个特点是兴起晚，但发展迅速，市民争取城市自治运动一浪高一浪地前进，市民与王权结盟对抗封建割据，加速了西欧经济的发展和资本主义的产生。"城市的兴起及随之而来的'商业革命'，不仅增加了新的政治力量，也改变了传统社会结构。市民阶级的形成、发展和城市市民社会权利的增长伸张，成为多元权力斗争的重要调节器。然而，城市商业经济发展所产生的清除市场壁垒、建立统一规划、维护社会安全、保障贸易自由及国际贸易保护等必然要求，只能通过王权的强化而消除封建割据，并建立世俗国家主权来完成。"③

从本质上说，市民社会的法权要求是商品经济发展之必然。商品作为等价交换的劳动产品，必然会带来平等的要求，必然要求交换主体的意志自由。由商品经济发展所生成的市民社会必然要求世俗权力不侵蚀这种权利和自由并保护这种权利和自由。从 11 世纪开始，欧洲的商品经济得到了一定的发展，14、15 世纪在地中海沿岸已经出现了资本主义萌芽。商品经济的发展催生了中世纪欧洲城市，形成了市民和市民社会，产生了市民精神：独立自治的政治地位和代议制政府机构的确立；人身自由、财产自由及平等观念

① 王世杰、钱端升：《比较宪法》，中国政法大学出版社，1997，第 15 页。
② 具体可参阅程乃胜《近代西方宪政理念》（安徽人民出版社，2006）和《基督教文化与近代西方宪政理念》（法律出版社，2007）。
③ 马长山：《国家、市民社会与法治》，商务印书馆，2002，第 64 页。

的传播；较强的共同体意识和民主参与精神，并形成了法律上的共同体。①在市民社会条件下，国家"被假定为法律的产物并尊重个人权利，甚至'把私人权利看成国家权利的最高准则'"，②而且注重对城市或自治社区的权利保护，因为它们是市民社会的载体，它们的权利与私人权利具有某种一致性。

如同带来个人权利和自由的要求一样，在我国，商品（市场）经济的每一次发展都会带来地方权力宪法化的要求。

抛开军阀割据的因素，商品经济的发展和史界所称的中国"民族资本主义发展的短暂春天"（1912～1918年）正好与民初的"地方主义与联省自治"思潮相契合，这不是简单的巧合，它实际上是商品经济发展打破中国传统社会自然经济平衡的必然。"我们或可从另一个角度去观察一下中国古代社会。农业化的特质，使农村显得安定而少变化，加上宗法制度与儒家不鼓励突破所造成的墨守成规，使基层的社会几乎停顿……一旦与地区性经济利害配合上以后，就会很快地形成为政治上所谓的'地方主义'。"③作为这种"地方主义"思潮的体现，从1920年开始，中国出现了所谓的"联省自治"与"省宪运动"，自1921年12月11日湖南省宪法通过后，四川、浙江、广东、福建、江苏、江西、湖北、安徽、云南、贵州、广西等省纷纷开展制定省宪、谋求自治运动。"联省自治的理论架构，既然是在以地方权力平衡中央权力，以保障民治之实现，所以联省自治运动的本质，便是在争取较多的地方权力。后来联省自治运动，虽未能完全成功，而成为中国正式的政治模式，但是地方分权精神之取向，却终为社会普遍容纳和吸收……甚而民国13年改组后的中国国民党……在其一全大会的宣言中，仍强调了有关中央与地方权限之规定。"④"联省自治"和"省宪运动"原因复杂，但经济因素是其中不可或缺的重要因素。

改革开放以后，特别是1992年邓小平南方谈话后，我国的经济体制迅速从计划经济向社会主义市场经济过渡，商品经济在我国取得了前所未有的巨大发展。与此同时，我国的经济与社会发展的不平衡问题也进一步加剧。地方不再像计划经济时代那样只是中央的代理人，地方有自己的利

---

① 参见〔美〕伯尔曼《法律与革命——西方法律传统的形成》，贺卫方等译，中国大百科全书出版社，1993，第440页。
② 马长山：《国家、市民社会与法治》，商务印书馆，2001，第27页。
③ 胡春惠：《民初的地方主义与联省自治》，中国社会科学出版社，2001，第2～3页。
④ 胡春惠：《民初的地方主义与联省自治》，中国社会科学出版社，2001，第340～341页。

益，这种地方利益的表现无处不在。大到立法与政策制定、国计民生，小到造桥修路，都有中央对地方的利益平衡及"何予何取"的问题。尽管在法律层面和国家行政管理活动中已经开始承认这种地方利益，开始实行有限的地方分权，如1994年中央与地方的"分税制"的实行等，但从1988年以来的四次修宪并未在地方权力宪法化方面有任何实际的步骤，修宪者对此问题采取了回避态度。这是一个明显的欠缺，它不仅不利于国家的宪政化进程，而且不利于地方积极性的发挥，会人为地加剧经济与社会发展的不平衡。

四 我国宪法规定地方权力的必要性和内容

第二次世界大战以后，单一制国家和联邦制国家在地方关系上出现了趋同的状况，单一制国家没有纯粹的集权模式，联邦制国家也不是单纯的分权模式，即"没有纯粹的中央集权模式，也没有纯粹的地方分权模式"，① 尽管各国的具体规定千差万别，但实行中央（联邦）必要集权与地方适度分权是几乎所有国家共同的模式选择。这不仅是一种潮流，更是国家经济和社会发展到今天在中央与地方关系上的一种必然结果。

（一）在宪法中规定地方权力的必要性

第一，20世纪80年代以来，"权力下放"是我国中央与地方关系的主旋律。首先，从1980年起，中央改变了"统收统支"的政策，推行了多种形式的财政包干制，扩大地方的财权，以调动地方的积极性。从1994年起，更是实行了划分地方事权的"分税制"，规范了中央和地方的分税关系。其次，下放了部分人事权，其中最典型的是确立了干部"下管一级"的原则，将原来地厅级干部的任免权下放到省一级。再次，下放了地方的部分事权，在注意地方财政利益的同时，加强了地方对具体事务管理的权力，具体如固定资产投资审批权、物价管理权、外贸管理权等。复次，下放了一大批国有企业。这些原中央企业的下放不仅增强了地方的经济实力，而且使地方的经济管理权力得到了加强。最后，切块下放了中央的经济特许管理权。如1982年对经济特区、1984年对14个沿海沿江开放城市

① 〔英〕伊夫·梅尼等主编《西欧国家中央与地方的关系》，朱建军等译，春秋出版社，1989，第97页。

赋予了较多的经济特许权力。中央权力的下放，其本质是一种地方分权，这种分权产生了许多积极作用。它不仅减轻了中央的决策与管理负担，而且形成了多层次多范围的决策机制，初步形成了国家权力运用中的层级管理模式和地方利益驱动机制，使得地方开始作为经济和社会发展的相对独立的主体而存在，初步形成了地方竞争的格局，极大地促进了经济与社会的发展。

第二，"权力下放"模式存在的问题。纯属政策层面的"权力下放"模式对于改变中央高度集权的格局，在改革开放之初有其积极的作用。但"权力下放"模式的问题也十分明显：其一，"权力下放"虽未直接违宪但并无宪法和法律依据。而在法治条件下，政府任何行使权力的行为都必须依据宪法和法律的明确规定。其二，"权力下放"造成了经济与社会发展新的严重不平衡。经济和社会发展不平衡现象在任何国家都存在，但在高度集权国家中，这种不平衡却有着明显的人为色彩。在"权力下放"模式下，人为的非法治的因素仍然居于决定性地位，最具"含金量"的经济管理放权政策如经济特区政策、沿海沿江开放城市政策等又完全不考虑这样的省份，甚至自筹资金的工业投资也受到中央的限制，严重影响了这些地方的发展。其三，"权力下放"模式的不确定性给中央与地方的权力划分带来了许多新的问题，如有的权力该放的没有放，而有的权力不该放的又放得过早；有的地方政府与中央讨价还价，对中央的政策阳奉阴违。近年来，许多地方在涉及全国统一的经济市场、农民工保护、教育收费、矿山安全、环境保护、税收减免等诸多方面挑战了中央的权威。

第三，既然"权力下放"是一种必然，那么就应该寻求"权力下放"的长效机制。我们认为，有效地解决"权力下放"模式的问题必须借鉴其他法治国家的成熟做法，确立地方自治原则，以宪法和法律规定中央和地方关系，使地方权力宪法化、法律化，即形成宪政层面的地方分权格局。2000年3月全国人大制定并通过的《立法法》，初步对中央与地方的事权划分作了规范，对协调市场经济条件下的中央与地方关系具有重要意义，这是一个良好的开端。

（二）中央与地方应分别行使哪些国家权力

我们认为，将来应通过对宪法的修订以及制定与之邻接的相关下位法，对中央与地方应分别行使的政治、经济、社会发展等方面的权力进行规制。概括地说：

第一，在政治权力方面。修改《选举法》和有关组织法，对由省级人民代表大会选举产生的干部在任期届满前不能调往他处任职，以尊重民意和维护地方人民代表大会的权威性。

第二，合理划分中央和地方事权。将除中央应保留的宏观调控手段以外的经济管理权限完全赋予地方人民政府；地方政府负责发展和维护本地的教育文化事业、社会事业、社会治安和社会秩序、环境保护等；中央财政对高等教育的投入要与高等学校面向全国的招生联系在一起。

第三，进一步完善中央与地方分税的财政体制，杜绝预算外资金的存在。规范中央与地方的分配关系，逐步建立起规范的中央财政对地方财政的转移支付制度，完善中央财政对于基础设施投入的法律，以完善中央政府对地方的财政支持方式。

具体地说，中央和地方权力在宪法层面可以作如下三类划分：

第一类，由中央立法并执行的事项包括外交、军事及国防、国籍及民刑商事法律、司法制度、航空铁路及邮政、中央财政及国税、国税与地税之划分、中央国有经济、中央银行及货币、度量衡、外汇外贸等。

第二类，由中央立法并执行或交由省县执行的事项主要包括省县自治通则、行政区划、森林工矿及商业、教育制度、银行及交易所制度、航运及海洋渔业、公用事业、合作经济、跨省水陆交通运输、跨省水利河道及农牧业、土地法、劳动法及其他社会立法、公共征收征用、人口调查及统计、移民及农垦、公共卫生、赈灾抚恤及失业救济、文物古迹之保护等。

第三类，由省立法并执行或交县执行的事项为省内教育卫生事业与交通、省县市政、省县公营事业、省县合作事业、省县农林牧渔及水利工程、省县财政及税收、省县银行及省县债、省县慈善及公益事业等。

（三）建立有效的中央对地方的监督体制

根据法国20多年实施《权力下放法案》的经验，传统的中央集权国家地方权力法治化之后，中央必须加强对地方权力的监督，改原有的"事前监督"为"事后监督"，主要是监督地方执行宪法与法律的情况。只有这样，才能确保地方"分权而不分离"，在新的条件下维护国家的团结统一。

综上所述，我们认为，中央与地方的利益冲突是客观存在，在法治国家建设过程中，必须将地方权力宪法化，这既是我国社会主义市场经济发展的必然、法治国家建设之必需，也是浩浩汤汤的世界宪政发展潮流之使然。地方权力的宪法化有利于真正体现人民主权原则，有助于持久调动地方的积极性，使国家的发展获得一种永续的动力。我们相信，只要在地方权力宪法化的同时建立有效的中央对地方的权力监督体制，就不会影响国家的团结统一。

北京等地行政区划调整的宪法分析

——以我国中央与地方关系的法治化为视野

张　震[*]

【内容摘要】本文考察了近期几例典型的行政区划调整，既涉及直辖市的市辖区，也包括省辖市的整体及局部区域调整，频率之高，幅度之广，为多年来罕见。在笔者看来，不应仅仅就事论事地看待这几例典型的行政区划调整，有必要对我国未来几年行政区划的走向及趋势进行思考，有必要对行政区划的调整进行类型化研究，行政区划调整的原则与标准的研究有必要进一步深化和细化。

【关键词】行政区划　中央与地方关系　法治化　区域平衡

一　引言：央地关系法治化视野中的行政区划调整

近一两年来，我国各地进行了一系列的行政区划调整。2010 年 7 月，国务院正式批复，同意撤销北京市东城区、崇文区，设立新的北京市东城区，以原东城区、崇文区的行政区域为东城区的行政区域；撤销北京市西城区、宣武区，设立新的北京市西城区，以原西城区、宣武区的行政区域为西城区的行政区域。除此以外，2009 年 4 月，国务院批复同意撤销上海市南汇区，将南汇区行政区域整体并入浦东新区。2009 年 10 月，国务院批复同意天津市调整部分行政区划，撤销天津市塘沽区、汉沽区、大港区，设立天津市滨海新区，以原 3 个区的行政区域为滨海新区的行政区域。2011 年 8 月，国务

---

* 中国人民大学法学博士，西南政法大学法学博士后，行政法学院副教授、硕士生导师，宪法教研室主任。

院批复同意撤销安徽省地级巢湖市，并对原地级巢湖市所辖的一区四县行政区划进行相应调整，分别划归合肥、芜湖、马鞍山三市管辖。尽管自 1982 年宪法实施以及 1983 年开始的市管县改革以来，我国各地的行政区划一直在不断地调整，其中甚至包括 1988 年海南设省以及 1997 年重庆恢复设置直辖市等这样的地方最高一级的行政区划调整；但是，不管是行政区划调整的频率、幅度还是涉及的级别，从整体上看，最近的行政区划调整显然应该引起人们更多的关注。

行政区划是一项重要的宪法制度，以一国的国家结构形式为前提，而一国的国家结构形式中一个核心的内容就是中央与地方权力的划分。因此可以说，行政区划的调整，实际上与单一制国家结构形式中的央地关系有密切的联系。在法治国背景下，央地关系的法治化是央地关系中最核心的命题。有学者认为，央地关系法治化不是一个空泛的概念，而是有其自身的丰富内涵。在规范层面，它要求将立法上的明确规定作为处理中央与地方关系的依据，特别是宪法、宪法性法律和自治法律中应有明确的规定；在实践层面，中央与地方权力机构需要严格遵守权力的法定划分，因违宪受侵害的权力应得到相应救济；在学理层面，需要研究和形成央地关系法治化的基本理论，并用以指导中央与地方关系的立法和实践。① 还有的学者指出，我国中央与地方关系的发展，应遵循八大原则，即统一性与灵活性相结合原则、集权与分权相平衡的原则、公民权利决定公共权力原则、调动地方积极性原则、行政区划与经济区域相协调原则、行政区域与司法区域相分离原则、公共权力运行效率最高原则以及中央与地方关系法制化原则。②

在笔者看来，央地关系法治化视野中的行政区划，具有特定的内涵，行政区划的调整应该坚持在法治的框架之内，行政区划的权限及具体程序、事项应该进行明确的法律分工，哪些属于中央的权限及事项，哪些属于地方的权限及事项，哪些属于中央与地方共享的权限及事项，应该有明确的条款规定；行政区划的调整，以单一制国家结构形式为前提，既应有利于国家的稳定与发展，也应该充分尊重和考虑各地的实际情形，应该尽量去除行政区划的主观性与随意性因素。北京等地的行政区划不断调整，显示出我国在未来

---

① 金亮新：《中央与地方关系法治化原理与实证研究》，《浙江学刊》2007 年第 4 期，第 145 页。

② 郑毅：《试论我国处理中央与地方关系的八大原则》，《岭南学刊》2010 年第 5 期，第 49 页。

的几年内行政区划较高频率和较大幅度调整的趋势，因此应该加强现有的关于行政区划的宪法及法律条款的解释，在合适的时机，甚至可考虑"行政区划法"的立法。

二 行政区划调整的原则

我国的行政区划调整将是一段时间里面较为重要的持续性的国家事项。从法治层面上看，行政区划的持续性和不间断性，必须以一定的原则为依据。事实上，我国行政区划的调整应该以单一制为前提，同时行政区划调整的原则与行政区划的原则既有联系，又有区别，具体来讲，央地关系法治化视野中的行政区划调整应该坚持以下几个原则。

1. 行政管理原则

行政区划调整中的行政管理原则，是指行政区划的调整应该在法治的轨道上坚持降低行政管理的成本，提高行政管理的效率。具体来讲，就是行政区域的面积和人口等的设置应该尽量合理。当然，主张提高行政管理的效率，并不意味着行政区划一味调大或缩小，应该根据不同的行政区划级别及各地的实际情形具体对待。目前我国省级区划数量过少，有些地级市的区划过大，相当多市辖区的区划面积偏小、人口偏少等，这些都是行政区划调整中应该充分运用行政管理原则予以注意和解决的问题。

2. 经济发展原则

行政区划以经济、社会发展的现实基础为前提；同时，合理的行政区划能够服务经济发展。但事实上，我国有些地方的行政区划并非以经济发展为主要考量，反而以政治因素为主导，经济中心和政治中心高度一致，导致有学者所讲的"行政区经济"。所谓"行政区经济"，是指由于行政区划对区域经济的刚性约束而产生的一种特殊经济现象。在现阶段，"行政区经济"具有五个特征：（1）企业竞争中渗透着强烈的地方政府经济行为；（2）生产要素跨行政区流动受到很大阻隔；（3）行政区经济呈稳态结构；（4）行政中心与经济中心的高度一致性；（5）行政区边界经济的衰竭性。[①] 笔者认为，"行政区经济"的存在某种程度上可以通过政府的"外力"在短期内促进某地经济数字的集中与攀升，但它并不符合经济规律；人为地干预经济的正常

---

① 陈晋肃：《21世纪中国行政区划体制改革的问题与出路——刘君德教授访谈录》，《探索与争鸣》2002年第4期，第2～3页。

发展，仅仅是短期行为，最终会造成经济失衡、后劲不足、重复建设、资源浪费等一系列问题。所以，这只能是过渡性的区划形态，在行政区划调整的时候，要避免此类现象，真正做到以经济发展为中心，尊重和体现有利于经济发展的基本原则。

3. 历史传统原则

所谓"历史传统原则"，即是指在进行行政区划调整的时候要充分考虑各种形式的地方区域的形成和演变的历史，要综合考虑语言、习俗等对行政区划的影响。

以往在进行区划的时候，有时对历史传统的尊重不够。如新中国成立后对于直辖市和少数省的调整就显得很随意。在我国现有的"省市县"三种地方建制的历史中，"县"的历史最长，最早设县的是秦国，在公元前688年，秦国设杜、郑两县。① 而且，县的建制在中国具有非常稳定的特点。"省"是在元朝开始设置的。元朝把全国分为一个中书省直辖区和十个行中书省，即岭北、辽阳、陕西、河南、江浙、江西、湖广、云南、四川、甘肃。在明朝设山东、山西、河南、陕西、四川、湖广、江西、浙江、广东、江西、云南、贵州、福建和南北直隶共15省。清朝将江南分为江苏、安徽，将陕西分为陕西、甘肃，将湖广分为湖北、湖南，加上明朝的15个为"内地十八省"；另外设台湾省、东北三省、新疆省；同时，还有内、外蒙古，西藏、青海等省级单位。相比之下，"市"的历史在中国最短，在民国时期才开始设市。基于这样一个地方建制的历史，在行政区划调整的时候，应该合理对待"县制"；同时，"省"和"市"，特别是"市"可以作出大的符合宪法和历史传统的调整。

语言和习俗等是传统文化的积淀和载体，语言相同，会使人们产生强烈的认同感，凝聚力无疑会增强，这些也会对行政区划产生实际影响。

4. 区域平衡原则

如前所述，行政区划应以一国经济、社会发展的现实为基础，反过来，行政区划的合理调整也会推动一国经济、社会的发展。行政区划调整中的区域平衡原则是一个带有综合性质的原则，是指实现在我国的东、中、西部和南、北方有差别的地域之间，各地的人口以及经济、政治等方面的相对平衡。

我国的东、中、西部地区存在极大的发展差异，三大区域之间在经济、

---

① 张崇琛：《中国古代行政区划的变迁》，《秘书之友》1994年第9期，第39页。

人文等方面的巨大差异要求在进行行政区划的时候，应充分正视这一现实，并作合理的区别对待。但一直以来的行政区划，似乎更有利于东部地区，有力的证据就是中国的四大直辖市，东部占了三个。在西部大开发的背景下，近年对西部的行政区划有所倾斜，如在重庆设立直辖市。但是，似乎把中部地区给忽略掉了。中部六省（山西、河南、湖北、湖南、安徽和江西）有4亿人口，基本上以农业地区为主，是中国的中心地区而且是中华民族的发源地，所以不管是重视解决中国的农村问题，还是整体上提高中国的经济社会发展水平，中部地区在行政区划的时候都应该充分考虑。事实上，有很多资料表明中部这几年与东部的差距越来越大，甚至有一些发展指标已落后于西部。①同时，西部地区还存在一个西北和西南的问题，西北和西南在各方面也有很大的不同，这也需要平衡考虑。另外，我国南北方的气候和人文差异也是巨大的，这无疑对行政区划会有实际的影响。对于中国南、北方的分界，一种说法是以长江为界，一种说法是以秦岭、淮河为界。但实际上南北方的分界存在一个明显的过渡带，并不仅仅是一条线。因此，在行政区划时应充分考虑这一点，否则不利于各地发展。目前，北方地区的经济有两大特点，即重工业发达和传统农业经济主导，南方的重工业不是很发达而商品经济意识强于北方。所以，在进行行政区划的时候，要针对不同特点作出不同的区划。

具体到我国的省级行政地方来讲，我国面积最大的省级地区新疆比面积最小的海南省大几十倍，同时人口最多的河南比人口最少的西藏也多几十倍。这种划分，显然与行政区划的基本原则如有利于经济建设、便于行政管理等是不符合甚至是矛盾的。因此，在行政区划调整时应考虑这一点。必须要说明的是，笔者所讲的区域平衡仅仅是相对平衡，绝对平衡是毫无意义的，只会使复杂问题过于简单化，最后反而更加复杂化。

综观北京等地的行政区划调整，北京四个城区合并为两个城区，更多的体现了行政管理的原则；上海浦东新区和天津滨海新区的行政区划调整，主要以行政管理原则为基础，配合国家级新区的经济、社会综合协调可持续发展；安徽的行政区划调整，更多体现了经济发展的原则。事实上，任何一次行政区划的调整，均有自己合理的原因，往往是行政区划调整原则的综合反映，需要注意的就是，以行政区划调整的原则来检视行政区划调整的合理性

① 相关数据可参看中部发展创新网、中国地区发展报告网、湖南统计信息网等。

与合法性，这是法治化视野中的行政区划调整的基本要求。行政区划的调整，并非"存在即合理"，以往的行政区划的调整表明，在法治的轨道上坚持应有原则，是保证行政区划正确的前提。

三　行政区划调整中涉及的公共利益与公民权利

尽管行政区划的调整属于国家相关权力的具体行使，但其并非孤立的国家权力的运行；从宪法基本矛盾①的原理看，国家权力与公民权利是派生与源泉的关系，公民权利产生国家权力，国家权力服务公民权利，国家权力的运行必然涉及公民权利的享有。因此，行政区划的调整，不能仅仅从国家权力的单一视角去审视，必须认真对待其涉及的公共利益和公民权利。

根据《牛津高级英汉双解词典》的解释，公共利益是指"公众的、与公众有关的或为公众的、公用的利益"。在我国的宪法文本中，公共利益是出现频率较高的概念，在1949年中华人民共和国成立后的历部宪法中均有规定，尤其是1982年宪法，特别是2004年修宪以来，在学界引起了更多的关注。有学者指出，我国宪法文本中的公共利益大体上具有如下含义：（1）公共利益是社会共同体的基础，是社会各种利益的整合，反映了宪法共同体价值体系的基本要求；（2）我国宪法文本中的公共利益强调了国家作为公共利益维护者的功能；（3）在公共利益的内容上，文本中的公共利益以公共秩序或社会秩序为基本价值取向，突出了公共利益的工具性价值；（4）文本中的公共利益、社会利益与国家利益是有区别的，从性质上讲，国家利益主要是以国家为主体而享有的利益，而公共利益主要是由社会成员享有的实际利益；（5）我国宪法文本中的公共利益与民法、合同法等法律中的"社会公共利益"是不同层面的概念，普通法律上的"社会公共利益"应以宪法的规定为基础，受其价值的制约。②

行政区划调整中涉及的宪法层面上的公共利益主要包含两个方面：其一，充分尊重公众的区划意愿及利益，充分考虑各地的实际情形。当然，这里面实际上会涉及公民的一些基本权利。其二，行政区划的调整最终能够促进国家及社会的稳定及发展。尽管公共利益与社会利益和国家利益在利益主

---

① 文正邦主编《宪法学教程》，法律出版社，2005，第74~75页。
② 韩大元：《宪法文本中"公共利益"的规范分析》，《法学论坛》2005年第1期，第7页。

体及具体内涵上均有不同，但是公共利益本身并非是抽象的，需要物化和具体化，在传统的法律概念中，任何的公众均属于特定的国家或社会，在此种意义上，公共利益与国家利益、社会利益有交集和重合。通过行政区划的调整对国家和社会的稳定及发展的促进，实际上能惠及公共利益，这是对公共利益的尊重和反映。

行政区划调整中涉及的公民的基本权利主要包括参与权、建议权及知情权等。行政区划的调整，并非只是国家权力的单方行使，区划的调整对公众的利益有直接或间接的影响，因此公民对行政区划调整的参与具有理论基础。当然，参与的程度、内容及具体方式，需要在平衡考虑国家利益与公众利益的基础上确定，同时也需要对公民参与行政区划的调整进行利益衡量。与公民对行政区划调整的参与权不同，公民建议权的概念更具体、明确，同时在程度和范围上，较参与权为低。在行政区划的调整中，公民可以提出合理化的建议，而且合理化建议有被采纳的权利。与公民在行政区划调整中的参与权和建议权均不同，公民的知情权是最基本的、底线的权利，由于行政区划的调整对公民的利益有潜在影响，因此公民应当享有行政区划调整的足够知情权。

最近进行的几例行政区划调整的典型事件中，是否体现和尊重公共利益，事实上是否能推动国家、社会以及当地的发展，尚不得而知，按照合宪性推定的原则及理念，只能暂时假定其合乎公共利益，这最终需要通过一个合理的时间段来考量。但是谈到公民的参与权及建议权，从目前可获得的资料来看，这几次典型的行政区划调整，似乎均未涉及；甚至在 2011 年 8 月进行的安徽相关地市行政区划调整的事件中，连公民的知情权这一底线权利，也未予尊重和保障。安徽此次的行政区划调整，进展速度相当之快，公民在此前后所获得的信息非常之少，无法对自己的潜在利益作出合理判断。从这个意义上说，这样的行政区划调整存在法律上的较大瑕疵。

四　代结语：对宪法相关条款的可能影响

最近几例典型的行政区划调整，既涉及直辖市的市辖区，也包括省辖市的整体及局部区域调整，频率之高，幅度之广，为多年来罕见。在笔者看来，不应仅仅就事论事地看待这几例典型的行政区划调整，有必要对我国未来几年行政区划的走向及趋势进行思考；有必要对行政区划的调整进行类型化研究，行政区划调整的原则与标准的研究也有必要进一步深化和细化。事实上，最近各地一直在推行的省直管县体制，也必然会对行政区划的调整产生影响。还有，重庆的两江新区，作为第三个国家级新区，其行政区划调整是步前两大国家级新区上海浦东和天津滨海之后尘，还是另有创新？这一系列与行政区划调整有关的问题，均需要在宪法及法律层面上回答。

进一步而言，当行政区划调整以及行政区划调整的类型化研究已相对稳定和成熟后，这种事实上的变化及理论上的发展，有可能对我国宪法相关条款产生一定的影响，即或解释或修改。在我国宪法文本中，最直接、最集中规定行政区划的是宪法第 30 条，中华人民共和国的行政区域划分如下：（1）全国分为省、自治区、直辖市；（2）省、自治区分为自治州、县、自治县、市；（3）县、自治县分为乡、民族乡、镇。直辖市和较大的市分为区、县。自治州分为县、自治县、市。自治区、自治州、自治县都是民族自治地方。该条于 1982 年制定后，我国的行政区划已发生了较大的调整及变化，结合实际情形，可以发现该条的任何一项规定似乎均存在一定的问题。第一，全国分为省、自治区和直辖市。如何解释现有的香港和澳门特别行政区以及以后是否允许出现新的省级及省级以上地方的区划形式？尽管香港和澳门特别行政区可以找到宪法依据即现行宪法第 31 条，同时香港和澳门属于特别行政区，不同于普通行政地方，但毕竟香港和澳门仍然是中央政府领导下的一级地方行政区域，而宪法第 30 条指的是中华人民共和国的行政区域划分，并非仅仅规定普通的行政区域。第二，省、自治区分为自治州、县、自治县、市。此处的"市"到底是什么性质或级别的市？如果指县级市，那么地级市的宪法地位在何处体现；如果指地级市，规定在县及自治县后显然不符合常理。自 1983 年市管县制度改革以来，我国出现了大量的地级市；而最近几年的省管县体制，又对现行的地级市产生了较大的影响，地级市如何调整，全部不再辖县，还是局部调整？现行宪法第 30 条自 1982 年规定以来，似乎一直对该问题不予置可。事实上，我国目前的"市"是最为复杂甚至有些混乱的，[①] 宪法有必要对该问题予以回应。第三，直辖市和较大的市分为区、县。此处"较大的市"具体内涵是什么，如何与《立法法》以及国务院相关的规范性文件相衔接？直辖市分为区县，是否意味着不允许直

---

① 张震：《试论中国行政区划改革的原则》，《宪法与行政法论坛》（第 2 辑），中国检察出版社，2006，第 77~78 页。

辖市的下一级行政区划出现新的形式；如果出现了新的形式,^① 宪法应如何应对？

理论是灰色的，生活之树常青。关于行政区划的理论以及宪法、法律的规定必须要规范和回答现实中的行政区划调整及变化，这是法治国原则在行政区划这一具体问题中的体现与必然要求。

---

① 重庆市在 1997 ~ 2006 年之间，曾经出现过下辖江津市、永川市、合川市和南川市等四个"市辖市"的区划，当然，随着 2006 年江津市、永川市、合川市和南川市分别调整为江津区、永川区、合川区和南川区，这一区划形式得以终止。同时，我国目前存在较多的地级以上的市辖县级市的情形，这也不符合现行宪法第 30 条的规定。

我国区域合作中法制协调机制的合宪性检视

冉艳辉[*]

【内容摘要】在区域协调发展过程中，法制协调机制起着十分重要的作用。目前的区域法制协调机制包括行政协议、地区之间的立法协作、统一立法协调等多种方式。上述方式的合宪性值得深究。宪法和相关法律对于中央与地方权力的分配状况，是检视区域法制协调机制合宪性的切入点。在目前的宪政体制之下，区域间的立法合作存在风险，行政协议是可行的办法，但是其约束力和执行力还有待加强。

【关键词】区域合作　法制协调　合宪性

随着经济增长方式的转变和国家对区域间协调发展的重视，各类经济一体化合作区域如雨后春笋般出现，而且还有持续发展之趋势。例如，继"长三角"、"珠三角"、"环渤海经济区"等合作区域之后，2011 年 5 月，国务院又批准成立了"成渝经济区"。[①] 区域经济一体化超越了省、市、县等原有的行政区划界限，形成跨行政区划的经济区域。经济发展需要在区域内形成统一的市场，各地政府的行政管理则受到地域、事务和级别管辖权限的限制，经济一体化与行政区划之间的矛盾致使法制协调机制成为区域合作的重要手段。在我国现行宪政框架之下，哪些区域法制协调机制更具可行性？这是目前引起学界关注的问题。"在任何一个国家，中央与地方关系都将直接决定整个国内政府间关系的基本格局。因为中央与地方关系决定着地方政府

＊　重庆工商大学讲师，法学博士。
①　参见国务院 2011 年 5 月印发的《关于成渝经济区区域规划的批复》（国函〔2011〕48号）。

在整个国家机构体系中的地位、权力范围和活动方式，从而也就决定了地方政府体系内部各级政府之间的关系，决定了地方政府之间的关系。"① 因此，宪法和法律对中央与地方权力的分配状况，将是本文对区域法制协调机制进行合宪性检视的切入点。

一 我国区域合作中的法制协调机制概述

（一）实践中的区域法制协调机制

1. 行政协议的方式

行政协议是"长三角"区域法制协调的重要方式，例如《长江三角洲旅游城市合作宣言》、《关于以筹办"世博会"为契机，加快长江三角洲城市联动发展的意见》、《关于开展人事争议仲裁业务协助和工作交流的协议》和《关于三地引进国外智力资源共享的协议》等。2004 年 2 月 24 日，广东与广西政府签署了合作协议；2004 年 3 月，十个省区市签订《泛珠三角经济圈九省区暨重庆市道路运输一体化合作发展议定书》；2004 年 6 月，粤、闽、赣、桂、琼、湘、川、滇、黔 9 省区和港、澳 2 个特别行政区共同签署了《泛珠三角区域合作框架协议》。至此，泛珠三角地区的政府间协议制度进入繁荣阶段。

2. 立法协作的方式

2006 年 1 月，辽宁、黑龙江和吉林三省共同签署了《东北三省政府立法协作框架协议》，这是我国首部区域政府立法协调协议。按照框架协议，东北三省政府的立法协作将采取三种方式：对于政府关注、群众关心的难点、热点、重点立法项目，三省将成立联合工作组；对于共性的立法项目，由一省牵头组织起草，其他两省予以配合；对于三省有共识的其他项目，由各省独立立法，而结果三省共享——这被分别概括为紧密型、半紧密型和分散型的协作。②

3. 统一立法的方式

与长三角经济区域、环渤海经济区域等区域不同的是，整个珠三角地区都隶属于广东省，在立法、行政管理等方面有其共同上一级机关即广东省人

---

① 林尚立：《国内政府间关系》，浙江人民出版社，1998，第 19 页。
② 参见钱昊平《东北三省横向协作立法 能否一法通三省受关注》，2006 年 8 月 4 日《新京报》。

民代表大会及其常务委员会和广东省人民政府，这对于珠三角地区的法制协调来说是一个极大的优势。因此，广东省人民代表大会常务委员会制定了《广东省珠江三角洲水质保护条例》，《广东省珠江三角洲城镇群协调发展规划实施条例》，广东省人民政府制定了《广东省珠江三角洲大气污染防治办法》等，以协调区域内的法制冲突。① 此外，2007 年底，湖南省人民代表大会常务委员会审议通过《湖南省长株潭城市群区域规划条例》，为长沙、株洲、湘潭等地的法制协调奠定了基础。

（二）理论界对于区域法制协调机制的构想

1. 主张以行政协议的方式实现区域法制协调

有学者认为："地方人民政府以行政协议的形式来处理行政区域边界纠纷，法律上是允许和承认的。同样，地方人民政府以行政协议的形式来协调共同面临的发展问题，也并无不妥。由此看来，为了实现区域经济一体化，区域政府间缔结各种行政协议，在主体资格上并无瑕疵。"② 目前，在"长三角"、"珠三角"等区域，大多采用的是行政协议的方式进行区域间的法制协调。据此，有学者认为，政府间的行政协议是实现区域法制协调的主要方式。③ 以美国经验为借鉴，美国联邦宪法第 1 条第 10 款第 1 项规定，"任何一州，未经国会同意……不得与他州或者外国缔结协定或契约"。但是，我国"宪法中'行政协议条款'的缺失使得依法行政原则难以维系"。④ 因此，加入有关行政协议的规定，是我国宪法修正时应当考虑的内容。⑤

2. 主张以立法协作的方式实现区域法制协调

对于目前区域合作中签订的大量行政协议，有学者认为虽然其起到了一定的作用，"但是仅为合作的初始形式，而且行政机关能否决定地区间的合作是存在疑问的。根据宪法和地方组织法的规定，人大是权力机关，行政机关是执行机关，人大行使立法权和重大事项的决定权，像地区合作这样重大

---

① 参见石佑启、黄新波《珠三角一体化的政策法律冲突及其协调》，《广东行政学院学报》2011 年第 3 期。
② 叶必丰：《我国区域经济一体化背景下的行政协议》，《法学研究》2006 年第 2 期。
③ 参见何渊《泛珠三角地区政府间协议的法学分析》，《广西经济管理干部学院学报》2006 年第 1 期。
④ 参见何渊《试论美国宪法中的"协定条款"及对我国的启示》，《中国地质大学学报》（社会科学版）2007 年第 1 期。
⑤ 何渊：《地方政府间关系——被遗忘的国家结构形式维度》，《宁波广播电视大学学报》2006 年第 2 期。

的事项，行政机关应当报由人大及其常委会审议决定。"① 《东北三省政府立法协作框架协议》所确立的发送通报、每年一次的联席会议、立法草案共享等做法，对解决区域内立法横向冲突具有一定的作用，但其实质只是一种立法上的交流、借鉴，真正意义上的立法协作并不止于此。美国的州际协议并不是行政协议，"尽管由州长签署，但要经州议会批准，并作为正式法律文本在本州公布，编撰入本州法典和国家法典，实质上是各州为解决共同问题而采取的共同立法行动的表现形式。"② 因此，建议采用地方之间联合立法的方式实现区域法制协调。不过，区域内的共同立法项目还是采取由协作方的省、市立法主体各自审议通过的方式予以制定。在形式上也不冠以"长三角"之类名称，而仍用所在省、市名称，具体表现仍为各省、市通过的地方性法规、地方政府规章。这样一来，不会对我国现行立法体制造成较大冲击。

3. 主张以统一立法的方式实现区域法制协调

主张以统一立法的方式实现区域法制协调的观点具体又可分为两种：一是采用地方层面的统一立法；二是采用中央层面的统一立法。

在地方层面，像珠三角地区那样，在同一个省市内采取统一立法实行区域法制协调并不存在什么问题。但是跨省市的区域法制协调，则面临着困难。有学者认为，由于中央行政立法缺乏针对性，而地方政府规章的范围又过于局限，因此可以在中央立法和各省市立法之间加上区域行政立法，即在法制统一的前提下，经国家权力机关或国务院授权，由相关省市政府在协商自愿的基础上组成区域行政立法委员会，作为区域行政立法机构，制定能在相关省内统一适用的行政立法。③

建议在中央层面进行法制协调的学者认为："我国由于机构改革大大滞后于区域经济发展，目前中央政府尚未建立起专门性的区域协调机构，这完全有悖于区域合作的基本原则和发达国家的普遍做法。在西欧国家，议会中都有永久性的或临时性的专门委员会，其职能是既介入一般区域管理与规划制定，又参与最严重的区域问题。因此，中央政府设立一个负责区域管理的综合性权威机构：区域协调管理委员会。"④ 同时，要制定国家区域开发方面

---

① 王腊生：《地方立法协作重大问题探讨》，《法治论丛》2008 年第 3 期。
② 王腊生：《地方立法协作重大问题探讨》，《法治论丛》2008 年第 3 期。
③ 参见方世荣、王春业《经济一体化与地方行政立法变革——区域行政立法模式前瞻》，《行政法学研究》2008 年第 3 期。
④ 陈瑞莲等：《区域公共管理理论与实践研究》，中国社会科学出版社，2008，第 314 页。

的法律，如西部开发法、东北老工业基地振兴法等，由此形成完善而统一的区域法制协调机制。另外，也有学者认为，区域合作往往涉及财政、税收、海关、金融和外贸在省级行政区域之间合作的基本原则和基本方式，这些都是国家立法的范围，因此有必要在中央层面实行法制协调。①

二 区域合作中法制协调机制的合宪性评述

（一）宪法中的地方自主权

我国现行宪法对中央与地方权力划分的明确规定体现在第 3 条第 4 款，即"中央和地方的国家机构职权的划分，遵循在中央的统一领导下，充分发挥地方的主动性、积极性的原则"。对于地方自治制度，宪法仅在民族区域自治制度和基层群众自治制度中有所规定，对于除上述自治区域以及特别行政区之外的其他区域，在多大程度上享有地方自主权，宪法语焉不详。基于单一制国家的特点，地方各级人民代表大会是地方国家权力机关，地方各级人民政府是地方国家行政机关，地方应当遵循中央的统一领导，并且只能在自己的行政区域内行使职权。因此，上述区域法制协调机制是否具有合宪性，的确是值得深入探讨的问题。

有人认为，宪法虽然没有明确规定中央与地方的权限划分，"但若将之置于以人性尊严和个人基本价值为中心的公民基本权利和义务一章的法治精神之下，并结合宪法第三章第五节地方各级人民代表大会和地方各级人民政府均被赋予不同程度管理本地区自主权的相关规定，及后来被视为中央与地方关系宪法精神之延续的《立法法》内容来看，我国在中央和地方的关系上，尽管以民主集中制为原则，实行中央集权，但并不意味着抹杀地方的特殊性和相对独立性，而将一切社会生活领域都交由中央统筹管理，相反，在现行的宪政架构中甚至已包含了地方自治、地方分权、权力下放等结构性安排"。② 但是笔者认为，地方自治、地方分权与权力下放是完全不同的概念，从"人性尊严和个人基本价值"或者宪法、立法法的相关规定上看，中央与地方的确存在分权，中央权力的下放也是事实，但是对于一般的行政区域来

---

① 参见韦以明、周毅《区域合作经济的国家立法回应———以泛珠三角区域合作为主例》，《学术论坛》2006 年第 10 期；宣文俊：《关于长江三角洲地区经济发展中的法律问题思考》，《社会科学》2005 年第 1 期。

② 陈丹：《我国区域法制协调发展的若干宪法问题思考》，《云南大学学报》2008 年第 4 期。

说，在多大程度上存在"地方自治"还值得商榷。对于地方自治权的本质，虽然有承认说（自治权源自国家之承认）、固有权说（自治权乃地方自治团体固有之权限）、制度保障说（自治权是宪法所保障之制度）、人民主权说（基于人民主权原理，权力划分应遵循"地方优先、国民补充"之原则）等各种学说，① 但是从我国宪法文本和宪政实践看，除民族自治区域、基层群众自治、特别行政区之外，一般地方政府并没有受到明确保障的自治空间。

当然，"许多事实表明，近代以来，资本主义国家也好，社会主义国家也好，全国性政府集权的趋势与区域性政府分权、自治的趋势是并存的。"② 而且，从社会发展的基本趋势上看，国家权力行使权在国家机构体系内纵向配置的重心会从全国性政府向区域性政府下移。但是，"由于社会经济发展的阶段性差别，不同阶段的社会经济生活内容对国家权力行使权纵向配置状态的要求是不一样的，甚至在同一阶段的不同时期也有很大差别"。③ 作为国家的根本法，"宪法通常表现为一个以公民的名义，划分或配置社会的全部'权'，尤其是其中法定之权的总方案"。④ 因此，笔者认为，在一定社会发展阶段，地方享有多大的自治权，只能以当时的宪法文本为依据，不能仅仅从理论上进行推定。

（二）我国区域法制协调机制的合宪性

首先，对于行政协议来说，综观我国现行《宪法》、《地方各级人民代表大会和地方各级人民政府组织法》（以下简称《地方组织法》）以及《立法法》等相关规范，都没有像美国联邦宪法第1条那种政府间协议条款。但是，这并不能说明上述区域合作的行政协议都不具备合宪性基础。我国区域合作中的行政协议，目前大多以"宣言"、"协议"、"共识"等形式出现，并不具有强制约束力和执行力。根据《宪法》第107条和《地方组织法》第8条的规定，地方政府享有一定的行政管理权，上述行政协议可以视为地方政府的行政管理手段。当然，上述协议要具备约束力和执行力，还需要有权机关将其转化为正式的立法。

---

① 参见蔡茂寅《地方自治立法权的界限》，《台湾行政法学会学术研讨会论文集（1999）》，元照出版有限公司，2001，第333页。
② 童之伟：《法权与宪政》，山东人民出版社，2001，第327页。
③ 童之伟：《法权与宪政》，山东人民出版社，2001，第328页。
④ 《中国大百科全书》总编辑委员会编《中国大百科全书：法学》（修订版），中国大百科全书出版社，2006，第545页。

其次，对于地方政府的立法协作，由于其只是立法机关之间互通消息、相互沟通的一种途径，并不涉及立法权的变动，因此也不涉及违宪的问题。

最后，对于采取统一立法方式实行的法制协调，要分情况分析。对于区域内各地政府联合立法（例如建立区域行政立法机构）的做法，从理论上说，确实可以通过全国人大及其常委会或者国务院的授权得以实现。但是，正如有学者所言，这种做法会使该经济合作区域实质上成为一个独立的行政区域，从而引起国家行政区划的变更。而且，该区域立法主体制定的规范之效力等级、备案审查等问题的解决，还需要对《宪法》、《地方组织法》、《立法法》等法律规范的修改。[①] 否则，上述统一立法方式就不具备合宪性。在中央层面进行法制协调的话，中央政府只能在宪法和法律明确规定的职权范围内行事，凡是地方政府之间能够处理的事情，中央政府不应介入。

三　构建合宪的区域法制协调机制

在实行联邦制的国家，是"由全国性政府同区域性政府分享主权权力"，[②] 区域性政府的权力要大得多。而在单一制的国家结构形式下，由于在宪法中缺乏明确的中央与地方权力划分标准，地方政府的自治权随时可能被中央政府剥夺。因此，在我国实行区域政府间的立法合作，面临着较大的困难。

目前我国区域合作的法制协调主要依靠行政协议进行，行政协议具有灵活、高效的特点，但是，由于行政协议缺乏法律规范的约束力和强制执行力，致使政府间合作的推行随意性和偶然性较大。因此，行政协议签订之后，各地政府还必须通过行政立法和制定地方性法规的方式转化行政协议的内容，才能真正加以落实。

[①] 李牧：《城市圈架构下的立法主体模式探究》，《法商研究》2009 年第 5 期。
[②] 童之伟：《单一制、联邦制的区别及其分类问题探讨》，《法律科学》1995 年第 1 期。

第四编
中国宪法史研究

立宪共和之民初启蒙及反思

王书成*

【内容摘要】共和在很大程度上对立于专制。面对晚清政府的沦陷，以孙中山为首的革命派以"共和"为旗帜成功开启了中国历史上的共和国时期，但民初共和国随后便偏离了共和的轨道。虽然史学界对此已有诸多研究，但在一定程度上缺乏从宪法学、政治学等社会科学角度的认知。从阿伦特的共和与革命理论来看，立宪共和与现代革命休戚与共。辛亥革命的成功，从共和的角度来说，在一定程度上归因于革命和共和的交融，但之后的失败则在于未知共和之原理。通过勾勒民初立宪共和的历史图景，结合立宪共和的现代图景，尝试进行一种穿梭式反思，以启示当下共和国建设。

【关键词】立宪共和　革命　民初　人民主权　正当性

辛亥革命无疑在中国历史上划开了帝制和共和两个时代。虽然"中华民国"的创立，提倡人民主权的《临时约法》的公布，使得"共和"的雏形在中华大地得以显现。但民初"共和国"之建构不久便成为历史的泡影。讨伐袁世凯的二次革命以失败告终，使得为"共和国"的成立作出巨大贡献的孙中山等人旋即处于"逃亡"状态。这种历史上的骤变在让革命家们为之震惊的同时，也不由得让人去深刻反省其中的缘由。① 虽然学术界对民初"共和"之浮现与沉沦进行了诸多知识性思考，但产出主要来自史学界。史学式叙事对事实固然有澄清与启示之效，但如阿伦特所言，历史学家是故事讲述者，就革命而言，往往侧重于叛乱和解放这一最初的暴力阶段，侧重于反暴

---

* 香港城市大学中国法与比较法研究中心（RCCL）研究员，法学博士、政治学博士后。

① 参见〔日〕狭间直树《对中国近代"民主"与"共和"观念的考察》，中国史学会编《辛亥革命与20世纪的中国》，中央文献出版社，2002，第1592页。

政的起义，而轻视略显平静的革命和建构的第二阶段。相比较而言，政治科学家则至少懂得如何避开历史学家的陷阱。① 从目前史学研究的角度来看，一般认为，辛亥革命乃至所宣告"立宪共和"的失败，主要原因在于"只知共和，不知共和之原理"，② 但对于为何"不知共和之原理"着墨甚少，虽然于历史片断中在"君主制"与"共和制"的抉择上曾发生过激励的争辩与较量。③ 这在一定程度上也印证了阿伦特对于史学局限性的论断。诚然，国内史学家时常批评海外学者过于注重社会科学理论，④ 这种批评固有其理，但对于立宪共和⑤的民初启蒙来说，当前在很大程度上缺少的也许正是社会科学理论之精义。⑥ 为此，有必要在描绘立宪共和民初启蒙的历史图景中，从宪法学、政治学等社会科学的角度来对民初立宪共和的知识图景进行比较认识，这对现代共和国而言，同样具有不可忽视的价值及意义。

一 立宪共和的知识启蒙："立宪派"与"革命派"之争

从鸦片战争惊醒中国封闭的帝制社会开始，面对西方国家在军事、经济、科技、文化等各方面的强大优势，晚清政府虽然试图通过洋务运动等努力来挽救这个摇摇欲坠的中华帝国，但已力不从心。当时的晚清政府，一方面由于帝权太重，于是国家的若干重要制度，均呈现僵化状态，而政治制度在整体上又是权限不分、职任不明且名实不符；另一方面，晚清政治脉象的最大弱点就是贪污纳贿，吏治不修。在这种"帝权太重、内政不修"的制度

① See Hannah Arendt, *On Revolution*, Pelican Books, 1973, p. 142.
② 参见〔日〕狭间直树《对中国近代"民主"与"共和"观念的考察》，中国史学会编《辛亥革命与20世纪的中国》，中央文献出版社，2002，第1593~1594页。
③ 如《明报》与《新民丛报》之间的论争。参见精卫《再驳新民丛报之政治革命论》，《民报》，1908，第7号，第54页。
④ 同时，学者郭绍敏指出，国内史学学者的社会科学理论训练普遍不足也为当前的主要问题。参见郭绍敏《清末宪政改革与现代国家建设》，《读书》2011年第5期。
⑤ 对于republic（共和），在不同的中文语境下有多种表述，如国家意义上的"共和国"，古典意义上的"共和"，中国语境下的"民国"，学说意义上的"共和主义"，在很大程度上都具有学理上的相通性，虽然不同语词之间略有差异。对于Constitutional Republic，也可称其为"宪政共和"。本文在概念上采行"立宪共和"，以在一定程度上表明共和与立宪主义两者在历史及现代语境中的交融，以及民初启蒙中于此所作的努力。
⑥ 有学者指出目前国内史学学者的社会科学理论训练普遍不足，也许是缺少社会科学理论分析的原因之一。参见郭绍敏《清末宪政改革与现代国家建设》，《读书》2011年第5期。

情景下，再加上财政枯竭、军事废弛，① 可以预见，全面的政治革新运动势在必行。19 世纪 60 年代开始的自强运动，至中日甲午战争，为时三十余年，结果均以失败告终，这让国人逐渐认识到必须着手政治改革，进行变法。康有为在上书《统筹全局疏》中更谓，世界各国，皆以变法而强，守旧而亡。② 但由于慈禧等当权者的反对，最终以光绪被囚、戊戌六君子抛下头颅而告终。在晚清帝国逐渐沦陷，西方列强不断入侵，爱国革命热情持续高涨的情境下，以孙中山为首的革命派逐渐成长壮大。在洋务运动、戊戌变法、清末新政等"自强"式变革均未能使强国梦如愿以偿的情势之下，曾寄希望于清朝自我图强的知识分子（如孙中山、章太炎等）③ 最终意识到，必须要突破清朝帝制框架，发起击碎旧体制的大举动。但是在这样复杂的情景下，对于中国究竟应该走温和的改良立宪路线，还是走彻底推翻清廷的革命路线，则出现了一场具有知识启蒙意义的思想大论战，论战的焦点问题主要围绕要不要用暴力革命推翻清政府，建立一个民主共和国家而展开的。"战场"分别为《民报》与《新民丛报》。④ 概括起来，与立宪共和密切相关的论战要点主要表现在⑤：

第一，要不要进行民族革命。《新民丛报》否认民族压迫，且此阵营代表梁启超说："举国人民，其在法律上本已平等，别无享特权者。"而且认为革命必致内乱，内乱必致列强干涉，召来瓜分，所以应设法改良目前的政府。《民报》则认为"满洲之对于汉民也，元一不虐"，满族统治者对其他民族同样也实行民族压迫。不仅如此，清王朝还变成了帝国主义的"守土长官"，而且革命为内政问题，并非排外，国际情势不许瓜分中国，纵令引起干涉，也不足惧，反促其国民敌气。现政府无改良可能，唯有将其推翻，所

---

① 参见荆知仁《中国立宪史》，台北联经出版事业公司，1984，第 17、22、25 页。

② 参见郭廷以《近代中国史纲》，香港中文大学出版社，1979，第 304 页。

③ 青年时代的孙中山受到郑观应、何启等人影响，曾试图在现存政体内部用和平方式救治中国。参见孙中山《致郑藻如书》、《上李鸿章书》，中国社科院近代史所等编《孙中山全集》第 1 卷，中华书局，1981。

④ 先后参加者，《民报》方面有汪兆铭（精卫）、胡汉民（衍鸿）、陈天华、章炳麟等，《新民丛报》方面为梁启超等。参见郭廷以《近代中国史纲》，香港中文大学出版社，1979，第 368 页。

⑤ 这些论战内容表现在陈天华的《论中国宜创民主政体》，汪精卫的《民族的国民》、《希望满族立宪者盍听诸》，梁启超的《开明专制论》、《申论种族革命与政治革命之得失》等文章之中。当然，论战还涉及了土地国有等问题。相关内容参见郭廷以《近代中国史纲》，香港中文大学出版社，1979，第 369 页。

以，要想救国就必须进行民族革命。既然要进行民族革命，那么《民报》认为排满为排满族的恶劣政府，满族既倒，国内其他民族自可融合，排满为政治革命的先决条件，希望满洲立宪为不可能之事。而《新民丛报》认为汉人尚乏立国能力，而且在政治法律方面已与满人平等，应融合国内各族，成一民族，以抗国外诸族；如坚持排满，是复仇主义，是暴动。

第二，要不要建立共和政体。《新民丛报》认为，中国民众素质低下，还不具备共和国公民的资格，尚不能实行共和，勉强行之必然亡国，因此最宜实行君主立宪或开明专制。《民报》则引用天赋人权说，说明人民具有共和国国民资格，国民的能力，终远胜于政府的能力；自由平等精神为人类所共有，中国人也不例外；一旦革命胜利，在民主政府下，国民实行民主政治的能力自能养成。

经过两年多的辩论，首先是《新民丛报》败下阵来，于 1907 年停刊，而《民报》则继续挥摆着"共和"的旗帜；其次是 1911 年辛亥革命的爆发，《民报》的革命及共和论更在事实层面得到了验证。由此，也可以理解史学界的倾向性结论，即共和革命派获得优胜，甚至全胜。[①] 历史思维下的"故事讲述"固然给人们提供了一种知识线谱，但更进一步，革命派的胜利在很大程度上取决于国人对于其所倡导的"共和"、"革命"等概念的认同，而这种认同的主要原因在很大程度上与其在于革命派论辩阵容的强大或"立宪派"之理弱于"革命派"，毋宁是由当时特定的社会情境所决定的。

首先，在当时欧化思潮大兴的历史背景下，欧美思想的"共和"易于为国人接受。时值中华民族危机不断加深，以及一系列诸如维新运动等事件的推动，进入 20 世纪的中国，欧化思潮可谓大兴。[②] 以至康有为批评道："今中国近岁以来，举国狂狂，抢攘发狂，举中国之政治教化风俗，不问是非得失，皆革而去之，凡欧、美之政治风俗祀俗，不问其是非得失，皆服而从之。彼猖狂而妄行者，睹欧美之富强而不知其所由也，袭其毛皮，武其步趋，以为吾亦欧美矣。"[③] 由此可见一斑。虽然其间也出现了类似于在日本发

---

① 参见陈国庆主编《中国近代史》，西北大学出版社，1996，第 384 页；陈振江、江沛主编《晚晴民国史》，五南图书出版公司，2002，第 176 页；等等。

② 当时新知识界的普遍看法是："惟游学外洋者，为今日救吾国惟一之方针"，"欧美文明，可以改良中国社会之风尚者，固所当学者也"。参见《劝同乡父老遣子弟航洋游学书》，《游学译编》第 4 册，1903 年 2 月 12 日。

③ 康有为：《中国颠危误在全法欧美而尽弃国粹说》，《不忍杂志》第 6～7 册，1913 年 7 月。

生的"国粹"与"欧化"之争,① 但国粹之士虽反对欧化,也已不是 19 世纪那般简单地以传统为是,以夷狄视西方,而是不得不顾及社会上"见晓识时之士""同声而出"的西化趋势,声明"国粹无阻于欧化",乃是"助欧化而愈彰,非敌欧化以自防"。② 国粹说之让步更足见当时欧化之繁盛景象。

其次,由于西洋工业革命的捷足先登,西洋科技的领先自不必赘言,而关键在于同处亚洲与中国邻近的日本,在近代欧化之后,取得了巨大成功。日本的成功经验在当时中国的历史背景下,可谓为欧化思潮提供了坚实的经验素材。③ 如黄遵宪指出:"(日本)近世以来,结交欧美,公使之馆,衡宇相望,亦上自天时地理、官制兵备暨乎典章制度、语言文字,至于饮食居处之细,玩好游戏之微,无一不取法于泰西。"④ 且从日本欧化的成效与中国历史进程比较来看,也足见欧化之魅力。"虽今日之比例,日本优于中国,焉知他日之比例,中国不优于日本?无他,欧化之速率每成一比例,国势之速率即随以日增。于是而中国立矣。"⑤

再次,19 世纪末 20 世纪初正值留学高潮,为此造就了一大批具备西方思想理论素养的知识精英,一时引领社会潮流。正所谓"游学海外,窥破世界进化之公例,著书立说,以唤醒同胞"。⑥ 当时知识界的普遍认识是:"惟游学外洋者,为今日救吾国惟一之方针。"⑦ 这些深受西方思想熏陶的知识精英无疑成为了中国由帝制走向共和进程中思想上的重要引领者。

于此,西洋文明优势论自不待言。如有论者言:"西洋文明之优胜于我

---

① 日本的近代化深受欧化思潮影响,其历史进程发生过二派之争。"一为国粹主义。国粹主义谓保存已国固有之精神,不肯与他国强同。……一为欧化主义,欧化云者,谓文明创自欧洲,欲已国进入文明,必先去其国界,纯然以欧洲为师。极端之论,至谓人种之强,必与欧洲互相通种,至于制度文物等类无论矣。"参见佚名《日本国粹主义与欧化主义之消长》,《译书汇编》第 5 期,1902 年 7 月。转引自郑师渠《晚晴国粹派:文化思想研究》,北京师范大学出版社,1997,第 5 页。

② 许守微:《论国粹无阻于欧化》,《国粹学报》第 7 期,1905 年 8 月 20 日。

③ 作为这场论争主角的梁启超和革命派的留学生们,都曾在日本接受西方近代思想的洗礼。梁启超通过日语大量阅读和翻译了西方的近代思想,革命派的留学生们更是直接受教于当时日本第一流的法学专家,因此,不可避免受到了日本欧化经验的影响。参见李晓东《立宪政治与国民资格——肖克彦对〈民报〉与〈新民丛报〉论战的影响》,《二十一世纪》(香港)2006 年第 12 期。

④ 黄遵宪:《日本国志》第 4 卷,汇文书局刊刻,光绪戊戌,1898,第 2 页。

⑤ 《论中国与日本欧化速率之比例》,《东方杂志》社说,1904 年 10 月第 10 期。

⑥ 黄琳:《中国宜除去守旧根性说》,《留美学生季报》1915 年秋季第 3 号。

⑦ 《劝同乡父老遣子弟航洋游学书》,《游学译编》第 4 册,1903 年 2 月 12 日。

国旧有文明，凡留学欧美稍久稍得彼国内容者，皆能言之矣。今试将西洋之建筑、工艺、政治、法律、图书、音乐等，所谓文明之主要者，而与吾向所有者，一一相比，何不一一彼胜于我。"① 从《民报》与《新民丛报》辩驳之纲领来看，《民报》主张共和、望国民以民权立宪、望国民革命等论点，② 无疑均取法于西洋。当然，从语词上来说，中国古代也有"共和"二字，如《史记·周纪》载："周公、召公二相行政，号曰共和。"《史记正义》又载："公卿相与和而共政事，号曰共和。"但中国古代语境下的"共和"在具体含义上显然区别于西方，其实为贵族分享国家管理权（共）与实行仁政（和）的综合，本质上仍然表现为专制体制形态。③ 两者实不可同日而语。④

由此，基于当时晚清政府的沦陷、温和的维新变法所遭之血腥镇压、欧化思潮盛极一时以及当时特定的历史情境，人民最终接受革命派及其"共和"主张当属情理之中，由此也在历史上经历了一次关于"立宪共和"的知识启蒙。

二 辛亥革命与立宪共和的交融

早在火努鲁鲁的兴中会"盟书"（1894）中，孙文便提及了革命后的政体，即那句有名的"创立合众政府"。⑤ 之后于1903年，正式提出"创立民

---

① 其更指出：世界趋势，归于大同。吾国之效法西洋文明，实为生存竞争上必不可免之事。参见孙恒《中国与西洋文明》，《留美学生季报》1912年第4期。

② 《民报》编辑部刊登了其与《新民丛报》辩驳之纲领。参见《民报》1906年第3期号外。

③ 冯天瑜：《"革命""共和"：近代政治中坚概念的形成》，中国史学会编《辛亥革命与20世纪的中国》，中央文献出版社，2002，第1565页。

④ 主张复辟君主政体帝制的劳乃宣（1843~1921）曾于《民是报》刊发《共和正解》，赞扬君主政体，攻击共和政体，其立论的根据，便是中国古典义的"共和"本来即是君主制内部的一种修正方案，而非独立的政体。文称："宣王即位，共和罢。《索隐》云：'二相还政宣王，称元年也。'此共和一语所自出也。其本义为君幼不能行政，公卿相与和而修政事，故曰共和。乃君主政体，非民主政体也。故宣王长，共和即罢。伊尹之于太甲，霍光之于汉昭，皆是此类。今日东西各国所谓君主立宪绝相似。而不学之流，乃用之为民主之名词，谬矣。夫君主立宪，有君者；民主立宪，无君者也。古之共和，明明有君，恶得引为无君之解哉？"这种显然是一种非学理性辩论。参见冯天瑜《"革命""共和"：近代政治中坚概念的形成》，中国史学会编《辛亥革命与20世纪的中国》，中央文献出版社，2002，第1580页。

⑤ 参见《檀香山兴中会盟书》，《孙中山全集》第1卷，中华书局，1981，第20页。

国"。① 众所周知，以孙中山为首的革命派在革命进程中，一直呐喊着"共和"的口号。虽然史学界一般认为辛亥革命的战果最终为袁世凯所篡夺，但就革命本身而言，无疑是胜利的，因为其彻底推翻了封建专制统治。当然，史学式的叙事在很大程度上并没有从原理层面阐释辛亥革命与一直与其相随的立宪共和之间的交融关系究竟为何。其实，革命派对于"立宪共和"的呐喊与现代革命在理论上具有内在的交融性，而非系偶然，或者限于立宪派的妥协性云云。其主要表现在：

第一，虽然当代共和主义者很少论及革命理论，但其实共和在史源上是一种与革命休戚相关的理论。从历史经验来看，共和国的塑造，除了制度和宪法，还时常以"革命"来开端。② 所谓革命，当然是由"共和"来革"专制"的命，且共和本身所具的革命性也是在这个意义上展开的。之所以如此，是因为共和与专制在本质上截然对立。早在罗马时期，共和制度的对立面就是当时的王政，而在马基雅维利所处的现代国家萌芽时期，则针对新兴国家的绝对君主。③

第二，既然共和是专制的对立面，那么"走向共和"所蕴含的革命性必然要求其划清共和与专制的界限，而不能有所模糊，否则难以革命，进而也难以走向共和。从革命本身的理路来看，在历史时刻中，其所展现的全貌是，具备明确的形态，可以摄人心魂，与滥权、残暴以及剥夺自由均界限严明。④ 辛亥革命的历史图景也是如此，其间高举"共和"旗帜而与晚清政府决裂，这与革命的内在理路具有一致性。⑤

第三，共和相对于专制是全新的，与共和相伴的革命也意味着掀起一个全新的开端，从而迎合"划清界限"这一要件。可以说，革命这一现代概念与这样的观念无法分开，那就是，历史进程突然重新开始了，而且是一个全

---

① 《东京军事训练班誓词》："驱除鞑虏，恢复中华，创立民国，平均地权。"《孙中山全集》第 1 卷，中华书局，1981，第 224 页。

② 法国大革命者们之后不仅丢掉了作为共和灵魂的制度和宪法，而且也包括革命本身。See Hannah Arendt, *On Revolution*, Pelican Books, 1973, p. 56.

③ 参见萧高彦《共和主义与现代政治》，许纪霖主编《共和、社群与公民》第 2 辑，江苏人民出版社，2004，第 26 页。

④ 虽然阿伦特言及，革命原初意旨复辟（restoration），但是西方意义上的复辟是一种宗教意义的，本质上也是回到或走向"现代"精神。See Hannah Arendt, *On Revolution*, Pelican Books, 1973, pp. 43 – 44.

⑤ 对此，下文有相关阐释。

新的（entirely new）故事将被讲述，不管之前丝毫不知还是已略有所闻。[1]这种全新的开端，可以说，并非进化论意义上的开端，而是人类在历史的延续过程中，那些对后来的政治图景具有启发意义的故事。从形式上看，"全新开端"往往以设定革命历法的方式表示出来，其中，处死国王和宣告成立共和国的那一年被定为元年。[2]相反，如果按照进化论的思路，将无法理解从专制走向共和的这种非进化式"骤变"。

第四，对于革命来说，暴力很难避免，而且通常是必须的。如阿伦特所概括的，除了创新性（novelty）及新的开端（beginning），暴力（violent）是与革命息息相关的概念。[3]但改良派将此置之度外，出于对暴力革命的恐惧以及对维新改良的执著，大力阐扬英吉利式的"革命"（revolution），即着力进行一种和平的、渐进的社会变革。其反对将"革命"局限于暴力夺权，如在《夏威夷游记》（1899年撰）中提出"文界革命"、"诗界革命"说，从而把"革命"泛解为普遍意义上的"革命"。[4]可见，这种脱离了暴力的"革命"其实已经不是真正意义上的现代革命，毋宁说是一种"改造"、"改革"或其他。[5]

第五，现代革命往往都以自由来标榜，进而开启新时代。对现代革命的理解，不可缺少这样一种观念，那就是自由理念与一个全新的开端（a new beginning）是休戚与共的。而且，目前自由世界的观念是，政治体（political body）宪法的最高标准不是正义，也非伟大，而是自由。这也在一定程度上印证了孔多塞（Condorcet）的断言，即"革命的"一词仅适用于以自由为目的的革命。[6]颇值玩味的是，保皇派代表康有为虽反对革命，却疾呼"民权"，且在中国可谓是与民主主义相通之"民权"概念的首创者。[7]那么，民权观念当然会在很大程度上潜在地消磨国家至上的君权政制，正所谓"唱

---

[1]　See Hannah Arendt, *On Revolution*, Pelican Books, 1973, p. 29.

[2]　See Hannah Arendt, *On Revolution*, Pelican Books, 1973, p. 29.

[3]　See Hannah Arendt, *On Revolution*, Pelican Books, 1973, p. 47.

[4]　参见冯天瑜《"革命""共和"：近代政治中坚概念的形成》，中国史学会编《辛亥革命与20世纪的中国》，中央文献出版社，2002，第1576页。

[5]　其实就英国光荣革命而言，早在17世纪40年代甚至更早，就已经发生了专制保皇军与国会军的内战以及其他类似的冲突抗争。具体分析可参见林达《不光荣的"光荣革命"》，《东方早报》（上海）2011年6月5日。

[6]　See Hannah Arendt, *On Revolution*, Pelican Books, 1973, p. 29.

[7]　参见梁启超《南海康先生传》，《清议报》第100册，中华书局，1991年影印版，第6337页。

民权必废君主，唱民权必改民主"，① 进而在本质上反倒为革命派的革命补了功课。

循着共和与现代革命的历史性交融关系，反观以孙中山为首的革命派，其不仅主张共和，倡导民权以立宪，从而竭力开启一个全新的开端，而且明确宣称全面革命（包括颠覆专制的政治革命和驱除异族的种族革命），并在手段上以"实力"为重点，反对改良派的"要求"路线，② 这些都表现了孙中山所描绘的共和图景已与传统专制决然分裂。可以说，孙中山所呼吁的打倒清王朝，建立"一头等民主大共和国"，③ 一方面划清了共和与专制的明确界限，另一方面也在很大程度上契合了现代革命与共和的交融特征。

相反，立宪改良派循着达尔文的进化论思路，如早期《天演论》译者严复认为救国须从"民智、民力、民德"三个方面实现"鼓"、"开"、"新"，即鼓民力——废除封建礼教、开民智——废科举讲西学、新民德——提倡自由平等，创立议院、地方公举，逐步建立君主立宪制度。④ 以梁启超为首的立宪改良派所倡导的"开明专制论"也是奉此理路。尤其受 1688 年英国"光荣革命"以及其后建立的君主立宪制的影响，立宪派认为，君主立宪的好处在于可避免政局动荡，尤其是可避免流血、暴力、战乱等等非理性的政治现象。但问题在于，英国在实行君主立宪之前，已经经历了 17 世纪 40 年代推翻封建专制制度的资产阶级革命，于 1649 年将查理一世处死，并建立了共和国。其间，罗马共和主义对 17 世纪的英国已产生了重大影响，致使早期的英国共和主义者反对君主制，而且他们后来都接受了这样一个重要的思想，即一个自由的国家可以是君主制，只要君主服从法律并接受议会权力的制约。⑤ 在这样的历史积淀下，基于英国自身的历史、文化等因素，英国才走上了君主立宪的道路，而且本质上就是一种共和制。从历史来看，辛亥革命无疑是一种告别传统专制统治、走向共和的"分娩"式现代革命。虽然这种"分娩"不能保证共和的彻底实现，但历史性决裂无疑具有不可磨灭的意义，那就是让民国驶入新的历史轨道。之后，虽然袁世凯费尽心机夺取政

---

① 参见黄遵宪《致新民师函丈书》（1902 年 12 月），丁文江、赵丰田编《梁启超年谱长编》，上海人民出版社，1983，第 304 页。

② 参见《〈民报〉与〈新民丛报〉辩驳之纲领》，《民报》1906 年第 3 期号外。

③ 参见《在东京中国学生欢迎大会的演说》，《孙中山全集》第 1 卷，中华书局，1981。

④ 严复：《原强》，《戊戌变法》丛刊第 3 册，神州国光社，1953，第 41~59 页。

⑤ 〔澳大利亚〕菲利普·佩迪特：《共和主义：一种关于自由与政府的理论》，刘训练译，江苏人民出版社，2006，第 371 页。

权，试图复辟帝制，但是最终未能成功，原因也在于帝制社会已无法为全国人民所容忍。这可谓"走向共和"的辛亥革命的重要成果，即让帝制符号从此永远消失在中国的历史长河之中。① 比较来看，英国也颇为类似。在共和国建立之后，虽然克伦威尔后来改共和政体为护国主政体，实行军事独裁，但"分娩"之后的历史轨迹已经完全不同于封建专制时期。共和之趋势已难以阻挡，比如1661年仍通过地方自治团体法，1664年成立集会法，等等。再后来于1688年又较为自然地以"不流血"的方式推翻了之前复辟的斯图亚特王朝，从而建立了二元制君主立宪政体，并逐渐形成了议会制君主立宪政体。② 因此，改良立宪派的失败在很大程度上也在于未能知晓共和与现代革命的内在机理，掩盖了17世纪40年代英国"分娩"式革命的图景，而片面地选取了之后的历史场景作为经验样本。立宪派在行动上所奉行的"权利请愿"等改良路线，以及与传统专制在政治上的暧昧，在很大程度上都背离了共和与现代革命交融的内在机理。

当然，以共和为旋律的现代革命已不同于一般的"造反"和"叛乱"。如阿伦特所言，虽然"造反"（rebellion）和"叛乱"（revolt）这两个词由来已久，自从中世纪晚期它们的意思就已经明确甚至固定下来了。但是，这些词绝不能表示革命所理解的解放，更不能表示建立了一种新的自由。因为，从革命的意义上来说，解放意味着，不仅当下的人，而且古往今来的所有人，不仅是单个人，而且作为人类绝大多数的所有人，包括贫贱者、长期处于黑暗之中的煎熬者、一切权力的受压迫者，他们要揭竿而起，成为这块土地上的最高主权者。③ 在此意义上比较来看，鸦片战争之后的太平天国农民革命，还算不上严格意义上的现代革命，在很大程度上还没脱离"造反"和"叛乱"的窠臼。饶有趣味的是，早期革命党人也未能逃离这种窠臼，而使用"造反"或"起义"、"光复"等名词，后来孙中山才改用"革命"，指认"'革命'二字出于易经汤武革命，顺乎天而应乎人一语，日人称吾党为革命党，甚佳，吾党以后即称革命党可也"。④ 这虽然只是称谓之变，但在一定程度上已与其所提倡的"走向共和"在机理上发生了交汇。

---

① See Ch'ien Tuan-sheng, *The Government and Politics of China*, Harvard University Press, 1967, p. 73.

② 参见董方奎《梁启超与立宪政治》，华中师范大学出版社，1991，第3页。

③ See Hannah Arendt, *On Revolution*, Pelican Books, 1973, p. 40.

④ 冯自由：《"革命"二字之由来》，冯自由：《革命逸史》，新星出版社，2009。

三 立宪共和的经验启蒙：从"立宪"出发

"革命派"与"立宪派"的思想论战无疑让中国对立宪共和这一"西洋术"有了初步的知识启蒙。辛亥革命在很大程度上也契合了现代革命与共和的交融点，取得了成功。1912 年元旦，就任第一任临时大总统的孙中山，在其"就职宣言"中明确宣布："国家之本，在于人民。"① 同时，3 月 12 日公布的《临时约法》也明确规定"中华民国之主权，属于全体人民"。② 民初"中华民国"无疑表明了"中华"是全体国民的共和国，即使后来取而代之的"中华人民共和国"，在很大程度上也没有离开这一宗旨。那么，此后面临的议题便为"民国"（republic）的建设问题，但历史已经告诉我们，在体验了共和与革命的交融之后，民初共和国的经验启蒙在很大程度上走上了学者所言的"不知共和之原理"之歧途，直至 1928 年民初共和政府的终结。③从知识经验来看，立宪与议会制无疑是共和国的内核所在，但以"立宪"为主轴进行分析可见，民初立宪及制度很快便偏离了共和的轨道，同时对共和所必需的权威与正当性以及人民主权与人权条款也存在知识上的疏漏。

（一）立宪与议会制：共和国之内核

从近现代的历史进程来看，虽然各类政体看似复杂繁多，"但也确实存在一些具有普遍价值和有进步意义的模式，立宪主义和议会制政体便属其例"。④ 这两者均为共和制内核之所在。

对于革命之后新共和国的建设来说，立宪在学理上自有其必要性。首先，与共和相类似，制宪本身在某种意义上与革命具有一定的暧昧关系。⑤从历史来看，"整个十九世纪和二十世纪随之而来的一系列动荡，似乎只有

① 《中华民国大总统孙文宣言书》，罗家伦主编《国父年谱》，台北党史会，1969 年增订版，卷首照片。
② 《中华民国临时约法》第一章总纲第二条。
③ See Ch'ien Tuan-sheng, *The Government and Politics of China*, Harvard University Press, 1967, p. 61.
④ R. C. van Caenegem, *An Historical Introduction to Western Constitutional Law*, Cambridge University Press, 1995, p. 32.
⑤ 阿伦特分析了很难发现制宪具有革命性的原因。See Hannah Arendt, *On Revolution*, Pelican Books, 1973, p. 144.

两种选择可能：要么持续不断的革命，它不会走向终结，也产生不出自己的结果，即以自由立国；要么就是革命之后形成新的立宪政府，使得绝大多数公民的自由得到保障。前者比如俄国革命，其保持一种革命政府的事实。后者如一战之后几乎所有的欧洲国家，以及二战之后从欧洲赢得独立的诸多殖民地国家。"① 历史经验告诉人们，"宪法已为现代革命的最终产品"，② 那么民初立宪之理自蕴其中。其次，在通过革命将共和与专制决裂之后，如阿伦特所言，之后的宪法无论在内容还是形式上，都须呈现一种崭新的面貌。这种崭新的面貌，当然是通过新宪法来限制政府权力，进而维护公民自由，确立立宪政府，因为立宪政府在内容或来源上都不再具有革命性。由此，其可以通过文本体现在各种权利法案之中，或者将权利纳入宪法中，进而如杰弗逊所说的，人民可以此来对抗地球上的任何政府，无论是一般意义上的政府，还是某个特定的政府。③ 再次，从立宪主义的历史脉络来看，除了英国等极少数国家之外，实行立宪主义的现代国家都享有一部成文宪法。"相对于非立宪主义的国家来说，现代立宪主义国家的成立，可算是一种道德上的善，亦即是说，立宪主义国家的创建是值得争取的，从非立宪主义国家到立宪主义国家的过渡，已是人类文明进步的表现。"④ 最后，从共和的原理来说，其自身具有秩序重建之性质。"无论是古典共和主义、现代共和主义还是当代共和主义也都特别重视政治秩序的创建和政治制度的建构。古希腊的城邦，罗马共和国的混合政体，马基雅维利的平民共和国，孟德斯鸠的商业共和国，麦迪逊的扩展共和国，都是共和主义在制度层面探索的几个历史创建性界标。"⑤ 在告别传统专制之后，立宪无疑是秩序重建和制度建构的重要途径之一。

除了立宪，议会制的运转也为共和国之命脉所在。共和体制强调国家元首由人民选举或者议会选举而产生，从而区别于由继承或世袭的君王担任国家元首的君主专制。⑥ 从原初罗马共和国的形态来看，其政治和军事领导权并非掌握在一个人手中，而是由许多受任期限制的政治家和军事将领们

① See Hannah Arendt, *On Revolution*, Pelican Books, 1973, p. 144.
② See Hannah Arendt, *On Revolution*, Pelican Books, 1973, p. 159.
③ See Hannah Arendt, *On Revolution*, Pelican Books, 1973, p. 143.
④ 陈弘毅：《论立宪主义》，《视角》（中文版）2002 年第 3 期。
⑤ 〔澳大利亚〕菲利普·佩迪特：《共和主义：一种关于自由与政府的理论》，刘训练译，江苏人民出版社，2006，序第 14 页。
⑥ 周阳山：《宪政与民主》，台北书店，1997，第 13、14 页。

共享。① 这种共享使得共和国须采取一种议会制形式，虽然代议形式可能存在差别，如总统制、责任内阁制等等。须注意的是，个人统治的对立面并非仅为多数决，议会制也并非简单地表现为多数决，因为："多数原则是决策这一过程所固有的，故而存在于一切政府形式之中，包括专制政府。唯一可能被排除在外的就是暴政。"② 从美国共和的经验来看，无论如何，宪法之拟定及发展，均蓄意已久、别具深意的，那就是要竭尽人之所能，防止多数决策的程序演变为多数统治的"选举专制"。即使后来比克尔提出了"反多数难题"，对于共和国来说，基调并没有发生变化。

民初共和国基本确立之后，其间进行了诸多立宪活动并多次召开议会，也产出了多部宪法文本，如《中华民国临时约法》、《中国民国约法》、《中华民国宪法》等等。在这些立宪文本当中，颇具典型意义的为《中华民国临时约法》，因为当时共和国刚刚成立，革命热情尚未完全消退，这部宪法文本在很大程度上反映了当时对于国家现代化的许诺和期望。③ 以下主要通过《中华民国临时约法》及其前后的立宪情景来揭示民初立宪共和的经验启蒙及所存在的知识缺漏。

（二）偏离共和：从《中华民国临时政府组织大纲》到《中华民国临时约法》

辛亥革命之后，经过多方召集召开"各省都督府代表会议"等努力，具有临时宪法性质的《中华民国临时政府组织大纲》得以出台。就其内容而言，与英国 1653 年的《政府组织法》（Instrument of Government）颇为类似，在内容上仅有四章二十一条，即第一章临时大总统、第二章参议院、第三章

---

① 权力的共享和任期的限制使得他们中的每一个都无法完全实现自己的雄才大略，但是共和国因建立在许多人身上而更为稳固。前仆后继的爱国者们将会为共和国抵御机运（fortuna）的突变，而再有雄才大略的君主毕竟只是一个人（unus homo），随着他的倒下，他的事业也将化为乌有。参见章永乐《亚历山大的威胁与共和政体的优越性》，《北大法律评论》2011 年第 1 期。

② See Hannah Arendt, *On Revolution*, Pelican Books, 1973, p. 178.

③ 当然，钱端升认为在当时也值得推崇的另一部宪法文本是 1923 年的《中华民国宪法》，因为该部宪法以 1913 年的天坛宪法草案为版本，其经过了北京、广州国会的广泛讨论，代议性比较高。即便如此，其在实质上远未达到立宪所要求的高度。See Ch'ien Tuan-sheng, *The Government and Politics of China*, Harvard University Press, 1967, p. 70.

行政各部及第四章附则。① 虽然其被视为第一部临时宪法，② 但循着共和的脉络可以发现，此次立宪在形式上虽体现了一直为孙中山所倾爱的美国总统制，但在一定程度上已经偏离了共和的轨道。从制定程序来看，该临时宪法的制定并不具备相应的民意基础。从当时作为立法机关的参议院的组成来看，其由各省都督府派遣的代表组成，而所谓参议员，也为各省都督派出的代表，由此，临时大总统虽由参议院选举产生，实则不过是各省都督所拥戴的人物而已，在根本上缺乏选举及代议基础。如有学者批评指出的，该大纲所表现的民治，可以说除共和国体一事外，别无可言。③ 而且，《中华民国临时政府组织大纲》在内容上缺乏人民基本权利的规定，这也与共和所追求的立宪政府目标不相一致。

虽然《中华民国临时政府组织大纲》第二十条规定，临时政府成立后六个月以内，由临时大总统召集国民议会，以便制定宪法。但此条款并未得以践行，而出台了一部可谓迫于军事无奈并具有权力退让性质的《中华民国临时约法》。之所以如此，主要原因在于：一方面已认识到《中华民国临时政府组织大纲》遗漏了人权部分，而人权条款又不便直接纳入政府组织的范围之内，因此决定另拟临时约法草案;④ 另一方面，主张施行革命方略从而达到革命建设的目的的革命党人，苦于当时在军事力量上的弱势，且急于早日实现共和，以致不惜以临时大总统作为诱饵以使袁世凯推倒清廷以助共和，但又苦于对袁世凯的不信任，因此便想通过法律力量（即立宪）来获得途径，而使得一直倾向采用美国总统制的孙中山也"接受"了内阁制，从而希望达到通过议会来牵制袁世凯的目的，由此参议院二月七日开始起草，十五日袁氏当选为临时大总统之后，约法的制定工作更加积极，前后历时一个月，至三月八日，全案完成，共七章五十六条，此时孙中山还未辞去职务，

---

① 英国 1653 年的《政府组织法》规定政府由三个部分组成：护国主（Protector）、国务会议（Council）和议会（Parliament）。但是后来，护国制下的议会滥用司法权，迫害非清教人士，引起人们对独立行使司法上诉权的上院的怀念。护国主继承方式的不确定性引起对克伦威尔死后可能爆发的对护国主位置的争夺的恐惧，大权在握的军队新贵们企望能用设立一个终身制上院的办法获得在政府中的永久影响力。同时，克伦威尔个人权力的扩展，使得君主制政体在某种形式上的恢复有了现实可能。

② 参见荆知仁《中国立宪史》，台北联经出版事业公司，1984，第 222 页。

③ 参见王世杰、钱端升《比较宪法》，商务印书馆，2004，第 143 页。

④ 参见中华民国开国五十年文献编撰委员会编《开国规模》，中华民国开国五十年文献第二编第二册，1964，第 113～118 页。

之后于十一日明令公布。这便是民初共和国的第二部临时宪法。① 这部宪法可以说进一步偏离了共和国建设的轨道。首先，孙中山对袁世凯的妥协在一定意义上已表露出了共和对专制的退让，这种退让无疑将共和与专制由界限分明而变得纠缠模糊，且这对于人民来说，无疑会在一定程度上弱化其在共和国建设中的力量，带来负面影响。其次，革命党以"制约袁世凯"为目的而改用责任内阁制，废除了之前的总统制，并在"高效率"中产生了《中华民国临时约法》，这在很大程度上已遵循了一种人治的逻辑，根本无法体现立宪高于并制约权力的共和思想，从而与共和国建设所内在要求的立宪政府、限制专权、遵循法治等原则难以一致。虽然该临时宪法在形式逻辑上是通过议会来制约总统权力，实质乃是一种"对人立法"，那么在此逻辑之下，传统专制无疑已具有了逻辑与现实的可能性。再次，对于孙中山所提出革命建设的军政策略，虽然在当时具有一定的现实合理性，但在很大程度上也已偏离了共和国建设的轨道。如阿伦特所陈述的，革命之后，虽然权利与权力都可以纳入宪法，但绝不是要体现新的、革命的人民权力（new revolutionary power of the people）。② 相反，是要通过立宪政府来排解革命的继续，从而稳固新的政体。从法国的经验来看，是为了防止出现阿伦特所说的，"寻求一种绝对性来打破一切开端都不可避免要陷入的恶性循环，是徒劳的，因为这种'绝对性'本身就存在于开端这一行动中"。③ 法国革命中的每一部宪法，虽似根据食谱如法炮制出来的布丁，但他们的目的无疑也是为了阻止革命的浪潮。④ 辛亥革命之后军政思想的残余及蔓延，可以说在一定程度上为之后的军阀割据及混战反而作了铺陈，偏离了共和国建设的基本方向。此外，该临时宪法在制定程序上也缺乏相应的民意基础。

可以说，《中华民国临时约法》再次使得民初共和国的建设偏离了正道。立宪共和所内在要求的代议制以及宪法和法律必须优位于国家权力等原则，在民初共和国的历史图景中并没有很好地得以践行，使得民初共和的理想图景徒具形式而已。⑤

---

① 参见荆知仁《中国立宪史》，台北联经出版事业公司，1984，第 224～226 页。

② See Hannah Arendt, *On Revolution*, Pelican Books, 1973, p. 143.

③ See Hannah Arendt, *On Revolution*, Pelican Books, 1973, p. 204.

④ See Hannah Arendt, *On Revolution*, Pelican Books, 1973, p. 144.

⑤ See Ch'ien Tuan-sheng, *The Government and Politics of China*, Harvard University Press, 1967, p. 73.

（三）权威与正当性的知识缺位

虽然历史不可以假设，但并不排除知识上的解释可能。从共和原理以及历史经验来看，民初共和国建设的失败在很大程度上离不开对"权威"这一与"立宪"相交融的概念的知识疏漏。首先，从权力和权威的概念区别来看，立国的关键在很大程度上离不开权威的塑造，而非仅仅停留在权力的累积或革命理论的继续上面，因为权威可以巩固权力的正当性和合法性。即使罗马的政治实践也没有离开权威作为支撑，这就是"权力在人民，权威在元老院"。元老院作出的决议，不是命令（command），也不是一般的建议（advice），而是介于二者之间的不容忽略的建议。后来的元老未必亲历建国，但他们从建国者那里获得了某种派生性的权威，他们代表着立国的先人，捍卫着共和国的原则，维持着政体的稳定。①

在权威缺位的情形下，共和国难以稳定，而易于陷入一种恶性循环。比如法国大革命，由于受卢梭、西耶斯等理论的影响，在一定程度上缺乏权威意识，很快陷入了关于"制宪权（pourvoir constituant）"与"宪制权（pourvior constitue）"的悖论。这种悖论在于：既然制宪的权力先于宪法，便必定是非宪法的（unconstitutional），那么又如何以非宪法的权力为宪法提供正当性的基础呢？这其中便也涉及宪法的权威来源问题。对此，阿伦特指出："法国大革命致命的大不幸在于，没有一个制宪会议拥有足够权威来制定国内法。针对制宪会议的指责历来都是一样的：按定义他们缺乏制宪之权力，他们本身不是宪定的。从理论上说，法国革命者的致命失误，就在于他们不知不觉和不加批判地相信了，权力和法律来自同一源泉。"② 其实，"只要政治体的权威真的完整无损，叛乱就很少发动，革命从来就不会成功"。③ 反之亦然。

返回民初共和国的历史图景来看，虽然在辛亥革命之前，欧化思潮之下便已存在着多方面对作为中国传统思想渊源之儒学的批评，呈现决裂之势，如指出："惟不儒然后可以办事，儒则重心于奴隶也。于是遍览累朝之儒臣奴媚外种者十之八九，是除孔孟之外，凡所谓儒者，皆奴隶之学也。"④ 1901

---

① 参见陈伟《阿伦特的权威理论》，郑永流主编《法哲学与法社会学论丛》2007 年第 2 期，北京大学出版社，2008。

② See Hannah Arendt, *On Revolution*, Pelican Books, 1973, p. 165.

③ See Hannah Arendt, *On Revolution*, Pelican Books, 1973, p. 155.

④ 参见《劝同乡父老遗子弟航洋游学书》，《游学译编》第 4 册，1903 年 2 月 12 日。

年《国民报》登载《说国民》一文，其中更是指出：中国"且也欲脱君权、外权之压制，则必先脱数千年来牢不可破之风俗、思想、教化、学术之压制"。[①] 但是这种与传统的决裂并不意味着权威的塑造仅为无本之木而没有任何可能。在革命之后的历史情境下，革命党人已经在某种程度上潜在地享有了革命及共和给他们所带来的权威基础。如在当时，"五族共和"已不绝于书报、口谈，天下人耳熟能详。袁世凯敢于"帝制自为"，立即成为"天下共击之"的独夫贼民，即与"共和"理念的广为传播大有干系。[②] 即使在军事上占据优势、意图篡权的袁世凯，也受制于民初共和国的南京临时参议院，须由其宣布在北京就任第二任临时大总统。但可惜的是，以革命党为首的民初南京临时政府，一方面未在知识层面充分意识到权威问题。虽然当时制定了临时宪法，但以内阁制否定之前总统制的立宪实践无疑是落入"自我否定"的俗套，且较为粗糙的制定过程对"制宪权威"的塑造也并无助益，这些都潜在地削弱了本来就需要不断强化的权威基础。另一方面，仅仅基于军事力量上的劣势等因素，南京临时政府便选择了一种通过制宪来向权力妥协的方式，错误地将共和的希望寄托于重新立宪以及袁世凯身上，这不仅体现了对共和与权威关系的知识疏漏，而且对制宪权威会产生一定的负面效应。

除了权威之外，现代革命之后的共和国建设还面临挥之不去的正当性问题。在某种意义上可以说，权威的缔造也是为了巩固正当性。"当革命出现在政治舞台上的时候，事实都表明，之前所依靠的传统都已经失去了根基。"[③] 革命之后，正当性问题也要予以解决，虽然各国于此在路径上会有所差异。从法国革命的经验来看，西耶士虽然巧妙地将正当性寓于民族（nation）或民族意志之中，进而民族是一切合法性（legality）的来源，也是正义（justice）的源泉，而不隶属于实证法，但是问题在于民族意志的定义变化无常，因而任何时候只要有谁愿意自己背负专制的重担或其荣耀，都可以很容易地通过民族意志来实现。[④] 由此可见，这种根基并不牢靠，也使得法国在革命时期的宪法是一部接着一部。民初共和国在很大程度上不仅回避

---

① 《说国民》，张枬、王忍之编《辛亥革命前十年间时论选集》第 1 卷上册，三联书店，1978，第 73 页。

② 参见冯天瑜《"革命""共和"：近代政治中坚概念的形成》，中国史学会编《辛亥革命与20 世纪的中国》，中央文献出版社，2002，第 1579 页。

③ See Hannah Arendt, *On Revolution*, Pelican Books, 1973, p. 162.

④ See Hannah Arendt, *On Revolution*, Pelican Books, 1973, p. 163.

了正当性寻求这一命题，而且还弥漫着孙中山所秉持的军政思想。如在1923年，孙中山于《申报》五十周年纪念专刊上发表了《中国革命史》一文，称："从事革命者，于破坏敌人势力之外，不能不兼注意于国民建设能力之养成，此革命方略之所以必要也。余之革命方略，规定革命进行之时期为三：第一为军政时期，第二为训政时期，第三为宪政时期。"由此可见，虽然孙中山在革命之前竭力反对立宪保皇派的"民智未开"、"缺乏政治习惯"、"不识团体公益"等论点，主张"主权在民"及共和，但是在革命初成之后，所秉持的训政等思想又在一定程度上落入了立宪派的窠臼，表现了对"主权在民"以及立宪共和的退缩。在对正当性缺乏足够认识以及知识缺位的情形下，民初共和中的正当性问题当然是浮现不断，比如袁世凯去世后由黎元洪继任总统，那么他是依据1912年还是1914年的宪法继任呢？同样，1917年张勋复辟失败之后，冯国璋继任总统职位，那么随之带来的是恢复1912年宪法的问题，以及恢复在之前宪法下已被张勋解散的议会的问题。因为如果不恢复，那么冯国璋何以继位呢？由于其间形式较为混乱，遵守法律在很大程度上并不被视为政治家的道德准则，由此对于政权正当性的争论当时也更是费解。① 同样，在议会成立之前，对于选举正式总统与议定宪法孰先孰后颇具争议。共和党、民主党、统一党，以及国民党中的统一共和派，均主张先举总统，他们认为宪法之议定，至少须四五个月，总统之地位一日不定，则外人之疑惑与军民之怀忧，即不能一日获释，因此主张先举总统以明意志。但国民党除统一共和派之外，则主张先定宪法，该党认为总统之性质地位权限，均根于宪法，若先举总统后定宪法，则不唯本末倒置，且未来宪法中对总统的约束，将被视为因人而设，届时岂非百口莫辩。② 这也在一定程度上反映了对正当性的认识未能深入其髓，因为关键毋宁去寻求总统在共和制中的正当性以及解决如何维护并巩固宪法权威等问题。

与美国革命相比较来看，就权威及正当性而言，美国的经验则比较精妙或者说机缘巧合地处理好了立国之后权威塑造与正当性寻求这对命题。"美国革命者把自己标榜为'立国者'，他们知道作为新政治体权威来源的，并不是不朽立法者或不言而喻的真理，或其他超验的、脱俗的物象，而是立国

① See Ch'ien Tuan-sheng, *The Government and Politics of China*, Harvard University Press, 1967, p. 74.
② 参见荆知仁《中国立宪史》，台北联经出版事业公司，1984，第249页。

举动本身。"① 同时对立国之初很多真理的权威性，都表明来源于神圣的力量，就像杰弗逊在《独立宣言》的初稿中写的那样，是"神圣而不可否认的"。杰斐逊将其提升到"比法律更高"的地位，赋予新的国内法和旧的道德规范效力的，并不是合理理性，而是一种神启理性，是"理性的光芒"。它的真理启蒙了人的良知，使他们善于聆听内心深处的声音，那依然是上帝的声音。② 可见，虽然经历了中世纪的世俗化，但"立国者"们仍然努力寻求一种"超验"来缔造权威并巩固正当性。从欧洲世俗化进程来看，随着宗教与国家的分离，之前君主通过宗教来巩固统治正当性的手法，③ 便也逐渐转向了自然法，但是都离不开对正当性的寻求。④

从革命到南京临时政府的成立，正当性无疑不可能完全依靠革命获得支撑，而在权威概念缺位的情况下，民初共和国建设更是步履维艰。但是，世界宪政史的经验表明，终究仍须回到寻求正当性的命题之上，虽然几乎所有宪政国家的宪政制度一开始多少都带有先天的不足。⑤

（四）立宪中的人权条款与人民主权原则：有名无实

从《中华民国临时政府组织大纲》至《中华民国临时约法》的文本变化来看，除了与原先保持类同的参议院、临时大总统及副总统、国务院、附则等章目外，另增加了法院一章以完善三权体制，此外还增加了显目的两章，即总纲与人民。

首先，就人民一章而言，共有十一条，内容涉及公民基本权利，颇为简洁。这种基本权利文本化固然在一定程度上反映了文本层面对于共和的努力，但并非共和之实质所在。从共和与自由权的关系来看，在革命爆发之前，"如果以保障公民权利作为唯一目标，那它的目的其实并不是自由，而是解放，也就是从滥用权力，对历史悠久且根深蒂固的权利肆意践踏的政府手中解放出来。"⑥ 此时的自由主要是消极意义上的，即不被当权者所干涉，

---

① See Hannah Arendt, *On Revolution*, Pelican Books, 1973, p. 204.

② See Hannah Arendt, *On Revolution*, Pelican Books, 1973, p. 194.

③ See Hannah Arendt, *On Revolution*, Pelican Books, 1973, p. 162.

④ 参见张海清《自然权利·政治正当性·宪政——西方宪政民主政体的理念脉络探析》，《开放时代》2010 年第 5 期。

⑤ 参见张海清《自然权利·政治正当性·宪政——西方宪政民主政体的理念脉络探析》，《开放时代》2010 年第 5 期。

⑥ See Hannah Arendt, *On Revolution*, Pelican Books, 1973, p. 31.

这也自然是革命的基础所在。在革命爆发获得解放之后，自由固然需要兑现，但并不一定就能够实现。从解放和自由的两分来看："现代革命总是同时涉及自由和解放。解放的结果，是消除限制、拥有动力，它的确是自由的一个条件。如果人们不能无拘束地移动，则根本无法达自由之地。"① 但解放可以是自由的条件，但绝不会自动带来自由。包含在解放中的自由观念是消极的（negative），由此，解放的动机并不能等同于对自由的渴望。② 可见，一方面，解放之后需要通过文本等形式将对自由的渴望进行确定；另一方面，从共和的角度来说，其对自由的要求并非仅仅表现为一种消极自由，毋宁重点在于积极参与公共事务，让人民能够进入公共领域。从当时的历史图景来看，虽然在革命前倡导以"万民"为主体，取代"一君"为主体，进而高呼"走向共和"，③ 但在革命之后并没有建构有效的制度使得人民能够进入公共领域，践行共和。从北京政权的整个时期来看，如钱端升先生所概括的，对于普通人民而言，既没有提供一种政治自由，也没有改善物质生活，而只是让那些政治上的不道德借助宪法来达到自身的个人利益，与此同时损害了国家的利益。④ 在人民不能实质性地享有政治自由而进入公共领域的情形之下，基本权利的文本化对于共和的实现没有任何实质意义。

其次，《中华民国临时约法》在总纲中明确增订了人民主权原则，其规定"中华民国由中华人民组织之"（第一条），"中国民国之主权，属于国民全体"（第二条）。诚然，在革命之前对共和的理解中，便已有了对于人民主权原则的认知，如"汪荣宝、叶澜编《新尔雅》（1903 年出版）称'共和'为'公和'，又曰：立宪政体又别之为民主立宪，君主立宪。由人民之愿望，建立公和国家，举大统领以为代表，而主权属人民，谓之民主立宪政体。"⑤ 提及人民主权理路下的共和理论，无疑与法国以及卢梭不能完全隔绝开。⑥ 相比较来看，法国国民议会在 1789 年 8 月颁布的《人和公民的权利宣言》，

---

① See Hannah Arendt, *On Revolution*, Pelican Books, 1973, pp. 32 – 33.

② See Hannah Arendt, *On Revolution*, Pelican Books, 1973, p. 29.

③ 参见冯天瑜《"革命""共和"：近代政治中坚概念的形成》，中国史学会编《辛亥革命与 20 世纪的中国》，中央文献出版社，2002，第 1566 页。

④ See Ch'ien Tuan-sheng, *The Government and Politics of China*, Harvard University Press, 1967, p. 70.

⑤ 转引自冯天瑜《"革命""共和"：近代政治中坚概念的形成》，中国史学会编《辛亥革命与 20 世纪的中国》，中央文献出版社，2002，第 1574 页。

⑥ 在 20 世纪，无论何时革命出现在政治舞台上，人们都会根据来自法国大革命进程的那个形象来看待它。See Hannah Arendt, *On Revolution*, Pelican Books, 1973, p. 56.

把自然的、不可剥夺的和神圣的人权阐明于庄严的宣言之中，并规定："整个主权的本原主要是寄托于国民"（第三条）；"法律是公共意志的表现。全国公民都有权亲身或经由其代表去参与法律的制定"（第六条）；"凡权利无保障和分权未确立的社会，就没有宪法"（第十六条）。进而，1793年、1795年和1799年法兰西共和国的第二、第三和第四部宪法都交予全体公民复决通过，反映出宪法是国家根本大法、应由全民参与其制定的民主立宪观念。与法国的人民主权相比，《中华民国临时约法》的增订只是表达一种想法而已，所谓人民主权并没有如同法国进行公民复决那般在实践中践行，而仅为一种符号罢了。而且问题在于，法国的经验本身就具有内在的致命缺陷。卢梭的问题在于，那些走到一起建构了一个新政府的人，本身不是宪定的。同样头痛的是，将法律置于人之上，进而确定人造（man-made）法律的效力。① 可以说："卢梭的公意观念成为法国大革命中一切党派的自明之理，因为它其实是一位绝对君主的最高意志的理论替代品，它驱使和指引着民族，似乎它不再是乌合之众，而事实上却凝聚成了一个人。"② 对于法国来说，革命者将"人民"推上了国王的位置，将"民族主权"置于至高无上的国王腾出的位子上。由此看来，对于共和图景中的人民主权原则，也许并非如民初共和国所想象的那样。

《中华民国临时约法》在袁世凯召开的约法会议中被废除之后，接下来便是《中华民国约法》，之前的责任内阁制则变为了总统独裁制，由总统大权独揽。1915年8月，袁世凯的宪法顾问美国人古德诺更是发表《共和与君主论》一文，认为中国人知识程度太低，无研究政治之能力，只适合于君主制。虽然这种复辟已经触及了现代革命之后人民的底线而未能取得成功，但袁世凯就职正式大总统后，所采取的干涉制宪和破坏国会等诸多行径都使得民初共和国不断地遭到破坏，如提案增修临时约法、咨询宪法会议争取宪法公布权、派员列席宪法起草会、通电各省督督抨击宪法草案、取消国民党议员资格、下令停止残余议员职务等等。③ 从1916年袁世凯去世至1928年北洋国民政府的终结，整个中国在很大程度上都处于军阀间混战、联合再斗争等混乱状态，立宪共和也许早已烟消云散。

---

① See Hannah Arendt, *On Revolution*, Pelican Books, 1973, p. 184.
② See Hannah Arendt, *On Revolution*, Pelican Books, 1973, p. 156.
③ 参见荆知仁《中国立宪史》，台北联经出版事业公司，1984，第273~274页。

四 立宪共和民初启蒙的现代审视

虽然对立宪共和的核心价值，如自主性、政治自由、平等、公民权、自治、共善、审议、爱国情操、公民德行等,[1] 民初的经验启蒙基于历史的局限在诸多方面并没有展开，而在轨迹上逐渐偏离了共和的轨道，但是，从共和的历史大脉络来看，其自 19 世纪中叶起也开始逐渐式微，到了 20 世纪，它就几乎从政治舞台上消失了。一般认为，其中"部分原因是现在没有要与之斗争的旧式国王了，再就是因为自由共和国里参与公益事业优先于公民的私人生活这一古老的观念已不再对持有更加消极和个人主义观念的自由主义者具有吸引力了"。[2] 而且，"在 20 世纪上半叶各种'主义'和思潮粉墨登场的意识形态舞台上，很少见到共和主义的出场。它要么作为君主制的对立面而仅仅被视为一种政体形式（民主已经取代它成为更流行的意识形态话语），要么被视为一种古老的农业共同体或贵族制城市的政治理想（它显然已经不能适应现代工业文明中高度分化的大众—官僚社会），在异彩纷呈的政治争论中显得那么黯淡、没落。"[3] 如果单单截取这样的历史片段，似乎又可以为民初共和的衰落进行一定的佐证。当然，二战之后可谓鼎盛至极的自由主义与其完全与共和相对立，毋宁已在诸多方面包容了后者，因为其在人权、法治等诸多层面都与共和存在交集。[4] 但自 20 世纪 50、60 年代以来，"共和主义的复兴"又成为学术界的一道独特景观。到了 90 年代，这场学术运动非但没有像当初有些学者所预料的那样转瞬即逝，反而由政治思想史领域波及法理学、政治哲学、公共政策等领域，其强劲的发展势头令人侧目,[5] 至今已逾半个世纪。从共和复兴的背景来看，主要源于自由主义导致人的原子化，社会公共生活衰退，公民美德缺失，进而试图通过复兴来实现消极自

---

[1] 参见萧高彦《共和主义与现代政治》，许纪霖主编《共和、社群与公民》第 2 辑，江苏人民出版社，2004，第 6 页。

[2] 卡农万：《共和主义》，《布莱克维尔政治学百科全书》，中国政法大学出版社，2002，第 700 页。

[3] 参见刘训练《当代共和主义的复兴?》，《中西政治文化论丛》第 4 辑，天津人民出版社，2004。

[4] 在一般意义上，自由主义与共和主义并不完全对立，虽然存在价值和手段上的差别。See Maurizio Viroli, *Republicanism*, Hill and Wang, 2002, pp. 3 – 10.

[5] 参见刘训练《共和主义的复兴——当代西方新共和主义的局限与困境》，《国外社会科学》2007 年第 6 期。

由和积极自由，个人善与公民美德以及公域与私域的统一与和谐，旨在完成自由主义通过与共和主义的交集无法完成的任务。① 正是在当代共和这样一种"衰而后生"的大历史脉络下，有必要来进一步回照并审视民初共和图景中的核心命题，即主要表现在立宪、政体、代议制、自治及国民素质等五个方面，以启示当下。

第一，关于立宪。虽然立宪主义思潮使得拥有一部宪法成为了一种政治时尚，并往往被寄予厚望，但伴随着历史经验的累积，复兴后的共和理论更清楚地认识到，现代革命后的立宪一般有两种形态，一种为宪法是由一个政府强加于人民的，另一种为宪法是人民用来构建自己的政府的。而且对共和来说，虽然立宪要优于权力，但逐渐认识到，宪法本身也具有一定的局限性，如阿伦特指出的，宪法不过就是一种民族意志的表达，而要受制于多数意志。② 也如佩迪特所言，共和国中需要宪法约束（constitutional constraint），同样需要民主控制。③ 至于立宪文本抑或采纳君主立宪与否，在本质上并非践行共和的必要条件，因为历史经验已告诉我们，英国虽实行君主立宪，却行共和精神，实行自治、代议制等等，而南美诸多国家虽宣称共和，但远没有践行共和之精神。④ 可见，虽然民初制定了多部宪法，且对采行君主立宪与否存在诸多争议，但这些也许都不是共和的关键所在。

第二，关于政体。民初共和确立之后，在总统制与责任内阁制的选择上一时颇具争议。当然，以孙中山为首的南京政府选择了总统制，而没有采行宋教仁的内阁制主张。⑤ 接着，国民党政府又试图通过责任内阁来控制袁世凯。但是掌权的袁世凯对于责任内阁毫无兴趣，而是通过制定新的宪法使自己成为真正的独裁统治者。在黎元洪和冯国璋担任总统时，段祺瑞内阁行使了责任内阁的所有权力，其原因在于段祺瑞不论在个人魅力还是军事实力上都要比总统占据优势。但是问题在于，他并没有认识到行政执行权的局限

① 早期的代表作主要有汉斯·巴伦（Hans Baron）发表的《早期意大利文艺复兴的转折》等。See Hans Baron, *The Crisis of Early Italian Renaissance*: *Civic Humanism and Republican Liberty in an Age of Classicism and Tyranny*, Princeton University Press, 1966.

② See Hannah Arendt, *On Revolution*, Pelican Books, 1973, p. 146.

③ 〔澳大利亚〕菲利普·佩迪特：《共和主义：一种关于自由与政府的理论》，刘训练译，江苏人民出版社，2006，第226页。

④ See Jeremlah W. Jenks, *Fundamental Principles of Republicanism*, 1 Chinese Soc. & Pol. Sci. Rev. 11 (1916).

⑤ 关于总统制与内阁制的争论，可参见徐立刚《中华民国南京临时政府总统制解析》，孙中山纪念馆编《大同道路——孙中山研究》，南京出版社，2010。

性，立法机关的断裂状态以及个体立法者（individual legislators）在能力上的不胜任，进而使得责任内阁制无法实际运转。由此，段祺瑞认为，责任内阁制完全不适合中国。所以当他有独裁机会之时，便选择了灵活的临时执政方式，而放弃了责任内阁制。① 之后于 1923 年，国民党重组试图尝试瑞士的委员会制（collegiate executive），但也以失败告终。可见，各种政体形式有如万花筒一般在民初历史图景中昙花一现。从历史比较来看，对于共和而言，关键已不在于采取何种统治形式，而在于有限政府（limited government）的确立。"十八世纪正是在此意义上称'有限君主制'，也就是说，君主的权力由于法律而受到限制。公民自由与私人福利都在有限政府的范围之内，它们是否得到维护，并不取决于政府形式。"② 这与康德对国家形式（form of a state）与政府形式（form of a government）的区分具有相通之处，前者在严格意义上也是主权形式，有三种形态，即一人统治、贵族以及民主三种政体，那么相应的权力主体是国王、贵族和人民；后者则根据领袖对人民的治理方式，也就是政府如何依据宪法运用其完整权力的方式，而区别为共和与专制政治。在康德看来，对共和而言，其关键在于政府形式，而非国家形式，因为即使全体人民掌握了立法与行政二者合一的主权，仍然违反权力分立的宪政原则，而必然是一种专制政治。③

第三，关于代议制。在对立宪及政体进行共和式解剖之后，自然会触及实际制度应该及如何运转这一核心命题。从共和的要义来看，政府权力必须要和立法权力相分离，从而区别于专制制度下国家把公共意志当个人意志来对待的情形。不管政府采取何种形式，代议制（representative）都是必需的，否则根本谈不上所谓的形式，因为立法者绝不能只由一个人来担当。④ 所以，"如果一个政府欲在本质上与权利的概念相符合，它就必须拥有代议制度（representative system），由此共和才有可能，否则它一定是专制的、暴力的，不管它的形式如何"。⑤ 当然，共和原理中的代议制运转具有特定的原则，因为"共和的实现在很大程度上要依赖以政治参与为核心的积极自由，不管其

① See Ch'ien Tuan-sheng, *The Government and Politics of China*, Harvard University Press, 1967, p. 73.
② See Hannah Arendt, *On Revolution*, Pelican Books, 1973, p. 143.
③ See Immanuel Kant, *Practical Philosophy*, Cambridge University Press, 1996, pp. 324, 325, 479 – 481.
④ See Immanuel Kant, *Practical Philosophy*, Cambridge University Press, 1996, p. 324.
⑤ See Immanuel Kant, *Practical Philosophy*, Cambridge University Press, 1996, p. 325.

作为工具性还是目的性"。① 如西塞罗指出的，美德如同技艺，重要的是运用，而对美德的最好的运用便是在实际上参与国家管理。② 而且，人类的德行在任何事情中都不及在建立国家或者保卫已经建立的国家中与神意更接近。③ 这正是罗马贵族的理想，即通过积极地参与公共生活，并通过这些政治活动来完成服务国家的伟大任务，以此展现他们的德行并获得荣耀。④ 亚里士多德的"人是政治动物"在很大程度上也是由此展开的。就代议制的运转来说，虽然从民初各部宪法文本的规定来看，由国会选举总统一直是民国初年各项约法的共同特点，但实践中的代议制往往徒具形式，并未行共和之实，甚至与其背道而驰。比如由于选举总统需国会组织总统选举会，而出席宪法会议的人数仍未足总统选举会所需要的法定人数586人，总统候选人曹锟便公然发给各议员5000元贿选费以图得选，并修改国会组织法。随后总统选举会终于成会，选举曹锟为大总统。饶有趣味的是，从曹锟贿选事件联想到西方自由主义背景下所发生的金钱选举现象，两者具有一定的相似性，虽然在背景及手法上有所差别，而共和主义的现代复兴在很大程度上也针对于此。同样对于"积极参与公共生活"这一共和要义，在民国初年，"从同盟会，到国民党，再到中国革命党，当时所有的政党以及政治团体在选举以及组织集会方面都很不成熟。他们并没有认识到任何民族利益，相反是去争夺个人的权力和利益，早期的如袁世凯，后来的如各大军阀均是如此。"⑤ 这也与共和所内在要求的作为公民美德的政治参与相去甚远。

第四，关于自治。在二次革命失败之后革命家纷纷反省失败原因时，田桐发现，卢梭所讲的共和原理是，"自治之精神"支撑着"共和之政治"的根基。田桐说："不知自治，即不足以言共和。自治之精神不强固，共和之政治，乌能发达？自治精神者，里也。共和政治者，表也。自治精神者，实也。共和政治者，表也。本诸里以发诸表，本诸实以施诸名，根本既立，枝

---

① 当然，波考克在很大程度上将共和主义的积极自由观与自由主义的消极自由观对立起来，虽然有学者，如斯金纳等，对两者进行了融合。See John Pocock, *The Machiavellian Moment Revisited: A Study in History and Ideology*, Journal of Modern History, Vol. 53, 1981, p. 53.

② *The Republic of Cicero*, G. & C. Carvill, 1829, p. 34.

③ *The Republic of Cicero*, G. & C. Carvill, 1829, p. 77.

④ See Donald Earl, *The Moral and Political Tradition of Rome*, Cornell University Press, 1967, p. 35.

⑤ See Ch'ien Tuan-sheng, *The Government and Politics of China*, Harvard University Press, 1967, p. 72.

叶自茂。"① 这种理论认识在当时已属难能可贵，虽未及全面。而且，民初年间也出现了可谓"形似神不似"的自治实践，且改良派和革命派还发表过关于中国采取联邦制的观点，② 其中也涉及自治问题。当时由于战争不仅发生在南北之间，也时常爆发于各军阀派系之间，由此人民也在担忧甚而考虑：如果国家不能在短时间内摆脱这种情形，那么集中精力去发展各省自治也许更让人觉得可能发生。在 1919 年南北双方进行和平谈判之时，对于地方自治的要求自然再正常不过。但是，这种制度变化的要求不幸地被地方军阀所用以此来扩大自身的权力。由此，地方军阀所寻求的是所在省的权力自治，而不是给人民一个自治的政府。前者无疑意欲摆脱中央控制，可以进行地方权力独裁。比如当时的湖南省便属此种情形，虽然地方军阀政府在 1922 年制定了地方宪法（Provincial Constitution），从而使湖南独立于北京和广州政府。但是湖南人民从来没有感受过任何具体的自治政府。③ 由此可见，脱离了"人民"的民初"省宪自治运动"在本质上实非共和所要求的自治。就此与美国的历史经验比较来看，美国革命之万幸恰在于，"殖民地人民在与英国对抗之前，就已经以自治体形式组织起来了，用十八世纪的话来说，革命并未将他们推入一种自然状态。在那里，对那些拟定了州宪法，并最终拟定了联邦宪法的人的制宪权力，从来就不存在真正的怀疑。"④ 进而，通过所采取的方式来维护这些地方性自治实体（区、县、乡）不受损害，维护他们权威源泉的完整性，反而从中吸取了国家层面的权威基础。⑤ 当美国执著于罗马原则，坚持权力属于人民时，他们不是根据一种虚构和一种绝对性，即一个凌驾于一切权威、一切法律之上的国家，而是根据一个正在运作的自治现实，并依法执行受法律限制的权力。⑥ 这种由自治而渠成的共和经验虽不可照搬，但颇具启发意义。

---

① 中江兆民在《民约译解》中更理解认为，republic 不是共和国，应当是自治之国。参见〔日〕狭间直树《对中国近代"民主"与"共和"观念的考察》，中国史学会编《辛亥革命与 20 世纪的中国》，中央文献出版社，2002，第 1593 页。

② 其实在民初未得以施行的"天坛宪草"采取的便是联邦自治形式。

③ 浙江也与此类似，于 1921 年制定了地方宪法，但是从来没有真正地得以执行。See Ch'ien Tuan-sheng, *The Government and Politics of China*, Harvard University Press, 1967, pp. 77 – 78.

④ See Hannah Arendt, *On Revolution*, Pelican Books, 1973, p. 165.

⑤ See Hannah Arendt, *On Revolution*, Pelican Books, 1973, pp. 150 – 151.

⑥ See Hannah Arendt, *On Revolution*, Pelican Books, 1973, p. 165.

第五，关于国民素质。国民素质是一个与共和所要求的公民德行（civic virtue）密不可分的概念。共和概念中的公民德行对于公民积极参与政治、进行公共生活等都至关重要。当代共和主义的复兴在一定程度上也是为了弥补自由主义之下不断衰败退化的公民德行。但颇为玩味的是，立宪派之前一直以中国人尚不具备议院的民主政治能力、不具有共和国国民资格等为后盾而主张改良立宪，① 但在辛亥革命之后，立宪派代表梁启超又陈述道，"民主精神原是中国人所固有，到最近二三十年间，受了国外环境和学说的影响，于是多年的潜在本能忽然爆发"，且以孟子的"民为贵，社稷次之，君为轻"予以佐证。② 虽然基于当时的历史情境，此言论可能具有一定的政治用意，但结合共和主义的晚近发展来看，也颇让人回味，因为立宪派的知识转变在很大程度上涉及了公民德行之于共和的本源性抑或过程性问题。虽然公民德行是共和主义的价值之一，但当代共和理论的新秀维罗里（Maurizio Viroli）尤其指出，共和主义的核心范畴是法治，而不是公民德行。③ 这种强调也是共和主义晚近的主流发展方向。在这种意义上，如果没有法治，关于国民素质的争辩对共和而言也许并没有实质意义，而仅体现为"价值"上的口水战而已。

五 余论

以民初立宪共和的启蒙图景为历史线谱，将其与共和的知识图景进行比较分析，并在当代共和复兴的背景下进行一种反思性认识之后，那么，如果跳出"历史图景"的局限而回到当下，共和之路又在何方？从共和的历史脉络来看，在经历了人民主权或者民主转型之后，共和主义已经分化为两条路径：一为民主共和主义。其与民初所呼吁的"主权在民"在一定程度上相契合，整体上以卢梭等学者的学说为主旋律。另一为宪政共和主义。其以孟德斯鸠、美国开国先贤以及康德等学者的学说为主线。虽然两者都以"人民"观念为本，但根本区别在于，对卢梭而言，形成普遍意志的民主过程优位于

---

① 革命派则极为乐观地论证中国人有共和国国民的资格。参见〔日〕狭间直树《对中国近代"民主"与"共和"观念的考察》，中国史学会编《辛亥革命与20世纪的中国》，中央文献出版社，2002，第1591页。

② 参见梁启超《辛亥革命之意义与十年双十节之乐观》，《梁启超讲演集》，辽宁出版集团，2003，第30~31页。

③ See Maurizio Viroli, *Republicanism*, Hill and Wang, 2002, p.69.

个人权利以及宪政体制，因为主权者可以决定共同体之任何事务，只要其决断是以制定抽象普遍的法律为之。但对宪政共和主义而言，这种思考取向很容易造成多数专制的谬误，且将宪法建基于国民意志之上也将导致体制的不稳定。是以，宪政共和主义强调的重点为必须赋予公民一些基本权利由宪法加以保障，且不能经由多数任意取消。① 对于所谓"国民意志"，宪政共和主义强调在创造宪政体制时必须对其进行自我设限（self-limiting），俾由决断走向制度化，使得宪法能够成为其后在国家范围之内被普遍遵守的最高规范。正因如此，使得美国制宪的"创生于法秩序的政治"（jurisgenerative politics）避免了卢梭普遍意志论以及法国大革命的"宪法制定权"论中过分强烈的决断主义面向。② 同时，民主共和主义主张被治者与统治者的同一性建构，使人民成为唯一可能的主权者，而宪政共和主义强调的重点为法治及相应的制度建构和制度制衡。但从共和主义的发展趋向来看，法治及宪政制度的重要性逐渐被凸现，进而传统的人民主权乃至宪法文本观都受到了一定的批评或修正。从共和主义的复兴来看，其也主要针对两种情形："一种情形是认为宪法的设计只是为了保护一系列业已确定的'私人权利'；另一种情形是认为宪法文本是为了向由自利个体所组成的利益团体提供规则。"③ 阿克曼在对权利基础主义的批判中指出，"在美国……人民是权利的源泉；但宪法并未详尽人民必定（或者感到满足）的权利"。④ 米歇尔曼则认为："以预先设定的权利和利益概念为基础所进行的论证是无法令人信服的。"⑤ 而共和主义的另一代表孙斯坦指出，"无论在自由主义还是在共和主义的制度中，权利都不是先于政治而被赋予的，毋宁是运作良好的审议过程的产物"。⑥ 这都在一定程度上将议题从静态的宪法文本或天赋人权导向了动态的法治及制度运转。由此，如有学者所言："现代社会真正重要的并非人民主权，而是宪政法治对人民不可侵犯权利之保障。"⑦

虽然在历史之前，一切都具有偶然性，在历史之后，理论解释在一定程

---

① 参见萧高彦《共和主义与现代政治》，许纪霖主编《共和、社群与公民》第 2 辑，江苏人民出版社，2004，第 23 页。
② See Frank Michelman, *Law's Republic*, 97 The Yale Law Journal, 1526 – 1528 (1988).
③ See Cass Sunstein, *The Partial Constitution*, Harvard University Press, 1993, p. 21.
④ See Ackerman, *We the People*: *Foundations*, Harvard University Press, 1991, pp. 10, 15.
⑤ See Frank Michelman, *Law's Republic*, 97 The Yale Law Journal, 1532 – 1535 (1988).
⑥ See Cass Sunstein, *Beyond the Republican Revival*, 97 The Yale Law Journal, 1539 (1988).
⑦ 参见江宜桦《自由民主的理路》，新星出版社，2006，第 76 ~ 82 页。

度上又受制于必然性；然而，社会科学的知识任务区别于自然科学，在很大程度上不在于发明一项全新理论，从而去替代旧的理论，相反，而是去重新发现或提炼已经被忘却的历史、思想或知识。也许这种重新发现的过程本身就是"发现"。①

---

① See Maurizio Viroli, *Republicanism*, New York：Hill and Wang, 2002, p. 4.

自治何以可能

——以湖南省宪运动为视角

侯　宇*

【内容摘要】湖南省宪运动是中国 20 世纪 20 年代兴起的联省自治运动的一段插曲，湖南率先制定《湖南省宪法》并付诸实施。这一"宪政史上的奇迹"最终难逃失败的命运。联省自治和省宪运动的失败虽然与时机不成熟有关，但主要在于宪政文化的缺失。宪政是一种宽容（Tolerance）、妥协（Compromise）、诚信（bona fides）与合作（cooperation）的积极生活态度和生活方式，它强调的是人类的理性自治。由于在私人生活中秉持宽容、妥协、诚信与合作的精神，人类才能逐步认识到在公共政治领域践行它们的重要性，才能真正摒弃暴力实施宪政，自治才成为可能。

【关键词】自治　联省自治　省宪运动　宪政精神

鸦片战争前后，备受高度中央集权荼毒的国人对美国联邦制情有独钟。但是，鉴于当时人们普遍对联邦制心怀芥蒂，误以为联邦便乃分裂之举动，学者们便将其中国化为"联省自治"。在 20 世纪 20 年代，联省自治一经提出即受到各界有志之士之热捧，并迅速发展成一种社会政治思潮，进而演变成一场轰轰烈烈的联省自治运动。在这次运动中，湖南不仅在各省中率先制定《湖南省宪法》，"湖南省宪法，非但是联省自治运动中，第一个制定成功而被实施的省宪，也是我国破天荒出现第一部被使用的宪法"。① 湖南是当时全国唯一实施了省宪的省，《湖南省宪法》的颁布实施被誉为中国"宪政史

＊　法学博士，郑州大学法学院宪法与行政法学研究中心副教授。
①　胡春惠：《民初的地方主义与联省自治》，中国社会科学出版社，2001，第 201 页。

上的一段奇迹",① 它"不仅是中国联省自治宪法的第一个骄子,而且是联省自治空气中唯一的产儿"。② 然而,《湖南省宪法》仅实施了四年多,便匆匆退出了历史舞台。此后,中国进入了长期"有法无天"甚至是"无法无天"的状态。

虽然湖南省宪运动以失败告终,但它毕竟是辛亥革命之后探索中国社会出路所做的有益尝试。面对先贤们留下的这弥足珍贵的遗产,我们不应漠然而应从中汲取经验和教训,因为"尽管我们讨论的是昔日的天下,但面向的无疑是未来的世界"。③

一 命运多舛的湖南省宪法与自治运动

清朝末年,自太平天国运动以后,中央权威式微,以湘军、淮军为代表的地方势力迅速崛起。至戊戌变法之后,中央逐步对地方失控,地方派系则蠢蠢欲动,觊觎最高权力。辛亥革命爆发后,北洋实力人物袁世凯问鼎中华民国临时大总统,但仍未改变国内军阀割据、政治分崩离析的局面。然而,雪上加霜之事接踵而来,先是 1914 年 1 月袁世凯废止《中华民国临时约法》,同年 5 月推出新的《中华民国约法》;紧接着于 1915 年 2 月解散国会,称帝、恢复君主制。袁世凯的背信弃义、倒行逆施激起了全社会的强烈反对,中国又陷入了军阀混战状态。

辛亥革命以来,惨烈的现实使得孜孜追求中国社会出路的立宪派、革命党人不得不开辟"另一条道路"。"他们没有培植自己的武力,也排斥俄国式的激进革命。在统一无望当中,他们设法依托南北分裂后崛起的一些地方小军阀,以及地方社会力量,开始了一场以联邦主义和省宪运动为核心的'联省自治'运动——以这样的方式,延续着他们自清末以来宪政主义的追求。"④ 1914 年,戴季陶为反袁而着力鼓吹联邦制时撰文率先提出"联省"一词。1920 年,直皖战争和粤桂战争的爆发使得国家再次陷入内战的泥潭,处于水深火热状态中的人民渴望安宁,对美国的联邦制有着无限的向往。于

---

① 刘振恺:《中国宪政史话》,文海出版社,1960,第 78 页。
② 郭敦伟:《湖南省宪法批评》,《东方杂志》1922 年第 19 卷第 22 号。
③ 葛剑雄:《统一与分裂:中国历史的启示》,三联书店,1994,第 243 页。
④ 何文辉:《历史拐点的记忆——1920 年代湖南的立宪自治运动》,湖南人民出版社,2008,第 11 页。

是乎，张继为求国人接受而将联邦制演绎为"联省自治"。① 联省自治之说兴起之后，马上得到一些地方实力派支持。这些游离于南北大军阀之外的地方小军阀，为了取得割据的合法性，同时为了借重地方社会力量和舆论支持以抵御大军阀吞并，极力附和联治理论，从而使这个理论得以在实际中运用，成为一场理论与实践相结合的社会政治运动。②

1920 年 6 月，章太炎提出了"联省自治"的新的政治架构，他认为："各省自治为第一步，联省自治为第二步，联省政府为第三步。"③ 因此，"国民制宪运动"与联省自治理论相得益彰。④ 1922 年 5 月，全国商会联合会及全国教育会联合会联席会议发起省宪运动，代表 14 省区的各界于上海共商国是，以"中华民国八团体国是会议国宪草议委员会"的名义发布"劝告各省速剌制省宪之通电"，认为唯有各省速剌制省宪，然后联合各省完成联省宪法，"各省有泰山之安，斯全国有磐石之固"。同时发布了由张君劢和章太炎起草的两部联省宪法，供国人参考研究。⑤ 由此可见，联省自治不是一场简单的小军阀的割据运动，它还包含着各阶层人民追求和平民主，进行自觉自救的一面。似乎可以这样说，联省自治运动，是一场由立宪派和革命派知识分子引导着的，地方军阀与社会力量之间相互利用、合作推进的社会政治运动。⑥

省宪运动以 1922 年元月《湖南省宪法》颁布并实施为标志。省宪运动为何率先发端于湖南，其原因如下：首先，湖南独特的地理位置，为兵家必争之地。自 1917 年护法运动以来，湖南连年遭受战火蹂躏且受祸最烈，民不聊生，因此人民迫切渴望获得安宁的生存环境。其次，"湘人治湘"理念盛行。"湘人治湘"这一口号，可以追溯至 1917 年护法运动。谭延闿入湘后，各派军阀势力相继退出湖南，湖南一时成为军阀争斗的真空地带；加之直皖战争已爆发，粤桂战争一触即发，南北双方无暇顾及湖南。全体湖南人，几

---

① 参见汤志钧编《章太炎年谱长编》（下册），中华书局，1979，第 600 页。

② 何文辉：《历史拐点的记忆——1920 年代湖南的立宪自治运动》，湖南人民出版社，2008，第 12 页。

③ 《章太炎与各省区自治联合会电》，《申报》1921 年 1 月 6 日。

④ 参见何文辉《历史拐点的记忆——1920 年代湖南的立宪自治运动》，湖南人民出版社，2008，第 24 页。

⑤ 夏新华、胡旭晟整理《近代中国宪政历程：史料荟萃》，中国政法大学出版社，2004，第 749 页。

⑥ 何文辉：《历史拐点的记忆——1920 年代湖南的立宪自治运动》，湖南人民出版社，2008，第 13 页。

乎都认为这是"湘人治湘"千载难逢的大好时机。① 第三,深厚的文化、思想底蕴。自清末梁启超任湖南时务学堂中文总教习开始,深受梁启超之影响,湖南开湖湘文化之新风,一时间各种研究会、开明报刊如雨后春笋竞相涌现,诸如谭嗣同、黄兴、蔡锷、宋教仁等新派人士辈出。最后,军阀自保、排除异己之道具。谭延闿迫不及待地筹备省宪法,实具有对外对内双重作用:对外利用北洋军阀互相混战,喘息未宁,无暇过问湘事之际,关起门来另搞一套;对内则利用省宪法巩固文人政权,以防赵恒惕取而代之。②

1920 年 6 月,在湘军将张敬尧赶出湖南后,赵恒惕任湘军总司令,操纵"军民两署"协议定下《制定湖南省自治根本法筹备章程》。1921 年 1 月撤销省政府所组"制宪筹备处",成立"省自治根本法筹备处","省自治根本法筹备处"随即拟定了制宪计划,将制宪分为起草、审查、公决三阶段进行。随即由学者们组成的省宪起草委员会经一个月反复讨论草拟出了《湖南省宪法草案》等 6 个法律草案;由 155 名士绅组成的宪法审查委员会,历时近 5 个月的激烈争论,将省宪草案等 6 个法律草案加以审查修正;1921 年 12 月公诸全省人民,由人民投票,最终获得通过。

1922 年 1 月 1 日,《湖南省宪法》正式颁布并实施。1922 年 1 月至 7 月,湖南开始全民直选省议员和各县议员,8 月依宪选举省长和成立新政府,此后便是政府七司司长及高等检察厅厅长、高等审判厅厅长、审计院长的选举。到 11 月中旬,终于选出而组成新政府。12 月,省长率新政府成员向省议会宣誓就职,崭新的湖南省政府自此成立。此后至 1926 年,省政府在财政、裁兵、教育、司法独立诸方面有所作为。

《湖南省宪法》在诸多方面值得称道:首先,它高度重视人权保障。无论在权利主体还是内容方面,《湖南省宪法》规定得都更广泛,尤其对政治的保障也更加具体和具操作性:"湖南省宪重视政治参与,尤其强调直接民权,自省长至议员,均必须经过人民'神圣一票'之认可,真可谓中国有史以来的急进民主政治。"③ 其次,赋予省高度的自治权。《湖南省宪法》明确规定了省拥有对省长的人事决定权(第 47 条、第 131 条)、高等审判厅具有终审权(第 90 条)以及省有充分的军事权力(第 55 条)。第三,注重权力

① 参见王无为《湖南自治运动史》,上海泰东书局,1920,第 20 页。
② 陶菊隐:《记者生活三十年》,中华书局,1984,第 32 页。
③ 张朋园:《湖南省宪之制定与运作(1920–1925)》,《中国近代现代史论集第二十一编民初政治(三)》,第 393 页。

制约。《湖南省宪法》赋予省议会极大的权力，规定司法审判不受行政干预，而在监督政府权力方面，有关条文"可谓煞费苦心，他们抓住了政府权力的核心——财政权和人事权，不给政府在这两方面胡作妄为的机会，试图以此牵制军人政府的独断专行"。① 第四，开创了中央地方权限划分的先例，推行联邦制。《湖南省宪法》参照美国、德国的经验，采取省事项列举主义、剩余权力归中央的做法，将联邦精神付诸实施。总之，湖南省宪运动"是一次以和平理性的精神追求政治进步的努力，通过比较民主的、合乎法理的程序，创制了一部以民主和法治为核心价值的省宪法"。② 《湖南省宪法》为其他各省制定宪法提供了蓝本。受湖南的影响，当时全国不少省份以制定省宪为托词来对抗北京政府，四川、浙江、广东、江苏、云南、广西、陕西、江西、湖北、福建等省相继仿效湖南制宪程序和宪草内容制定了本省宪法草案，但都未能付诸实施。

然而，这"联省自治唯一的产儿"也难逃失败的噩运。力主武力统一的广东国民政府，本来就对湖南如鲠在喉，加之曾经"湘粤联盟"力主自治，湖南即被视为最大障碍。在清剿陈炯明之后，必然要对湖南有一了断。后经赵、谭、吴之战，1926年，赵恒惕倚重的唐生智摇身成为北伐军中路前敌总指挥，挺进长沙。赵恒惕为避湖南再起战火，无奈向省议会提出辞呈。唐生智随即就任湖南省代省长，废除《湖南省宪法》，湖南立宪自治运动夭折。接着，各县初级法院、县议会和省议会被撤销。自此，湖南省完全笼罩于国民党一党专政阴云之下，省宪与联省自治运动卸下帷幕并日渐淡出人们的记忆。

对于1920～1926年湖南这场省宪运动，有人评价道：湖南在省宪运动中不但成功制作宪法，而且使宪法条文进入实际操作程序，比如进行大规模民主选举，建立宪政化政府组织结构……诚然，军人与绅士结合的政权远非民主政权，湖南的立宪政府也远非在宪政轨道上运行，但这并不表明曾经的这场运动完全没有意义……无论如何，这是一场省级规模的民主试验，它第一次用比较民主的程序创制了省宪法，第一次举行大规模民主选举，第一次将行政机置于民意机构的严密看管之下，诸如此类的创举尽管伴随着太多不

---

① 何文辉：《历史拐点的记忆——1920年代湖南的立宪自治运动》，湖南人民出版社，2008，第146页。
② 何文辉：《历史拐点的记忆——1920年代湖南的立宪自治运动》，湖南人民出版社，2008，第148页。

如意，却表明了向传统政治彻底告别的决心。①

二 可怕的不是失败的结局

20 世纪初期的联省自治运动，可以说是中国在 20 世纪最有价值的政治尝试之一。因为它将宪政、共和、联邦主义的制度进行了整合，为医治中国大一统的专制极权主义提供了药方。② 湖南省宪运动无疑作出了有益的探索，为日后民主政治实践开启了大门，迎来了曙光，埋下了自由的种子。然而，湖南省宪运动以失败而告终。湖南省宪运动虽然失败了，但它是辛亥革命后各革命阶级探讨中国社会出路的重要一步。

有人认为，从政治发展的视野来看，有缺陷的制度设计在宪政试验中出现，不仅非常正常，而且可以为后来的制度变革提供历史经验教训。所以，在论及省宪运动的影响时认为："中国每受一次冲击，则更为接近民主的正途。"③ 然而，展现在人们面前的残酷现实是，中国每经一次冲击，便离民主渐行渐远。以至于当事人李剑农（曾参与《湖南省宪法草案》的制定并任当时的湖南省务院长）曾感慨："湖南在施行省宪的两三年内，所谓省宪也仅仅具有一种形式，于湖南政治的实际未曾发生若何良果。"④ 20 世纪那段省宪和联省自治运动反倒成了令人难忘的历史花絮，回顾这段往事，我们嗟叹有余。

实际上，失败并不可怕，因为机遇与成功从不眷顾守株待兔之人，可怕的是我们屡遭挫败，却不会从中汲取教训、总结经验从而逐步理智、成熟。民初自治运动提供了全民参与的绝佳机会，然而人们并没有以此为契机保持参与的热情与执著。参与才是政治民主的开始，屡败屡战纵然值得赞赏，然而更加令人敬佩的是"人绝不会两次踏入同一条河流"。民初自治运动以来，我们屡屡从同一个地方跌倒，难道不值得深思？湖南省宪运动出现的诸多问题引人深思，亟须引以为戒：

---

① 何文辉：《历史拐点的记忆——1920 年代湖南的立宪自治运动》，湖南人民出版社，2008，第 346 ~ 347 页。

② 刘军宁：《联省自治：二十世纪的联邦主义尝试》，《战略和管理》2002 年第 5 期，第 43 页。

③ 张朋园：《湖南省宪之制定与运作（1920 - 1925）》，《中国近代现代史论集第二十一编民初政治（三）》，第 411 页。

④ 李剑农：《中国近百年政治史》（1840 ~ 1926），武汉大学出版社，2006，第 421 页。

首先，纵观省宪运动乃至其后的中国历史，工具主义和政治功利主义始终占据着主导地位。湖南自治实为军绅共治，虽然有军绅相互制约的宪政萌芽，但是军绅力量悬殊，加之民众无参政之基本素质，尚不知何谓政治，绅士无法利用民众抗衡军阀，最终沦为军阀专权。因此，自治对底层民众的境况无任何改变，甚至有恶化。于是乎，民众在不满乌托邦式的革命动员下，瞬间激发起来以革命来自救，省宪与自治必然行将就木。在省宪运动的不断失败中，人们逐渐感到军阀的所谓省宪，"不过借吾民名义，为少数人巩固地盘，扩张权势之工具"。① 1927 年 3 月，湖南革命政府以"湖南平民教育为不革命团体，为资产阶级缓冲机关"为由，将其取缔，同时关闭了全省各地平民教育团体和各种平民学校。② 湖南省宪仅存的遗产被彻底涤荡。

其次，低下的国民素质令任何政治变革望而却步。"民主政治的成功在乎国民具有民主政治的修养，这并不是什么玄妙新奇的理论，而是无可否认的必然事实。"③ 然而，"各国民治的运动，即把政权从少数人手里移到多数人手里的运动，其原因大概一部分出于实际痛苦的压迫，一部分则出于抽象主义的鼓吹"。④ 只有很少一部分人关注宪政价值目标。"真正的困难就在于此。有人说，要使一个民族宜于自由政府，需要知识、经验和智慧。这话固然不错。但是一种比缺乏知识更严重的弊病，就是民众自身根本不希望自治。人民愿意让俄皇一类的政府被人推翻，这是因为他们痛恨他的压迫或藐视他的无能之敌，但是不能说他们愿意自己来统治自己。大概人民所希望的不是统治自身，而是在于能够有良好的统治者。"⑤ 这即是中国国民的劣根性所在，这也是为何"清官情结"至今挥之不去的缘由：大多数国人从来不愿从自身做起，而是寄希望于他人。而极其少数人则朝思暮想着成为"救民于水火中的有道明君"。在湖南省宪运动这个过程中表现出来民众的不良习惯，比如冷漠、涣散、偏私，由此引发的混乱等，也可以警示后人，在一个社会条件未准备成熟的地方移植新的政治制度可能面临的困难

---

① 《民国日报》1922 年 3 月 30 日。
② 湖南省志编纂委员会：《湖南近百年大事纪述》，第 501 ~ 503 页。
③ 萧公权：《宪政与民主》，清华大学出版社，2006，第 60 页。
④ 〔英〕詹姆斯·布莱斯：《现代民治政体》（上），张尉慈等译，吉林人民出版社，2001，第 41 页。
⑤ 〔英〕詹姆斯·布莱斯：《现代民治政体》（下），张尉慈等译，吉林人民出版社，2001，第 994 页。

与风险。①

再次，强烈的暴力革命极易使任何改良成为泡影。自治是清末以降所倡导的共和的必然结果，所谓共和实就是每一个公民都有权利参与公共事务。然而，湘军总司令心中的自治，与学界、商界乃至一般老百姓心目中的自治，并不完全一回事。这完全由"在朝"与"在野"地位所决定，在朝者除了谋长治久安、不让外人插手的目的，还包藏着保个人权位的私心；而在野者欲得到参政议政的发言权，即获得一定的民主权力，才是他们最为急迫的诉求。所以，自治迟早要与官治激烈对抗，最终必然以暴力相向。1923年8月下旬，湖南学生界发表宣言指出："我们不要梦想在军阀专制之下，可以得到自治的实效，我们更不要梦想一部省宪，就可以给予人民的自由，因为自由的获得，是要革命的鲜血，不是呆板的文字。……湖南自治的结果，只是赵恒惕专政，金钱选举，贿赂公行，非法抵借，杀死黄庞，解散外交后援会，捕拿学生，以媚日人，投降吴佩孚。这些事实，已证明省宪和自治，都是欺骗我们的。"宣言说："中国人民要想不受外国与军阀的宰割，实现民主政治，建设独立国家，除开用民众的势力，继续不断的革命，别无途径。"宣言最后指出：只有"民主革命能使人民得到自由与幸福"，呼吁"打倒封建军阀，继续民主革命"。② 可叹的是，当革命成为社会共识的时候，这带来的往往是一种灾难——一个民族，如果学不会适当的妥协和有风度的对抗，那它只能在专制中沉沦。③ 湖南省宪运动后中国社会的惨淡历史，无疑是一绝佳的印证。

最后，社会变革应顺势力导，任何强力推进必然适得其反。任何"政治制度，必然得自根自生。纵使有些可以从国外移植来，也必然先与其本国传统，有一番融和媾通，才能真正发生相当的作用。否则无生命的政治，无配合的制度，决然无法长成"。④ 因此，不顾及社会文化传统及民众观念的制度变革，其前景是注定暗淡的。1921年2月，陈炯明接受美国记者乔柏氏（Rodney Gilbert）采访，他在解释广东推进"联省自治"时说：中国人民从来没有组织团体，以表达其"集体意志"（Collective will）的经验，但是他们很习惯于乡村的自治。中国觅求民主，必须从乡村的自治传统演进而成。

① 参见何文辉《历史拐点的记忆——1920年代湖南的立宪自治运动》，湖南人民出版社，2008，第348页。

② 《民国日报》1923年8月23日。

③ 金满楼：《帝国的凋零：晚清的最后十年》，江西教育出版社，2008，序。

④ 钱穆：《中国历代政治得失》，三联书店，2001，序。

我们必须采用"由下而上"的办法，再不能采用"由上而下"的办法，因为许多年来，中国已曾试用多次"由上而下"的办法，而每次终于遭到失败。①

三 自治何以可能——兼谈宪政精神

罗隆基曾说："民元至民十六那段中国宪政历史，那固然是宪政的失败，但那却是国家实施宪政必经的历程，倘以那段宪政过程之波折，即断定宪政在中国永无成功可能，那是缺乏历史的眼光。"② 尽管往事不堪回首，但是后来人必须作出深刻的反思，清末以降诸位先贤们孜孜以求的宪政以及由此而缘起的自治何以可能？

宪政发端于西方，在西方社会长盛不衰。然而综观 20 世纪以降的历史，非西方国家纷纷效仿西方国家借宪政来富国、强兵，但为何总是事与愿违，多以失败告终？我们不禁追问：宪政究竟是制度、习惯还是理想？

宪政是人类经验和智慧的结晶。然而，人们对它的理解偏重于形似，未能着重于神随。纵观近代西方宪政史，可以看出，近代西方宪法在功能上起源于保障个人自由权利的需要，在结构上发端于多元化政治与社会势力相互之间的对抗与妥协。换言之，宪法以及宪政，是社会多元的制度结晶，是通过不同社会势力相互之间的政治对抗与阶级妥协为基础而产生，并作为一种利益衡平机制而存在的。③ 民国时期，著名的政治学家张佛泉在 1937 年时就指出："我们三十年所以不能行宪政，大部分原因在于国人对宪政的误解，在于把宪政看作了一个高不可攀的理想。……民治宪政不是一个'悬在人民生活以外的空鹄的'，只是个'活的生活过程'。"④ 胡适先生也从三个方面阐释宪政：第一，宪政不是什么高不可攀的理想，是可以学得到的一种政治生活习惯。这种有共同遵守的政治生活就是宪政，其中并没有多大玄妙，就如同下象棋的人必须遵守"马走日字，象走田字……"一样。⑤ ……第二，

---

① 1921 年 2 月 18 日美国上海总领事向美京报告之附件，转引自陈定炎《戊戌变法与联省自治》，《1998 年 8 月北京大学戊戌维新一百周年国际学术讨论会论文》。

② 罗隆基：《期成宪政的我见》，《今日评论》1939 年第 22 期。

③ 占美柏：《从救亡到启蒙：近代中国宪政运动之回顾与反思》，《法学评论》2004 年第 1 期，第 124 页。

④ 胡适：《再谈谈宪政》，欧阳哲生主编《胡适文集》（第 11 卷），北京大学出版社，1998，第 765 页。

⑤ 胡适：《我们能行的宪政与宪法》，欧阳哲生主编《胡适文集》（第 11 卷），北京大学出版社，1998，第 770 页。

宪政可以随时随地开始，但必须从幼稚园下手，逐渐升学上去。宪政是一种政治生活习惯，唯一的方法就是参加这种生活。① ……第三，现在需要的宪法是一种易知易行而且字字句句都就可行的宪法。宪政的意义是共同遵守的政治：宪政就是守法的政治。②

任何成功的制度变革必须依赖于厚重的文化积淀："是时间把这种信仰和思想的碎屑堆积如山，从而使某个时代能产生出它的观念。这些观念的出现并不是想置骰子一样全凭运气，它们都深深根植于漫长的过去。当它们开花结果时，是时间为它们做好了准备。"③ 宪政同样蕴涵着丰厚的文化底蕴，它发端西方特有的文化传统，它着眼于未来的社会改造，它是将人民主权、民主、法治、人权等理念内化为人们的一种积极的生活态度和方式，以和谐的方式替代睚眦必报式的复仇和彻底清算式的革命促成社会变革。宪政，是一种与暴力革命相对应的生活态度和生活方式（或习惯），是一种源于私人领域而奉行于公共领域的和谐生活态度和生活方式。宪政的文化内涵在于它是一种宽容（Tolerance）、妥协（Compromise）、诚信（bona fides）与合作（cooperation）的积极生活态度和生活方式，它强调的是人类的理性自治。由于在私人生活中秉持宽容、妥协、诚信与合作的精神，人类才能逐步认识到在公共政治领域践行它们的重要性，才能真正摒弃暴力实施宪政。

宪政滋生于西方那种特有的宽容、妥协、诚信和合作的文化传统，而这恰是中国根深蒂固的文化传统所缺乏的品质。于是，对西方宪政制度采取直截了当的"拿来主义"态度或是据自己的传统文化而对西方宪政任意地裁剪或贬斥，最终没有带来启蒙者和改良者以及革命者所共同期盼的宪政制度并走上富强之路。

我们不能把宪政这种生活态度和生活方式理想化，甚至把宪政作为抽象的名词而偶像化，盲目地崇拜。20 世纪非西方国家纷纷效法西方国家进行宪政建设，然而它们从一开始就误读了宪政。这种误读的后果是致命的，因为，类似于宪政这样一个政治概念如果不能确有所指，那么它对政治文化的

---

① 胡适：《我们能行的宪政与宪法》，欧阳哲生主编《胡适文集》（第 11 卷），北京大学出版社，1998，第 770 页。
② 胡适：《我们能行的宪政与宪法》，欧阳哲生主编《胡适文集》（第 11 卷），北京大学出版社，1998，第 771 页。
③ 〔法〕勒庞：《乌合之众：大众心理研究》，冯克利译，广西师范大学出版社，2007，第 98 页。

传播就不仅无益，反而可能带来负面影响。"错误的民主观导致民主的错误"，① 错误的宪政概念必然导致宪政实践的失败。

宪政是人类理性自治的生活态度和方式，一旦没有理性包容精神，所谓的宪政、民主都只是独裁的一种包装。唯此，推动真正宪政建设的困难在于：它无法提供激情的诉求，缺乏"毕其功于一役"的精神号召，没有战斗语言所鼓动的高亢情绪，也没有绝对道德包装所散发的诱惑；相反地，由于强调理性，提倡宽容、妥协、诚信与合作，真正的宪政往往被误解为怯弱与逃避。

宪政作为一种生活方式或生活习惯，在于持之以恒地于日常琐碎事务中贯彻宽容、妥协、诚信与合作的品质，因为"民治制度的本身便是一种教育"。"人民参政并不须多大的专门知识，他们需要的是参政经验。民治主义的根本观念是承认普通民众的常识是根本可信任的。"② "故民治政治制度本身便是最好的政治训练。这便是'行之则愈知之'；这便是'越行越知，越知越行之'。"③ 由此我们可以看出，宪政倡导的是大众民主，主张通过广泛的民主参与来践行宪政这种全新的生活方式，宪政不认可政治生活由精英们来左右。

纵观近代中国，宪政所倡导的基本品质在湖南省宪运动中绝无仅有地初现端倪。联治运动进行之时，曾有人指出，省宪自治是打不倒军阀的，但是它试图发展社会力量，培养人民政治能力的精神，"是顺的，不是逆的"。④ 湖南省宪经修订后，平民政治淡出，原来省宪中各种有关直接选举以及全民总投票的条款，都被更改或被附加条件，被认为是倒退。"但从民主发展的历史长河来看，民主的进步与成熟不是一蹴而就的，他是一个从不成熟到成熟，从较小的范围扩展到较宽，再扩展到全民参与的过程。从当时湖南的社会现实以及业已试验过的有名无实的直接民主来看，此次条文上的倒退也可以理解为务实的倾向。"⑤ 实际上，这种务实正是宪政妥协精神之体现。然

---

① 〔美〕乔·萨托利：《民主新论》，邓晓芒译，东方出版社，1998，第3页。
② 胡适：《我们什么时候才可有宪法》，欧阳哲生主编《胡适文集》（第5卷·人权论集），北京大学出版社，1998，第536页。
③ 胡适：《我们什么时候才可有宪法》，欧阳哲生主编《胡适文集》（第5卷·人权论集），北京大学出版社，1998，第537页。
④ 佚名：《集权与联邦皆不能推翻军阀》，《东方杂志》1922年第19卷第17号。
⑤ 何文辉：《历史拐点的记忆——1920年代湖南的立宪自治运动》，湖南人民出版社，2008，第288页。

而，这种艰难的尝试被北伐革命的统一战争所扼杀，并被其后的狂热的暴力革命思潮与行动涤荡殆尽。

传承久远、底蕴深厚的中国传统文化却崇尚暴力、精于权谋，于是乎整个社会形成了一种拒斥宪政文明的天然屏障。因此，自"百日维新"近代中国宪政移植的序幕开启的那一刻起，宪政注定要成为王朝更迭的道具，注定要在特定的历史时刻退出历史舞台，联省自治和省宪运动必然以失败告终，留给世人的仅仅是无奈和哀叹。

四　余论

联省自治和省宪运动是中国宪政历程的一段插曲。中国百年艰辛的宪政探索历程可以被看成一场制度和文化的传播与移植过程。因此，宪政过程本身就一直充斥着文化冲突。宪政中国的夭折，根本上是由于中华文化对西方先进的宪政制度"水土不服"所致。中国由于缺乏这些传统，仅仅看到宪政所带来的富强与繁荣之耀眼外表，在政治功利主义驱使下，宪政在实践中被根深蒂固的文化传统扭曲、异化，最终只能是"淮橘为枳"。宪政运动虽历时百余年，而在实践中至今未形成有效的规则和程序对社会生活进行真正有意义的规制。

早在20世纪20、30年代，梁启超、胡适等人便开始从文化角度洞悉宪政的内涵。然而，令人悲哀的是，其后鲜有人沿着他们指引的方向深入探究，满腹经纶、坐而论道式空谈充斥朝野。更可悲的是，一个世纪之后的我们仍然在彷徨，至今无法将宪政理解为一种生活态度和生活方式，依然将其看成高不可攀的理想。于是，我们不断地企图通过向西方截取这些概念来解决与之毫不相关的中国问题，"宪法"、"宪政"、"民主"、"平等"、"自由"、"人权"等概念虽然有了，但其内涵始终未为人认知，最终这些概念难逃沦为虚幻概念的惨淡结局。"五四"以来的思想启蒙，只能停留在口号式的宣传而无以面对苍白的现实。

湖南省宪运动表明，在风起云涌的政治运动中，未能逐步培育出合格的公民，更未能体悟宪政的真谛，这才是问题的关键。其间虽然进行了启蒙，但是这种启蒙依旧是旧瓶新装，从一开始即背离了宪政的精神。

宪政隐含于我们的日常生活、隐含于我们的一言一行中，只有充分领略宪政的宽容、妥协与合作的内涵，中国宪政才能跳出泥潭。在当代中国构建新的宪政秩序的过程中，思想的启蒙以及制度重构仍然是十分重要的。这是一项艰苦卓绝的工作，"现代化是一个长期而艰巨的历史过程，现代西方国家的现代化进程已充分证明，如果没有一个稳定和谐的内部秩序，任何浮躁的空喊都无济于事。社会秩序的建立与稳定并不是单单是政府的责任，全体社会成员不仅应建立起社会的共识，而且要有一个为民族根本利益而自我牺牲的勇气。当民族利益需要的时候，社会成员不是信奉'自陈好恶'、'自崇自信'的自我中心主义，而是确立一种为民族利益牺牲个人的献身精神，将个人的作用纳入秩序的轨道。"[1] 而且"需要民族成员有一种锲而不舍的韧性，一代一代地进行下去"。[2]

---

① 马勇：《超越革命与改良》，上海三联书店，2001，第136页。
② 马勇：《超越革命与改良》，上海三联书店，2001，第154页。

论近代中国的地方立法试验及其现代启示

王建学*

【内容摘要】地方立法试验是国家体制改革的重要途径之一。近代中国的国家改革曾在不同程度上利用地方立法试验，从时间上可以分为清末时期、民国前期和民国后期三个各具特点的阶段。就地方立法试验的内部结构演变而言，基本的历史趋势是民主和开放。从社会效用和规范评价来看，民国后期的地方立法试验已具有法制化和科学化的形式，在发挥试验性作用的同时又受到国家监控，防止国家法制统一性因地方立法试验而遭到破坏。我国目前的"先行先试"可以从近代地方立法试验的经验教训中汲取充足的养分，需要注意试验制度本身的科学性、试验性立法的民主与开放程度、地方活力与国家秩序的协调以及社会效用与规范统一性之间的协调。

【关键词】地方立法试验　国家改革　民主与开放　社会效用　规范统一性

引　言

地方立法试验是指由地方制定突破国家法律的法规，或者在国家法律处于空白时先行立法以填补空白，以立法形式来试行一项新的制度，从而寻找比现行制度更为科学合理有效的制度形式。地方试验具有积极的社会作用，"它创造了一种可能性和条件，在一个较小比例的区域或时间内，来衡量试验内容的长处与短处，而这使人们能够在将某一机制推广之前有机会去改善它，或者是在它被证明为没有效率或不妥当时抛弃它，试验同样能够具有一种政治上的功能，它通过证明试验对象的有效性，消除了制度变化给人们带

---

*　法学博士，厦门大学法学院讲师。

来的恐惧和不安，从而使一项改革更容易被接受。"① 在国家改革时期，地方试验的作用尤其明显，由于它具有空间和时间上的可控性，因此成为尝试新制度的理想手段。近代中国正好处于一个改革时期，曾充分利用地方立法试验进行制度革新，因此，近代中国的地方立法试验很自然地进入了笔者的研究视野；现代中国同样处于改革期，各种形式的地方"先行先试"一直是国家发展的重要推动力，在这个意义上，近代中国地方立法试验的经验和教训对当下中国又具有重要的历史参考价值。

本文之所以以"立法"为切入点，将研究的对象限定在立法层面的地方试验，是因为立法是地方试验的基本形式，绝大多数地方试验都会体现在各种法规、章程或规则中，各地方自发制定或经国家授意制定的试验性立法能够完整地反映地方试验的情形。

在结构上，本文首先依时间次序考察清末、民国前期、民国后期三个阶段②的地方立法试验，总结每个阶段的特征，然后分析地方立法试验的内在结构演变，次而从社会效用和规范立场对不同阶段的地方立法试验进行评价，最后在反思总结的基础上揭示近代地方立法试验对现代中国的启示。

一　清末时期的地方立法试验

经常被人们忽视的一个事实是，清末的国家改革实际上最早是从"试点"地方自治——而不是改革国家官制、设立资政院或其他——开始的。地方自治试点揭开了近代中国地方立法试验的序幕，代表是上海和天津两地制定地方自治章程的活动，并形成了《上海城厢内外总工程局章程》（1905年）和《试办天津县地方自治章程》（1907年）。这些地方立法的时代背景是人们对地方自治的重要作用形成基本共识，将地方自治作为宪政改革的必备要素，国家改革迟迟没有进展，而振兴与富强的要求却与日俱增，因此，在地方绅士的强烈要求下，经过国家官员的授意，地方绅士出面筹办地方自治，起草地方自治章程，组织地方自治选举，并办理地方自治事务。

由于国家尚未颁行关于地方自治的统一政策或纲领，再加上当时地方自

① André Roux, Réforme de l'Etat et Expérimentation, in Colloque International de Toulon, les 1 et 2 octobre 2004.

② 这种三阶段论是从时间上划分近代中国地方法制的通说，相对于其他两个阶段，民国前期的显著特点是缺少一个公认的中央政府，具体论说可参见王建学编《近代中国地方自治法重述》，法律出版社，2011。

治观念虽已普及但在操作上还缺乏具体可行的方案，因此，唯一的办法只能是"试验"，即在帝国的局部地区由一些熟悉地方自治的本地绅士自行起草相关章程，经国家官吏批准加以施行，以便使自治试验能够有章可循，同时检验相应的制度是否切实可行。例如在上海，著名绅士郭怀珠、李平书、叶佳棠、姚文枏、莫锡纶等人于1905年（光绪三十一年）呈苏松太道袁树勋，请求开办上海县自治。袁树勋于同年8月6日正式行文照会郭等五人，表示对于"创办总工程局之议，本道极愿赞成，拟即将南市工程局撤除，所有马路、电灯以及城厢内外警察一切事宜，均归地方绅商公举董事承办"。① 因此，郭等五人拟定相关章程，并依章程召集筹办选举等事。同年10月16日，袁树勋任命李平书为领袖总董，至11月3日，上海县城厢内外总工程局依章成立。

总结清末时期的地方立法试验，可以发现以下三个基本特点：

第一，绅士阶层在地方立法试验中发挥了基础性作用。所有地方立法无一例外地均由乡绅自发推动，其起草也主要是乡绅们自己动手，相应的，本地绅士主导了地方自治机构的运作及地方自治事务的办理。普通民众似乎仍处在一种"后知后觉"的状态中，从来没有参与到地方立法试验的过程中也没有这样的意识和要求。甚至在地方自治立法实施过程中，特定阶层的民众还会由于利益冲突而抵触地方自治试验。②

第二，国家及国家官吏对地方立法试验保留了一种最终的控制权。无论是上海还是天津，其地方立法都是经过国家官吏批准后才颁布的，前者是经苏松太道袁树勋同意（总工程局的设立后来也经过了两江总督和江苏巡抚的核准），后者则由直隶总督袁世凯核准。除了立法需要通过国家官吏核准之外，立法的实施过程中也一直贯彻着国家的干预，由国家官吏处理自治纠纷。当然，这种控制只是潜在的和最终的，并没有直接取代乡绅的基础性作用。

第三，地方立法试验在内容上具有创新性。清末时期的地方立法带来了很多"前所未闻"的新事物，开启了新的风尚。以距离京师较近的天津县为例，其《自治章程》中首次设置了议事会和董事会这样的自治机构，规定了

---

① 杨逸编《上海市自治志》，成文出版社有限公司，1915，第237页。
② 如地方自治事务的办理需要向当地民众开征各种税捐从而引起民众的不满，地方自治场所通常挤占庙宇道观因此引起僧道不满，等等，类似情形在各地均曾出现，上海的实例可参见前引《上海市自治志》。

基本的地方选举制、地方自治财政，并对自治机构在教育、实业、工程、水利、救恤、消防、卫生、市场、警务等方面的职权进行了切实的规定。而与此同时，沪津以外的其他地区则保留着旧有制度。

基于以上三个特点，清末时期的地方立法试验在本质上是官绅共同推动的地方试点，是一个落后的君主制国家在地方层面进行政治、社会和经济改革的尝试。这种立法试点一直持续到1909年（宣统元年）1月18日清政府颁布统一的《城镇乡地方自治章程》。在该《章程》施行全国之后，沪津两地的试验性立法随之被终止和取代，如在上海，总工程局在宣统元年五月初一日根据新的《城镇乡地方自治章程》改为上海城自治公所。

二　民国前期的地方立法试验

民国前期（约1911年到20世纪20年代结束）主要是指南京临时政府和北洋政府时期，中央政府没能形成稳定的统治结构，经常处于权力的更替之中，甚至出现两个中央政府并立的情形。中央政府基本上丧失了对地方的掌控能力，除了袁世凯统治的北洋政府曾对地方进行有力的干预并曾宣布取消地方自治以外，各地方基本上处于各自为政的状态。这种状态从整个国家的角度而言可能是失序和混乱的，但它激发了地方试验的活力，地方立法试验在这一时期尤其活跃。

以风气较为开放的江苏为例，除了曾颁布"省临时约法"（绝大多数省份均曾颁布省临时约法）外，还制定了《江苏临时议会章程》（1911年11月）、《江苏省暂行市乡制》（1911年10月公布、1912年4月和1913年6月修正）、《江苏暂行市乡制选举章程》（1911年）、《江苏省议会议决县民政长选举章程》等全省性的试验性立法。此外，尚有很多县、市级的试验性立法，例如《淞沪市自治制》（1925年5月30日）等。江苏省这种多样化的情形也普遍存在于湖北、湖南、广东等其他省政较为活跃的省份。有意思的是，名义上的中央政府所驻扎的地方，如北洋政府时期的直隶，其立法试验（包括省宪活动）则处于空白状态。

进入20世纪20年代以后，由于省宪运动的蓬勃发展，湖南、浙江、广东、江苏、江西、四川、福建等多个省份均曾制定或试图制定本省《宪法》或《自治法》，或者二者兼而有之，如《浙江省宪法》及《施行法》（1921年9月9日），《浙江省自治法》及《施行法》（1926年1月1日）。省宪和省自治法本身就是地方试验性立法的基本形式，除此以外，值得注意的是，省宪和省自治法中也多鼓励本省以内市、县一级的地方自治和地方试验。

总结这一时期的地方立法试验，可以发现其基本特征与清末时期相比已经有较大不同，主要是：

第一，立法主体的多元化。清末时期还只是沪津等局部地区进行立法试验，而民国前期的立法试验已经包括了省、县、市等不同层级的主体，而且除了受中央政府直接控制的区域以外，各省几乎都普遍存在立法甚至制定省宪的情形。由于规则的多元化，这一时期的中国已经形成了事实上的联邦制或"联省自治"，其地方立法的活跃性甚至与联邦制国家相比也有过之而无不及。

第二，立法内容的丰富化。民国前期的地方立法在内容上除了作为省根本法的省宪法（省自治法）以外，还包括各种专门的组织法，例如，省议会组织法或省议员选举法，县议会组织法与县议员选举法，地方行政官员的选举与任命法。此外，地方试验性立法也涉及本地的财政整顿、禁赌禁烟、实业交通、教育普及等各个方面。当然，与立法内容的丰富化以及立法主体的多元化相对应，必然同时伴随着立法数量的激增。

第三，立法不以国家或上级政府批准作为必要条件。与清末的地方试验立法需要国家官吏核准不同，民国前期的地方立法并不必然以国家或中央政府批准作为前提。立法实践总体上可以分为如下三种情形：未经中央政府批准而施行，如各省临时约法；规定应呈请中央政府批准，但未实际呈请批准而径自实施；规定应呈请中央政府批准，实际呈请批准并遭否决而未实施，如《福建省宪法》。

基于以上三个特点，民国初期地方立法试验呈现出来的是一种过于活跃的状况。这种"过于活跃"的状况之所以出现，乃是由中央政府过于赢弱难以承担起制定和统一法制的功能造成的，因此，各地方才各行其是，竞相推出本地方的试验性立法，在努力寻找适合本地方情形的制度形态的过程中，虽然摸索到一些更能促进地方发展和改良的制度形式，但同时也牺牲了国家的法制统一性，以致国家有分裂之虞。直到南京国民政府实现统一之后，这种状况才宣告结束。

三　民国后期的地方立法试验

在民国后期（20 世纪 30、40 年代），南京国民政府实现了国家统一，并制定了系统的地方制度法，实现了地方制度法内容上的细密化和地域上的统一化，① 建立了单一制国家结构。单一制通常不允许地方存在例外规则的，但国民政府的单一制却不同。由于国民政府始终将孙中山在《地方自治开始实行法》和《国民政府建国大纲》中阐述的（以县域为主的）地方自治原则作为基本纲领，并试图从训政向宪政转型（至少是名义上），因此，从30年代初国民政府便开始进行县级政权改革，由此拉开了"（自治）实验县"运动的序幕。

国民政府的实验县②改革直接得益于晏阳初、梁漱溟等人倡导的"乡村建设运动"。后者本属民间运动，只在局部地区（如河北定县等）进行，但在30年代初产生了广泛的社会影响，引起国民政府高层的关注。蒋介石因此专门派员赴定县进行实地考察，后来许多党政要员到乡村建设实验区进行考察，官方考察的结论是建议在全国范围内仿效定县、邹平等地设立实验区。为此，国民政府内政部认真调查和评估了各实验区的实验情况，然后专门筹备第二次全国内政会议，以推动县政改革。在调查和评估阶段，"先分三组，到各省区视察。……并根据各省详密报告，然后草拟提案，每一重要提案，皆经过十余次之讨论"，而且，"会中所提各种方案，皆经过相当时日的准备，各地代表，故本其历年来办事之经验，以为所提方案的根据，即内政部的提案，亦经过缜密的手续"。③

1932年12月，第二次全国内政会议在南京召开，先后通过了《县政改革案》和《各省设立县政建设实验区办法》。会后，内政部将两项议案呈交行政院，经行政院第117次会议议决通过。1933年8月16日，内政部正式颁布《各省设立县政建设实验区办法》，并通令各省，要求在最近期间内依照该办法的规定在省区内选择一县或数县作为推行县政建设的实验区，报内政部转呈行政院备案。同年10月，内政部又根据各省县政建设实验县在设立中出现的问题，致电各省政府，对于《各省设立县政实验区办法》之根本

---

① 南京国民政府制定地方制度法的活动大体上分为三个时期。第一个时期是1930年前后，颁布了《县组织法》（1929年6月5日）等一系列地方组织法以改变民国前期的混乱局面。第二个时期是1934年前后，制定了《县自治法》（1934年12月21日）等一批地方自治法规，落实地方自治。第三个时期是1941年前后，颁布了一批新法规进行调整和完善。具体内容可参见王建学编《近代中国地方自治法重述》，法律出版社，2011。

② 在现代汉语中，试验是为了解某物的性能或某事的结果而进行的尝试性活动，实验是设计来检验一个理论或证实一种假设而进行的一系列操作或活动，因此试验更符合本文主题，但民国时期多将二者等同。

③ 《第二次全国内政会议宣言》，《中央周报》第237期，中国国民党中央执行委员会宣传部1932年12月19日编印，第11页。

精神分为六项详加阐述。此后，县政建设运动在全国范围内迅速展开，并逐渐出现了江苏省江宁县、浙江省兰溪县、山东省邹平县与菏泽县、河北省定县五个闻名全国的实验县。实验县建设一直持续到抗日战争爆发才被迫终止。

在实验县建设中，各实验县及所属省根据《各省设立县政建设实验区办法》第十三、十四条制定了涉及实验事项的大量单行规则，甚至变更中央及省之法令。以江苏省江宁县为例，江苏省政府在 1933 年 2 月将江宁县设立为实验县，实验期 4 年，并通过了《江宁自治实验县县政府暂行组织条例》。此后，涉及县政一般组织的规则如《江苏省江宁自治实验县组织规程》（1934 年 1 月 9 日），涉及实验具体事项的单行规则如土地清查方面的《江苏省江宁自治实验县土地陈报办法大纲》及《施行细则》等等。

纵观这一时期的地方立法实验活动，可以发现如下两个基本特点：

第一，试验制度的法制化。与前两个时期不同，在民国后期，中央政府有意识地进行地方试验活动，并为此制定了关于实验的专门立法，即由行政院正式通过、内政部颁布的《各省设立县政建设实验区办法》，其中涉及实验县的选定条件（第五条）和程序（第六、七条），实验县不同于一般县的组织（第九至十二条）及权限（第十三至十六条），实验的经费以及实验的方式与程序，等等。以实验县的选定条件为例，第五条列举为"该区情形可代表本省一般情形者"、"交通便利地位适中者"、"从前办理自治较有成绩者"、"地方有领导人才且能出力赞助者"和"实验场所有相当设备者"。并且第四条允许"各省为比较实验之效果并便于观摩起见，得就风土民情不同之地方设立两个以上之实验区"。从这些内容可以看出，实验县的制度设计考虑到了实验的各个环节和步骤，既使实验县建设能够有章可循，又避免了因缺少规则而各行其是的混乱。

第二，试验制度的科学化。实验县建设的决策者和实施者，都是以科学的态度来认识对待实验活动的。在决策的层面，《各省设立县政建设实验区办法》在内容上具有完备性，包含了实验县的选定、实验的方式与程序、实验的期限、实验效果的评估与推广等各个制度环节，这在前文中已经论及。而且，该《办法》本身就是以综合调研为基础制定的，具体内容经过了仔细斟酌。从实施环节来看，参与实验县建设的人员大多秉持学术研究的态度来推进实验，不仅有大量的知识界人士直接参与，而且实验效果也从科学的角度进行了定期评价和调整。以河北省定县为例，"科学的方法和审慎的态度，使定县实验获得了'科学实验'的美誉，将学术研究与县政建设结合起来，增加了改革决策的科学性，减少了实验的盲目性，从而提高了县政建设的成效。这也是五个实验县都能够取得一定成就的重要原因之一。"① 实验本身的各个环节都应当符合科学要求，而不能是随意和盲目的试错，否则便不能充分发挥试验的功能。在这个意义上，民国后期的实验县建设是较为成功的。

关于民国后期的实验县建设，不妨在此作一个古今与中外的双重对比。在当今单一制国家，地方立法试验仍是新兴事物，以地方试验制度较发达的法国为例，其在宪法中确认地方立法试验，并由议会制定专门的组织法约束试验的各个环节，也不过 2003 年的事。② 而我国民国时期就已经设置了科学化的实验县制度，这实在是非常了不起的举措。

四　地方立法试验的内在结构演变

为使对近代中国地方立法试验的理解不流于形式，分析这些试验性立法的内在结构就成为必要，以下分为参与主体、制定过程和涉及内容三个方面，依时间次序分述之。

（一）参与主体的扩大化

从地方试验性立法的制定和参与者来看，参与主体大体上经历了逐渐扩大的过程。清末时期的试验性立法在制定主体上是一种官绅结合的结构，绅士运用自己的地方自治知识起草地方自治章程，国家官吏则保留最终的核准权，而普通民众则没有参与的机会。事实上，由于地方自治尚属新鲜事物，而民风尚未开化，普通民众也没有参与的意识。因此，清末的地方立法试验表现出一种"精英气"。

在民国前期，随着民风的开化，各级政府本身又以"民主"政府自居，

① 王先明、李伟中：《20 世纪 30 年代的县政建设运动与乡村社会变迁——以五个县政建设实验县为基本分析样本》，《史学月刊》2003 年第 4 期，第 96 页。
② 法国在 2003 年 3 月 28 日第 2003 ~276 号宪法性法律中确认了地方试验制度，其中规定，"根据情况，当法律或者条例已有规定，地方公共团体或其联合体可以依照组织法规定的条件，为特定目的并在确定期限内，试验性地减损调整其权限行使的该立法性或者条例性条款，但涉及行使公共自由或者宪法所保障权利的实质条件的除外"。其后，法国议会在 2003 年 8 月 1 日制定了《关于地方试验的第 2003 −704 号组织法》，以更细致地规范地方试验的进行。大概情形可参见王建学《论我国地方试验制度的法治化》，莫纪宏、谢维雁主编《宪法研究》（第 11 卷），四川大学出版社，2009。

因此，地方立法试验多少带有了一种大众参与的色彩。民国前期的很多地方试验立法，尤其是省宪和省自治法，大多经过了开放的审议过程，若干省宪（如《福建省宪法》）也曾专门召集选民进行投票。由于立法过程发生在一个地理范围较小的区域，民众参与的机会和可行性就变得更高。虽然不可否认的是，这些试验性立法的制定仍然经常由社会精英主导，但民众的参与确实越来越广泛。

民国后期的地方立法试验基本上继承和发扬了民国前期的民主化趋势，这不仅包括各地方的立法试验，也包括国民政府行政院的《县政改革案》和《各省设立县政建设实验区办法》，都有社会力量的参与。与前两个阶段不同的是，由于民国后期的地方试验性立法主要集中在"实验县"一级，民众参与的可能性和可行性获得了进一步提升。

参与主体的扩大化是一种值得肯定的趋势，因为地方立法试验是否合理，往往受影响最直接的当地民众最有发言权。如果抛开当地民众的参与，地方立法试验就可能纯粹沦为国家官僚系统的衍生物，在根本上失去生命力。

（二）制定过程的开放化

从地方试验性立法的制定过程来看，总体上存在一种日益开放和公开的过程。清末的地方自治章程基本上是在封闭条件下制定的，即若干本地方绅士"闭门"讨论、审议和起草，然后以行政公文的形式在绅士和国家官吏之间传递，直到国家官吏核准之后才予以公告，令民众周知。

而民国时期的试验性立法大多是在社会舆论的关注下进行的，由于立法程序是开放和公开的，前一点所谓的民众参与才成为可能。到民国后期，开放化的程度进一步提高，事实上，国家的地方自治立法本身大多经过公开听取舆论的阶段，如1934年立法院法制委员会及自治法委员会在拟订《县自治法草案》、《县自治法施行法草案》及《市自治法草案》、《市自治施行法草案》时，曾呈准宣布，并发出通告，征求各界批评意见。[①] 尤其是在实验县一级，开放化的程度更是值得一提。

制定过程的开放化也是一种值得肯定的趋势，因为只有立法试验的过程是开放的，才能为试验提供更多可选择的对象，人们才有机会去评价甚至批

---

① 事实上，亦有不少学者、社会各界民众对草案发表意见。例如，陈心柏：《自治法草案评议》，《东方杂志》1934年第31卷第19期。

评那些不合理、无效率的设置。民国后期不乏一些实例，不合理的试验措施由于受到社会舆论批评而导致政府取消试验措施或承认错误，例如，江宁县原本制定了三年计划，以五十万元完成县交通网，但这一样板工程受到社会各界广泛批评，以致县长梅思平最终承认"这主意打差了"，将筑路之钱用于农业改良。[①]

（三）涉及内容的广泛化

从地方试验性立法的内容来看，其中涉及的地方事务经历了一个日益广泛的过程。清末时期沪津两地的地方自治章程主要是围绕如何筹办地方自治展开的，其主要内容包括地方自治事务的范围、地方自治机构的设置、地方自治人员的选举等等。

而民国前期的试验性立法在内容上则更为丰富，除了地方事务的界定、地方组织的设置外，还包括各种地方实业的发展，关乎地方振兴的目标。此外，值得注意的是，即使是那些清末时期已经涉及的内容，民国前期也都进行了更为细致的规范，表现形式就是各方面和各层次的专门组织法。

民国后期的试验性立法涉及更为广泛的内容，但就层次而言只是集中在县级，这与国民政府将试验活动集中于实验县有关。除了实验县的政权组织外，实验县的试验性单行规则涉及县域内的教育普及、农业改良、土地清查等各个方面，而这本身是《各省设立县政建设实验区办法》所许可的。

涉及内容的广泛化意味着，试验是科学，而科学无禁区，因此，试验也不应存在禁区，从政权组织形式到地方事务处理方法，没有哪一个领域是不能试验的。这是试验制度存在的根本前提。

五 地方立法试验的社会作用与规范评价

对地方试验的评价通常可以从两个层面同时进行。直接的是在行政科学的意义上看地方试验是否发挥了试验的作用，是否促进了制度改良和社会进步，或者通俗地说，是否为人们寻找更好的制度形态提供了有效的帮助。另一个是在法学的意义上，由于地方立法试验会突破国家法制，在地区之间制造例外差异，因此，它在规范层面上应与宪法的"平等"、"单一制"、"合

---

① 李锡勋：《五个实验县的说和做》，《新县政研究》，汗血书店，1935，第 200 页。

法律性"与"合宪性"等原则相互协调。① 那么，近代中国的地方立法试验是否以及在多大程度上符合这些标准呢？

（一）清末时期

在清末时期，地方立法试验主要是在政治上证明了地方自治的可行性。第一，它消除了清廷对地方自治政策不确定性的担心和顾虑，因为上海和天津的地方自治试验并没有引起不利于国家统治的后果。第二，它显示了地方自治制度的积极作用，增强了舆论对地方自治的诉求，也促使清廷最终在全国范围内推行地方自治政策。在内容上，上海、天津的地方自治章程是否对国家制定地方自治章程起到了借鉴作用，尚难有定论。虽然清廷颁布的《城镇乡地方自治章程》和《府厅州县地方自治章程》有沪津两个地方自治章程的痕迹，例如，自治事务的列举、地方自治组织的设置、地方自治财政的基本安排、自治之监督等等，但城镇乡和府厅州县自治章程制定过程中的各种奏章和其他文件均未提及沪津的自治章程。

从规范的意义上讲，清末的中国仍处在法制建设的过程中，甚至未颁布正式的宪法，并不具有明确的规范结构，因此，也就不存在从规范层面进行评价的问题。从沪津两地的自治不同于其他地方这一方面而言，的确违反平等、单一制等原则（但这是用现代宪法标准去衡量古制），但由于地方立法试验只局限于沪津等局部地区，且受到官府的控制，因此，并没有由于地方立法试验的进行而导致各地方各自为政的"乱象"。

（二）民国前期

关于如何评价民初的地方立法试验，一直是个高度争论性的话题。将国家统一放在首要位置的国家主义论者往往对这些地方立法持否定态度，甚至将这种乱象视为地方（军阀）割据的结果而一概加以反对，例如，孙中山虽然主张地方自治，但也反对这种"分裂的"、"不统一"的"乱象"，并主张，"中国眼前一时不能统一，是暂时的乱象，是由于武人的割据，这种割据，我们要铲除他，万不能再有联省的谬主张，为武人割据作护符"。②

但若从社会效用入手，则不可否认的是，丰富的地方立法试验确实创造

---

① André Roux, Réforme de l'Etat et Expérimentation, in Colloque International de Toulon, les 1 et 2 octobre 2004.

② 孙中山：《三民主义：民权主义第四讲》,《孙中山选集》，人民出版社，1981，第 746 页。

了一个较为活跃的"试验场"，人们通过对比不同制度的优劣来寻求更好的制度模式。就最典型的各省宪法而言，较早制定的《广东省宪法》、《浙江省宪法》和《湖南省宪法》成为学者们竞相比较的对象，① 也成为其他较晚制定宪法的省份参考和借鉴的对象，② 人们力图在制定本省宪法时避免其他省份已经犯的错误或不当，寻找一种最适合本省情形的宪法设置。地方立法的"试验场"确实为人们发现更好的制度，更好地促进社会进步发挥了积极作用。在最有代表性的广东省，通过 1920 年 12 月 27 日颁布的《暂行县自治条例》、《暂行县长选举条例》和《暂行县议会议员选举条例》等，于两年之间在全省范围内实现了民选县议员和民选县长，同时，也促进了当地实业、财政、公安、工务、卫生、教育和社会事务的发展。③ 第一次县长民选的实践，第一次联邦制的实践，等等，很多第一次都发生在民国前期，地方立法试验将地方的创造性表现得淋漓尽致。

笔者认为，围绕民初地方立法试验的讨论之所以产生如此大的分歧，乃是由于其社会效用与规范评价之间存在高度冲突。国家主义论者只看到了国家的不统一和各地方严重失范的现象，并据此一概否定了地方试验的社会作用，这当然是"一叶障目"的态度，但如何在积极发挥试验立法的社会作用的同时，防止其对国家统一的损害，这也是必须在法律上加以解决的问题，否则轻是危害国家单一性，重则导致国家分裂。

（三）民国后期

关于民国后期实验县建设的社会效果，史学界看法不一。有学者认为："实验县的工作虽然在普及农民教育，传授农业技术，改育作物和家畜家禽的品种，发展生产和移风易俗上取得一定的成就，……但'头痛医头，脚痛医脚'的实验改良工作，并不能够解决农村问题。"④ 也有学者认为："通过改革，国民政府初步建立起权力主体明确、组织充实有效、行政统一、政策

① 如《湘浙省宪比较观》详细比较了湘浙两省宪法的得失，参见愚庵《湘浙省宪比较观》，愚厂编《省宪辑览》。
② 例如，福建省宪法制定时曾参考之前制定的省宪，大略情形可参见王孝泉《福建省宪法之今昔观》，《厦门大学季刊》（1926 年）第 1 卷第 1 号。
③ 具体情形可参见陈定炎《陈炯明研究》，2001 年网络版，http://www.chen-jiong-ming.com/WenZi/YanJiu/YanJiu_book/bookmaster.htm，2011 年 8 月 1 日访问。
④ 张汉洋：《三十年代菏泽乡村建设实验县始末》，《菏泽师专学报》1996 年第 3 期，第 27 页。

适宜的县政。"① 笔者认为，对于其社会效果的评价，应当区别开实验与其他不同的因素，因为我们没有理由指望通过实验县建设解决所有的社会问题，事实上，战争、内乱等因素完全可能抵消实验县建设的积极效果。因此，我们的评价若要客观就必须回到该制度本身。

基于以下三点，笔者认为这一制度的效果是值得肯定的。首先，实验县制度本身的设计较为科学，实践中的运行状况也较为良好，实验成果亦有评估、有推广、有借鉴，国民政府对不同实验县的效果进行了定期评估，并且曾把成功的经验推广到其他县，如江宁县土地清查的经验被推广到兰溪县，② 实验县建设所形成的县政建设模式甚至为抗战时期的"新县制"提供了经验资源，因此，基本达到了法定与实然两个层面的浑然一体。其次，实验县的建设做到了社会力量与国家力量的有机结合，并且根据二者的搭配形成了不同的模式，既有以社会力量为主的，如梁漱溟发挥主要作用的邹平、菏泽，也有以国家力量为主的，如国民政府直接指导的江宁、兰溪。最后，只要对比实验县与一般县的社会、教育、经济、农业发展数据，就会发现实验县建设的成绩。③

从规范的角度出发，由于有内政部的统一规范与控制，并辅之以中央的核准备案制度，因此实验县建设在发挥了地方活力的同时，又基本上维持了实验的有序进行。尽管《各省设立县政建设实验区办法》存在被行政院和内政部所忽视了的合法律性与合宪性疑问，④ 但这本身是中央机关之间的冲突，

---

① 白贵：《论 20 世纪 30 年代南京国民政府县政改革》，《江苏大学学报》（社会科学版）2010 年第 6 期，第 38 页。
② 兰溪的土地清查是"依照江宁县成规"所制，实验内容和步骤也与江宁基本相同，但尝试了不同的方法，最终兰溪实验县的土地清查虽比江宁费时稍长，成本却少得多，江宁土地陈报花费两万余元，而兰溪之土地清查仅用了两千元，而且成效也是显著的。据统计，改制前，"兰溪历年田赋，实征数仅及三成"，改制后，实征达应征的八成以上。参见泳平《兰溪实验县财政改进之实绩》，《新县政研究》，汗血书店，1935，第 186 页。
③ 以江宁自治实验县为例，相关数据可参见陈鸣钟《国民党政府统治时期的江宁自治实验县》，《江宁春秋》第 1 辑，江宁县政协文史资料委员会编，第 36～38 页。直接材料可参见《江宁自治县政实验》、《江宁县政概况》等。
④ 行政院和内政部显然无权通过一项《办法》来对立法院通过并经国民政府公布的《县组织法》加以变通，从而在法律所规定的一般县之外设立实验县，因为根据当时适用的《中华民国训政时期约法》（1931 年 6 月）和《中华民国国民政府组织法》（1932 年 3 月 15 日修正公布），立法院为国民政府最高立法机关，负责议决法律，法律经立法院议决之后，交由国民政府主席署名行之（须立法院院长之副署），各院得依据法律发布命令。可见，民国后期的实验制度虽然已经具有法制化的形态，但并没有完全避免法制体系的内部冲突。

而不是地方立法与法律或宪法的直接冲突。①

结语：让历史告诉现在

在分析、比较和总结近代中国地方立法试验的基础上，可以提炼出以下基本因素用以综合衡量地方立法试验：1. 试验制度本身的科学性；2. 试验性立法的民主与开放程度；3. 地方活力与国家秩序的协调；4. 社会效用与规范统一性之间的协调。以这四点作为衡量标准，民国后期的地方立法试验显然在三个阶段中相对较佳。

从某种意义上讲，从清末开始的国家体制改革到今天为止并没有结束，"改革"一直是我国公共生活中的重要话题，而与此同时，地方立法试验也一直在起重要作用。在过去的三十多年当中，地方的特有活力拉动了中国的政治、经济和社会发展，"几乎每一步大的改革措施的出台，每一项改革战略的实施都由试点先行，试点经验每每成为顺利实施改革方案的重要保证"。② 继 20 世纪设立经济特区并由全国人大及其常委会授予立法变通权之后，近几年国务院又相继批准了 10 个地区为"国家综合配套改革试验区"，③倡导"先行先试"。因此，如何发挥地方立法试验的积极作用，是一个值得当代中国认真思考的问题，近代中国地方立法试验对当代中国有一定的借鉴价值，笔者认为，前文所述的四个因素都是值得当代中国注意的。

（一）试验制度本身的科学性

也就是以科学的态度对待地方立法试验，把这种态度反映在试验制度设

---

① 当一项地方立法完全依据法律制定并符合法律的内容，而该法律本身却违反了宪法，我们只追究法律而不去追究地方立法的违宪责任。这一原则在法国称为"法律－屏障（loi－écran）理论"。

② 高尚全主编《中国经济体制改革 20 年基本经验研究》，经济科学出版社，1998，第124 页。

③ 从 2005 年 6 月至 2011 年 3 月，国务院或国家发展和改革委员会一共批准设立了 10 个国家综合配套改革试验区，基中上海市浦东新区、天津市滨海新区、深圳市共 3 个全面型综合配套改革试验区，其他 7 个为专题型"综合配套改革试验区"，具体为重庆市全国统筹城乡综合配套改革试验区、成都市全国统筹城乡综合配套改革试验区、武汉城市圈全国资源节约型和环境友好型社会建设综合配套改革试验区、长株潭城市群全国资源节约型和环境友好型社会建设综合配套改革试验区、沈阳经济区国家新型工业化综合配套改革试验区、山西省国家资源型经济转型综合配套改革试验区和义乌市国际贸易综合配套改革试验区。

计的各个必要环节。以民国后期的实验县建设为例，如试验区域的选定条件与选定程序、试验的过程与方法、试验的财政支持、试验效果的评估与推广、试验的期限设置等。这种科学性在我国目前的"先行先试"过程中并没有被完全注意到。人们已经注意到试验区域的选定条件，① 但试验效果的评估与推广、试验的期限设置等均被长期忽视。这种缺失使目前的"先行先试"看上去像是赋予个别区域的长期特权，各地方对特权趋之若鹜，而没有被选定的地区则被长期排斥在试验的成果以外。我们需要从行政科学的角度反思为何特定的地区长期享受政策或体制上的优待。

（二）试验性立法的民主性与开放性

民主化和开放化之所以成为近代中国地方立法试验内在结构演变的基本趋势，是因为封闭落后的君主专制必然要向开放文明的民主共和转变，这一时代背景决定了当下的地方立法试验也必须遵循民主和开放的规律。这不仅要求地方立法试验尽可能扩大参与主体和开放试验性立法的制定过程，保证各种社会力量参与其中，从而把试验效果和各界对试验的评价放到最大，而且要求开放和科学地扩大试验的适用范围，不预先和人为地给试验设置某种禁区，使试验的作用能够扩大到公共生活的各个方面。在这个意义上，我国当前的地方立法试验可能是需要慎重反思的，如何使试验性立法的民主与开放性得到发挥，同时破除特定领域（尤其是与经济体制改革相对的政治体制改革）的禁区，用民主和开放的态度来看待试验，从而推动整个社会的平衡进步。

（三）协调地方活力与国家秩序

国家改革和社会进步的过程中需要发挥地方活力，但又要避免地方过于活跃导致国家秩序受到破坏，因此，地方立法试验的进行正应如我国宪法第3条第3款所规定的那样，"遵循在中央的统一领导下，充分发挥地方的主动性、积极性"。在这一点上，民国后期的实践具有一定的借鉴意义，即通过由国家制定一项统一的政策或法规来控制地方试验的进行，把事实上的（de facto）试验活动转变成一种法制化的制度形态。而到目前为止，我国从未颁布关于地方立法试验的法律、法规或规章，完全的行政或政策调控是否有

---

① 例如，选定国家统合配套改革试点试验区的因素和条件包括：地域有代表性，内容有典型性，有较强的组织领导，有较好的工作基础，有相应的发展潜力和承受能力，等等。

"脱法"或违法的嫌疑?

（四）试验性立法的规范统一性

地方立法试验本应同时注重社会效用和规范统一性，不能因"眼前"的社会效用而破坏长期的国家法制统一，而正是在这一点上，目前的官方态度、社会舆论乃至学术界对先行先试的观点基本上是"一边倒"的，即完全集中于强调先行先试的社会效用，而全无规范统一性的意识，即使是在法学界内部，关于是否要维持规范统一性也存在分歧。① 从历史角度来看，规范统一性是近代中国地方立法试验长期以来一直忽视的问题，即使在地方立法试验较佳的民国后期，行政院和内政部的《办法》也没有解决合法律性与合宪性问题。在这一点上，我们可能有必要寻求一些域外资源，当今法国将地方试验制度宪法化是一种考虑更为周全的举措，即通过在宪法中确认地方试验，赋予其突破法律的权限，并要求议会以法律对其在时间等方面加以严格限定。正如宪法委员会在判决中指出的，只有"在特定的情况下"，议会"一时性地（temporairement）"（实为最长期5年）并"以试验的目的（dans un but expériment）"授权地方制定与法律或条例相冲突的规则，才是合宪的。② 易言之，地方试验突破法律在地区之间创造了差异，因此突破了平等原则和合法律性甚至合宪性原则，这是为了享受地方试验的社会效用所必须付出的代价，但假如以试验名义来支持某个地区长期享受某种特权，则超出了比例原则所许可的范围，因此产生违宪嫌疑。

一味地强调先行先试的社会效用或许是极其危险的，当被忽视的规范统一性问题积累到一定程度时，国家的法制统一性乃至国家认同就会被破坏，一旦在社会、经济、文化和传统的意义上形成了国中之国，再来重新建构国家法制的统一性就会付出比原先更沉重的社会、经济和文化上的代价。

---

① 最直接的体现是关于"良性违宪"中的长期争论。
② Considerant 3, . Décision n° 2003-478 DC du 30 juillet 2003 du Conseil Constitutionnel portat la loi organique relative à l'expérimentation par les collectivités territoriales.

第五编
财政立宪主义

论"财政国家"的宪法类型及其中国模式

周刚志*

【内容摘要】"财政国家"的制度体系主要由财政收支划分制度、财政收入制度和财政支出制度构成。在"财政国家"的宪法类型上,我国已经实现由"集权国家"向"分权国家"的历史转型,仍然面临"行政分权国"向"宪政分权国"的艰难转折。在财政收入制度和财政支出制度等方面,我国属于"所有权者国家"与"税收国家"的混合形态,亟须实现由"计划国家"向"预算国家"的彻底转型。

【关键词】财政国家 宪政分权国家 税收国家 预算国家

法国学者马太·杜甘指出:"人类的思想在本质上是比较的";"建构类型学的艺术不是分类的艺术,而是发现能够在逻辑上解释各个国家或者被比较的各部分的相对位置的坐标轴的艺术,一个类型学,在最完善的形式上,应该不仅是一个资产负债表,而且是深刻的和解释性的;它应该概述先前发现以便进一步的探索;它为研究者提供武器。"① "类型化"作为宪法学研究的重要方法,当然可以适用于财政立宪制度之研究。德国学者 Isensee 指出,传统的宪法学说往往忽略财政制度之重要价值,未能从这一"统治工具"深入剖析"财政国家"(即"国家的财政制度"),并经由类型化分析而对此展开细致、深入之研究。② 诚然!尽管各国财政制度均具有一定之共性,但是其在宪法理念、政治传统及国家职能等方面亦存在巨大差异;故而,吾人以

---

* 法学博士,厦门大学法学院副教授。
① 〔法〕马太·杜甘:《国家的比较:为什么比较,如何比较,拿什么比较》,文强译,社会科学文献出版社,2010,第56页。
② 转引自葛克昌《国家学与国家法》,月旦出版社股份有限公司,1996,第141~142页。

"类型化"方法研究财政立宪制度，或许可以更为清晰地阐释各国财政宪法制度形态之差异，还可更为深入地诠释本国之财政宪法规范，以推进本国宪法释义学体系之发展。

然而，"类型化"方法当如何适用于财政立宪制度之研究？笔者以为，"财政国家"之立宪制度体系均可由"纵"、"横"两面分析之。以纵向面而言，除非人数为几万人以下、面积极为狭小的城市国家或者岛屿国家，囿于财政管理上的信息成本和执行成本，全国性政府必然不能对所有公共事务予以直接处理。由此，政府层级之设置、收支职能之划分乃势所必然，此中必然衍生出"财政收支划分制度"等重大课题，并以"集权国"、"分权国"为两"极"而衍生不同的宪法类型。而每一级政府的财政制度中，亦无非包括"收入"与"支出"两个内容——就"收入面"而言，其制度形态可以区分为"所有权者国家"与"税收国家"等数种类型；就"支出面"而言，可区分为"计划国家"与"预算国家"、"全能国家"与"夜警国家"等数种类型，盖前者以财政支出之控制手段作为类型化标准，而后者则是以财政支出之社会职能作为类型化标准。对此，笔者在本文中拟作初步之探讨。

一 "集权国家"抑或"分权国家"：财政收支划分制度的宪法类型

在国家学上，就全国性政府与地方政府之间的关系，通常有"联邦制"与"单一制"两种宪法类型。一般而言，单一制国家的全国性政府在制定财政分权规则等方面具有更为强势的地位，故而其财政制度上中央集权的属性更为明显；联邦制国家的联邦成员在财政分权规定之制定与形成的过程中具有一定的参与权甚至主导权，故而其财政制度上地方分权的特征较为典型。当然，现代单一制国家也普遍在宪法或法律文本中设定"地方自治"等分权制度，它亦得作为"分权国家"而存在。是故，以全国性政府与地方政府之间在财政资源配置份额上孰重孰轻为标准，我们或可对于国家财政收支制度进行更为合理的类型化研究，即将所有国家区分为"集权国家"与"分权国家"两种类型。

（一）由"集权国家"走向"分权国家"：中国财政收支划分制度的宪法类型

高度集权的计划经济体制乃是苏联社会主义经济模式之典型特征，它决定了高度集权的财政收支管理制度模式——在计划经济体制之下,中央政府的经济计划支配整个国家的经济活动,财政管理则沦为国家经济计划的"出纳";如此,则经济计划制定权之所在,即财政决策权之所在。但是,正如胡书东先生所言,计划经济体制的实施必然产生两类信息问题,其一是因为管理宽度和长度而产生的信息问题,其二是由于产品供需复杂而产生的信息问题,财政分权是应对这两类信息问题的合理选择——当管理幅度太宽,管理链条太长的时候,微观经济单位和中央计划当局之间存在极为严重的信息不对称、责任不对等问题,中央计划当局不可能及时发现和纠正微观单位的机会主义行为;在高度集中统一的计划体制下,地方当局和企业也没有积极性和客观物质条件"因地制宜",充分利用自己的信息有时将资源配置和利用推向生产可能性曲线,以达到帕累托最优。① 为了解决经济计划制定与执行过程中的信息成本与执行成本问题,中苏两国在财政收支管理体制方面均进行了积极探索。譬如,从 1917 年到 1957 年,苏联施行高度集中的财政体制,联盟预算占国家预算总额的 70% ~ 80% 。从 1957 年开始,苏联开始下放大批中央企业,并着力通过制定《苏维埃社会主义联盟和加盟共和国预算法》、《加盟共和国预算法》及《自治共和国和各地方苏维埃预算法》扩大地方政府的财政权力;从 1957 年到 1965 年期间,联盟中央财政收入平均占国家财政收入的 48.8% ,支出占 42.6% 。从 1965 年开始,勃列日涅夫重新收回下放的企业和财权,恢复联盟中央财政的主导地位,到 1981 年中央财政支出比重上升到 54.5% 。②

相对而言,中国的财政收支管理体制改革则比苏联走得更远。早在1955 年,各省市负责人向毛泽东反映,中央对经济统得过死,严重束缚地方和企业的手脚,要求中央向地方放权,这些意见引起了毛泽东主席的重视。1956 年,他提出中国不应当学习苏联集权式的模式,应当注意美国分权式的联邦制模式,他还主张地方权力过小对建设社会主义不利。1957 年11 月,一届全国人大常委会批准了国务院改建管理体制的文件,决定于1958 年实行"下放权力"的改革,其中包括:下放计划权、企业管理权、物资分配权、基本建设项目审批权、投资和信贷管理权、财政权和税收

---

① 胡书东:《经济发展中的中央与地方关系——中国财政制度变迁研究》,上海三联书店、上海人民出版社,2001,第43 页。

② 郭连成:《俄罗斯经济转轨与转轨时期经济论》,商务印书馆,2005,第 65 ~ 66、91 页。

权、劳动管理权等。此后，中国政府进行了长期的"权力下放"改革试验。胡鞍钢认为："到1975年，中央占财政总收入只有11.8%，是历史最低点，在世界各国这一比重也是最低的，同期中央占财政总支出的49.9%。由此看来，很难说当时的中国的计划经济是属于一个典型的中央集权经济，说是地方分权型的计划经济也许更确切。"① 或许从规范意义上讲，中国当时的财政体制仅仅属于"权力下放"体制而非真正的"地方分权"体制——"权力下放"是指"权力在同一机关内部转移的技术，其中一个高级机构的决定权向同一机关的下级机构转移"②。但是，地方政府却经由"权力下放"改革而获得相当之自主权限，这不仅使中国的制度模式迥异于前苏联高度集权的传统社会主义财政体制模式，而且此种改革试验还在实质上奠立了改革开放以后中国"财政联邦主义"制度模式之历史基础。自20世纪70年代末，尤其是1994年以后，中国的"放权"改革开始突破传统社会主义国家的财政收支划分制度模式，向财政分权改革及企业市场化改革的方向转型。具体而言，国务院于1993年12月15日颁布《关于实行分税制财政管理体制的决定》，对于中央与地方的事权和支出、收入作了比较明晰的划分，并规定从1994年1月1日起分设中央税务机构与地方税务机构，由中央税务机构即国税系统专门负责中央税收的征缴工作。分税制的建立，不仅极大地增强了中央政府的"财政能力"，而且地方政府，尤其是县市等基层政府，亦经由分税制改革而在一定程度上获得财政收支上的独立地位。譬如，在财政收入方面，地方固定收入包括：营业税（不含铁道部门、各银行总行、各保险总公司集中交纳的营业税），地方企业所得税（不含上述地方银行和外资银行及非银行金融企业所得税），地方企业上缴利润，个人所得税，城镇土地使用税，固定资产投资方向调节税，城市维护建设税（不含铁道部门、各银行总行、各保险总公司集中缴纳的部分），房产税，车船使用税，印花税，牧业税，耕地占用税，契税，遗产或赠与税，土地增值税，国有土地有偿使用收入，等等。中央与地方共享收入包括：增值税、资源税、证券交易税。一般而言，虽然各省区以下的财政分权体制各不相同，但是县（市）级政府一般可以获取部分增值

---

① 胡鞍钢：《中国政治经济史论（1949－1976）》，清华大学出版社，2007，第678、680页。
② Pierre Esplugas, Christophe Euzet, Stéphane Mounton et Jacques Viguier, Droit Constitutionnel, Paris: Ellipses, 2006. p. 27. 转引自王建学《法国国内公法领土观的基本概念与借鉴》，《太平洋学报》2008年第9期。

税，以及大部分的土地出售收入。

（二）由“行政分权国家”转向“宪政分权国家”：中国财政收支划分制度的“宪政愿景”

从法国宪法上，“地方分权”之有别于“权力下放”，因为它是“建立于地方利益的概念上，是区别于国家的公共团体，由民选议会自由治理，由宪法规定并受法律保障，具有法人资格、财政自主权和自身的审议与执行机关，得在行政法院和审计法院的监督下负责独立于国家的财产管理和公共服务”。①更为明确地说，“地方分权”乃是以宪法和法律所确认的“地方自治”等制度作为载体，而形成的一种“宪政分权制度”而非“行政分权制度”。依据中国现行宪法第89条第4项、第6项、第14项、第15项和第17项之规定，国务院有权“统一领导全国地方各级国家行政机关的工作，规定中央和省、自治区、直辖市的国家行政机关的职权的具体划分”，“领导和管理经济工作和城乡建设”，“改变或者撤销地方各级国家行政机关的不适当的决定和命令”，乃至“批准省、自治区、直辖市的区域划分，批准自治州、县、自治县、市的建置和区域划分”，“审定行政机构的编制，依照法律规定任免、培训、考核和奖惩行政人员”。因此，在宪法和法律没有明确确认“地方自主权限”的条件下，中国能否成为“分权国”并建立真正的财政分权制度，这在宪法释义学上不无疑问。但是，从功能主义公法学的视角来看，尽管宪法文本明确规定了国务院有权规定中央和省区政府之间的职权划分，国务院实际上却并不可能仅凭单方面的政治决断就可以自由地行使此项权力。从1994年分税制改革之前中央政府与省区政府之间的艰难博弈过程，我们不难发现这一点。而经济学家钱颖一等人正是由此而将20世纪80年代以后中国的“财政包干制”、“分税制”称为“市场保护型联邦主义”（market-preserving federalism），其特点在于：多级政府的存在及其在各自权限范围之内的自治，次中央一级政府在其权限范围内对经济生活拥有决策权，而中央政府则有能力维护市场的统一与贸易自由，各级政府之间共享的财政收入有限而政府间的借贷受到严格控制以确保财政预算的硬性约束，政府间的权力分配规则趋于稳定化而不能由中央政府或者地方政府单方改变。他们认为，中国的权力下放改革在

---

① Henri Oberdorff, *Les institutions administratives*, Paris：Dalloz，2006. p. 127. 转引自王建学《法国国内公法领土观的基本概念与借鉴》，《太平洋学报》2008年第9期。

1959 年和 1970 年就曾经试行，但是 1978 年以后则开始向市场化转轨，1980 年开始的"财政包干制"增强了地方政府尤其是省级政府的财政权力，在改革中获益的地方政府使得中国的市场化改革更加难以逆转。① 毋庸讳言，中国目前的财政分权体制还存在诸多问题，譬如：财权与事权不完全匹配，分权规则缺乏权威、稳定的法律依据，省以下财政分权体制尚不规范，各省区、市县之间财力配置严重失衡，等等。这些问题说明：中国的财政收支划分制度亟须实现"行政分权国家"向"宪政分权国家"的彻底转型。

二 "税收国家"抑或"所有权者国家"：财政收入制度的宪法类型

以财政收入来源之不同，"财政国家"可以被区分为不同的宪法类型。譬如，我国学者马骏认为："根据收入来源不同，历史上主要存在六种财政国家：领地国家（domain-state），贡赋国家（tribute-state）、关税国家（tariff-state）、税收国家（tax-state）、贸易国家（trade-state）、自产国家（owner-state）。自产国家和税收国家是 20 世纪财政国家的两大主要类型。在自产国家，由于国家控制了社会中的绝大部分财产，所以，国家的财政收入主要来自于国家自有的财产形成的收入，国家自己生产财政收入。税收国家的财政收入主要来自于非国有部门缴纳的税收。"② 马骏先生所谓之"自产国家"，即财政宪法学之所谓"所有权者国家"，它与"税收国家"构成现代国家财政收入制度之宪法类型的两"极"。葛克昌教授指出："所谓'租税国'乃相对于'所有权者国家'。远古时期，国家从事农牧活动，以土地收入为主要财源，其后国家独占盐铁酒专卖权、货币制造权、部分企业统营权，以其收入为财政主要来源。现代共产主义国家，原则上把生产工具收归国有，故此种'企业者国家'亦可归入广义'所有权者国家'概念之内。"③ 此番见解深刻揭示了传统社会主义的财政经济制度模式之核心特征，但是当今中国之财政收入制度则似乎已经形成"所有权者国家"与"税收国家"的混合形态，尽管其中或许还存在些许

① Gabriella Montinola, Yingyi Qian, and Barry R. Weingast: Federalismm, Chinese Style: The Political Basis for Economic Success in China. *World Politics*, October 1995, 48 (1), pp. 50 – 81.

② 马骏：《中国公共预算改革理性化与民主化》，中央编译出版社，2005，第 31 页。

③ 葛克昌：《国家学与国家法》，月旦出版社股份有限公司，1996，第 142 页。

潜在冲突。

（一）"所有权者国家"乃是传统社会主义财政收入制度模式之典型特征

20世纪50年代初，中国在"社会主义改造"的基础上逐步建立了社会主义公有制经济，并实施"高度集权"、"政企不分"的计划经济体制。在所有制结构上，1975年《宪法》与1978年《宪法》均明确规定"中华人民共和国的生产资料所有制现阶段主要有两种"，即"社会主义全民所有制"和"社会主义劳动群众集体所有制"，此为传统社会主义模式的经济制度之基础，学者多将其归因于意识形态等因素之决定性影响。但是，正如林毅夫教授所指出，中国、苏联、东欧等社会主义国家，以及亚洲、中南美洲等非社会主义发展中国家，都曾经选择大致相同的传统经济体制：这种经济体制的逻辑起点是其"赶超型发展战略"选择，此种战略的核心是扭曲产品和要素价格的宏观政策环境，而其实施保障则是高度统制的管理体制，其中包括：为控制经济命脉而推行经济的国有化或过高的国有经济比重；政府参与稀缺资源的配置和实行贸易垄断，为扶持没有自生能力的工业而建立产业保护制度和设置进入障碍；为了向处于战略优先地位的产业提供优惠的投入条件而订立利率上限并控制金融业，实行金融压抑；为了鼓励工业发展和鼓励工业企业家而实行向城市倾斜的社会福利政策；等等。[1] 据世界银行（1995）统计，二战后各国盛行国有化浪潮，20世纪70年代达到鼎盛时期。1978年，国有企业在8个工业化国家的比重达到8%，在发展中国家达到23%；英、法、西班牙及印度、墨西哥、巴西等诸资本主义国家，国有企业备受执政党推崇。[2] 可见，传统社会主义模式之所以选择"所有权者国家"模式，并非意识形态因素所独使然，更为重要的原因在于其选择的"赶超型发展战略"——此种发展战略不仅需要"扭曲产品及生产要素价格"的政策环境，它还需要以工业国有化、农业集体化等高度集权的资源配置机制以及国营企业上缴的"利润税"、农业税、产品价格剪刀差中的"隐性农业税"等组成的财政制度作为制度基础，方可有效

---

[1] 林毅夫、蔡昉、李周：《中国的奇迹：发展战略与经济改革》，上海三联书店，1999，第57~59页。

[2] 陆军荣：《国有企业的产业特质：国际经验及治理启示》，经济科学出版社，2008，第1~2页。

运作。① 具体而言，传统社会主义模式之作为"所有权者国家"，具有如下几个方面的制度配置：

第一，工商业部门国有化并由国营企业收入构成政府的主要财政收入。在产业体系中，重工业的发展需要大量资金、技术与人才。因此，中国以苏联社会主义模式为蓝本，试图通过"三大改造"实现各生产部门的国营化或集体化，以此支撑重工业优先发展的战略选择。具体而言，在各工商经济部门实现国营化之后，国家就可以通过行政手段直接获取企业的利润，为重工业发展提供资金支持。马斯格雷夫指出，虽然社会主义国家并不将公营企业的利润说成是税收，但是它与税收之间并没有实质性的区别，这种"利润税"的年税率取决于计划的资本投资范围。② 从统计数据上看，从1950年到1957年期间，国家财政收入主要由各项税收与企业收入组成，但是企业收入由新中国成立初期仅占14%的比重迅速扩展为47%的比重，1958年企业收入即已超过各项税收的收入，这种状况一直持续到1978年。③ 这说明，工业部门国有化并由国家直接征收国有企业的利润本身就是"赶超型"经济发展战略实施的重要途径，以国有企业为主体的公有制经济乃是传统社会主义经济制度模式的重要基础。

第二，农业集体化并通过农业税及价格剪刀差为工业发展提供资本积累。20世纪20年代，苏联经济学家普列奥布拉任斯基曾经提出了原始社会主义积累理论。根据这一理论，为了将投资集中于重工业，必须主动推迟轻工业和农业的发展，严格控制消费，甚至不惜降低消费，以很低的价格从农民那里购买产品，同时通过税收和制定很高的工业品价格削减农民的购买力。④ 实际上，斯大林从1929年起决定推行农业全盘集体化，其主要目的就是为了控制粮食生产，为超高速的工业化取得资金。这样，粮食收购实际上

---

① 所谓"赶超型"战略，从狭义上讲是指一种"不顾资源的约束而推行超越发展阶段的重工业优先发展战略"，其政策工具有："低利率政策"、"低汇率政策"、"低工资和能源、原材料低价政策"及"低农产品和其他生活必需品及服务价格政策"。参见林毅夫、蔡昉、李周《中国的奇迹：发展战略与经济改革》，上海三联书店，1999，第38页。

② 〔美〕理查德·A. 马斯格雷夫：《比较财政分析》，董勤发译，上海人民出版社、上海三联书店，1996，第45、48页。

③ 参见中华人民共和国财政部主管《中国财政年鉴（2008年）》，中国财政杂志社，2008年编辑出版，第400页。

④ 〔匈牙利〕雅诺什·科尔奈：《社会主义体制——共产主义政治经济学》，张安译，中央编译出版社，2007，第188页。

就变成了余粮征集制的性质。① 美国学者奥尔森也认为："集体农庄主要是征税的一种工具，而不是出于意识形态的要求。意识形态所倾向的组织体系是国家农庄，在农庄内工人被支付工资，而国家获得剩余产品。但国家农庄的大部分产出以工资形式支付给个人，所以这些农庄不用向政权提交大量的剩余。斯大林故而选择了集体农庄，并规定集体农庄成员有义务供应它所要求的数量的产品：集体农庄无法保有所需的资源，以向其成员支付国家农庄的工资。集体农庄不像国家农庄，似乎是为了'税收征集'的目的而不是为了'集体主义'治理而组织起来的。"② 20 世纪 40 年代以后，"农业集体化"被苏联《政治经济学教科书》上升为建设社会主义的一般规律，最终成为所谓"莫斯科共识"的重要内容，并为当时的中国领导人所采纳。从这种意义上说，农业部门集体化并由国家通过农业税、"价格剪刀差"等方式征收农业的"剩余产品"，这也是"赶超型"经济发展战略的重要方式。是故，"农业集体化"亦为传统社会主义"所有权者国家"模式之重要构成。

（二）"税收国家"乃是现代市场经济国家的财政收入制度之基本形态

如前揭所言，由于计划经济体制中存在的诸种弊端，中国政府自 20 世纪 50 年代起即开始了以"放权"为内容的改革进程；从 20 世纪 70 年代末以后，此种"放权改革"并不仅仅停留在中央政府对地方政府下放权力之层面，而是逐步走上了政府向国有企业或集体企业"放权让利"、进而允许私营企业存在并对其逐渐放松管制程度的市场化改革道路。具体言之，从 1978 年以后，最初是为了"调节企业的利润水平"、"加强对企业的财务监督"，后来则主要是为了"增强国营企业的活力"，经过了 1979 年到 1983 年试点之后，中央政府从 1983 年起对国营企业全面开征企业所得税，以部分取代原来的国营企业上缴利润。从 1984 年第四季度开始，中央政府又试图从"税利并存"过渡到完全的"以税代利"，其具体做法是对赢利的国营企业征收所得税（国营大中型企业按 55% 的比例税率征税，国营小型企业按照新的 8 级超额累进税率征税）和国有企业调节税。但是，1987 年开始实施的企业承包经营责任制使得国营企业所得税名存实亡，故而从 1988 年开始我国又对国

① 陆南泉：《苏联经济体制改革史论（从列宁到普京）》，人民出版社，2007，第 58、105 页。
② 〔美〕曼瑟·奥尔森：《权力与繁荣》，苏长和、嵇飞译，上海世纪出版集团、上海人民出版社，2005，第 98 页。

营企业实行"税利分流，税后还贷，税后承包"的改革试点，在此情形下企业所得税税率有所调减，而国有企业调节税则最终被取消。① 与此同时，个体经济、私营经济等非公有制经济迅速发展，不仅为政府财政收入开拓了广泛的税源，更是契合了中国人口众多、劳动力资源丰富的"比较优势"，其宪法地位被逐渐承认。譬如：1988 年通过的第一条宪法修正案承认了私营经济的合法地位，并规定其是"社会主义公有制经济的补充"；1999 年通过的第十六条宪法修正案将"法律规定范围内的个体经济、私营经济等非公有制经济"定位为"社会主义市场经济的重要组成部分"；2004 年通过的第二十一条宪法修正案则进一步明确宣布"国家鼓励、支持和引导非公有制经济的发展，并对非公有制经济依法实行监督和管理"。非公有制经济逐步被承认的过程，其实也是中国内资企业税收制度及整体税制不断发展完善的过程。1986 年国务院颁布了《城乡个体工商户所得税暂行条例》、1988 年国务院颁布了《私营企业所得税暂行条例》，特别是 1994 年 1 月 1 日实施的《中华人民共和国企业所得税暂行条例》，国有企业、集体企业和私营企业统一实行 33% 的企业所得税比例税率。从国家财政收入的各个项目来看，1978 年国营企业收入为历年最高（571.99 亿元），此后逐年降低，到 1993 年仅有 49.49 亿元；而税收收入则由 1978 年的 519.28 亿元逐年增加，1993 年增至 4255.30 亿元，2004 年更是增加到 26396.47 亿元。当前，税收已经成为中国政府财政收入的主要来源，占财政收入的 90% 左右。②

葛克昌教授认为："租税国家与所有权者国家之区分，主要在于租税国家承认私有财产权，纳税义务人之经营基本权活动（如职业与营业自由）受宪法保护；国家对生产工具再无概括及全面之支配权；国民无公法上之服劳役义务；并肯认私法自治原则，以自行安排其社会及经济生活。"③ 通过数十年的改革开放，纳税人之私有财产权、营业自由权以及私法上之当事人自治原则已经为中国宪法和法律所肯认；由此来看，则"税收国家"在中国已然确立。但是，作为社会主义国家，中国政府依然拥有数额巨大的国有资产，尤其是城市土地之所有权依然归属于国家所有，其经济收益成为市、县等地方政府极为依赖的财政收入。因此，在财政收入制度上，中国依然属于"所

① 刘佐：《中国税制改革三十年》，中国财政经济出版社，2008，第 71、86 页。
② 中华人民共和国财政部主管《中国财政年鉴（2008 年）》，中国财政杂志社，2008 年编辑出版，第 11、400、401 页。
③ 葛克昌：《国家学与国家法》，月旦出版社股份有限公司，1996，第 178 页。

有权者国家"与"税收国家"的"混合形态"。然而，传统"所有权者国家"模式强调"国有资产的保值增值"，甚至不惜以行政管制为手段维持部分国有企业的经营权垄断地位、维护土地等国有资产的垄断收益，与"税收国家"形态或许会产生些许制度摩擦。中国《物权法》制定过程中所产生的宪法争议，正好折射出此中潜在的价值冲突。当然，正如胡书东博士所言，企业之存在不仅可以为政府提供充足的政府财政收入来源，而且可以解决本地区劳动力就业等社会问题，更可促进本地区的经济发展，增加地区经济发展之"政绩"。故而，中国政府不仅对国有企业有"父爱主义"倾向，对非国有企业同样存在"父爱主义"倾向；其中的关键并不在于企业是否国有，而在于企业是否能够为相关政府带来前述三大好处。[①] 或许，正是在财政收入、经济效益等因素的刺激之下，从 20 世纪 80、90 年代起中国国有企业数量、就业人数、产出比重等等均在逐年下降：2002 年中国国有企业数量不到30000 家，占全国企业总数仅为 16.22%；国有企业现价总产出为 17271.1 亿元，总产出占国家工业总产出的比率降至 15.59%。[②] 事实上，尽管中国的国有企业之数量虽然在市场竞争条件下有所调减，但是政府通过强化行政管制等方式依然保持了对社会经济的强势控制。如果中国脱离"所有权者国家"的传统社会主义模式之后，又能避免沦为过度干预市场运作的"统制型国家"模式；那么，与市场经济相适应的"法治国家"、"税收国家"将可以继续得到巩固与完善。

三 "计划国家"抑或"预算国家"：财政支出制度的宪法类型

(一) 由"税收国家"到"预算国家"——中国财政支出制度的宪法类型之惑

近年来，王绍光先生所提出的"预算国家"观念引起了不少学者的关注。他提出："我把'预算国家'定义为拥有现代预算制度的国家……现代预算必须是经法定程序批准的、政府机关在一定时期的财政收支计划。它不仅仅是财政数据的记录、汇集、估算和汇报，而是一个计划。这个计划必须

---

① 胡书东：《经济发展中的中央与地方关系——中国财政制度变迁研究》，上海三联书店、上海人民出版社，2001，第 59 页。

② Shahid Yusuf, Kaoru Nabeshima, Dwight H. Perkins：《转型：中国国有企业民营化》，王世华等译，中国财政经济出版社，2006，第 57 页。

由行政首脑准备与提交；它必须是全面的、有清晰分类的、统一的、准确的、严密的、有时效的、有约束力的；它必须经代议机构批准与授权后方可实施，并公之于众。拥有这种预算体制的国家，才可以被称作预算国家。"①笔者非常赞同王绍光先生关于"预算国家"之理论创见，及其有关中国财政预算制度改革的理论观点。但是，王绍光先生将"税收国家"作为"预算国家"相对应的"财政国家类型"，并且认为"只有'税收国家'才可能变为'预算国家'"，②则此种观点似乎有失偏颇。"税收国家"乃是国家财政收入制度的一种宪法类型，其对应者为古代的"领主国家"或者今日之"所有权者国家"；而"预算国家"则是国家财政支出制度的一种宪法类型，其对应于古代之"家计财政国家"或者今日之"计划国家"。一般而言，"税收国家"与"预算国家"均须以政治民主为宪政基础；故而，人民通过税收法律主义原则限制国家的税收权力之后，再通过财政预算控制政府的财政支出事项及其金额，乃势所必然。因而，在"税收国家"的基础上建立"预算国家"，或许恰如王绍光先生所说的那样顺理成章。然而，这并不意味着"预算国家"必须以"税收国家"为前提——如前揭所言，在财政收入制度的宪法类型上，我国属于"所有权者国家"与"税收国家"之混合形态，其典型特征在于经营性国有资产、资源性国有资产的大量存在。尤其是，我国地方政府以"所有权者国家"之身份不断获取巨额土地收益，其对应之支出事项不仅关乎民生幸福，还关系到社会稳定和经济发展，具有纳入"预算国家"体系的紧迫需要。

进而言之，尽管政府的所有财政预算均属广义上的"公共预算"，但是在预算编制技术上，我国政府的预算则是由"公共预算"（狭义）、"国有资本预算"等部分组成："公共预算"主要保证政府一般管理职能和事业发展的资金需要，以供政府等公共部门维持日常运转之需，其资金来源于税收或者行政收费。而"国有资本预算"是由国有资本管理机构汇编，反映政府经营性国有资本收支、运营过程、结果、效率、现金流转和资本投入产出状况、投资规划与资金安排以及国有企业经营者在任期内制定的国有资产保值增值率、净资产利润率等预期指标的年度计划，③其资金来源包括商业融资、政府拨款或者国有资产收益等等。因此，唯有同时以"所有权者国家"和

---

① 王绍光：《从税收国家到预算国家》，《读书》2007年第7期。
② 王绍光：《从税收国家到预算国家》，《读书》2007年第7期。
③ 王金秀、陈志勇编著《国家预算管理》，中国人民大学出版社，2007，第151、189页。

"税收国家"为基础,方可建立起真正实现财政预算的统一性,建立"预算国家"。

(二)从"计划国家"到"预算国家"——中国财政支出制度的宪法类型之辨

在传统的计划经济体制下,所有企业和基本建设单位都必须按照中央政府批准的计划和预算用钱,事先报计划,事后报决算,以核实资金的来源和用途,保证财政资金的按计划使用。与此同时,建设银行作为负责基本建设投资拨款和监督的专业银行,统一办理中央和地方各部门对基本建设的所有拨款业务。企业机关等用于基本建设的自筹资金,也集中于建设银行并根据中央政府批准的计划和预算监督拨付。[①] 由此可见,计划经济体制下也有财政预算或者概算,但是真正决定财政支出事项及其金额的是政府发展经济的行政计划,建设银行等银行充当了出纳的角色。因而,"计划国家"与"预算国家"之差异,并不仅仅在于财政预算本身是否具有"内容的统一性"、"监督的有效性"(财政预算的此种特征在计划经济时期即已经初步具备)。更为准确地说,这两种财政支出制度之宪法类型间的本质区别,更在于财政预算本身的民主化、法治化——凡政府财政预算仍然主要依照行政机关议定的计划、规划得以编制,并通过行政命令、行政纪律保证其实施之效力者,均属"计划国家"(或者"新型计划国家")而非"预算国家"。

近年来,我国政府为推进公共财政建设而采取了诸多改革措施,譬如,深化部门预算、国库集中收付、政府采购和"收支两条线"管理改革,以及完善财政转移支付制度、加强审计监督,等等。无疑,这些措施均有助于增强财政预算的法律效力,促使政府财政真正朝代表民众公共意志、履行公共服务职能的"民主财政"、"法治财政"转型。但是,我国在推进财政统一管理之同时,还须遵循社会主义民主法治之原理,凭借人大及其常委会的民主议决与民主监督制度,增强财政预算本身的民主性并强化其法律效力,甚或引入域外的"纳税人诉讼"、"居民诉讼"等公益诉讼制度,适度扩张财政预算的"外部效力",以便于公民监督权之行使。对于严重违反财政预算的违法机关或公务员个人,除了已构成犯罪者需要承担刑事责任者之外,人大及其常委会还可以通过"罢免案"等方式追究其政治责任。此种违反财政预算之法律责任追究制度的发展完善,方可保障财政预算的法律效力,使之最终落实

---

① 赵梦涵:《新中国财政税收史论纲》,经济科学出版社,2002,第203、369页。

民主法治之功能。如此，中国或可真正实现由"计划国家"向"预算国家"的转型。

四 结语

经济学家熊彼特认为，受人民支出意愿之影响，租税国家的财政支出大量扩充，导致其常规租税无法支应，国家不得不过度举债，或者过度课税，终而使自身陷入危机。是故，初由"财政危机"，转为"经济危机"，终陷入"宪法危机"的困境，乃是资本主义发达国家与发展中国家共同的不归之路。① 然而，在中国等发展中国家，受民主决策体制相对滞后等因素的影响，此种受人民扩张财政支出意愿所引发的财政危机尚不明显；但是，国际金融危机等外在环境容易诱发政府盲目投资的财政支出扩张冲动，由此而可能引发严重的"财政危机"甚至加重"金融危机"。

科尔奈曾经提出：在资本主义体制下，投资失败的风险将限制企业家盲目扩张的冲动；但是，"在社会主义体制下，只有官僚而没有所有者，这样就几乎不存在任何内部的自我约束机制来控制这种扩张冲动，投资饥渴必然泛滥成灾"。如果政府决策者存在重大失误，则环境破坏和资源耗竭还可能继续恶化——"每一代人都会为下一代人留下沉重的包袱（由于总是推迟，紧急和繁重的任务将不断累积）和极不协调的经济结构"。② 科尔奈的分析，固然不乏对于社会主义体制的偏见。但是，我国属于"所有权者国家"与"税收国家"的混合形态，更由于"计划国家"和"行政分权国家"的传统影响，政府的理性财政投融资行为难以得到有效遏制，公共资金亦难以实现由生产性领域向公共领域（如医疗、卫生、教育等等）的转移。于是，政府对于社会经济的高强度介入，特别是国家通过税收等途径与方式常规性、强制性地提取部分社会生产剩余并用于经济建设，或将产生"高企业税负"与"低社会福利"的双重效应。③ 在税收、土地收入均难以满足财政扩张需求的

---

① 转引自葛克昌《国家学与国家法》，月旦出版社股份有限公司，1996，第98、95页。

② 〔匈牙利〕雅诺什·科尔奈：《社会主义体制——共产主义政治经济学》，张安译，中央编译出版社，2007，第155、162、169、173、192页。

③ 根据美国《福布斯》杂志公布的各国税负调查表，2004年度中国排名第二，仅次于法国，是全球税负最重的第二个国家。中国财政学者也认为中国税收总负担偏重、税收收入占GDP的比重较高，主要税种的税率也偏高。参见安体富、孙玉栋《中国税收负担与税收政策研究》，中国税务出版社，2006，第113、111页。

条件下，地方政府将透过国有企业等途径向银行肆意举债，又会造就持续高涨的地方债务。由此，初由"国际金融危机"，转为国内经济危机，进而诱发政府非理性投资的"财政危机"，最终诱发"国内金融危机"与"宪法危机"，或许会成为国人挥之难去的"梦魇"。唯有建立"宪政分权国家"和"税收国家"、"预算国家"等财政立宪主义的国家形态，方可遏制此种危机之深化；惟其如此，"以人为本"的"社会主义民生福利国家"，方可拥有坚实的宪政制度之保障。

立法机构如何控制与监督公共财政

——以 1998~2010 年的香港立法会为例

顾 瑜[*]

【内容摘要】 本文试图探究在《基本法》所确立的新宪制秩序下，香港立法会如何运用对财政预算案及其他财政建议的修改及否决权来影响公共财政。香港回归以后，由于《基本法》及《议事规则》的限制，立法会在公共财政方面虽然手握否决权，却几乎不拥有提案权，其修改权也受到很大限制。但本文对 1998~2010 年的数据及个案分析却证实，宪制上的权力不等于真实的权力。作为民意代表机构，香港立法会的自主性和影响力正在逐渐增强。而决定其影响力的，是议席的分布、民意的走向以及议题本身的性质，这也是一个走向民主的政治体制更加成熟的表现。因此可以预见，随着政治改革的逐步推行，立法会的影响力将会进一步增强。

【关键词】 财政问责 可预期的反应 立法机构的自主性 财务委员会 跨党派合作

一 引论

财政问责 (financial accountability or fiscal accountability)，旨在使民众知晓财政资源如何调配以及满足社会的需要，并最终促成公共财政管理的

---

* 香港大学法律学院博士候选人。笔者衷心感谢香港大学法律学院陈氏基金宪法学教授陈弘毅先生的指导与帮助。但文中所表达的观点和可能存在的问题，均由笔者负责。此为初稿，请勿引用。

改善。① 财政问责的必要性大部分源自对行政机关与官员的不信任。② 尽管有许多途径有助于实现财政问责,随着代议制的发展,议会已经成为最重要的实现财政问责与财政透明的机构。③ 立法机构对公共财政的监督,通常被认为既是立法机构的责任,也是各国宪法所确立的一项基本要求。④ 而立法机构对公共开支的批准权,则是将法治精神带入了财政预算的制定过程——这一点对于那些选举问责尚不发达的地区来说尤为重要。⑤ 在实践中,立法机构更成为众多智库、学者以及公民社会参与预算制定过程的"入口"(entry point)⑥。

本文所研究的香港立法会(The Legislative Council of Hong Kong Special Administrative Region)深受英国下议院议会程序和惯例的影响,威斯敏斯特式的议会通常不仅注重对预算案的事前审议,亦强调对政府账目的事后监督。⑦ 与这一传统相应的另一个特点是,香港立法会并不是财政建议(包括开支和税收)的提出者,而是审议及批准者。这一角色看起来十分被动,因为议员只能修改、同意或否决行政机关提出的开支或税收建议,而无法提出自己的建议。但从拥有对财政预算案及财政建议的否决权这一角度来看,立法会似乎又拥有极大的权力。然而,正如梅泽教授(Michael Mezey)所指出的,几乎每一个立法机构都拥有对政府政策的否决权,但我们所应当考虑的

---

① Arigapudi Premchand, "Public Financial Accountability", Salvatore Schiavo-Campo, *ed. Governance, corruption, and public financial management* (Manila: Asian Development Bank, 1999), p. 178.

② Arigapudi Premchand, "Public Financial Accountability", Salvatore Schiavo-Campo, *ed. Governance, corruption, and public financial management* (Manila: Asian Development Bank, 1999), p. 152.

③ Arigapudi Premchand, "Public Financial Accountability", Salvatore Schiavo-Campo, *ed. Governance, corruption, and public financial management* (Manila: Asian Development Bank, 1999), p. 178.

④ Joachim Wehner, "Assessing the Power of the Purse: An Index of Legislative Budget Institutions" (2006) 54, *Political Studies* 19.

⑤ Rick Stapenhurst, "The Legislature and the Budget", Rick Stapenhurst Riccardo Pelizzo, David Olson and Lisa Von Trapp, *ed. Legislative Oversight and Budgeting: A World perspective* (Washington DC: World Bank, 2008), p. 52.

⑥ Joachim Wehner, *Back from the Sidelines? Redefining the Contribution of Legislatures to the Budget Cycle* (Washington DC: World Bank Institute, 2004).

⑦ Nevil Johnson, "Financial Accountability to Parliament", Bruce L. R. Smith and Douglas Chalmers Hague, *ed. The dilemma of accountability in modern government: independence versus control* (London: Macmillan, 1971), pp. 283 – 291.

并非纸上的权力，而是实际上的权力。① 如果一个立法机构从未行使过此类否决权，是否表示它并不真正拥有这项权力呢？为了研究在未使用修改或否决权的情况下，立法机构是否仍对政府政策产生了影响，研究比较立法机构的学者们应用了"可预期的反应"（anticipated reactions）或是"可预期的反对"（anticipated opposition）这一观察角度。② 许多学者注意到，一旦行政机关意识到某项政策可能遭到反对或引起极大的争议，它便极有可能搁置或是修改原先的提议，直到确信在立法机构内可以获得足够多的票数为止。③ 如此一来，立法机构手握的否决权就可以转化成对政策的直接影响，因此，一个既不拥有提案权，也从未真正行使过否决权的立法机构仍有可能在决策过程中担当重要的角色。

本文的研究目的正是试图探究在《基本法》所确立的新宪制秩序下，香港立法会如何运用对财政预算案及其他财政建议的修改及否决权来影响公共财政。自 1997 年回归以来，香港的宪制秩序发生了根本改变，《基本法》成为香港特别行政区的"小宪法"，它确立了行政、立法及司法各自的构成、职能以及它们之间的关系。正如刘兆佳教授所说，回归后香港政治体制中最关键性的改变"乃在行政机关之外出现了一些权力来源与行政机关不同，但却对行政机关有制衡与挑战能力的机构"。④ 而立法会正是这样一个机构，其成员来源于直选及功能界别选举，并被赋予监督政府，尤其是批准税收和公共开支的权力。⑤ 在这种情况下，张炳良教授认为，尽管许多前《基本法》草委强调"行政主导"的政府的重要性，但由于《基本法》所设立的立法与行政相互监督与平衡的权力架构，在实践中，行政机关常常不得不为了争取议员支持而努力。⑥ 然而，除了在公开的会议上有互动，官员与议员之间达成实质性协议的过程也会发生在一些非正式的甚至是私人场合，难以从官方纪录及文献资料中找到，因此，只有通过极其细致的研究，方能在香港的政治生态中发现"可预期的反应"是否真的发生了作用。

① Michael Mezey, *Comparative Legislatures* (Durham: Duke University Press, 1979), p. 25.
② Gary W. Cox and Scott Morgenstern, "Latin America's Reactive Assemblies and Proactive Presidents" (2001) 33 *Comparative Politics*, 171, 172.
③ Michael Mezey, *Comparative Legislatures* (Durham: Duke University Press, 1979), p. 26.
④ 刘兆佳：《行政主导的政治体制：设想与现实》，刘兆佳主编《香港二十一世纪蓝图》，香港中文大学出版社，2000，第 3 页。
⑤ 见《基本法》72 条。
⑥ Anthony Cheung Bing Leung, "Balance of power", *South China Morning Post*, 19 July 2008.

本文的研究对象主要是 1998～2010 年的香港立法会，而 2010～2011 期间发生的颇具影响力的主要事件也将有所提及。这一时间段横跨四届立法会（2008～2010 为第四届立法会的前半段）。尽管香港在 1997 年已经回归，其第一届立法会在 1998 年 6 月才经选举产生，在此之前，临时立法会承担了部分立法工作。由于临时立法会的选民基础与人员构成跟《基本法》规定的立法会的构成完全不同，本文并不将其作为研究对象。基于如此大的时间跨度，本文不仅要回答香港立法会如何影响公共财政，还将观察这一影响是否随时间的推移而变化。文章主要的资料来源是 1998～2010 年间与香港立法会的财政审议有关的一手文献及资料。为了得到更细致的信息，尤其是与"可预期的反应"有关的信息，作者亦访问了几位有不同政党背景的议员。通过数据分析与个案研究，本文将呈现立法会在控制与监督公共财政方面的真实影响力（real impact），而不局限于讨论立法会在制度上具有何种能力（potential capacity）。

文章共分三部分。第一部分将介绍香港立法会在财政控制与监督方面所处的制度框架。第二部分研究立法会如何影响预算案及其他财政建议，立法会的跨党派合作、财务委员会及其下属小组委员会的角色将是这一部分的重点；在结论中，笔者将回答前述的命题，并对未来的发展趋势作初步的说明。

二 财政控制与监督的制度框架

(一) 立法会的构成

香港回归后的立法会成为一个部分直选的民意机构。根据《基本法》附件二的规定，从第一届立法会（1998～2000）至第三届立法会（2004～2008），功能界别的议席始终保持在 30 席，而随着选举委员会界别的逐步取消，立法会的地区直选议席相应增加，如表 1 所示，第一届立法会包括 20 个地区直选议席，第二届立法会中增加到 24 个，到 2004 年第三届立法会选举之后，立法会的功能界别议席与地区直选均为 30 席。这一议席构成将延续到第四届立法会完结，在此之后，由于 2010 年 6 月政改方案的通过，整个立法会将分别增加 5 个区议会功能界别议席以及 5 个地区直选议席。①

① Albert H. Y. Chen, "An Unexpected Breakthrough in Hong Kong's Constitutional Reform" (2010) 40 *Hong Kong Law Journal*, 259, 265.

就政治立场而言，立法会中的议员大致属于两个阵营：泛民主派和建制派。[①] 前者通常在地区直选界别占多数；而后者占据了功能界别的绝大部分席位并在直选界别也有不少建树。在此之外，亦有少量独立人士主要分布在功能界别。就议员在民生事务上的取向而言，又可以分为亲基层和亲工商界两个阵营。[②] 前者往往包括所有泛民主派，但也包括建制派中的工会组织如工会联合会，在涉及一些具体事务时，致力于走直选路线的建制派政党如民建联也不时加入这一阵营。随着政治生态的变化，这些阵营也一直处于变动之中。

表1 立法会的议席分布（1998~2012）

政党/政团	1998~2000				2000~2004				2004~2008 *			2008~2012		
	功能界别	选举委员会	地区直选	共计	功能界别	选举委员会	地区直选	共计	功能界别	地区直选	共计	功能界别	地区直选	共计
泛民主派	5	0	14	19	4	0	16	20	7	18	25	4	19	23
建 制 派	18	9	5	32	17	3	9	29	17	11	28	21	11	32
独立人士	7	1	1	9	9	1	1	11	6	1	7	5	0	5
共 计	30	10	20	60	30	6	24	60	30	30	60	30	30	60

＊2007年12月，前政务司司长陈方安生在立法会港岛区补选中胜出，在此之后直至2008年第三届立法会期满，立法会共有26名泛民主派议员。

资料来源：作者根据以下文献作出的统计：Ma Ngok, *Political development in Hong Kong：state, political society, and civil society*（Hong Kong, London：Hong Kong University Press, 2007），pp. 121 - 122；叶天生编《香港选举资料汇编：1996 - 2000》，香港亚太研究所，2001；叶天生编《香港选举资料汇编2001 - 2004》，香港亚太研究所，2005；以及立法会网站：http：//www. legco. gov. hk。

（二）立法会控制与监督公共财政的制度权力

香港立法会对公共财政的控制与监督权来源于《基本法》第73条第2款和第3款："香港特别行政区立法会行使下列职权：……（二）根据政府的提案，审核、通过财政预算；（三）批准税收和公共开支；……"《基本法》第64条亦规定："香港特别行政区政府必须遵守法律，对香港特别行政

---

① 马岳：《香港政治：发展历程与核心课题》，香港亚太研究所，2010，第92页。
② 马岳：《香港政治：发展历程与核心课题》，香港亚太研究所，2010，第92页。

区立法会负责：执行立法会通过并已生效的法律；定期向立法会作施政报告；答覆立法会议员的质询；征税和公共开支须经立法会批准。"《公共财政条例》（香港法例第 2 章）第 6、7、8 和 9 条对收入、开支及拨款的审议进行了详细的规定。

年度开支预算案以拨款条例草案的形式提出，通常先由立法会财务委员会（"财委会"）审核，再交由立法会全体委员会讨论和表决，当拨款条例草案通过三读，即是开支预算案获得通过。开支预算案一经通过，对其的修改只能由财政司司长提出并经财委会批准，而财委会可以将批准修改的权力转授财政司司长。① 目前为止，财政司司长已经获得财委会转授以下权力：

"（a）就政府一般收入帐目项下的开支批准追加拨款，以及提高和开设资本承担，其财政权力限额为每项 1000 万元；

（b）开立每项金额不超逾 2100 万元的工务计划丁级工程项目；

（c）在基本工程储备基金下，开立每项金额不超逾 1000 万元的主要系统设备及电脑化项目；

（d）开设及删除非首长级职位，但不能超逾编制上限；及

（e）开设为期不超过 6 个月的首长级编外职位。"②

拨款若超出以上数目及范围，则须得到财委会的批准。而这一类财政建议通常先由立法会的事务委员进行初步讨论，如果财政建议涉及人事编制或基本工程储备基金，则可能交由财委会下设的人事编制小组委员会和工务委员会协助处理并提出建议。③ 然而，小组委员会的建议不必然获得财委会的接纳。④

年度财政预算案中的收入建议则会以收入条例草案或是附属法例的形式提交立法会审议和批准。⑤ 收入条例草案是一个综合性的条例草案，包括所有因收入建议而需要修改的相关法例中的条文。当条例草案进入立法会全体委员会的讨论阶段后，议员可以对其提出修正案。收入条例草案之外的税收或征费建议通常也以条例草案或附属法例的形式提出，并必须获得立法会的批准。议员可以成立法案委员会或小组委员会，对条例草案或附属法例进行

---

① 《公共财政条例》第 8 条。

② 立法会财务委员会：《有关〈拨款条例草案〉和开支预算的背景资料简介》，立法会第 FC48/10-11 号文件，第 4 页。http：//www. legco. gov. hk/yr10-11/chinese/fc/fc/papers/fcfc-48-c. pdf。

③ 《议事规则》第 71（5）条。

④ 《立法会财务委员会会议程序》第 3 条。

⑤ 《开支预算及财务建议》，资料来源于立法会网站：http：//www. legco. gov. hk。

细致的审议，并提出修正案。

（三）对制度权力的限制："公共开支"与"具有由公帑负担的效力"

尽管立法会议员拥有对预算案和财政建议的批准权，他们的提案权却受到极大的限制（参见表2），《基本法》第74条规定，"香港特别行政区立法会议员根据本法规定并依照法定程序提出法律草案，凡不涉及公共开支或政治体制或政府运作者，可由立法会议员个别或联名提出。凡涉及政府政策者，在提出前必须得到行政长官的书面同意。"这一"公共开支"（public expenditure）的限制体现在《议事规则》第51条第3及4款中。[①] 就议员所提的对法案的修正案而言，最主要的限制来自《议事规则》第57（6）条："立法会主席或全体委员会主席如认为任何修正案的目的或效力可导致动用香港任何部分政府收入或其他公帑，或须由该等收入或公帑负担，则该修正案只可由以下人士提出：（a）行政长官；或（b）委派官员；或（c）任何议员，如行政长官书面同意该提案。"这便是一般所说的"具有由公帑负担的效力"（charging effect）之限制。这一类限制亦适用于议员所提议案及其修正案。就对拨款条例草案的修正案而言，根据《议事规则》第69（1）条，一切可能导致增加拨款的修正案只能由获委派的官员提出。

表2　议员在公共财政方面的提案权所受到的限制

提案类别	所受限制	相关的规则	对应的《基本法》条文
议员法案	不得涉及公共开支（public expenditure）	《议事规则》第51（3）条	74条
议员对法案的修正案	"具有由公帑负担的效力"（charging effect）之限制	《议事规则》第57（6）条	—
议员所提议案及其修正案	"具有由公帑负担的效力"（charging effect）之限制	《议事规则》第31条	—
议员对预算案的修正案	不可令任何开支总目增加	《议事规则》第69（1）条	—

资料来源：笔者根据《基本法》和《议事规则》所作的归纳。

---

① 《议事规则》第51条第3款："由立法会议员个别或联名提出的法案，如经立法会主席裁定为涉及公共开支或政治体制或政府运作者，不得提出。"第4款："如法案涉及政府政策，则就该法案所作的预告须附有由行政长官对该法案的书面同意。"

　　然而，在立法会于 1998 年制定现行的《议事规则》时，律政司提出："议员动议的任何修正案，无论就议员或政府提出的法案而动议，均须受《基本法》第七十四条约束。"① 律政司还认为，《基本法》第 48（10）条规定，行政长官有权"批准向立法会提出有关财政收入或支出的动议"，这一条也应当适用于议员所提的动议。② 而《议事规则》将此等权力授予立法会主席，而且，相对于第 74 条的"涉及公共开支"而言，"具有由公帑负担的效力"在范围上更为狭窄。③ 因此上述四条规则均与《基本法》相抵触。④ 无论政治倾向如何，立法会议员在这个问题采取了颇为坚决且一致的立场，在他们看来，第 74 条不应当涵盖对法案的修正案，而《议事规则》第 51 条之外的三项限制则属议员"自加"的、沿用前立法局会议常规的限制，用以"平衡"提出立法措施的权力。⑤ 而行政长官的批准权也仅限于政府所提的议案。⑥ 此后，政府虽然仍保留反对意见，却并没有寻求司法复核，因此，立法会一直依据现行的《议事规则》行事，而立法会主席也对议员法案、法案修正案等作出不少有关"涉及公共开支"和"具有由公帑负担的效力"的裁决，尽管在每一次裁决中，政府均提交意见重申立场，立法会主席仍裁决：《议事规则》第 31 及 57（6）条中"由公帑负担的效力"与《议事规则》第 51（3）条提到的"公共开支"并无关联。⑦

　　尽管主席裁决从未遭遇司法复核的挑战，《议事规则》第 57（6）条本身却被议员入禀法院，要求宣告其违背《基本法》。2006 年，立法会议员梁

① 立法会议事规则委员会：《〈基本法〉第七十四条所规定处理议员提出的法律草案的程序及〈基本法〉第四十八（十）条的诠释》，立法会 CB（1）45/98-99 号文件，第 8 段，资料来源于：http://www.legco.gov.hk/yr98-99/chinese/hc/papers/hc240745.pdf

② 立法会议事规则委员会：《〈基本法〉第七十四条所规定处理议员提出的法律草案的程序及〈基本法〉第四十八（十）条的诠释》，立法会 CB（1）45/98-99 号文件，第 10～12 段。

③ 立法会议事规则委员会：《〈基本法〉第七十四条所规定处理议员提出的法律草案的程序及〈基本法〉第四十八（十）条的诠释》，立法会 CB（1）45/98-99 号文件，第 10 段。

④ 立法会议事规则委员会：《〈基本法〉第七十四条所规定处理议员提出的法律草案的程序及〈基本法〉第四十八（十）条的诠释》，立法会 CB（1）45/98-99 号文件，第 12 段。

⑤ 立法会议事规则委员会：《〈基本法〉第七十四条所规定处理议员提出的法律草案的程序及〈基本法〉第四十八（十）条的诠释》，立法会 CB（1）45/98-99 号文件，第 4 段。

⑥ 立法会议事规则委员会：《〈基本法〉第七十四条所规定处理议员提出的法律草案的程序及〈基本法〉第四十八（十）条的诠释，立法会 CB（1）45/98-99 号文件，第 21 段。

⑦ 《有关就李卓人议员所提出的〈劳资关系（代表权、谘询权及集体谈判权）条例草案〉立法会主席所作的裁决》，第 20 段，资料来源于：http://www.legco.gov.hk/yr98-99/chinese/pre_rul/990719b.pdf。

国雄入禀高等法院原讼庭，要求原讼庭宣告：①议员所提的"具有由公帑负担的效力"的法案修正案并不属于《基本法》第 74 条所提到的"涉及公共开支"的法律草案；②《议事规则》第 57（6）条对议员的委员会阶段修正案作出的限制，与《基本法》第 73 条（1）条中所规定的立法会有权"根据本法规定并依照法定程序制定、修改和废除法律"以及《基本法》第 74 条相抵触。① 夏正民法官首先确认，法庭有权处理立法会的程序规则是否违宪的问题，但这一管辖权只能以一种受限制的方式行使（in restrictive manner）。② 由于在本案中并无必要对《基本法》第 74 条进行明确的解释，法官不会处理第一个争议；③ 但第 74 条仍然是有助于解决第二个争议的"踏脚石"（stepping-stone）。④ 就第二个争议而言，法官认为，提出法案和对法案进行修订属于同一个立法过程中的不同阶段，⑤ 必须遵循根据《基本法》第 75（2）条制定的《议事规则》。⑥ 第 74 条限制的是法案提交给立法会之前的议员的提案权，而修正案的提出则处于这之后的另一个阶段，⑦ 故而议员提出法案修正案的权力是独立于第 74 条之外的事项。⑧ 因此，原讼庭驳回了司法复核的申请。

　　围绕"公共开支"产生的这两次争议并没有解决《基本法》第 74 条的适用范围这一问题，在政府与立法会之争中，双方选择保留各自立场，但维持现有做法；而梁国雄案中，议员试图通过司法复核破除《议事规则》施加给议员的诸多限制，也未能成功。这实际上呈现了一种宪制架构中的平衡状态，即，在《基本法》规定不够明确的事情上，行政机关与立法机关尊重对方的既定做法，而司法机关对于处理与立法机关内部事务有关的争议保留极其受限的管辖权。

三　对预算与财政建议的控制与监督

　　早在 1872 年，当时的殖民地立法局已经设立了一个常设的财务委员会来

---

① *Leung Kwok Hung v President of LegCo* ［2007］1 HKLRD, 387, 393.
② *Leung Kwok Hung v President of LegCo* ［2007］1 HKLRD, 393 – 394.
③ *Leung Kwok Hung v President of LegCo* ［2007］1 HKLRD, 397.
④ *Leung Kwok Hung v President of LegCo* ［2007］1 HKLRD, 397.
⑤ *Leung Kwok Hung v President of LegCo* ［2007］1 HKLRD, 400.
⑥ *Leung Kwok Hung v President of LegCo* ［2007］1 HKLRD, 400.
⑦ *Leung Kwok Hung v President of LegCo* ［2007］1 HKLRD, 402.
⑧ *Leung Kwok Hung v President of LegCo* ［2007］1 HKLRD, 402.

审议总督提出的财政建议。① 财委会对公共开支有着最后的决定权，并将公众意见带入公共政策的制定过程之中。② 香港回归之后，财委会由立法会主席之外的所有议员组成，③ 并依据立法会的《议事规则》行使职责。总体来说，尽管小组委员会和立法会下辖的诸多事务委员会（通常对应政府的各个部门）都可能参与财政建议的讨论及审议工作，但最终的批准权仍掌握在财委会手中。而财委会的程序规则与立法会的全体委员会所遵循的规则之间最大的区别是，在财委会会议上，议员所提的动议并不适用分组点票规则。④ 这一决定在 1998 年立法会制定《议事规则》时经由议员讨论通过并写入《议事规则》当中。⑤

（一）财政预算案的审议与批准

年度财政预算案的编制与审议是一个漫长的过程。每年 5 月，库务署就资源分配发出通告；10 月，政府各部门拟备预算；到第二年 1 月，库务署核正预算草案；财政司司长于 2 月向立法会呈交年度财政预算案。⑥ 在此之前，司长会约见、邀请议员和政党去他的办公室向他表达意见，也要会晤很多民间的团体、公司和社会人士。⑦

1. 审议财政预算案所花费的时间

表 3 列出了立法会审议年度拨款条例草案所花费的时间。审议时间是根据条例草案在立法会一读直至最终通过三读之间所需天数而计算得出。第一届立法会（1998～2000）的两个会期均耗费了接近一个月的时间审议拨款条

---

① G. B. Endacott, *Government and People in Hong Kong* 1841 – 1962: *A Constitutional History* (Hong Kong: Hong Kong University Press, 1964).

② Norman John Miners and Tuck-hang James Tang, *The government and politics of Hong Kong* (Hong Kong: Oxford University Press, 1998), p. 134.

③ 《议事规则》第 71（1）条。

④ 分组点票规则是《基本法》附件二规定的立法会投票程序："立法会议员个人提出的议案、法案和对政府法案的修正案均须分别经功能团体选举产生的议员和分区直接选举、选举委员会选举产生的议员两部分出席会议议员各过半数通过。"

⑤ *South China Morning Post*, 1 July 1998.

⑥ 香港政府财政科："Practitioner's Guide: Management of Public Finances", 1995 年 3 月，转引自立法会财务委员会：《有关编制政府财政预算案的主要过程的资料摘要》，立法会第 FC9/02-03（01）号文件，http://www.legco.gov.hk/yr02-03/chinese/fc/fc/papers/f02-9c.pdf.

⑦ 这一信息来自立法会刘慧卿议员，刘慧卿议员为地区直选议员，现为民主党副主席，担任过多届财务委员会主席，笔者于 2009 年 4 月 24 日访问了刘议员。

例草案，在第二届立法会（2000~2004）期间，审议天数明显增加，尤其是在审议 2002 年拨款条例草案时，草案一读与三读之间间隔达到 42 天。这一趋势在进入第四届立法会时尤为明显，立法会对 2010 拨款条例草案的审议天数已经接近两个月，这个数字是第一届立法会期间审议天数的两倍。

在审议期间，财委会通常会举行连续的特别会议来集中讨论条例草案，这些会议均会邀请政府各个部门的官员、相关的人士及组织出席并提供财委会所需要的资料或回答议员的提问。① 随着整个条例草案的审议天数的增加，财委会举行连续会议的天数也相应地增加，到第四届立法会，通常会有 5 天的连续会议来进行讨论。

表3　审议年度财政预算案所花费的时间（1999~2010）

条例草案	审议天数	财委会特别会议的天数
1999 年拨款条例草案	28	4
2000 年拨款条例草案	28	4
2001 年拨款条例草案	28	4
2002 年拨款条例草案	42	3
2003 年拨款条例草案	35	4
2004 年拨款条例草案	49	4
2005 年拨款条例草案	42	4
2006 年拨款条例草案	35	4
2007 年拨款条例草案	49	4
2008 年拨款条例草案	56	5
2009 年拨款条例草案	56	5
2010 年拨款条例草案	57	5

资料来源：笔者根据立法会会议过程正式纪录所作出的统计，http：//www. legco. gov. hk。

这些特别会议如此密集，意味着议员可以就他们感兴趣的问题表达意见或向官员寻求更详细的解释。政府官员也会面临更多的提问与要求，因此他们不得不提供更为详细的回答与解释——这使得他们在未来编制预算时不得不采取更为谨慎小心的态度。

2. 议员的提问与要求

图 1 列明了 1998~2010 年期间议员对财政预算案所提问题与要求的数量

① 《议事规则》第 71（12）条。

及变化趋势。总体来说，从 1998 年开始，议员的书面提问数量呈现明显的上升趋势，在审议 2010～2011 年度的预算案时，议员共提出了 3194 条问题，而在第一及第二届立法会的前半段，议员的书面提问仅仅在 1500 条上下波动。这种成倍增长可能与立法会内直选议员的比例上升有关，通常来说，在监察政府方面，直选议员较功能界别的议员更为勤力与积极。与此同时，随着时间推移，公众对于一个透明政府的要求也逐步增强，这种公众意识的增强能够直接影响到地区直选议员，使得后者更积极地去监察政府官员，判断官员所提供的关于财政资源调配的理据是否充分。① 财委会的公开会议制度亦是激励议员积极提问的原因之一，在财委会讨论期间，官员不止是向议员进行答复与解释，更是向公众直接交代其政策理据。② 尽管有议员利用这个时机来增加曝光率或是宣传自己履行了选举承诺，但就其效果而言，公众必能从这些追问和解释中更深入和清晰地了解财政预算案的内容。

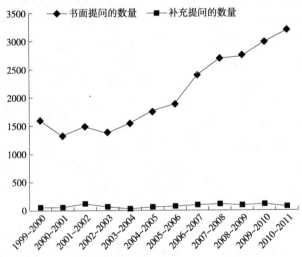

图 1　财务委员会成员对预算案的提问数量（1999～2010）

资料来源：笔者根据 1998～2010 年立法会财务委员会的审核年度开支预算的报告统计得出。

3. 议员对拨款条例草案和收入条例草案的修订

在经过财委会的讨论之后，若议员希望将自己的建议转化为财政预算案的内容，除非财政司司长主动修改，否则只能通过修订拨款条例草案来实

---

① 笔者对刘慧卿议员的访问。
② 笔者对刘慧卿议员的访问。

现。但议员的修订只限于削减开支，在 1998 ~ 2010 年期间，议员一共提出了 38 条对拨款条例草案的修正案。① 这些修订全军覆没，且都由泛民主派议员提出。有一些修订旨在削减政府职位，例如，刘慧卿议员曾在 2003 年提出删除政制及内地事务局所需的开支，② 杨森议员在 2008 年提出删除设立副局长及政治助理的开支，③ 涂谨申议员及其民主党党友每一年均提出同样的修订，要求削减投诉警察课的支出。显然，议员在提出这些修订时并不预期有任何通过的可能，因为立法会一直维持建制派的多数统治，任何影响政府架构的修订几乎不可能得到多数支持。因此，议员借修订案所表达的，主要是一种政治姿态，即对政府某些部门的表现以及对政府架构的不满。

对于亲基层的政党和议员来说，无法提出增加公共开支的修订成为一大难题。通常来说，这一类政党希望政府拨出更多开支纾解民困，改善交通、房屋、医疗和教育等民生热点问题，然而他们的选择相当有限，要么减少，要么同意或拒绝整个预算案。理论上，议员若不满意财政预算案的某些部分，可以投下否决票。然而，整个拨款条例草案通常采取捆绑投票，这意味着投下否决票有相当的风险，如果整个预算案被否决，政府便无法维持基本的公共服务，这可能会激起全社会强烈的不满。这种风险在 2011 年 3 月 9 日立法会否决政府提出的临时拨款建议可见一斑。年度临时拨款本为新的财政年度（通常为 4 月 1 日）开始之后，而财政预算案尚未通过之前所设立的可以让政府在此期间维持运作的制度，亦有意见认为通过临时拨款是一种惯例。④ 但由于泛民主派议员对财政司长的预算案强烈不满，进而转化为对临时拨款建议投下不少弃权票，巧合的是投票当日许多建制派议员缺席，最终导致临时拨款被否决。⑤ 尽管政府稍后提交了稍作修改的临时拨款建议并获得通过，这次事件仍产生了很大的影响。香港大学民意计划在 2011 年 3 ~ 4 月所作的民意调查显示，市民对立法会议员的满意度大幅下降 10 个百分点，相信与否决临时拨款有关。⑥ 而就财政预算案而言，发生这种"意外"的几率极小，因为在预算案投票当日，政府都会尽量劝服建制派出席会议。由此可以推断，纵使议员对财政预算案投下反对票，也极有可能是预见到反对票

---

① 笔者根据《立法会会议过程正式纪录》所作出的统计。
② 《立法会会议过程正式纪录》，2003 年 4 月 9 日，第 5470 页。
③ 《立法会会议过程正式纪录》，2008 年 4 月 23 日，第 6330 页。
④ 社评：《推倒临时拨款 不符社会利益》，《信报》2011 年 3 月 10 日财经新闻。
⑤ 《临时拨款首触礁 管治威信再受挫》，《信报》2011 年 3 月 10 日财经新闻。
⑥ 见香港大学民意计划 2011 年 4 月 12 日公报摘要，资料来源于：http://www.hkupop.hku.hk/。

仍是少数，因为不必背负可能令政府关门、令社会反弹的风险，而又可以借此表达对政府财政预算案的不满。

因此，由于仍然手握否决权，议员们转而向财政司司长施加压力，要求其主动增加支出，减少税费。立法会内主要的政党在此时会起到关键作用，例如，一旦民建联及自由党表示支持，财政司长可能就不必游说其他持反对意见的政党，但如果财政司长希望自己的财政预算案获得高票通过，其他属少数派的议员仍有机会迫使财政司长做出让步。① 此时议员能否改变财政预算案不仅取决于他们对民意的把握，也与官员的自信程度及个人风格有关，而这二者通常是互相关联的。仍以争议极大的 2011 年度拨款条例草案为例，财政司长在公布财政预算案后由于遭受太多批评，在一个星期之后决定向市民派 6000 元，使原本的盈余预算案变为赤字预算案，尽管这一急转弯的过程仍被批评为短视以及违反了一向稳健的财政政策，② 在财政司长这次大幅修订财政预算案的背后，却可以看到民意如何推动立法会内的政党——尤其是那些参加了地区直选的政党——对财政司长施加强大的压力。随着直选议席的逐步增加，政党不得不越来越重视选民的要求，议员手握的否决权才得以转化为迫使司长修订预算案的压力。

相对而言，对收入条例草案的修订显得稍为容易获得通过。立法会总共否决了 1999 ~ 2001 年期间政府提出的五项增加收费的修订。《1999 年收入条例草案》第 43 条将路边泊车的最高收费由每 15 分钟 2 元提高至 4 元，③ 这条建议被立法会否决后，政府在 2000 ~ 2001 财政年度起草的《2001 年收入（第 2 号）条例草案》中重新提出了修改后的建议，即，将最高收费提高至 3 元。④ 然而，这一建议仍然在大多数泛民主派和属于建制派的民建联、工联会的共同反对下被否决。泛民主派中有两位议员支持了政府的建议。在《2001 年收入条例草案》中提出的收入建议还包括调高烟税、特定的酒类税率、车辆牌照费及驾驶执照费用等等，⑤ 然而，只有调高烟税及酒税的建议

① 笔者于 2009 年 2 月 11 日访问李卓人议员。
② 《人人 6000 派钱派出血　3 招耗 423 亿　被轰短视乱花钱》，《明报》2011 年 3 月 3 日。
③ 立法会参考资料摘要：《1999 年收入条例草案》，资料来源于：http://www. legco. gov. hk/yr98-99/chinese/bc/bc15/general/69_ brf. pdf.
④ 立法会参考资料摘要：《2001 年收入条例草案》及《2001 年收入（第 2 号）条例草案》http://www. legco. gov. hk/yr00-01/chinese/bc/bc65/general/b33_ brf. pdf.
⑤ 立法会参考资料摘要：《2001 年收入条例草案》及《2001 年收入（第 2 号）条例草案》http://www. legco. gov. hk/yr00-01/chinese/bc/bc65/general/b33_ brf. pdf.

获得通过。车辆牌照费和驾驶执照费用甚至遭到了立法会内几乎所有主要政党的反对，包括属于建制派的自由党、民建联和工联会，以及属于民主派的民主党。

政府在收入条例草案上遭遇的失败说明，在涉及税费的问题上，立法会内部的合作实际上已经超越通常所说的泛民主派相对于建制派、亲基层相对于亲工商界的界限。这些建议被否决，往往是因为在之前的预算案讨论中政府与立法会议员未能达成协议。各党派的合作增加了政府建议通过的难度，同时亦提高了立法会整体的议价能力，使政府不得不正视议员的要求。在过去十几年，立法会政党之间分歧最大之处在于政治，其次才是民生，因此，在与房屋、交通、医疗以及其他福利开支有关的问题上，立法会更可能出现跨党派合作。接下来的部分就将分析跨党派合作对财政预算案带来的影响。

4. 短暂的跨党派合作

立法会"八党联盟"的前身是1998年开始出现的"七党一派"。当时的七党一派将其目标设定为研究民生事务及寻求经济发展的道路。① 在2001～2002年会期的立法会，属于泛民主派的刘慧卿议员重提八党联盟，而属于建制派的自由党领导人田北俊议员则出任召集人。这个时期的八党联盟只讨论民生问题，不谈政治，是一个由八个政团组成的松散联盟，② 包括：自由党，民建联，港进联，工联会等建制派；民主党，职工盟，前线，民协等泛民主派；以及早餐派（独立专业人士）。③

召集人田北俊议员认为，八党联盟的兴起与当时持续的经济衰退有关。④ 而且，2001及2002年均非立法会的选举年，政党之间的竞争显得不那么激烈。⑤ 无论肇因如何，八党联盟的确在2001～2002年产生了很大的社会影响，也引起极广泛的讨论。如果以关键词"八党联盟"或"eight-party coalition"对1998～2010年的香港中英文报纸进行搜索，2001～2002年的新闻数量远远超过其他会期。这当然不意味着在其他的会期八党联盟的作用微小，但至少说明2001～2002年度可能是立法会跨党派合作的顶点，在60名议员当中，已经有50名属于八党联盟。在当时，政府官员亦正面承认"八党联

---

① 《立法会会议过程正式纪录》，1998年7月8日，资料来源于：http://www.legco.gov.hk/yr98-99/english/counmtg/hansard/980708fe.htm。
② 如果计算所有大大小小的政团，实际上已经超过八个，但一般仍称为"八党联盟"。
③ 《八党：民生合作政治免问》，《文汇报》2002年8月17日。
④ 张笑容：《田北俊：集体负责及保密制已过时》，《信报》2002年6月17日财政新闻。
⑤ 《八党联席前景未定》，《明报》2002年8月22日。

盟"提出的意见，"对政府施政是很有成效的"。①

这一跨党派合作首先从审议 2001～2002 年财政预算案开始。2001 年 10 月 9 日，八党联盟提出了关于预算案的七点共识，② 这些共识在稍后的行政长官施政报告中被提及。尽管行政长官声称政府已经接纳其中六点共识，③ 但实际上并非如此。政府拒绝了多项建议，例如宽免公屋租金和延迟收取薪俸税一年。八党联盟随即召开了几次会议，提出了更为细致的关于预算案的建议，包括减免水费及排污费、学费、医疗费、商业登记费和车辆牌照及驾驶牌照费用。这些建议以及一些包含在先前的七点共识里的建议，最终被财政司长在预算案中予以不同程度的回应。

应当指出的是，由于当时香港经济仍然面临严峻的形势，这一年的预算案是一份赤字预算案。最初，行政长官已经将减免公屋租金的额度限制在2000 元以下，并坚决拒绝了减免水费及排污费的建议。④ 而且，政府已经委任了一个咨询委员会研究如何拓宽税基。⑤ 然而，几个月之后，形势发生逆转，财政司长在发表预算案时宣布，政府将减免水费及排污费，并将公屋租金的减免额提高到 5000 元；同时也不会开征新的税项。追溯整个预算案的起草及审议过程，这个转变可能就显得不那么突然。

纵观八党联盟的行事方式，可见一条清晰的脉络：第一阶段，立法会诸党派之间寻求共识并达成协议；第二阶段，邀请行政长官、财政司长或其他官员与八党联席会议进行对话和协商；第三阶段，在立法会大会上提出动议，敦促政府接受这些建议。在此期间，财政司长与议员进行了多次会面，而敦促政府的动议也不止一次地提出并获得一致通过。政府不可能忽视这些动议，因为动议的背后不仅仅是一批在立法会里面拥有足以否决预算案的票数的议员，更有着广泛的公众支持。因此，尽管立法会并没有行使否决权，跨党派的合作仍然取得了不少成果。

---

① 林瑞麟：《政制事务局局长出席"政党论坛"十周年节目致辞》，2002 年 11 月 23 日，资料来源于：http://www.cmab.gov.hk/tc/speech/speech_1280.htm。
② 参见《立法会跨党派联席纾解民困措施七项共识建议》，资料来源于：http://www.liberal.org.hk/contents/modules/issue/showsublistContents.php?sublist_Contentid=1403。
③ 《行政长官答问大会》，《立法会会议过程正式纪录》2001 年 10 月 11 日，第 51 页。
④ 《行政长官 2001 年施政报告》第 3 段，资料来源于：http://www.policyaddress.gov.hk/pa01/eng/speech_e.htm。
⑤ 《税基广阔的新税项事宜咨询委员会》，资料来源于：http://www.fstb.gov.hk//tb/acnbt/english/press/press06082001.html。

　　然而一个现实的问题是，八党联盟所涉及的议员越多，取得共识的范围便越小，因为任何共识都是一个"最大公约数"。① 为了取得全体成员的共识，一些稍有争议的建议便可能不被采纳，例如，解决失业问题的具体措施就不被纳入向政府提出的共识之中。② 政府对八党联盟的反应也许可以作为跨党派合作的影响力的间接证据。在2001年8月，民建联与自由党的主席均被委任为政府的最高决策机构——行政会议的成员，这一委任通常被视为与八党联盟的兴起有关。其后，政府更积极地试图分化这一联盟，主要通过接触较为友好的建制派，承诺满足建制派的部分要求，从而换取建制派不与泛民主派继续合作。③ 随着召集人田北俊议员被委任为行政会议成员并辞去八党联盟召集人的职务，以及早餐派的退出，这一跨党派合作的方式逐渐式微。在2002～2003会期，仅有四项建议以七党联盟的名义提出，而其中只有两项涉及退税。④

　　显然，立法会内部的少数派，即泛民主派更渴望经常性的跨党派合作。⑤ 而建制派由于有更多的与政府直接沟通的机会，已经逐渐无须依赖与泛民主派的结盟。这种趋势在行政长官曾荫权推行"亲疏有别"的政策之后更为明显。例如，在2010～2011年的财政预算案的审议过程之中，财政司长正是在约晤了建制派议员之后宣布了对预算案的重大修改。另一个更清晰的事例是2011年2月政府与各党派围绕交通津贴计划的角力。政府最初推出的交通津贴方案使得领取最低工资的二人家庭超出领取交通津贴的入息限额，因此遭到各党派的批评。⑥ 属泛民主派的职工盟议员李卓人随即联络立法会各党派讨论，初步掌握了过半数的35票，但几小时之后，政府官员邀约10多名建制派议员会晤，满足了议员部分要求，因此李卓人议员召集的联盟失去了多数票的优势，无法再迫使政府做更多让步。⑦

---

① 《周梁淑怡议员对行政长官施政报告的质询》，《立法会会议过程正式纪录》2001年10月17日；以及笔者于2011年7月22日访问曾钰成议员所获得的信息，曾议员为民建联创党主席，地区直选议员，现任立法会主席。
② Ambrose Leung, "Budget met our needs, says coalition", *South China Morning Post*, 9 March 2002.
③ 笔者对曾钰成议员的访问。
④ 这个共识参见：http://archive.dphk.org/2003/news/index.asp? iCommentID =685。
⑤ 笔者对刘慧卿议员的访问。
⑥ 《交津允两让步通过在望》，《明报》2011年2月17日。
⑦ 《交津允两让步通过在望》，《明报》2011年2月17日。

（二）预算案之外的其他财政建议

在财政预算案之外，财委会也负责审议和批准与基建投资、公务员薪酬、贷款基金以及社会福利等等相关的财政建议。此外，政府还须定期向财委会提交关于工程、项目等的进度报告。1998年，库务署专门成立了一个工作小组来改善报告与跟进机制。①

由表4可以看到，1998～2010年，财委会共审议了909项财政建议，其中6项被否决，17项由政府撤回，2项被押后。而在审议其中106项财政建议时采用了记名表决。记名表决的应用往往意味着此建议存在一定的争议，而部分议员亦希望将自己的立场记录在案。

在6项被否决的建议中，2项与交通服务有关，分别是行人地下通道和高速公路的建设项目；另1项旨在保留额外的政府职位；其余3项则分别与首次置业贷款、因清拆产生的特惠津贴以及大学教育资助委员会的行政费用有关。但这并非最终的结果，政府随后修改并重新向财委会提交了其中的3项建议，最终有2项获得通过。

政府主动撤回的建议数量远远多于被财委会否决的数量。在17项被撤回的建议中，12项随后被重新提交并获得通过。其中一些还被退回到小组委员会或事务委员会进行重新讨论。撤回的原因不一，但大多与不符合财委会的要求有关。1999年1月15日，由于议员未能从政府手中获得更详细的资料，财委会主席要求土木工程署将其一份新增开支建议拿回相关的事务委员会进行更充分的讨论；② 另一个被撤回的个案则与香港警队办公室的电脑化有关，财委会建议政府应当在向立法会保安事务委员会汇报后再重新提交。③

即使是那些获得通过的建议，其过程也非一帆风顺。许多建议在政府提出修正案后方获得财委会的接纳。④ 而议员也会时不时在审议这些建议时，

---

① 《立法会政府帐目委员会公开聆讯过程记录》，1998年12月7日，第116页，资料来源于：http：//www.legco.gov.hk/yr98-99/chinese/pac/hearings/13-31pac.pdf。
② 《立法会财务委员会会议过程正式纪录》，1999年1月15日，资料来源于：http：//www.legco.gov.hk/yr98-99/english/fc/fc/minutes/fcmn1501.htm。
③ 《立法会财务委员会会议过程正式纪录》，1999年3月12日，资料来源于：http：//www.legco.gov.hk/yr98-99/english/fc/fc/minutes/fcmn1203.htm。
④ 《立法会财务委员会会议过程正式纪录》，2003年5月16日，资料来源于：http：//www.legco.gov.hk/yr02-03/english/fc/fc/minutes/fc030516.pdf。

以动议的形式敦促政府采取相应的行动。①

表4　预算案之外的其他财政建议（1998～2010）

会　期	通过*	否决	撤回	押后	共计	记名表决
1998～2000	193	3	8	0	204	27
2000～2004	292	3	7	2	304	33
2004～2008	261	0	1	0	262	29
2008～2010	138	0	1	0	139	17
共　计	884	6	17	2	909	106

*这一列的数字不包括重新提交的建议数目。

资料来源：笔者根据《立法会财务委员会会议过程正式记录》作出的统计，http：//www. legco. gov. hk.

表5　经小组委员会讨论的财政建议的比例（1998～2010）

会期	经小组委员会审议的财政建议	全部财政建议	百分比
1998～2000	75	204	36.76
2000～2004	118	304	38.81
2004～2008	111	262	42.37
2008～2010	53	139	38.13
共　计	357	909	39.27

资料来源：笔者根据《立法会财务委员会会议过程正式记录》作出的统计，http：//www. legco. gov. hk.

在财政建议提交到财委会之前，相关的事务委员会通常承担了更为繁重和细致的审议任务；另一方面，近40%的财政建议在提交财委会表决之前（见表5），已经在小组委员会讨论过。实际上，在上述17个被撤回的建议当中，有14个并未在小组委员会讨论过。这一事实说明那些经由人事编制小组委员会或工务委员会讨论并提出意见的财政建议，在财委会的通过率更高。与预算案的审议相比，这种多个委员会分工合作的方式更为灵活，从而使立法会能够更有效地监察政府进行公共工程和项目建设，避免超支和浪费，并保证政府架构不过于臃肿。

① 《立法会财务委员会会议过程正式纪录》，2007年7月6日，资料来源于：http：//www. legco. gov. hk/yr06-07/english/fc/fc/minutes/fc070706a. pdf。

（三）中止的税收及征费建议

除了财政预算案中的收入建议，政府还可能提出其他的征税或征费计划，以配合税收体系的改革以及特定政策的改变。这一部分将着重研究三个较有影响力的征税或征费建议，以及政府如何中止这些计划。

第一个是商品及服务税，通常亦称为销售税。自 1998～1999 财政年度开始，香港经历了严重的经济衰退，政府连续录得经营赤字。① 为了改善赤字和维持公共财政的稳健，2000 年 5 月，财政司司长委任了一个"税基广阔的新税项事宜咨询委员会"，希望深入研究如何改变狭窄的税基。② 尽管销售税"遭到社会上不同层面的反对"，委员会仍认为，销售税是所有新税项之中"最符合税基广阔及可长远带来可观税收的基本原则"。③ 政府随后设立了一个内部委员会研究推出销售税，④ 并最终于 2006 年 7 月公布了拓宽税基的咨询文件，将开征销售税列为最可行的途径。⑤ 然而，此时拓宽税基的必要性以及销售税本身涉及的累进税率均引起广泛的争议。⑥ 学者及大众传媒都积极地参与了讨论，与此同时，咨询文件的发布也引发了连续的反销售税游行示威活动。⑦ 社会强烈的反对声音很快转化为立法会内各政党及议员的反对，2006 年 10 月 19 日，杨森议员提出动议"反对开征销售税"并获得通过。⑧ 鉴于如此强大的压力，政府在其 12 月的中期报告中宣布，"市民强烈反对商品及服务税的意见非常清晰，我们认为目前未有民意基础及条件推行

① 财政司司长关于 2000～2001 财政预算案的演讲辞，资料来源于：http：//www. budget. gov. hk/2000/english/eindex. htm。

② 税基广阔的新税项事宜咨询委员会向财政司司长提交的最后报告，资料来源于：http：//www. fstb. gov. hk/tb/acnbt/chinese/finalrpt/finalrpt. pdf。

③ 税基广阔的新税项事宜咨询委员会向财政司司长提交的最后报告，资料来源于：http：//www. fstb. gov. hk/tb/acnbt/chinese/finalrpt/finalrpt. pdf，第 36 段，第 22 页。

④ Shu Hung Tang，"A Critical Review of the 2006 Consultation Document on Broadening the Tax Base in Hong Kong"（2006）10 *Asia-Pacific Journal of Taxation*，37，38。

⑤ "扩阔税基，促进繁荣"咨询文件，资料来源于：http：//www. taxreform. gov. hk/sim/doc_ and_ leaflet. htm。

⑥ Shu Hung Tang，"A Critical Review of the 2006 Consultation Document on Broadening the Tax Base in Hong Kong"（2006）10 *Asia-Pacific Journal of Taxation*，37，38。

⑦ Richard Cullen and Richard Simmons，"Tax Reform and Democratic Reform in Hong Kong：What do the People Think？"（2008）6 *British Tax Review*，667，671－672。

⑧ 《立法会会议过程正式记录》，2006 年 10 月 19 日，第 479 页，资料来源于：http：//www. legco. gov. hk/yr06-07/english/counmtg/hansard/cm1019-translate-e. pdf。

服务税"。①

政府推行税制改革的另一个尝试是提出征收边境建设税，要求经陆路或海路离港的人士均须缴纳离境税用以改善边境设施。② 实际上，香港社会对是否开征海路及陆路离境税已经有很长时间的讨论。1999 年 11 月 10 日，民建联议员刘江华提出一项动议反对开征陆路离境税，该动议以微弱的劣势被否决。③ 政府在 2003 年 6 月正式向立法会提交《边境建设税条例草案》，试图为征税确立法律框架；立法会随即成立了法案委员会来讨论这项草案。④然而，条例草案遭到立法会内主要政党如民建联、港进联及民主党的反对。⑤在此种情况下，2003 年 10 月 22 日，财政司长在立法会会议上发表声明，宣布政府在现阶段不再继续进行边境建设税的工作。⑥

上述两个事例均与政府推行的税制改革有关，税制改革，尤其是开征新的税项，本身是一件相当复杂、牵涉利益广泛、通常并不受欢迎的工作。但导致它们失败的原因却不尽相同。销售税面临的是处于不同政治光谱的政党以及公众的联合反对，⑦ 而边境建设税尽管也遭到主要政党的反对，在社会中引起的反响却远不如销售税。香港大学民意计划的调查显示，61% 的市民同意从 2003～2004 财政年度开始开征边境建设税。⑧ 这两个事例在不同层面彰显了立法会的角色，立法会不仅是公众表达意见的场所，并整合及强化公众的诉求，它自身亦能够形成独立的政策立场，这两种不同的角色都是政府所不能忽视的，在两次税收争论中，正是由于发现在立法会中可能得不到足够支持，政府才主动中止咨询和立法活动。

另一个更能体现议员影响的事例是雇员再培训征款，这一征款自 1992 年

---

① 财经事务及库务局：《税制改革公众咨询中期报告》，http：//www. taxreform. gov. hk/sim/pdf/interim. pdf。

② 立法会秘书处：立法会参考资料——边境建设税条例草案，第 1 页，http：//www. legco. gov. hk/yr02 - 03/chinese/bills/brief/b55_ brf. pdf。

③ 民建联反对边境建设税其中一个原因是，该税项与"一国两制"的概念不符。见立法会会议过程正式记录，1999 年 11 月 10 日，资料来源于：http：//www. legco. gov. hk/yr99 - 00/english/counmtg/hansard/991110fe. html。

④ 立法会《边境建设税条例草案》法案委员会报告，立法会第 CB（1）193/03-04 号文件，资料来源于：http：//www. legco. gov. hk/yr03-04/english/hc/papers/hc1031cb1-193e. pdf。

⑤ 《三大党反对 民建联促撤边境税》，《明报》2003 年 9 月 25 日。

⑥ 立法会《边境建设税条例草案》法案委员会报告，第 1 页。

⑦ Richard Cullen and Richard Simmons，"Tax Reform and Democratic Reform in Hong Kong：What do the People Think？"（2008）6 *British Tax Review*，673.

⑧ 民意调查的结果参见：http：//hkupop. hku. hk/english/archive/release/release34. html。

《雇员再培训条例》生效以来已经开始，最初的征款对象是外来劳工的雇主，征款会交与雇员再培训局，用以培训本地工人。① 2003 年，行政长官会同行政会议批准将外籍家庭佣工的雇主也纳入征款的范围，而外佣的最低许可工资亦相应减少。② 因此这一建议又称"外佣税"。但由于部分外佣就征款提起司法复核，雇员再培训局冻结了自 2003 年 10 月起征收到的款项。③ 2006 年 7 月上诉庭维持原讼法庭的裁决，驳回了司法复核申请。④ 此时征款已经累积近 50 亿。2008 年 7 月，行政长官以附属法例的形式，即将《2008 年雇员再培训条例（修订附表 3）公告》（"公告"）刊宪，宣布豁免外佣税两年。立法会随即成立一个小组委员会审议该附属法例，有 16 位议员加入了小组委员会。

由于该公告是根据《释义及通则条例》（香港法例第 1 章）第 34 条"先订立后审议"的程序提出，因此自刊宪之日起已经生效，除非修订的建议能够在审议期限内获得立法会通过。议员在豁免期间上出现了分歧。泛民主派及一些独立议员主张应当彻底取消外佣税，而部分有工会背景的建制派议员则反对取消。⑤ 议员一共提出了 4 项修正案，包含不同的豁免年限。⑥ 其中，民建联议员要求期限延至 5 年，而独立议员叶刘淑仪则要求永久取消征款的修订，这一建议获得小组委员会大部分成员的支持，并获接纳为以小组委员

---

① 立法会内务委员会《2008 年雇员再培训条例（修订附表 3）公告》小组委员会报告，立法会第 CB（2）264/08 – 09 号文件，第 1 页，http：//www. legco. gov. hk/yr08 – 09/chinese/hc/papers/hc1114cb2 – 264 – c. pdf。

② 立法会内务委员会《2008 年雇员再培训条例（修订附表 3）公告》小组委员会报告，立法会第 CB（2）264/08 – 09 号文件，第 1 页，http：//www. legco. gov. hk/yr08 – 09/chinese/hc/papers/hc1114cb2 – 264 – c. pdf。

③ 立法会内务委员会《2008 年雇员再培训条例（修订附表 3）公告》小组委员会报告，立法会第 CB（2）264/08 – 09 号文件，第 1 页，http：//www. legco. gov. hk/yr08 – 09/chinese/hc/papers/hc1114cb2 – 264 – c. pdf。

④ 立法会内务委员会《2008 年雇员再培训条例（修订附表 3）公告》小组委员会报告，立法会第 CB（2）264/08 – 09 号文件，第 1 页，http：//www. legco. gov. hk/yr08 – 09/chinese/hc/papers/hc1114cb2 – 264 – c. pdf。

⑤ 立法会内务委员会《2008 年雇员再培训条例（修订附表 3）公告》小组委员会报告，立法会第 CB（2）264/08 – 09 号文件，第 1 页，http：//www. legco. gov. hk/yr08 – 09/chinese/hc/papers/hc1114cb2 – 264 – c. pdf，第 3～4 段。

⑥ 立法会内务委员会《2008 年雇员再培训条例（修订附表 3）公告》小组委员会报告，立法会第 CB（2）264/08 – 09 号文件，第 1 页，http：//www. legco. gov. hk/yr08 – 09/chinese/hc/papers/hc1114cb2 – 264 – c. pdf，第 3～4 段。

会名义提出的修正案。① 尽管政府声称叶刘淑仪议员的修订涉及公帑开支，立法会主席曾钰成议员仍裁定这项修正案符合议事规则。2008 年 11 月 11 日，政府废除原先的公告，提出新的第 2 号修订公告，提出与民建联意见一致的建议，改为豁免 5 年。② 最终，政府妥协后的建议获得接纳，而叶刘淑仪议员的修订在分组投票中被功能界别否决，若以简单多数投票机制计算，则是以 28 票赞成对 28 否决的细微差距未能获得过半数支持③。

　　这是一个相当典型的事例，它几乎不涉及政治争议，虽然涉及几十万雇主，但又不至于成为牵涉全港民生的议题，而且，这个议题本身提供了相当广阔的议价空间，从永久取消到豁免 40 年、5 年及 2 年，围绕它的是相当清晰的争议，议员与政府各自争取最为满意的结果，而最终政府做出部分让步，以换取主要政党的支持。

四　结论

　　厄斯金·梅（Erskine May）在他关于英国议会议事程序惯例的权威著作中说过，议会在公共开支与税收方面从来都不是以提案者的身份出现。④ 香港的情况也不例外。立法会议员在提出法案修正案、议案及修正案时受到的严格限制，便是这种"批准者"而非"提案者"身份的体现。基于香港独特的宪制结构，立法会的政治力量缺乏大规模进入政府最高决策机构——行政会议的途径，因此在公共政策制定过程中，立法会主要以监督者的角色出现。一方面，这种监督是否有效，往往决定了这些政治力量在政治生态中所处的地位；另一方面，随着直选议席的不断增加，基于选举利益和选举承诺，政党和议员也不得不对选民意见给予更多的权重。在这种情况下，对议员提案权的限制并不必然导致立法会在财政控制与监督问题上积弱；相反地，由于角色的局限，议员尽量利用手握的否决权，以民意为后盾，与政府

---

① 立法会内务委员会《2008 年雇员再培训条例（修订附表 3）公告》小组委员会报告，立法会第 CB（2）264/08 - 09 号文件，第 1 页，http：//www. legco. gov. hk/yr08 - 09/chinese/hc/papers/hc1114cb2 - 264 - c. pdf，第 3 ~ 4 段。

② 立法会内务委员会《2008 年雇员再培训条例（修订附表 3）公告》小组委员会报告，立法会第 CB（2）264/08 - 09 号文件，第 1 页，http：//www. legco. gov. hk/yr08 - 09/chinese/hc/papers/hc1114cb2 - 264 - c. pdf，第 11 段。

③ 立法会会议过程正式记录，2008 年 12 月 10 日。

④ Thomas Erskine May, W. R. McKay, et al., *Erskine May's treatise on the law*, *privileges*, *proceedings*, *and usage of Parliament*（London：LexisNexis UK, 2004）.

展开细致而耐心的对话和协商。

本文对立法会监督财政预算案及其他财政建议的分析，证明了"可预期的反应"的确是香港立法会发挥影响力的一种重要方式。政府在与议员对话和沟通时，无时无刻不以获得足够的议员支持为优先考量；这一方式本身虽有不足之处，[①] 但配合立法会公开透明的会议程序，仍能行之有效。立法会主要以委员会为讨论单位并进行连续地公开辩论，不仅为社会公众提供了充分表达意见的途径，更促使政府官员在编制预算和提出建议时谨慎小心，因为他们的理由不仅要能说服议员，亦需要让公众接受。

在与政府的《议事规则》之争中，议员的一致立场和立法会主席的独立裁决则充分体现了立法会的自主性（legislative autonomy）。尽管建制派始终是立法会的多数，在捍卫立法机构的宪制角色时，立法会议员们并无根本的分歧。跨党派合作的一度兴起，亦是自主性的表现之一。在过去十几年的发展中，立法会议员花费越来越长的时间审议财政预算案，向政府官员提出越来越多的问题，这些实践本身依据《议事规则》而行，并逐步形成立法会的惯例。

尽管立法会议员的权力因《基本法》的限制而先天不足，但对 1998～2010 年的数据及个案分析却证明，宪制上的权力始终不等于真实的权力。作为民意代表机构，香港立法会相对于行政机构有着较强的自主性，决定其影响力的绝非纸上的权力，而是议席的分布、民意的走向以及议题本身的性质，这本身也是一个走向民主的政治体制更加成熟的表现。因此可以预见，随着政治改革的逐步推行，立法会的影响力将会进一步增强。

---

① 例如，使政府变得更加功利，不去考虑提出政策本身的目的和社会影响，而将主要资源投放在说服议员上。

不同视阈下财政宪法刍论

王世涛[*]

【内容摘要】以不同的分析工具，对财政税收会有不同的认识。以宪政经济学为视角，宪法作为元规则是财政税收效率最大化的根本，从个人"主体性"出发，效益意味着"一致同意"，其宪法装置是议会，而对议会税收立法的宪法审查实现了帕累托改进；以产权理论为视角，税收源于产权的私有，并促进宪政的萌发，同其他财政征收方式相比，税收是效率最优选择；以博弈论为视角，税收是零和博弈，但是合作博弈的非均衡赛局；以国家与社会理论为视角，国家与社会的二元分化，产权与国家的分离是税收产生的基础，根据"国家补充原则"，社会私经济免受国家的不当干预，通过私经济的优先发展从而保证税源和税基；以人性论为视角，每个人都有自私的本性，有追求自身利益最大化的偏好，"税痛"唤起公民权利主体意识、参与意识和监督意识。

【关键词】财政宪法　宪政经济学　产权理论　博弈论　国家与社会理论　人性论

一　基于宪政经济学的分析

宪法学的研究从来都以国家法的面目出现，展现的是政治意义上的国家体制和伦理意义上的人权保障的基本原则和机制创设。然而，从经济的视角解读宪政，以制度效率的目标追溯宪法，为宪法学的研究打开了一扇全新的

---

* 大连海事大学法学院教授、博士生导师，法学博士，主要研究宪法、行政法，最近的研究志趣为财政宪法学。

视窗。它对宪法的解释力是任何传统意义的宪法学所无法替代的。荣获诺贝尔奖的著名经济学家布坎南（James M. Buchanan）为之作出卓越贡献，他甚至直接将自己的经济学称为宪政经济学。布坎南认为：不同的制度有不同的效率，宪法是元制度，体现更大的效率。之所以称为宪政经济学，是因为布坎南经济学意义上效益最大化的解决方案是通过立宪选择实现的，财政效益最大化的根本在于宪法的初次决定。也就是说，一个国家制度体系效率的最大化必然奠基于合理的宪政制度之上，或者说，一个国家宪政制度设计出了问题，在此基础上的任何制度的设计，无论怎样，都无法实现制度效率的最大化。正如经济学家盛洪在《宪政经济学》中文版序中写道：宪政是制度中的重中之重，它是生成制度的制度，是规则的规则，所以，当宪政出现问题时，它对社会的损害远非一般制度问题可比。反过来说，对宪政的经济学研究则比对一般制度的研究更有效率。①

那么宪政经济学意义上的效率是什么呢？布坎南承袭西方自由主义的传统，根据个人"主体性"而非国家来感受成本和效益。但个人"主体性"之间存在着冲突，对一方有效率可能同时意味着对交易关系中的另一方无效率。此时，只有交往双方"一致同意"才是有效率的。任何一个人以损害别人利益为代价的财富增进都不符合帕累托最优。以此，效益理论与宪政体制勾连在一起。在民主政治体制下，多人的"一致同意"是判断公共选择是否有效率的标准，即多人"一致同意"的效率的政治对应物为议会体制。当然，布坎南也认识到，在一个国家不可能"一致同意"。因此，只能退而求其次，谋求多数人的同意。但多数人同意会导致对少数人的专制。此时，宪政体制的价值恰恰在于限制议会的多数同意的立法。宪政经济学对政府怀有戒备是基于政府作为"理性经济人"的假设，即政府与私人一样，也有追求自身利益最大化的本性。现代公共选择理论始终强调，作为"统治者"以代理人身份采取行动的个人，与普通公民并无根本不同，个人在公共选择和私人选择中具有相同的动机。当然，我们不必否定作出政府决定的那部分人有其道德行为的可能性，但我们排除把这种行为假设作为规范分析的前提，那些认为应当根据仁慈代理人的假设分析政府的人，否认对政府，包括对由选举产生政府的任何约束的正当性。在这种情况下，也就不存在宪法的逻辑基

①〔澳〕布伦南、〔美〕布坎南：《宪政经济学》，冯克利、秋风、王代、魏志梅等译，中国社会科学出版社，2004，第5~6页。

础了。① 在财政体制中，政府的自利性表现为不断扩充的预算规模。

与布坎南的宪政经济学的效率观完全不同，中国惯常的效率观是以超出个人私利的社会整体的利益为标准，以国家作为权衡主体。这种国家主体性的效率观与布坎南自由主义的宪政经济学的价值取向不同，甚至是格格不入。布坎南认为，立宪主义观点同仁慈的专制者模型有着不可调和的分歧，这种模型披着各种伪装，成为一般正统公共政策理论分析和专门的传统税收理论分析的基础。② 长久以来，体现社会效益观的中国的财政体制实行的是"官房财政学"，③ 官房财政学的理论是以研究充实国库，特别是如何使王室或国家财政充裕为主。迄今，中国的财政学者，基于财政的国家本位，皆以国家财政收入的累积和公共财政秩序的维护为己任。可以说，当下中国国富民弱的财政体制，国家财富的增长速度大大高于私人财产的增长速度，正是这一"官房财政学"理念的反映。

宪政经济学其实是亚当·斯密的古典自由经济理论以及霍布斯"利维坦"（Leviathan）传统宪政价值的回归。"如果从无政府状态转向秩序确实是全体公民的偏好，那么肯定有可能这样来评估政府的设立：它就像是发端于那些将要服从它的人的自愿同意。"④ 在此，经济与政治中的自由、合意、秩序和效率价值充分融合在一起。因此，民法的意思自治和合同自由其实与宪政原则是一致的。"一致同意"既是公正的，同时也是有效率的。税收的本质属性在于"同意"。在宪政国家，立基于宪政的自由主义，尊重个体自由选择，以个人"主体性"形成判断效率的坐标，税收的正当性和效率性必然是纳税人向国家表达的"一致同意"而非国家向纳税人诉诸的强制。财政税收则依赖"一致同意"，纳税人同意不但是税收正当性的前提，也是效率的基础。纳税人向国家表达"一致同意"的装置便是议会体制，作为议会的母国，英国的政治实践表明，议会产生伊始其实便是为了实现纳税人一致同意

---

① 〔澳〕布伦南、〔美〕布坎南：《宪政经济学》，冯克利、秋风、王代、魏志梅等译，中国社会科学出版社，2004，第5~6页。

② 〔澳〕布伦南、〔美〕布坎南：《宪政经济学》，冯克利、秋风、王代、魏志梅等译，中国社会科学出版社，2004，第5页。

③ "官房财政学"是官房学派的财政学，所谓官房学派（cameralism）产生于17~18世纪的德国。当时德国有一批学者被国王选为财政金融顾问，作为国王的"智囊团"经常参加在王室私人议事室召开的会议，讨论有关国家的财政金融事务。这些学者被称为官房学者，其学派被称为"官房学派"。

④ 〔澳〕布伦南、〔美〕布坎南：《宪政经济学》，冯克利、秋风、王代、魏志梅等译，中国社会科学出版社，2004，第5页。

的诉求，议会发展的过程实际上是在不断完善纳税人表达"一致同意"的意愿的过程。当然，纳税人完全一致同意也是不可能的。因为，任何税制都不会让所有纳税人满意，税制的实施意味着一部分人私产财产受到更大的侵害或得到较少收益。此时，财政的宪政体制也需要审慎对待议会中多数人的税收立法。

意识到"一致同意"会导致高昂的决策成本，布坎南将决策分为多个层次，最高层次就是宪政层次，它决定了较低层次"非一致同意"有了"一致同意"规则的合法性基础。[①] 可以说，出于更多纳税人的同意的效率考量，税收立法的议会保留而非行政主导其实是效率的要求。而对议会税收立法的宪法审查实现了帕累托改进（Pareto Improvement）。[②] 即在不损害大多数纳税人的利益时，使少数纳税人的福利有所增进。

二 基于产权理论的分析

产权理论的现代奠基者和主要代表是 1991 年诺贝尔经济学奖得主科斯，他一生所致力考察的不是经济运行过程本身，而是经济运行背后的财产权利结构，即运行的制度基础。他的产权理论发端于对制度含义的界定，通过对产权的定义，对由此产生的成本及效益的论述，从法律和经济的双重角度阐明了产权理论的基本内涵。马克思主义理论认为生产力决定产权制度（生产关系），而科斯的观点却是产权制度决定生产力。产权是效率（生产力发展）的决定因素，只要有一个清晰界定的产权，就能解决社会的激励问题，抹平社会成本与私人成本之间的差异。[③]

（一）产权私有是税收产生的基础

政府筹措财源的方法很多，征税只是其中的一种。在传统的专制社会，由于物力与人力资源的君王独占，领地内的臣民向领主进而向君王纳贡就成

---

① 〔澳〕布伦南、〔美〕布坎南：《宪政经济学》，冯克利、秋风、王代、魏志梅等译，中国社会科学出版社，2004，第 3 页。

② 帕累托改进是指在不减少一方的福利时，通过改变现有的资源配置而提高另一方的福利。帕累托改进可以在资源闲置或市场失效的情况下实现。在资源闲置的情况下，一些人可以生产更多并从中受益，但又不会损害另外一些人的利益。在市场失效的情况下，一项正确的措施可以消减福利损失而使整个社会受益。

③ 陈福娣：《马克思产权理论与西方现代产权理论比较研究》，《商业时代》2008 年第 25 期。

为天经地义。此时，臣民向国家缴付的不仅是物，还有人力。表现形式为租、税、赋、捐，① 还有徭、役，包括"布缕之征，栗米之征，力役之征"。（虽然古代也称之为"税"，但与现代的"税"有本质的区别，为此，笔者将这一财政方式称为捐租，以区别于现代的"税收"）由于社会经济资源的产权高度集中，甚至连人力资源也被个别人或少数人独占。所谓"普天之下，莫非王土；率土之滨，莫非王臣"，因而"谓土地所生，以供天子"。② 在这一时期，领地内的土地和财产连同臣民一起被分封，成为王侯和公爵的私产。（笔者将这一所有制或产权形式称为"独有制"，以别于个人"私有制"）由于社会的生产方式是自给自足的自然经济，以家庭或家族为单位进行生产和消费，即家庭既是生产者又是消费者，除了偶尔和少量的以物易物的产品交换以外，社会上不存在商品交易，不存在科斯所说的"外在性"问题，也没有"交易成本"和"社会成本"。

在社会主义国家，实行公有制，相应地生产方式为计划经济。一切生产企业均归国家经营，所有生产赢利均上缴国库。计划体制的公有制名义上为全民所有，但实际上是国家所有。虽然改变了自然经济的生产关系，进行社会化大生产，但所有的采购、生产、运输、销售过程，都严格限定在国家既定的指令性或指导性计划之内，不承认市场，不允许自由交易。企业不具有独立性，完全成为政府经济计划的执行者。由于企业对政府的这种附庸关系，其向国家定期定量上缴的财政形式是利润③。利润的方式通常是以一定数量的货币来计算，但有时也可能表现为相当数量的产品。在这一体制下，企业向国家上缴的利润成为国家财政收入的主要来源，公民普遍不纳税，但人力的义务履行却在所难免。在新中国成立后的相当长时间，很多公共设施

---

① 租者，从禾，从且。"禾"指谷物，"且"意为"加力"。"禾"与"且"联合起来表示"给缺粮户送去谷物，在困难时期帮人一把力"。本义为用粮食帮助缺粮户同困难抗争，引申为政府统一征收的田赋、农产品，又指按田地征收的捐税。其意义是政府所收赋税，本质上也是为了帮助困难户渡过缺粮难关，只不过是以公家出面代替私人救济，后来，租与赋、税基本通用。赋者，从贝，从武。"贝"与"武"联合起来表示"与用兵有关的钱财"。本义为国防税，引申为征收（国防税）。后来，赋的含义也深化成为征收。捐者，从手，从肙，"肙"意为"细小的"、"小巧的"。"手"与"肙"联合起来表示"丢弃细小的东西"。本义为些微的舍弃，后来捐变成税收的名目。与税并称为"税捐"。可见，虽然古人开始对各种国家征收方式进行一定的区分，"敛财曰赋，敛谷曰税，田税曰租"，但上述赋、税、租、捐的区分的含义逐渐模糊，并相互通用。当然，至今有的词很少再使用。

② 《书·禹贡》。

③ 此"利润"不是西方经济学中所讲的利润，也无法按照西方经济学的理论来解释。

和工程项目都会无偿征调大量民力。当然，这些公民对国家的人力资源的缴付，与专制社会的徭役形式相似，却有内在区别。在社会主义劳动竞赛鼓舞下和劳动英雄的感召下，公民对国家的义务劳动被人们普遍接受并成为自愿自觉的行动。可以说，社会主义国家企业向国家上缴的利润与税收具有本质的区别，利润是在公有制基础上，生产和经营的国家垄断，导致财政征收关系中的"征"与"纳"双方的利益的一体化，这一经济形式的财政方式必然是"利润"而不是税收。

在资本主义国家，财产私有。不同于公有制体制下社会与国家的同一化和一体性，在私有制下财产权与国家分离。国家不再是财产的产权人，国家不再直接参与到生产和经营之中。财产的私人所有，财富在民间自由增长。为了满足公共用度的最低需求，个人才将私人财产的一部分让渡给国家，国家对私人财产按法定标准和公正原则进行征收，才会有税。因此，税收的产生，前提是国家与社会的二元，产权的私有化，以及财产与政府的分离，经由私人与国家税收的政治博弈，进而产生宪政。因为，正是财产私有，国家对私产的依赖，征税才需要财产所有人的同意。基于社会的自治、经济的自由，进而产生了自由、民主、法治的宪政体制和制度安排。德国学者认为：租税与现代国家同时诞生与形成，租税国即寄生于，经济主体之个人利益运作能力为基础之私经济上，国家财政支出越高，越需仰赖个人追逐自我利益之驱动力，更不能反其道而行，以此为借口，干预私人之财政与生活方式。[1]当然，这一税收方式是体现为统一的货币，或者以国家的法定货币来计算和衡量。而不能体现为一定的人力义务。在现代社会，税收义务统一用货币来支付，不能用产品或实物代替。对于欠缴税款者也不能通过一定的劳役作为处罚的替代方式。相反，在有些国家，对于行为义务如服兵役，却可以通过一定的金钱给付来代替。当然，私有制国家除税收之外，还有非税公课，包括规费、受益费及特别公课作为财政征收方式的补充。与税收相比，非税公课除公法上的强制性外，还具有金钱给付的特定范围，受益的关联性以及特定的财政目的等特征。[2]

总之，自从国家产生以来，长期的国与民财产征收关系的历史中，不同的产权制、生产方式以及国家性质，决定了不同的财政形式。在财产的独有制或公有制下，产权统一于国家，不可能有现代意义上的税收，也不可能产

---

① Vgl. Gunter Hedtkamp, Krise des Steuerstaats? In Staatsfinanzierung in Wandel, S. 11.

② 黄俊杰：《财政宪法》，翰芦图书出版有限公司，2005，第40~51页。

生出立宪政体。因此，可以说，产权决定税收，税收开启了一国的宪政体制的大门。① 税收是与产权私有的商品经济的宪政国家对应的一种财政形式。

产权制	生产方式	国家性质	财政形式
独有制	自然经济	王权国家	捐　　租
公有制	计划经济	社会国家	利　　润
私有制	商品经济	宪政国家	税　　收

（二）税收是最有效益的财政形式

根据科斯产权理论的观点，没有产权（指私有产权）的社会是一个效率绝对低下、资源配置绝对无效的社会。能够保证经济高效率的产权应该具有以下的特征：其一，明确性，即它是一个包括财产所有者的各种权利及对限制和破坏这些权利时的处罚的完整体系；其二，专有性，它使因一种行为而产生的所有报酬和损失都可以直接与有权采取这一行动的人相联系；其三，可转让性，这些权利可以被引到最有价值的用途上去；其四，可操作性。在我国，既往的公有制普遍存在的效益低下的原因，恰恰在于：产权不明，公有制两种形式无论全民所有制还是集体所有制都存在着产权异常模糊问题；责任不清（即无"专有性"）；财产不能转让，使财产的价值不能得到最大化利用，以及不具有可操作性。可以说，公有制下产权的国家所有，国家直接代替了私人的经营，压制了社会财富的创造力。中国从计划经济的破产到市场经济的繁荣，是科斯产权理论的绝佳例证。

正如科斯所言，私有产权是唯一有效率的产权形式。而税收产生的前提恰恰是私有制，即产权与国家的分离。财产私有意味着产权的明确，从而也保障了产权的最大效益。国家不代替私人进行生产经营，也使国家自身的财政耗费降到最低。国家不干预和损害私人财富的增长，而通过税收分享私人财产的收益，私人财产富足，国家税基深厚，这是双赢赛局。

此外，税收作为最有效率的财政方式还表现为：

第一，作为一种金钱给付，税收比实物给付、行为给付的公民义务更有效率。正如货币的产生极大降低了交易成本，比产品支付和劳役给付更有效

---

① 英国 1215 年《自由大宪章》正是以产权私有制为基础，国王享利征税最终只得征求私有产权人的同意。以约束国王征税权为契机，宪政得以孕育和生发。

益。税收作为公共产品的对价，具有通约性，代替个别支付方式，对于纳税人而言，能够发挥其自身人力、物力的最大效益。

第二，税收奉行"中立原则"，税收中立原则以自由竞争的市场经济为背景，以市场有效配置资源机制为理论前提。其核心是税收不应干扰和扭曲市场机制的正常运行。其具体含义包括：税收不应改变生产者和消费者的经济决策，不应扭曲资源配置格局；税收不应给纳税人产生额外负担，以促使社会经济效率水平和福利水平的增长；维护国内税负公平及国际税收公平，税收不能扭曲和破坏平等竞争的外部条件。① 根据税收中立原则，税收的征收对象通常是私产的增值效益而非私产本身，不减损税基；在时间上，税收征收一般在纳税人效益发生后，而不损及税源。因此，税收的中立原则目的是防范国家征税行为对市场经济的侵扰以及对私人财产的过分剥夺，从而降低了税收的社会成本。

第三，现代信用社会，税收征收通过货币信用结算，以个人申报、代扣代缴相结合方式，特别是网上办公、电子税务系统的科学技术的应用，最大限度地降低了税收征收的成本，减轻了纳税人的负担。避免了过去实物给付和行为给付过程中"敲门"催租造成的大量的人力的消耗以及由此产生的抵触和冲突。

第四，承认社会自治和公民经济自由为前提，国家只是通过税收分享私人的经济成果。国家"坐享其成"，无须支付经营成本，也不用承担市场经营的风险。因此，税收是无风险的国家财政的汲取方式。

三 基于博弈论的分析

博弈论（Game Theory）是研究决策主体间的行为发生直接相互作用时的决策以及这种决策的均衡问题。在中国税制下，征税方与纳税人之间的行为选择即是双方博弈的过程。征税人追求的是税收收入最大化，纳税人以可承受风险为最小的财务利益最大化。双方博弈不可避免。这种博弈是纳税人先行动的动态博弈。② 不同于"囚徒困境"的静态博弈，参与人的行动有先后顺序，且后行动者能够观察到先行动者所选择的行动。

① 柳晓东：《浅谈税收中性原则》，中国财税法网：http：//www.cftl.cn，2011年9月2日。
② 许景婷：《从博弈角度分析税收筹划行为》，《南京工业大学学报》（社会科学版）2007年第3期。

（一）税收是零和博弈

零和博弈是博弈论的一个概念，指参与博弈的各方，在严格竞争下，一方的收益必然意味着另一方的损失，博弈各方的收益和损失相加总和永远为"零"。双方不存在合作的可能。零和博弈的结果是一方吃掉另一方，一方的所得正是另一方的所失，整个社会的利益并不会因此而增加。在社会财富增长过程，即税基形成以前，纳税人与征税方之间可能是双赢赛局；但一旦税基确定，进入到社会财富的二次分配，国家与公民在征税与纳税的关系中，便形成"零和博弈"。在征税的特定时间点上税基是确定的，税收则直接体现为国家财政与私人财产的此消彼长的关系，国家的财政收益恰恰是私人的财产损失，两者之和永远是零。

因此，税收所体现的国与民的利益冲突永无止境。可以说，在任何税收国家，征税方与纳税方都在不断地演绎"猫与鼠"的游戏。征税方的取向是财政的最大化征收，纳税方的取向是财产的最小化缴纳，表现为征税方通过立法及修法防范财源流失；而纳税方通过税收筹划规避纳税。不仅如此，法外变相的扩大化征缴以及违法偷逃税的现象在所难免甚至司空见惯。

（二）税收不是公平赛局

博弈论，亦名"赛局理论"，博弈主要可以分为合作博弈和非合作博弈。合作博弈和非合作博弈的区别在于相互发生作用的当事人之间有没有一个具有约束力的协议，如果有，就是合作博弈，否则就是非合作博弈。美国经济学家、数学家约翰·纳什（John F Nash）与另外两位数学家在非合作博弈的均衡分析理论方面作出了开创性的贡献，对博弈论和经济学产生了重大影响，并获得 1994 年诺贝尔经济奖。这标志着博弈论已和现代经济学融为一体，成为主流经济学的一部分。博弈论一定意义上否定了古典自由经济学的观点，即个人的自利行为，并不一定导致集体利益的最大化。"囚徒困境"只适用于单次博弈，一旦博弈开始不断重复，合作将不可避免。因为，未来的收益将左右目前的决策。

税收既不是静态博弈，也不是单次博弈。国家税法或税制实际上是对征税方和纳税方均有约束力的协议，征纳双方以此作为合作博弈的基础。然而这一合作博弈是一种注定不均衡的赛局。征税者凭借对暴力的合法垄断行使对纳税者的处罚权和强制权。纳税人与国家征税机关相比，通常总是处于相对弱势。因此，宪政历史上每次成功的抗税都是纳税人联合体的统一行动。

议会当初就是英国纳税人选择的抗税的联合体形式，而且是成功的形式，因此得以流传后世，并在各国普遍确立。

另外，税收这一"猫与鼠"的游戏，征税者既是游戏的参与者，往往又是游戏规则的制定者，既是运动员又是裁判员。此时，"猫与鼠"的游戏可能变成"羊与狼"共舞。为了防止猫对鼠的戏弄、狼对羊的残害，才出现了税收立法的议会保留以及税收法定原则。不仅如此，由于税收规则和程序由征税方单方掌控，而且税收立法日益专业化和技术化，税制的内容越来越繁复。在现代，世界各国税法精细化、复杂化，非专业人士难以知悉。在我国，在国家税法之外，财政税收部门制定了大量的税则，以内部红头文件方式发布，并不公开。这就导致，纳税方与征税方之间存在着严重的信息不对称，这非常不利于纳税方。

财政税收的立宪主义以及法治主义的意义实质上就在于将这一不均衡赛局变得相对均衡，以实现"纳什均衡"。因此，宪政国家的税制设计，应当将纳税人作为弱势群体倾向于对纳税人的权利保护。

四　基于国家与社会理论的分析

传统的宪法理论，以政治国家与市民社会的二元论为基础。在长期的专制体制下，为避免国家极权，强调社会与国家的分离。国家被视为原则上应与社会严加区分的统治组织。国家与社会二元论现实意义在于：通过国家与社会的相对化，能够限定国家权力边界，通过法律明确国家公权行使的范围，从而有利于社会的自治及私权的保障。同时，社会从国家中独立出来，在法治意义上形成公法与私法不同的法域，在国家与社会不同的领域适用不同的规则和程序，有利于法律秩序的形成。宪法从原则上起规范作用仅局限于国家范畴内，不及于社会整体。自治的社会和自由的市民在国家政治生活之外，属于免于国家干预的私领域。中国宪法属于传统万能政府包打天下的宪法，其触角无处不在。因此，从文本意义上，很难说中国宪法是公法。

其实，国家与社会的二元论，是大陆法系的一种对待国家法体系所持的一种观点。在黑格尔以前，国家与社会的区分即已经存在，但黑格尔将这一理论系统化并产生重大影响。黑格尔将社会视为个人欲望需求与特殊利益的体系。在市民社会中，个人均以其自身为目的，但每个人皆因生存的需要而彼此相互依存着。真正的国家，是客观精神之展现，是伦理理念的实现。个人在国家中，不再局限于一己的特殊性，个人经由社会自治团体在国家中存在。可见，黑格尔并未将社会与国家视为对立关系。马克思关于国家与社会的理论受到黑格尔的影响，认为，市民社会是私人领域，国家是公共领域。在社会中每个人都担负着双重角色，他既是市民中的一员，同时也是国家的一员，既是市民，也是公民，根据其身份的不同扮演的角色的不同，分别活动于市民社会与国家之中。① 与黑格尔将国家置于社会之上不同，马克思认为，市民社会制约并决定国家。

然而，国家与社会的二元论是大陆法系特定的历史背景和价值观念的结果，而不具有普遍意义。因为，英美法国家始终将国家视为社会的一部分。现今，更多的学者通常认为国家与社会紧密交融而非界限分明，存在着社会国家化、国家社会化的双向互动关系。国家与社会彼此间有分离，亦有相互渗透、相互交汇。② 但无论如何，从宪政意义上，国家与社会至少在观念上的适当分离是必要的，特别是在具有长期国家专制传统的社会。尽管现实中社会与国家经常融为一体，两者的分离更多是一种观念意义上的存在，两者的分离寄托了人们的价值追求。

在财政宪法中，国家与社会的二元论是重要的理论前提。当然，这一国家与社会的两分表现在国家与社会的经济关系中。可以说，宪政缘于政治国家和市民社会的利益冲突，财政体现了国家与社会之间最基本的利益关系。因此，国家财政与社会财产的冲突和调整是宪政产生的渊薮。现代税收以国家与社会二元化为基础，以尊重市民的经济自由和自治权为前提。没有社会与国家的分离，没有市民社会经济的自由增长，国家的财政便成为无源之水。而且为了保护社会经济的稳健运行和健康发展，才有必要对国家财政政策和税收权力进行规制。"租税国"③ 以纳税人经济上的处分自由为前提，纳

---

① 葛克昌：《国家学与国家法》，月旦出版社股份有限公司，1995，第 19 页。

② 我国学者邓正来长期关注"国家与市民社会"的论题。通过对既有的政治学和社会学理论解释模式的批判和反思试图建构起中国社会理论中的"国家与市民社会"或"国家与社会"分析框架，并努力为既有的以国家为中心的自上而下的分析框架引入"市民社会"的视角，主张中国社会的发展以及存于其间的秩序在缺失国家建设的特定情势中都必须依赖于社会与国家之间的互动。参见邓正来《国家与社会：构建怎样的公域秩序?》，商务印书馆，2010。

③ 第一次世界大战后，德国战败，财政学者 Rudolf Goldscheid 最早提出"负债之租税国"须转换为"具资本能力之经济国"，而后 Joseph Schumpter 反驳并发表题为《租税国之危机》一文。现在"租税国"从宪法意义上是指，租税为国家主要收入来源，租税目的即为国家目的，租税权为国家统治权合法形态。参见葛克昌《租税国——宪法之国体》，《经社法制论丛》1989 年第 3 期。

税客体原为纳税人处分自由之基础，租税国内，对纳税人之财产，亦禁止剥夺，财政学上保持税源法则，同时也是法律规则，个人对私经济之积极性是租税国之前提，国家一方面对此加以保障，并借此取得税收以推行国家任务。① 著名的英国政治哲学家洛克在其著作《政府论》中阐发的一个重要政治观点就是：政治的主要职责是保护私有财产，没有财产权就没有公正。百姓对国家政治的最大热情就是源自他们对自己财产权的享有而表现的终极关怀。②

国家与社会之间，国家源于社会，社会先于国家。因此在财政领域，国家与社会之间，社会自治，私权优先，遵循"国家补充原则"，这是作为国家与社会关系中宪法上规制与体制原则。国家不能仅以公共目的为由，便予以介入，而需要考虑到目的与手段的比例原则。由于公权力常使用强制方法，基于最小损害原则，只有在社会不能自己达成时国家才能介入。③ 因此，国家对社会征税应自我节制，防止苛征，实现"最小税收"，以达到基本公共服务水平为基准。

另外，国家应当自我节制，对复杂社会组织体系，国家介入时应予自制，以免破坏原有体系的稳定性。④ 国家不得从事经济活动，而留给社会去经营，国家仅对涉及国计民生以及社会无力经营的经济领域进行经营。而且此国家经营行业不以营利为目的，也不能凭借其垄断地位干预社会的正常经营。目前，中国经济总量高居世界第 2 位，人均则为世界第 99 位。国民生产总值增长远远超过个人收入增长。中国目前国有垄断企业对市场秩序的冲击，以及"国进民退"所造成的国企对民营企业的压制令人担忧。

传统中国是"家国同构"的社会形态。在强大的宗法观念、伦理秩序下，只有政治国家，并无市民社会。也就是中国自古并不存在政治国家与市民社会的二元分化。在新中国成立后的计划经济体制下，所有的社会成员和组织都被裹胁到国家机器之中、政治体制之下。没有自由的个人和自治的社会，只有至上的组织和集权的国家。在法律领域，历来不承认私权和私法。由于所有的经济活动都纳入国家的体制之下，国家既是产权人，又是经营者，私人经济自由和社会的自治权长期被严重压抑，因此经济不能焕发更大

---

① 葛克昌：《租税国——宪法之国体》，《经社法制论丛》1989 年第 3 期。
② 吴旅燕：《论我国私有财产权的宪法保护》，华东政法大学，2010 年博士论文。
③ 葛克昌：《国家学与国家法》，月旦出版社股份有限公司，1995，第 38～39 页。
④ 葛克昌：《国家学与国家法》，月旦出版社股份有限公司，1995，第 39 页。

的效能，从而国家财政税收的产生也就失去了源头活水。

中国市场经济的建立，承认个人的经济权利和非公有制经济的发展，使市民社会逐渐脱离国家的桎梏。社会财富快速增长，社会自治力量普遍建立并日益壮大，改变了过去国家与社会的一元化结构。在财政领域正进行着国家与社会的分化，这为宪政的创立和发展提供了良好的契机。纳税人的权利主体意识不断增强，激励纳税人对政府用度的监督及公共事务的民主参与的热情。可以说，税收是开启宪政之门的钥匙。

五　基于人性论的分析

从人性论的角度考察税收，会有不同的洞见，当然也不乏实践价值。自古以来，人性的话题从来都是众说纷纭。中国古代就有性善说、性恶说以及无所谓善恶说。西方国家的法哲学和经济学往往都从人性论出发，以人的道德伦理假设为逻辑基点构建自己的理论体系。古典自由经济理论奠基人亚当·斯密认为，"人性"都是自私的，任何教化也不能改变人的这个"天性"，资本主义的自由市场经济是一种最符合人的这种"天性"的经济体系，它顺应了人"自私的天性"。① 亚当·斯密在《国富论》中提出，追逐个人利益的行为促进了社会利益。即竞争性厂商在追求自身利润最大化的同时，使市场价格趋于均衡，增加了消费者剩余。由于市场价格均衡，没有无谓损失，社会总剩余最大化（即生产者剩余和消费者剩余之和最大化）。因此，每个人的自私行为，在宏观上看来是有利于财富分布以及资源充分利用的。因此，在亚当·斯密看来，人类自私的本性的利己也是利他。

正是基于人都有自私的本性和对财富的偏好，因此，每个人都不会愿意让自己的财富的取得和拥有变成虚无。卡尼曼和沃特斯基提出的"前景理论"曾获得 2002 年诺贝尔经济学奖，该理论以心理学及行为科学的研究成果，通过修正最大主观期望效用理论发展而来。前景理论是描述性范式的一个决策模型，它假设风险决策过程分为编辑和评价两个过程。在编辑阶段，个体凭借"框架"（frame）、参照点（reference point）等采集和处理信息，在评价阶段依赖价值函数（value function）和主观概率的权重函数（weigh-

---

① 马克思认为，由于私有制这种所有制的存在和发展，人们关于人性"善"与"恶"的观念也被历史地颠倒了。参见傅晨光《社会所有制状况决定社会普遍"人性"》，http：//group. hudong. com/hanfu/bbs/mZH10agFZZGcCeVhk. html。

ting function）对信息予以判断。价值函数是经验型的，它有三个特征：一是大多数人在面临获得时是风险规避的；二是大多数人在面临损失时是风险偏爱的；三是人们对损失比对获得更敏感。因此，人们在面临获得时往往是小心翼翼，不愿冒风险；而在面对失去时会很不甘心，容易冒险。人们对损失和获得的敏感程度是不同的，损失时的痛苦感要大大超过获得时的快乐感。因此，根据"前景理论"，可以得出这样的结论：不曾拥有而获得的快乐抵不上曾经拥有而失去的痛苦。这符合人的一般心理感受，正所谓，拥有时不知道珍惜，失去时才倍加珍视。纳税即是财产的得而复失，是纳税人已经取得并拥有的财产的丧失。尽管这一财产以货币作为存在形式或计量方式，并不一定体现为纳税人直接的占有，但丝毫不能缓解纳税人失去财富的痛苦感受。因此，纳税是一种痛苦，没有人愿意纳税，纳税人自觉的纳税行为多数是迫不得已，在不论纳税人之间纳税额多少，都可以平等享受公共产品服务时，没有人会情愿缴税或缴纳更多的税。一个国家的税收历史同时就是征税与抗税交织的历史。中国市场经济以来，税制的完善、税负的加重，国人正承受着越来越大的税痛，以各种手段规避甚至直接以违法的方式逃避纳税义务的行为司空见惯。

英文"tax"一词来源于拉丁文"taxake"，原意为"一碰就痛"，亦有"忍受"、"承受痛苦"之意。西方国家"税"的痛苦之缘，基于个人失去财产的真切感受，这是最符合人性的。因此，世界上著名的《福布斯》杂志以"税收痛苦指数（Tax Misery Index）"[1] 来衡量一个国家税负的轻重。

不仅如此，不同种类的税给纳税人带来的"税痛"是不同的，一般而言，直接税比间接税会给纳税人带来更大的"税痛"。直接税的纳税人同时是税收的实际负担人，纳税人不能或不便于把税收负担转嫁给他人。因此，直接税的纳税人不仅在表面上有纳税义务，而且实际上也是税收承担者，即纳税人与负税人一致。而间接税的纳税人不是税收的实际负担人，纳税人能够用提高价格或提高收费标准等方法把税收负担转嫁给他人。间接税的纳税人，虽然表面上负有纳税义务，但实际上已将自己的税款加于所销售商品的价格上由消费者负担或用其他方式转嫁给他人，即纳税人与负税人不一致。由于间接税可以转嫁，因此不会给纳税人带来太大的痛苦；而直接税则不

---

① 税负痛苦指数（Tax Misery Index）也叫税收痛苦指数，是根据各地的公司税率、个人所得税率、富人税率、销售税率/增值税率，以及雇主和雇员的社会保障贡献等计算而得，指数越高意味痛苦程度越高。

同，税负实际上完全由纳税人承担，因此，纳税人的痛苦是非常强烈的。颇有意味的现实情形是，较高税率的间接税比较低税率的直接税更容易被人接受，因此，统治者更愿意征收间接税而不是直接税，这样可以缓解社会矛盾。英国长期对北美殖民地征收间接税，彼此相安无事，但一旦征收印花税这一直接税时，便引发了独立战争。如果说，美国的独立战争是因为税收矛盾而引发的，那么可以更确切地说，美国的独立战争是因为英国对北美殖民地征收直接税而引发的。个人所得税是典型的直接税，在世界各国曾被抵制，在美国个人所得税的征收曾被宣布违宪。①

与西方对税收的痛苦感受不同，东方民族对税收具有完全不同的道德体验。《说文解字》："税，租也，从禾，兑声。""税"的意思就是要把田里的一部分收成缴纳给统治者。这体现了东方民族农业文明的传统，但可以肯定的是，汉语的"税"的起源和含义并无痛苦之意，而且将税和捐并用，称为"捐税"时，演化为庄重、光荣的道德义务。因此，中国人自古以来，以国家为本位，将纳税义务强加给纳税人，却同时将纳税通过教化上升为合道德行为。既然可以为国捐躯，何况捐税。新中国成立以来，税务机关所谓的"纳税光荣"的宣传都是这一税收理念的反映。

东西方税收理念的不同，决定了税收立法中理论前提不同。西方国家基于税收痛苦的人性论，假设每个人都讨厌税收，每个人都是潜在的偷税者，在税法税制形成过程中将纳税人想象到最坏，因此，税收立法在很大程度上是如何防范、制止各种偷逃税的企图；而我国的税收既然作为一种光荣的义务，其隐含的前提是每个人都会自愿主动纳税，这实际上把纳税人想象到最好。基于这一人性假设，税收的制度设计只是一种税收基本要素的确定。然而，基于这一虚妄的道德假设，在税制中不可能有针对各种偷逃税企图的相应防范措施，因此，中国的税制面对普遍的偷逃税行为却难以应对。

更重要的是，不纳税的民众很少有民主的诉求和压力。计划经济体制下，公民普遍不是纳税人，虽说是"国家的主人"，却很少有公民社会的权利主体意识。改革开放特别是实行市场经济后，私营经济、私有产权被宪法、法律认可，越来越多的公民成为直接或间接的纳税人，税收成为国家财

---

① 1862年，南北战争的第二年，为了支持战争开销，林肯决定向年收入达到600美元的富裕家庭征收所得税。战争结束后，当时的美国首富威廉·阿斯特向最高法院起诉联邦政府，认为所得税违宪。1872年，执行了10年的所得税征收废止。此后，美国公民针对政府征收个人所得税的行为的抗争从来没有中断过。参见刘戈《个人所得税是怎么被美国人接受的?》，《商业价值》2010年第7期。

政主要来源，中国已经稳步进入"租税国"时代。公民意识在租税国家实际上体现为纳税人的意识：纳税人供养了公务员，因此纳税人就理应得到政府的公共服务，理应对政府的公务服务、公共预算进行监督。1913 年，美国总统伍德罗·威尔逊签署了《所得税法》。为了说服联邦最高法院修改宪法，其理由是：人们从属于自己的财产中拿出一部分来缴纳个人所得税，最能引起纳税人的"税痛"，最能增强其公民意识，这将使纳税人对税率提高变得极为敏感，并对政府如何使用税收的问题更加关切。因而，也只有以个人所得税为主的税制结构，对宪政民主的转型具有特殊意义，有助于在私人财产权和国家税收之间构建起宪政性质的联系。个人所得税将会加强人们对政府的监督，防止政府对税收的挥霍——这个推论获得了美国人的认可，个人所得税的缴纳和使用成为美国式民主最重要的一部分。① 可以说，近些年中国公民的民主意识的普遍明显增强，并不是什么宣传教育的结果。其最深刻的原因，在于经济原因，即通过纳税，公民经济地位的改变，成为纳税人的公民的"税痛"催生了公民的权利主体意识、公共参与意识和权力监督意识。② 当然，中国纳税人的权利主体意识现处于初步形成时期仍不很成熟。

---

① 刘戈：《个人所得税是怎么被美国人接受的?》，《商业价值》2010 年第 7 期。
② 2011 年中国全国人民代表大会常委会关于个人所得税的免征额或起征点调整的立法，民众参与的踊跃程度前所未有。中国人大网公布的声明显示，为期一个多月的个人所得税法修正案（草案）的征集意见数超过 23 万条，创人大单项立法征求意见数之最。

论财政立宪主义语境下的税收权控制

王广辉*

【内容摘要】在我国社会转型的过程中，市场经济的实行和法治国家的建设均呼唤财政立宪主义理念的落实，其中对国家税收权的制约是核心。为此，不仅需要从宪法的意义上对"税收"的内涵进行解读，展现其中蕴涵的宪政主义精神，而且需要从征税权的行使、税收收入的使用、纳税人的权利保护、征税权的合理划分等制度上进行建设和完善，方能在通过财政立宪推进中国宪政进程方面见到实效。

【关键词】宪政 财政 税收 权利

长期以来，我们对国家权力内在具有的危险性始终缺乏应有的警惕与防范，对财政权的认识上，比较注重其如何能够获得国家进行统治的物质保障，很少去关注其蕴涵的危险，也就是注重其正面、积极作用的时候多，关注其消极、负面影响的时候少，自然也就不能深入思考对其的控制与监督问题。即便是宪法中设置的权力机关对政府财政的审查批准权的运用，实际上也多是流于形式。近10年来，随着我国市场经济体制的建立和发展，由此而导致的国家财政向公共财政的转变，财政立宪，特别是税收立宪的问题，逐渐地成为财政学者、宪法学者、财税法学者以及法理学者共同关注的问题。它预示在当下的中国社会转型，特别是由人治向法治转变，进行法治国家建设的过程中，由于市场经济发育的日渐成熟，税收成为财政的主要来源，国家对公民财产依赖程度日益加重，国家的税收权力、征税行为对公民财产权的影响与日俱增，如何运用法治的办法来控制国家的财政权，尤其是征税权，避免或防止其成为"利维坦"，也就日益显得突出和重要。在此背景下，

---

* 中南财经政法大学教授，博士生导师。

受西方国家宪政发生经验的启示，对立宪问题的关注就由原来的"权"拓展到了"钱"的领域。具体而言，人民不仅要通过宪法和法律控制住国家运用其委托的权力，还要控制住国家如何去花人民的钱。诚如汉密尔顿在《联邦党人文集》中所指出，控制了一个人的钱袋，就等于控制了其意志。因而，财政立宪主义在当下中国的受重视，目的就是通过财政立宪推进中国宪政进程，一定程度上预示着一场推动宪政变革的契机或者突破口的到来。

宪政"意味着政府应受制于宪法。它意味着一种有限政府，即政府只享有人民同意授予它的权力并只为了人民同意的目的，而这一切又受制于法治。它还意味着权力的分立以避免权力集中和专制的危险。宪政还意指广泛私人领域的保留和每个个人权利的保留。"① "宪政的较深一层的含蕴是指政府机构的运作和行政行为，是以宪法所界定的权力为界限的。权力是有限的，被民意所限制。"② 实际上，宪政不仅仅表现为对国家权力的约束，还要求由纳税人选举产生的政治家来管理国家，其提供公共服务所需的资金来源须经过纳税人的同意。它决定了政府征税的目的是保障人民的安全与自由，而不是用来限制公民的自由。财政问题在实质上反映了公民的财产保护和国家职能所需的相应财力之间的关系。财政立宪就是对国家的财政权和人民的财产权以及对国家的财政权在不同的国家机关之间、中央和地方之间进行合理分配的制度，目的在于保障人民的财产权和自由权，保证国家公权力行使的能力有物质的基础和保障，并在二者之间建立某种平衡。因此，财政立宪主义是一种关于政府财政权和人民财产权关系的理念与原则，涉及赋税、财产征收以及预决算等政府的一切财政行为。"财政立宪主义，就是立宪主义在财政制度中的体现，是一种关于国家和人民之间公法上财产关系的理念与原则，国家的财政权与人民的财产权的关系是其主要内容。"③ 财政立宪的制度性要素包括税收法定原则和预算法定原则；财政立宪的主体性要素包括纳税人、议会和政府；财政立宪的环境性要素包括税收国家、民主宪政和纳税人意识。

在财政学上，一般把税收收入占国家财政收入一半以上的国家称为税收

---

① 〔美〕亨金：《宪政·民主·对外事务》，邓正来译，三联书店，1997，第9页。
② 韦森：《中国当前需要什么样的宪政经济学》，《宪政经济学——探索市场经济的游戏规则》，立信会计出版社，2006，第3页。
③ 李龙、朱孔武：《财政立宪主义论纲》，《法学家》2003年第6期。

国家。① 它们都是以税收的存在及其在整个国家财政中占据主导地位为前提的。税收是国民经济运行和社会分配的重要手段。马克思认为"税是喂养政府的奶娘"，②"赋税是政府机器的经济基础"，③"国家存在的经济体现就是捐税"④。税收的本质是国家无偿地从纳税人手中取走财产作为满足公共需要的对价，但前提是纳税人拥有私人财产权。倘若一切生产资料都属于国家，人们除了工资以外，没有任何属于自己的东西，劳动所产生的一切利润都归国家所有，国家当然有权决定征收多少"利润"，以及如何支配这些利润。既然税收是对个人所拥有财产的无偿获取，就涉及人民的负担，人民作为主权者以及作为纳税人对于国家如何征收利润，如何分配利润拥有发言权，由此而产生了需要财政立宪来解决的核心问题：如何确保国家合理地从纳税人手中取走财产并按照纳税人的意志来支配这些财产。这样的关系，启蒙思想家洛克早有经典的论述："政府没有巨大的经费就不能维持，凡享受保护的人都应该从他的产业中支出他的一份来维持政府。但是这仍须得到他自己的同意，即由他们自己或他们所选出的代表所表示的大多数的同意。因为如果任何人凭着自己的权势，主张有权向人民征课赋税而无需取得人民的那种同意，他就侵犯了有关财产权的基本规定，破坏了政府的目的。"⑤

根据上述的分析可知，财政立宪的核心是税收立宪，而税收立宪的实现在根本上表现为运用宪法对国家税收权进行规范。由此而言，"税收"并非仅仅是一个财税法上的概念，还应当有宪法上的理解与解读。所谓宪法上的理解与解读，实质上就是用宪政的理念来界定"税收"的内涵和外延，使其与财政学、一般法律上的"税收"概念相区别。

经济学和财政学上的"税收"，比较强调其功能上对收入的调节以及国家机器运转的物质保障作用，特征上的无偿性和强制性。如"在现代经济中，税收是国家公共收入最重要的来源。税收是强制和固定的征收；它通常被认为是政府公共收入捐献，用于满足政府开支的需要，而并不表明是为了

---

① 参见〔日〕北野弘久《税法学原论》（第4版），陈刚等译，中国检察出版社，2001，第2页。

② 《马克思恩格斯全集》第7卷，人民出版社，1982，第94页。

③ 《马克思恩格斯全集》第19卷，人民出版社，1982，第32页。

④ 《马克思恩格斯全集》第4卷，人民出版社，1982，第342页。

⑤ 〔英〕洛克：《政府论》（下篇），叶启芳、瞿菊农译，商务印书馆，1964，第88页。

某一特定的目的。"①

法律上的"税收"概念，在很大程度上是以财政学上的税收内涵为基调的，虽有"依法"、"按法律规定"的限定，但多是在普通法律的意义上讲的，强调的是国家依照法律的规定进行征税，也就是税收法定主义。按照这样的理解，只要是国家按照法律的规定进行税收的征收与使用，都具有正当性，都符合税收法定主义的要求。问题在于，这样的理解显然是形式法治的体现，缺乏对税收立法应具有的理念、税收立法权的宪法控制等问题进行的深层次思考和追问。正是基于这样的原因，有研究者提出了宪法意义上"税收"概念内涵解读问题，以示与普通法律上的"税收"概念的内涵进行必要的、合理的区隔，从而在宪政的意义上来解释"税收"概念的独特内涵。具体而言，从立宪国家的价值要求上对"税收"进行界定，其所包含的基本要求是：应当体现以议会为中心的国民主权原理；应当体现对课税权予以限制的人权保障理念；应当体现征收与使用的统一；应当体现财政宪法未来发展的开放性。② 这样的解读，无疑是提升了"税收"概念内涵的品位，能够很好地展示其中所蕴涵的宪政主义的要求。基于这样的理解，在财政立宪主义的语境下，对税收权的控制，应包括以下几个方面的内容。

一 征税必须得到民意代表机关的同意

征税实质上是对人民所拥有财产权的剥夺，直接涉及人民的负担，必须以人民的同意为前提，否则与抢劫无异。在西方的历史上，曾有"不出代议士不纳税"口号的提出，将人民选举代表与纳税联系在一起，意在通过人民选出的代表来控制国家的征税权行使。从西方国家议会的起源看，很明显与控制国王的征税权是有直接关系的，由此而形成了作为民意代表机关的议会拥有两项非常重要的权力，即立法权和财政权。其中立法权是要将人民的意志转变为国家意志，来控制国家权力的运用，将国家权力的运用纳入在根本上是人民意志体现的法律的框架之内，实现国家权力运用的规范化。而财政权就是对政府如何增加人民负担的权力的控制，特别是对征税以及税收使用权力的控制，避免或防止政府任意增加人民的负担或滥用纳税人缴纳的税

① 《新大英百科全书》，转引自陈丹《论税收正义——基于宪法学视角的省察》，法律出版社，2010，第11~12页。
② 参阅陈丹《论税收正义——基于宪法学视角的省察》，法律出版社，2010，第24~29页。

收，导致人民不堪重负。就此而言，立法权是对人民委托出去的权力，特别是运用人民委托权力的公职人员的意志的控制，以保障国家权力的运用必须符合作为权力所有者的人民的意愿，不能为使用者的个人喜好所左右，更不能让使用者用于谋取个人的私利。而财政权的享有，则是为了控制主要由人民纳税所形成的国家财政能够真正用于公共产品的生产或提供，避免被滥用、浪费，导致人民的负担加重，或者不能发挥其最大的效益。换句话说，民意代表机关享有的财政审批权力、财政监督权力，是要有效地控制政府拥有的钱袋。在此方面，我们存在的问题是，过去的人治时期，法律虚无主义盛行，国家的治理基本上处于无法可依的状态，由此而导致国家权力的运用没有有效的规则可以遵循。人大作为权力机关对政府财政预算的审查批准，多流于形式，缺乏实质性的内容。现在，在法治国家以及市场经济的制度下，特别是法律体系的基本建成，国家权力的运用有法可依的问题基本得到解决。而在财政监督权的作用发挥方面，虽然有所变化，如政府财政预算编制内容上的具体化、预算内容的公开等，但依然存在严重的缺陷。在税收方面，集中体现在政府的税收开征并没有严格地置于作为权力机关的人大的监督之下，有些税收的开征并没有得到人大的批准，2007年印花税突然由1‰上调至3‰，都由财政部说了算，不见任何授权。房产税改革方案出台之前，国务院曾准备开征物业税，后来国务院突然决定物业税不搞了。同样在最后时刻突然转向的还有将燃油税纳入消费税。其中最典型的就是近些年一些地方先后开征的房产税，基本上都是由政府来决定的，根本没有经过当地人大的审查批准。这不仅没有体现财政立宪主义中的税收法定原则，更难以体现在税收上应该体现的宪政主义的精神。因为征税权在民意掌握的立法机构中，税收、公共预算就是老百姓的事情。如果掌握在政府手中，税收就是政府的意志，甚至有可能是与民意相违背的意志。在此方面的典型表现就是，在房价高涨的过程中，各地方政府开征的房产税。虽然国务院已经制定了《中华人民共和国房产税暂行条例》，但根据该条例的规定，对公民个人征收房产税，仅限于个人所有非营业用的房产。现在一些地方开征房产税的范围显然已超出这一范围，而且都是由地方政府决定实施的，没有一个经过人大的审查批准。从立法的实践看，我国现有的税收法律有80%以上是由国务院以行政法规的形式颁布的，全国人大及其常委会制定的只有《中华人民共和国外商投资企业和外国企业所得税法》、《中华人民共和国个人所得税法》、《中华人民共和国税收征收管理法》等少量的法律。

二 税收的使用必须遵循取之于民用之于民的原则

财政立宪主义要求，在税收的使用上应真正做到取之于民用之于民。所谓取之于民，用之于民，是指国家通过税收取得的收入应该重点用于社会经济的发展和民生的改善之上，以此来维系安全、正义的社会秩序，促进人民物质文化生活水平的提高。在此方面，我国存在的突出问题表现在两个方面：

一是税收的征收成本节节攀高，导致税收收入中的很大部分在税收收入过程中被消耗掉了。1994 年分税制实行之前，征税成本占税收收入的比例大约是 3.21%。分税制的实行带来的是税收人员和机构的规模快速扩张，由此而导致税收成本的增长，1996 年在税收中的比重达到了 4.73%，现在保守的估计为 5% 至 8%，实际的情形会高于这一比例。根据学者的调研，一个地级市的国家税务局税收成本为 8.87%，如果加上基建成本，税收经费占税收收入的比重会高达 13.14%，甚至有的高达 19.29%。如果将之与国外的情形进行比较，就会看出这之间存在的巨大差别了。美国的征税成本大约为0.58%，新加坡为 0.95%，澳大利亚为 1.07%，日本为 1.13%，英国为1.07%。[1] 造成这种状况存在的主要因素有：税务机关工作人员的人头经费高于其他机关。审计署对 18 个省（市）税务部门征税成本开展了审计调查，重点抽查了省、市、县三级 236 个税务局。虽然百元收入成本率自 2002 年起出现下降趋势，但征税成本管理中还存在这样一些突出的问题：一是人员支出水平较高。2006 年，18 个省（市）税务部门人员支出人均 5.83 万元，抽查的 236 个税务局人员支出人均 9.06 万元。二是办公用房面积超标。抽查部分税务局，超标面积占 58%。三是无编制和超编制购置小汽车。抽查已实施或参照实施车辆编制管理的 162 个税务局中，有 90 个税务局超编制购置小汽车。四是招待费、会议费、培训费和出国费控制不够严格。抽查的 236 个税务局 2006 年支出达 10.55 亿元。[2]

二是税收收入的支出中，用于提供公共服务的支出所占比重比较低。近些年我国的国家税收增长非常迅速，大大超过 GDP 和财政的增长速度。根据

---

[1] 参阅吴木銮《税务利维坦》，《南风窗》2011 年第 10 期，第 46~48 页。

[2] 审计署审计长刘家义 2008 年 8 月 27 日在第十一届全国人民代表大会常务委员会第四次会议上《关于 2007 年度中央预算执行和其他财政收支的审计工作报告》。

财政部门公开的数据，2009 年财政收入大概是 6 万亿元，一般公共服务花费
5000 多亿元，其中政府为自己服务的费用占一般公共服务花费 35% ~ 40%，
而国际一般水平仅为 15%。另外，国防支出将近 5000 亿元、公共安全支出
约为 5000 亿元。民生服务，包括社保、医疗、教育、环保，总体支出 5000
亿元，大约占总体支出的 8%。2008 年社保转移支付 3500 亿元，其中行政经
费占 2500 亿元——这意味着每转移支付 7 元，政府自己花费多达 5 元，而用
在老百姓身上的仅有 2 元。据有关统计，全国每年政府自身支出 24000 亿元，
其中公车花费 3000 亿元、公共消费 3000 亿元、出国费用 3000 亿元，仅这三
项就达到近 1 万亿元的支出。财政部公布的数据显示，2010 年，全国财政收
入 83080 亿元，比上年增加 14562 亿元，增长 21.3%。财政收入中的税收收
入 73202 亿元，增长 23%；非税收入 9878 亿元，增长 9.8%。全国财政支出
89575 亿元，比上年增加 13275 亿元，增长 17.4%。

地方政府同样也存在上述问题。深圳 2008 年地方财政收入 800 亿元，市
级政府总编制人员 51587 人，政府总支出 169.39 亿元，人均支出 32.84 万
元；公务员支出 55.36 亿元，人均年收入 10.73 万元；办公支出 24.76 亿，
人均支出 4.8 万元；此外，教育支出 37.7 亿元，公共卫生支出 11.2 亿元，
社保支出 12.3 亿元。[①]

不难看出，在这庞大的税收支出中，人员经费的支出占据的比例非常
大，说明我国的公共管理中仍然存在着机构臃肿的问题，我们的财政仍然没
有走出吃饭财政的困境，纳税人缴纳的税收很多用在了养人之上，难以有效
地用于公共事业的发展和民生的改善，用于创造更多的公共产品和提供更多
的公共服务。对我们每一个人而言，最直观的感受就是，税收支出增加或增
长了，我们享受到的公共服务并没有明显得到改善或提高，道路越来越拥
挤，尽管在不断地修路，不仅拥挤的状况没有改变，反而需要缴纳更多的过
桥费、通行费。我们的社会安全越来越成问题，不仅有不断上演的恶性事
件、群体性事件而暴露出来的社会矛盾的尖锐，而且像地沟油事件、瘦肉精
事件、食品添加剂滥用、环境的恶化等问题的存在，充分暴露了政府在监管
上的不力，使得人民无法感受到社会的安全，总有一种这样的感觉，我们缴
纳的税收越来越多，怎么就越来越不安全了呢？政府花的钱越来越多，为何
我们享受到的公共服务反而不是越来越好的呢？

---

① 蔡定剑：《追问政府的钱袋子——公共预算改革与公众参与》，http://www.aisixiang.com/data/37385.html，2011 年 8 月 20 日访问。

三 政府举债也应纳入民意机关的监督之下

所谓政府举债即政府的债务问题，它是指政府凭借其信誉，作为债务人与债权人之间按照有偿原则发生信用关系来筹集财政资金的一种信用方式，也是政府调度社会资金，弥补财政赤字，并借以调控经济运行的一种特殊分配方式。具体是指政府在国内外发行的债券或向外国政府和银行借款所形成的债务。从表面上看，政府借债并不直接像税收那样从人民那里取得收入，但这些债务在一般情形下还是要通过征税取得的收入来偿还的，最终还是要转嫁到纳税人的头上，根本上与通过税收从国民那里取得收入没有质的区别，只不过是增加了一个环节而已，仍然属于人民的负担。2011 年 6 月 27 日，国家审计署发布《全国地方政府性债务审计结果》。该报告显示，截至 2010 年底，全国地方政府性债务余额 107174.91 亿元，占 GDP 的 27%。其中，政府负有偿还责任的债务 67109.51 亿元，占 62.62%；政府负有担保责任的债务 23369.74 亿元，占 21.80%；政府可能承担一定救助责任的其他相关债务 16695.66 亿元，占 15.58%。然而，审计署报告称中国的地方债有 10 多万亿元，央行说有 14 万亿元，银监会说有 16 万亿元。虽然有统计口径或依据的不同而存在一定差别的可能性，但到底有多少债务我们都没有搞清楚，这本身就是一个问题。更关键的是，这些债务的形成，均没有经过地方国家权力机关的审查批准，纯粹是政府单方面的行为。另外，中国政府购买的美国国债到底是多少，至今没有一个准确的数据。有的说是 5000 亿美元，有的说是 9000 亿美元，还有的说是 13000 亿美元。

四 税收立法权的分配应符合法治的精神

税收立法权包括制定和颁布税法的权限；经立法机关授权，制定税法实施细则和对税收法律法规进行解释的权限；对某些税种，在税法规定的范畴内决定开征或停征的权限；对税目、税率等税制要素进行调整或具体确定的权限等。具体到我国税收立法领域，主要存在以下问题：

从宪法的规定看，我国的立法权不仅有国家立法，还有地方立法，那么，税收立法权是否也可以在国家与地方之间进行分配。如果可以的话，国家的专属税收立法权包括哪些方面，地方的税收立法权涉及哪些内容？宪法并没有直接、明确的规定，造成财政立宪主义内在要求的"税收法定"缺乏宪法上的依据，直接导致了我国税法领域行政法规占主导，而法律占次要地位的局面。2000 年颁布的《立法法》第 8 条将税收立法权作为法律保留事项，规定"只能制定法律"，一定程度上体现了税收法定的精神；同时，《立法法》第五章关于法律适用的规定，确立了宪法、法律、行政法规、地方性法规、规章这一从高到低的法律效力层级，体现了"法律优位"原则。

但是，必须认识到的是，《立法法》与"税收法定"的实质要求还是有一些落差的，集中体现在这样几个方面：第一，关于税收基本制度的含义及其内容到底包括哪些方面，《立法法》的规定并不明确，比如说税种是否属于税收基本制度。第二，《立法法》第 9 条规定："本法第八条规定的事项尚未制定法律的，全国人民代表大会及其常务委员会有权作出决定，授权国务院可以根据实际需要，对其中的部分事项先制定行政法规，但是有关犯罪和刑罚、对公民政治权利的剥夺和限制人身自由的强制措施和处罚、司法制度等事项除外。"根据这一规定，税收事项排除在该条的法律绝对保留事项外，意味着税收立法成为一项可以由人大授予行政机关行使的立法事项。一般而言，征税权是税收立法权的核心，也是国家主权的组成部分，理应是国家代议机关不得转让的专有立法事项。退一步讲，即使不将有关税收的事项全部作为法律保留事项，至少也应明确规定其中哪些部分不得授予其他机关行使，否则，国家代议机关的专属立法权就有可能被架空或实际上处于虚置的状态，从而导致实质上违反财政立宪主义的精神。第三，根据《立法法》第11、12 条的规定，有关税收事项的立法权按照确定的目的和范围可以授予行政机关来行使，只是在"制定法律的条件成熟时"才由国家立法机关制定成为法律，这样的规定过于含糊，缺乏明确的可操作性，具有实上的"空白授权"的性质。这实际上意味着，我国的税收立法中，绝大多数的税收规范并非由作为权力机关的全国人大及其常委会制定，行政机关成了规定税收要素的主要主体，甚至一些实施细则的制定权还被下放给财政部、国家税务总局等更低层次的政府部门。而从税收授权立法的实践看，1984 年，全国人大常委会发布了《关于授权国务院改革工商税制发布有关税收条例草案试行的决定》，授权国务院在实施国营企业利改税和改革工商税制的过程中，拟定有关税收条例，以草案形式发布试行。1985 年又进一步在《关于授权国务院在经济体制改革和对外开放方面可以制定暂行的规定或者条例的决定》中，把包括税收立法权在内改革开放事宜一并授予国务院。其结果是，这一"试行"却"试"了二十几年，征税几乎成为政府的一种不受制约的权力，新征税种或提高税率不需要全国人大来批准，中间没有任何制约和监控的环节。

统计显示，中国现有 19 个税种中，只有两个是由全国人大制定的法律确定：个人所得税、外商投资企业和外国企业所得税。其他的 17 个，都是通过空白授权，由政府制定暂行条例征收。第三，对于"立法不作为"没有明确的监督制约机制，为行政权的逾越创造了条件。

宪法规定，中央与地方权力的划分遵循既有利于中央的集中统一领导，又有利于地方的积极性、主动性发挥的原则。这一原则也应在税收权限的划分上加以遵循和贯彻。然而实际的情况是，税收立法权的纵向配置基本不存在，地方上并没有真正意义上的税收立法权。不仅宪法中对中央和地方的税收立法权限未作规定。而且 1994 年的分税制改革形式上是将筵席税、屠宰税两个税种的管理权下放给地方，实际上是加大了中央政府的税收权力，使中央政府汲取财政的能力大为增强，对地方财力的剥夺非常严重，造成地方政府无力负担基本的公共开支。北京大学财税法研究中心主任刘剑文教授指出："分税制之后，中央集权的色彩不是被淡化而是被强化。"1994 年分税制施行之前，中央的税收收入只有 5000 亿元，而 2010 年已经超过 4 万亿元。2000 年，国家的财政收入还只有 1.33 万亿元，2010 年已经超过 8 万亿元，地方政府则只有 4 万亿元。地方政府为了解决本地经济发展问题，不得不开征各种名目的收费、基金，擅自出台税收减免措施等。这些年，日益严重的"土地财政"、"收费财政"现象的存在甚至愈演愈烈，无不与有着密切的关系，实际上是地方财政能力弱化的表现。此外，中央与地方在财政上的权力分配不是通过权力机关的立法进行确认，而是由中央政府的规范性文件加以规定，造成中央与地方之间缺乏规范的博弈。①

五　纳税人权利的保障

国家征税权的存在产生了公民的纳税义务，公民纳税实质上是对转让于国家的权力的运用的经济上的支持与保障，与人民作为国家权力的所有者而将国家权力委托给公职人员行使形成了不可分割的关系。问题在于，由此产生的公民的纳税义务并不意味着公民就丧失了作为国家主人的地位，而成为了完全意义上的义务主体。实际上，这种纳税的义务不仅不能改变其国家主人的地位，与这种纳税义务相伴随的依然有权利的享有问题。这种权利，仍然是作为国家主人地位的表现。是否应该纳税、纳税以后这些税收的使用情

---

① 参阅丛中笑《税收国家及其法治构造》，《法学家》2009 年第 5 期。

况如何，是否存在滥用人民纳税所形成的财政收入的问题，税负是否公平等。只有在人民作为国家的主人的情形之下，才有资格去加以了解，进而才能控制住国家的征税权，实现真正意义上的税收法治国。

纳税人享有的权利，概括起来包括这样一些方面：知情权、保密权、税收监督权、纳税申报方式选择权、申请延期申报权、申请延期缴纳税款权、申请退还多缴税款权、依法享受税收优惠权、委托税务代理权、陈述与申辩权、税收法律救济权、依法要求听证的权利等。这些权利，涉及税收过程的各个环节，贯穿于税收的整个过程。然而，作为财政立宪主义语境下的纳税人权利保护，不仅仅强调的是对其中某个或某些具体权利的保障，根本上讲，是要强调纳税人即便是在履行纳税义务的时候，仍然具有国家的主人身份，而不能仅仅将其作为履行纳税义务的主体看待。进一步言，强调纳税人权利的保护，实质上是要用纳税人权利主体的地位，去制约国家的征税权，防止国家征税权的滥用。

与此同时，强调纳税人权利及其保护，并非是要忽视或弱化其中蕴涵的义务内容与性质，而是意在秉持公民履行纳税义务的时候，仍然要清楚认识到自己的权利主体地位，不能仅仅将自己作为义务主体对待，忽视甚至是放弃自己应有的权利诉求和保障。否则，容易给国家通过征税来取得收入时，任意加重人民的负担造成可乘之机，造成人民在制约国家征税权上的主人翁地位不能得以确保，无法形成对国家征税权的一种强大而有效的制约力量。

第六编
宪法与刑事法治

刑法如何通过宪法之门

陈应珍[*]

【内容摘要】 本文从笔者所收集的资料出发，对刑法与宪法的关系作了详细的文献考察。笔者认为，目前的研究主要限于刑法学者，我国刑法的宪法制约问题还没有引起宪法学者应有的关注。从研究内容来看，学者们较为笼统地就宪法如何制约刑罚权进行了研究。而刑罚权包括刑事立法权和刑事司法权，宪法对刑事立法权的制约表现为宪法对刑法的制约，宪法对刑事司法权的制约表现为宪法对刑事诉讼法的制约。实际上，宪法对刑法的制约方式与宪法对刑事诉讼法的制约方式虽然在某些方面一样，但也有所不同，比如，宪法上的无罪推定原则、宪法对被告人权利的保护就只能是宪法对刑事诉讼法的制约。要通过宪法原则和合宪性解释及违宪审查途径来进一步明确刑法与宪法的关系，加强宪法对刑法的价值制约。

【关键词】 刑法 宪法 许霆案 宪法权利 合宪性解释 违宪审查

一 引言

2007 年发生的许霆案，经由媒体报道引起了社会公众的普遍关注，也激发了刑法及刑事诉讼法学界、民法学界及法理学界众多学者的讨论和深思。经由刑法学者的艰苦努力和法律实务部门的特殊运作，特别是在社会舆论的强大压力下，许霆最终由一审的无期徒刑经二审改判为 5 年有期徒刑。然而，学界对该案的关注并未就此停息。2009 年初，在许霆案终审判决已尘埃落定 9 个月之后，《中外法学》第 1 期以长达 100 多页的篇幅连续刊载陈兴

---

* 福州大学法学院讲师。

良、张明凯等多名知名法学教授对该案的反思性评论，同年，《法学研究》第 4 期发表白斌博士的《刑法的困境与宪法的解答》，对一审判决的恰当性、二审程序的负面影响、学者的观点、刑法教义学的困境及宪法介入的必要性进行了系统的梳理和分析。在《刑法的困境与宪法的解答》一文的"余论"中，白斌博士指出：正是由于法教义学（在许霆案中表现为刑法教义学）对现行实在法的坚定而不加怀疑的信奉，使许霆案"成为刑法教义学永远也难以绕开的'恶梦'。对于现行刑法规范之真性的确信，致使刑法学者面对公众意见的冲击和内心良知的煎熬而无奈和孤独地'捍卫'着法律的堤坝。"要使诸如许霆案这样的法律问题获得令人信服的解决，"必须脱出部门法教义学的范围，在整体的法教义学空间中才可能获得理解和解答，在这个过程中，宪法教义学将扮演重要的角色"。他进而指出，"在许霆案的进展过程中，存在一个令人深思的现象，那就是在纷纭的众说中惟独缺少宪法学人的声音，仿佛该案于宪法学而言乃是'不关己'者。这种'不在场'状态令人寻味……在这一存在重大价值冲突的案件里，宪法学人的普遍沉默是很成问题的。""它（宪法）如果不被适用，那么，不论是刑法还是行政法，抑或诉讼法，甚至民法、经济法，都会涌现大量的'疑难案件'，任何解决方案都只能是个案的、暂时的。实践将提出新的诘问，部门法教义学者将继续无奈地面对新的尴尬，刑法教义学也会持续不断地受到'许霆式的恶梦'的困扰。"① 在此，刑法学者不断地提醒宪法学人：离开宪法教义学，部门法领域的疑难问题不可能得到令人信服的解答；宪法学的研究不能固守狭隘的学科范围，应该加强与其他部门法的对话与交流，充分研究宪法对部门法的制约作用，加强宪法的实践性研究，只有这样，宪法才能走下神坛，改变睡美人的姿态，真正成为具有最高法律效力的法。

刑法学者对宪法学人普遍沉默的诘难并非空口无凭。关于宪法与刑法关系的研究始于 21 世纪初，从笔者所收集的资料来看，这些研究主要限于刑法学者，我国刑法的宪法制约问题还没有引起宪法学者应有的关注。② 从研

---

① 白斌：《刑法的困境与宪法的解答》，《法学研究》2009 年第 4 期。
② 当然，这是就整体而言的。宪法学界也有学者就宪法权利的刑法保护问题从宪法的角度进行了审视，如：刘飞宇：《对于刑法中剥夺政治权利的宪法学思考》，《法学家》2005 年第 1 期；姚国建：《论宪政背景下的公民财产权刑法保护制度》，《新疆大学学报》（哲学·人文社会科学版）2006 年第 2 期。也有宪法学者从更为宏观的角度研究了宪法与部门法的关系，其中也涉及宪法与刑法关系的研究，如马岭：《宪法与部门法关系探讨》，《法学》2005 年第 12 期。

究内容来看，学者们较为笼统地就宪法如何制约刑罚权进行了研究。而刑罚权包括刑事立法权和刑事司法权，宪法对刑事立法权的制约表现为宪法对刑法的制约，宪法对刑事司法权的制约表现为宪法对刑事诉讼法的制约。实际上，宪法对刑法的制约方式与宪法对刑事诉讼法的制约方式虽然在某些方面一样，但也有所不同，比如，宪法上的无罪推定原则、宪法对被告人权利的保护就只能是宪法对刑事诉讼法的制约。本文拟就宪法对刑法的制约作一粗浅的探讨。

二 宪法的产生与刑法的嬗变

刑法作为一种历史事实要远远早于宪法。颁布于公元前2000多年的人类历史上最早的成文法典《乌尔纳姆法典》就有关于刑罚的规定。在中国，姑且不论散见于《尚书》、《吕氏春秋》、《左传》、《周礼》中的刑事法律规范，自从中国历史上第一部成文刑法典《法经》颁布以来，《秦律》、《汉律》、《唐律》、《宋建隆详定刑统》（简称宋刑统）、《大元通制》和《大明律》中主体大都是刑事法律条文。刑法虽然源远流长，但刑法在不同历史阶段的作用是大异其趣的。刑法学者李海东博士从国家与公民在刑法中的地位的角度，把历史上的刑法在整体上划分为国权主义刑法和民权主义刑法。他说："以国家为出发点、而以国民为对象的这类刑法，我们称之为国权主义刑法。国权主义刑法的基本特点是，刑法所要限制的是国民的行为，而保护国家的利益。基于这一出发点和功利目标，国权主义刑法可以存在于任何法律发展阶段、任何立法形式甚至可以无须法律的形式。这一切从根本上取决于能否更有效地保护国家的利益；与此相反，民权主义刑法是以保护国民的利益为出发点，以限制国家行为的刑法。也就是说，民权主义刑法的对象是国家。"① 许道敏博士在其博士论文《民权刑法论》一文中详细论证了国权刑法观与民权刑法观的区别："国权与民权，在特定的历史条件下是可以取得一致的；但是在刑法理念上，民权刑法观与国权刑法观是势不两立的。国权刑法的基本特征是：①国家凌驾于法律之上；②权力支配法律；③恶法亦法；④权力是权利的来源；⑤权力可以推定。民权刑法是指依照主权在民的宪法原则，要求国家刑事活动以保障人民权利为出发点和归宿的应然刑法。'民权'之'民'，即包括作为全体的人民或国民，也包括作为个体的市民或

---

① 李海东：《刑法原理入门（犯罪论基础）》，法律出版社，1998，第5页。

公民；民权既包括人民或国民的权利，也包括市民或个人的自由与人权。'民权'是这些权利的总称。传统刑法理论认为刑法机能主要在于社会保护和人权保障两个方面，这是正确的。如果进一步深究，我们不难发现，社会保护和人权保障的最终目的还是在于保障人民的权利既不受犯罪行为的侵害，也不受国家刑事司法活动的任意吞并，因此民权刑法的立论是成立的。我们必须彻底抛弃国权刑法的观念，主张刑法的本体，即刑法的应然价值为民权刑法。"① 这一观点得到了我国刑法学界的普遍赞同。陈兴良教授认为："国权主义的刑法与民权主义的刑法的分野，对于我们正确地认识刑法的性质与机能具有十分重要的意义，民权主义的刑法与市民刑法，从本质上来说，就是法治国的刑法，由此区别于人治国或者专制国的刑法。"②

正如李海东博士所言，虽然国权主义刑法可以存在于任何法律发展阶段，但民权刑法只能产生于近代资产阶级革命以后，是宪法产生以后并在宪法制约下的产物。国权主义刑法是统治者的"驭民之术"，通过对公民的生杀予夺来防卫犯罪，维护其阶级统治，满足人类社会维持秩序的基本需要，主要用以约束老百姓，国家权力在其中很少受到约束。宪法的产生使刑法的功能发生了根本的改变。宪法产生于反对封建专制的资产阶级革命之后，是资产阶级反专制统治取得胜利的产物。其产生有着非常深厚的文化积淀，特别是霍布斯、洛克等启蒙思想家提出的社会契约论、自然权利说构成了国家学说和宪法理论的重要理论基础。洛克作为第一个系统阐述宪政民主和自然权利的人，对后世有着深远的影响。他认为，在国家和政府产生之前，存在着一种自然状态，人们享有各种天赋权利如生命、财产、自由。但由于在自然状态中缺乏明文规定的众所周知的法律，缺少一个有权根据法律审理争执的机构，缺少一种执行判决的权力，当人们受到侵害时，就有可能得不到申诉。为了更好地保障自然权利，人们缔结契约，建立国家，以避免和补救自然状态的种种缺陷。因此，政府的权力来自人民的同意和授予，政府行使权力不能触犯公民的天赋权利。一旦政府侵犯或不再保护天赋人权，人民就有权废除政府。尽管"社会契约理论"和"自然权利说"受到历史学家的种种诘难，但它给人们提供了一种全新的价值判断，即：公民权利和国家权力孰为本源？国家成立的目的是什么？不仅如此，在客观上对后世产生了深远的影响，推动了美国的独立战争和法国大革命，对《独立宣言》、《人权宣言》

---

① 许道敏：《民权刑法论》，北京大学 2001 年博士论文，第 6 页。
② 陈兴良：《法治国的刑法文化》，《人民检察》1999 年第 11 期，第 1～5 页。

以及美国宪法和法国宪法的制定都有直接的影响。在特定的时代背景、特殊的文化底蕴下产生的宪法，其内容、制定与修改程序不同于普通法律，也就获得了高于普通法律的地位，"依照本性，它（宪法）就不只是普通的法律。它是根本法，它提供了制定和执行法律的基础。它是法律和秩序的前提"。①

作为以规范、限制国家权力为目标的宪法，规范和限制事关公民自由、财产甚至生命的刑罚权自然是得到宪法的特别关照。这种特别关照表现在：宪法不仅在一般意义上作为最高法律具有限制刑法的作用，而且这种限制被直接具体地规定在宪法及修正案的条款中。从历史的角度考察，刑法的基本原则最早是通过宪法文献表现出来的。例如，被誉为"自由的奠基石"、近代宪法起源的英国《大宪章》第 39 条规定："对于任何自由人，不依同等身份的人的适当的裁判或国家的法律，不得逮捕、监禁、剥夺领地、剥夺法律的保护或放逐出境，不得采取任何方法使之破产，不得施加暴力，不得使其入狱。"这些规定使英国的人权在法律形式上得到了保护，其中所包含的正当程序思想被视为罪刑法定主义的起源。1789 年，法国《人权宣言》首次明确提出罪刑法定原则，其中第 8 条规定："法律只能规定那些严格与明显必要之处罚，且除非在错误行为发生之前就已制定、颁布并合法适用法律，任何人都不得受到惩罚。"这些条款的精神是将刑事犯罪的有关规定限制在绝对必需的范围内。美国是世界上最早制定成文宪法的国家，联邦宪法对州和联邦的刑事立法设置的限制可以归纳为三类：一是宪法正文中对刑事立法提出的禁止性条款，如第 1 条第 9 款和第 10 款禁止国会和各州通过溯及既往的法律和剥夺公权的法案；二是宪法修正案的第 1 条、第 2 条、第 5 条、第 8 条和第 13 条中宣布的宪法权利不受侵犯，如第 8 修正案规定，"不得要求过多的保释金，不得处以过重的罚金，不得施加残酷和非常的惩罚"；三是正当程序条款对刑事立法在内容、形式和语言方面的限制。德国《基本法》第 1 条规定"人之尊严不可侵犯，尊重及保护此项尊严为所有国家机关之义务"，并规定所有"基本权利拘束立法、行政及司法而为直接有效之权利"。第 2 条规定了和法国类似的自由主义原则及其所派生的罪刑法定原则："人人有自由发展其人格之权利，但以不侵害他人之权利或不违犯宪政秩序或道德规范者为限。""人人有生命与身体之不可侵犯权。个人之自由不可侵犯。此等权利唯根据法律始得干预之。"这说明，宪法从其产生时起，就特别注重对犯罪与刑罚的内容规定，以规制刑罚权、保护公民自由。可以说："宪

---

① 〔英〕K. C. 惠尔：《现代宪法》，租小波译，法律出版社，2006，第 55、58 页。

法的产生就是从确立刑事法治原则开始的；反言之，体现刑事法治的基本原则首先就是在宪法层次上被确立的。"① 根据学者的研究，在被调查的 155 个国家的宪法中，53.5% 的国家宪法有"禁止酷刑，或残酷的、非人道的或屈辱性的规定"；88% 的国家宪法有刑事被告人诉讼权利的和刑法的基本原则的规定（其中包括无罪推定、法不溯及既往、一罪不二罚的刑法原则等）。② 国际刑法协会前主席巴西奥尼对 139 个国家的宪法进行研究，也得出了类似的结论：65 个国家的宪法规定了生命权；13 个国家的宪法规定了公民人身不受侵犯的权利；81 个国家的宪法规定了公民不得被任意逮捕，不受酷刑、非人道或有辱人格的刑罚；48 个国家规定了不得自证其罪；67 个国家的宪法规定了无罪推定；38 个国家规定了公平、公正的审判程序。③ 通过宪法的这些制约，结合基于维护宪法最高法律地位、保障宪法得以实施的违宪审查制度，刑法不再是单纯的维护统治的工具，它也具备了制约国家权力、维护公民权利的功能。

三　宪法制约刑法的具体途径

（一）平等原则

早在公元前 5 世纪，古希腊政治家伯里克利斯就曾说过："我们的制度之所以被称为民主政治，因为政权在全体公民手中。解决私人争执的时候，每个人在法律上都是平等的。"④ 真正将平等作为社会的准则和理想，作为反对封建特权和专制的一种原则，则是资产阶级革命的产物。而在资产阶级革命的滚滚洪流中，平等的思想之所以能够深入人心并产生巨大的社会反响，则应归功于先声夺人的资产阶级启蒙思想家们。而在这些启蒙思想家当中，最杰出的莫过于英国的洛克和法国的卢梭。洛克说："人类天生都是自由、

---

① 卢建平：《刑法宪法化简论》，《云南大学学报》（法学版），2005 年第 4 期。

② 〔荷〕亨利·范·马尔赛文、格尔·范·德·唐：《成文宪法的比较研究》，陈云生译，华夏出版社，1987。

③ Cheriff Bassiouni, Human rights in the context of criminal justice: identifying international procedural protections and equivalent protections in national constitutions, in Duke Journal of Comparative and International Law, Vol. 3, no 2, 1993, p. 235. 转引自卢建平《刑法宪法化简论》，《云南大学学报》（法学版），2005 年第 4 期。

④ 李晓明：《刑法学》，法律出版社，2001，第 216 ~ 217 页。

平等和独立的。"① 卢梭说："每个人都生而自由平等的。"② 资产阶级革命胜利后，平等思想在资产阶级宪法性文件中得到了确认和体现。1776 年美国的《独立宣言》以宪法性文件的形式，首次确认了资产阶级启蒙学者提出的包括平等在内的天赋人权学说和自然法理论为国家的指导思想。其中第二段规定："我们认为这些真理是不言而喻的：人人生而平等，他们都从他们的'造物主'那边被赋予某些不可转让的权利，其中包括生命权、自由权和追求幸福的权利。为了保障这些权利，所以在人们中间成立政府，而政府的正当权力，则得自被统治者的同意。如果遇有任何一种形式的政府损害这些目的，人们就有权利来改变它，建立新的政府。"在这里，平等与生命权、自由权和追求幸福的权利，一起被视为成立政府的正当性基础，构成其他各项基本权利的前提。1789 年的《人权宣言》也将平等确立为基本人权的重要内容。其中第 1 条规定："在权利方面，人们生来是而且始终是自由平等的。"第 6 条规定："在法律面前，所有的公民都是平等的，故他们都能平等地按其能力担任一切官职，公共职位和职务，除德行和才能上的差别外不得有其他差别。"在法国《人权宣言》明文将平等原则载入这一宪法性文件之后，欧美各资本主义国家纷纷效仿，使平等原则成为资产阶级宪法或者宪法性文件中的一项基本原则。宪法上的平等既作为公民的一项宪法权利得到保护，也作为一项原则制约着包括立法机关在内的所有国家机关。如在日本宪法史上具有重要地位的杀害尊亲属案中，日本最高法院在 1973 年 4 月 4 日作出判决，宣告日本刑法第 200 条"杀害尊亲属罪"应加重处罚的规定违反日本国宪法第 14 条"法律面前人人平等"的规定，属于立法违宪。

（二）罪刑法定原则

《法国刑法总论精义》一书中将刑法比做"带哨的皮鞭"③，因为"鞭子"挥舞时必然带来损害，或许还有误伤的风险，所以要为"鞭子"安上"哨子"。这个哨子就是保证行为人预测可能的罪刑法定原则。罪刑法定原则的基本含义是法无明文规定不为罪，法无明文规定不处罚。如前所述，罪刑法定的思想渊源，一般认为是 1215 年的《大宪章》第 39 条。罪刑法定的思

---

① 〔英〕洛克：《政府论》（下篇），瞿菊农、叶启芳译，商务印书馆，1980，第 59 页。
② 〔法〕卢梭：《社会契约论》，何兆武译，商务印书馆，2003，第 5 页。
③ 〔法〕卡斯东·斯特法尼：《法国刑法总论精义》，罗结珍译，中国政法大学出版社，1998，第 8 页。

想，到了 17、18 世纪，针对封建刑法中罪行擅断、践踏人权的黑暗现实，启蒙思想家更加明确地提出了罪刑法定的主张，并以三权分立说和心理强制说作为其理论基础，系统而全面地阐述了罪刑法定原则。洛克指出："处在政府之下的人们的自由，应有长期有效的规则作为生活的准绳，这种规则为社会一切成员所共同遵守，并为社会所建立的立法机关所制定。"而且"制定的、固定的、大家了解的，经一般人同意采纳和准许的法律，才是是非善恶的尺度"。① 法国启蒙思想家孟德斯鸠也有类似的论述。但是，明确提出罪刑法定原则的是意大利著名刑法学家贝卡里亚，他在被伏尔泰称为"人权法典"的《论犯罪与刑罚》中深刻地揭露了旧刑事制度的蒙昧，系统阐述了为后世所确认的三大刑法原则，即罪刑法定原则、罪刑相适应原则和刑罚人道化原则。他说："只有法律才能为犯罪规定刑罚，只有代表根据社会契约而联合起来的这个社会的立法者才拥有这一权威。任何司法官员（他是社会的一部分）都不能自命公正地对该社会的另一成员科处刑罚。超越法律限度的刑罚就不再是一种正义的刑罚。因此，任何一个司法官员都不得以热忱或公共福利为借口，增加对犯罪公民的既定刑罚。"② 当然，使罪刑法定真正成为刑法的基本原则的，还是近代刑法学鼻祖费尔巴哈，他在 1801 年所著的刑法学教科书中用拉丁语以简明的法谚形式作了精典表达，即"Nulla poena sine lege, nulla poena sine crime, nullumcrimen sine poena legali"（无法律则无刑罚，无犯罪则无刑罚，无法律规定的刑罚则无犯罪）。罪刑法定原则在国家的刑罚权与公民个人的自由之间划出了一条明确的界限：只有当公民行为触犯刑律构成犯罪时，才应当受到刑罚处罚；否则，便与刑法无涉。罪刑法定的精髓是限制机能和保障机能。罪刑法定原则是反对封建罪刑擅断的产物，其实质在于限制国家刑罚权（包括对立法权与司法权的限制）以保障公民的自由。

罪刑法定原则具有丰富的内涵，它不仅"注重形式合理性，某一行为即使具有严重的社会危害性，但只要刑法没有明文规定就不得以犯罪论处，从而体现出限制国家刑事司法权的意蕴"；而且"也强调实质合理性，某一行为的规制只有确实需要动用刑罚且所动用的刑罚是适当的，才可以将其规定为犯罪并赋以相应的刑罚，从而体现出限制国家刑事立

---

① 〔英〕洛克：《政府论》，瞿菊农、叶启芳译，商务印书馆，1964，第 16 页。
② 贝卡里亚：《论犯罪与刑罚》，黄风译，中国大百科全书出版社，1993，第 11 页。

法权的意蕴"。① 对此，大谷实教授指出："犯罪和刑罚即便在法律中被明确规定，但在其内容缺乏处罚的必要性和合理性根据的时候，也是刑罚权的滥用，实质上是对国民的人权侵害。"②

正是由于罪刑法定原则不局限于拘束刑事司法权，也拘束刑事立法权，这就决定了它首先是一个宪法原则。有"旧制度死亡证明书"之誉的法国《人权宣言》则可以说是现代意义上罪刑法定原则的肇端。其第 7 条规定："除非在法律所规定的情况下并按照法律所指示的手续，不得控告、逮捕或拘留任何人。凡动议、发布、执行或令人执行专断命令者应受处罚；但根据法律而被传唤或被扣押的公民应当立即服从；抗拒则构成犯罪。"第 8 条规定："法律只应规定确实需要和显然不可少的刑罚，而且除非根据在犯法前已经制定和公布的且系依法施行的法律以外，不得处罚任何人。"1791 年 9 月 14 日制宪议会通过了欧洲大陆第一部宪法——《1791 年宪法》。该宪法将《人权宣言》作为宪法的序言部分，从而将罪刑法定原则的相关内容融入宪法之中，使其具有坚实的法律基础。根据 1799 年宪法，拿破仑主持制定了 1810 年法国刑法典，其中第 4 条规定："不论违警罪、轻罪或重罪，均不得以实施犯罪前法律未规定之刑处罚之。"这是世界刑事立法史上第一次在刑法典中明文规定罪刑法定原则，该法典虽经多次修正，但该条规定的基本内容始终未变。受法国的影响，大陆法系国家先后在宪法或刑法典中规定罪刑法定原则。在英美法系国家，罪刑法定原则是通过正当程序来体现的。

作为一项宪法原则的罪行法定，对立法权的限制主要表现在：第一，对什么行为是犯罪以及应当追究什么样的刑罚，只能由法律加以规定，这里的"法律"是狭义的，仅指国家立法机关按照严格的立法程序通过的规范性法律文件；第二，法律必须具有明确性，它要求规定犯罪与刑罚的条文必须清楚明确，使国民能够准确界定罪与非罪的界限，从而通过刑法为国民提供合理的行为预期并对自己行为进行正确的选择。

（三）宪法权利

宪法的核心价值在于保障人权。为此，各国宪法不仅确立了分权制衡的政府结构，而且还在宪法中明确列举公民的基本权利来保障人权。宪法对公

① 钟瑞友、叶良芳：《罪刑法定原则宪法化的意涵——以法国宪法规定为视角》，《法治研究》2008 年第 4 期。

② 〔日〕大谷实：《刑法总论》，黎宏译，法律出版社，2003，第 47 页。

民基本权利的列举不是单纯的宣示，而是为了强化对公民基本权利的保护，以排除包括刑事立法在内的立法权对这些基本权利的干预，从而为包括刑事立法在内的立法权确定边界。在各国宪法中，美国和德国的做法颇具特色。被称为"权利法案"的美国宪法前10条修正案完全以禁止性规范去限制议会的立法权，如修正案第1条禁止剥夺公民的宗教信仰自由、言论出版自由、集会请愿自由，第2条禁止剥夺公民佩带武器以自卫的权利，第5条禁止剥夺公民作为刑事被告享有的沉默权，第8条禁止对公民施以残酷和非常的刑罚以及第13条公民不被奴役或强迫劳役的宪法权利不受侵犯等。德国将"基本权利"安排在基本法的第一章，并在逐一列举德国公民应该享有的各项基本权利之前，在基本法的第1条第1款规定"人之尊严不可侵犯，尊重及保护此项尊严为所有国家机关之义务"。第2款规定"德意志人民承认不可侵犯与不可让与之人权，为一切人类社会以及世界和平与正义之基础"。并在第3款宣告"下列基本权利拘束立法、行政及司法而为直接有效之权利"。德国基本法的这些规定为基本法、为国家奠定了基本的也是最高的价值目标，其限制立法权的功能昭然若揭，包括刑事立法权在内的所有立法权都不能侵犯基本法上的宪法权利。

（四）合宪性解释

法律需要解释不言而喻。对刑法进行解释是将宪法精神注入刑法，实现宪法制约的有效方法。如耶塞克、魏根特在其所著的《德国刑法教科书》总论中论及刑法的解释方法时指出："解释方法之桂冠当属于目的论之解释方法……在根据法律目的进行解释时，法官总是将宪法的价值判断放在首位（符合宪法的解释），他虽然不得任意改变刑法规定的意思，但他必须尝试，在法律规定的范围内与宪法规范保持一致……"[1] 我国台湾学者林山田教授将刑法的合宪性解释作为与文义解释、系统解释、历史解释以及目的解释之外的独立的刑法解释方法，他指出："使用上述各种解释方法，从事刑法的解释时，均须以宪法的规定、精神与价值判断标准，做为最高标准。刑法条文若有多种意义同时存在时，则应选择与宪法的规定与精神相符的意义，做为法条的标准意义"[2]。虽然前者将合宪性解释作为刑法目的解释的一部分来

---

① 汉斯·海因里希·耶塞克、托马斯·魏根特：《德国刑法教科书》，徐久生译，中国法制出版社，2001，第193页。

② 林山田：《刑法通论》（上册），台北三民书局，2003，第135页。

理解，而后者将合宪性解释置于其他解释方法的最高检验标准的地位，但他们都注重宪法在刑法解释中的作用，即，在刑法规范出现歧义时，应该通过合宪性解释，将宪法的规定、原则与精神注入刑法，确定刑法规范的意义。

（五）违宪审查制度

违宪审查制度是宪法上的一项重要制度，没有这项制度或这项制度不健全或运行不畅，宪法的最高法律地位将是一句空话，公民的权利保障也将大打折扣。因此，各法治发达国家均建立了各具特色的违宪审查制度，建立健全的违宪审查制度也成为一股世界潮流。违宪审查主要有三种模式：第一种模式是以美国、日本为代表的普通法院分散审查制，其特点是国家不设立专门的违宪审查机关，而是由各级普通法院结合自己所审理的具体案件对该案所适用的法律条款的合宪性进行审查，作出判决。有学者统计，包括美国、日本在内，实行此制的有印度、加拿大、澳大利亚、荷兰、瑞典、挪威、爱尔兰、丹麦、芬兰、阿根廷等 16 个国家。① 按美国学者汤姆·金斯伯格的统计，在 20 世纪 80 年代以来形成的 72 个所谓世界"第三波民主国家"中，实行这种审查制度的国家有 27 个，占总数的 37.5%。② 第二种模式是以德国、法国为代表的专门机关集中审查制。实行这种模式的国家总数达 41 个之多，③ 奥地利、意大利、比利时、卢森堡、西班牙、葡萄牙、俄罗斯、波兰、乌克兰、捷克、斯洛伐克、阿尔巴尼亚、巴拿马、韩国等众多法治发达国家和正在走向法治的国家，都采用了此种制度。采用这种制度的国家在当代有比例日益增加的趋势。按汤姆·金斯伯格的统计，实行这种违宪审查制度的国家有 35 个，占总数的 48.6%。④ 第三种模式是专门机关集中审查制和普通法院分散审查制的混合模式。实行这种混合审查制的国家除墨西哥、巴西

---

① 吴志光：《比较违宪审查制度》，神州图书出版有限公司，2003，第 40～41 页，转引自童之伟《宪法民法关系之实像与幻影》，《中国法学》2006 第 6 期。

② Tom Ginsburg, Judicial Review in New Democracies: Constitutional Courts in Asian Cases, Cambridge University, 2003, pp. 7 - 8, 转引自童之伟《宪法民法关系之实像与幻影》，《中国法学》2006 第 6 期。

③ 吴志光：《比较违宪审查制度》，神州图书出版有限公司，2003，第 42～51 页，转引自童之伟《宪法民法关系之实像与幻影》，《中国法学》2006 年第 6 期。

④ Tom Ginsburg, Judicial Review in New Democracies: Constitutional Courts in Asian Cases, Cambridge University, 2003, pp. 1 - 11, 转引自童之伟《宪法民法关系之实像与幻影》，《中国法学》2006 第 6 期。

外，还有多米尼加、智利、尼加拉瓜、爱沙尼亚等 17 个国家。① 按汤姆·金斯伯格的统计，在世界上 72 个"第三波民主国家"中实行此制的有 10 个，占总数的 13.88%。② 不论实行哪种模式，违宪审查制度在制约刑法等普通法律、维护宪法的根本法地位方面起了重要作用。

四　我国刑法的宪法限制及其缺陷与克服

从内容来看，历经四次修改的我国宪法已经建立了包括对刑法在内的普通法律的制约框架，主要包括以下几个方面：①宪法序言最后一个自然段宣告宪法具有最高的法律效力；②宪法第 5 条规定："中华人民共和国实行依法治国，建设社会主义法治国家。""国家维护社会主义法制的统一和尊严。""一切法律、行政法规和地方性法规都不得同宪法相抵触。""一切国家机关和武装力量、各政党和各社会团体、各企业事业组织都必须遵守宪法和法律。一切违反宪法和法律的行为，必须予以追究。"③宪法第 28 条为刑法提供了宪法直接的立法依据。④宪法第 62 条为全国人大提供了刑事立法权依据。⑤宪法第二章关于公民基本权利的规定为刑事立法权的行使确定了边界，即刑事立法不得侵犯公民宪法上的权利。

但是，我国宪法自身尚存的一些缺陷也影响了宪法制约作用的发挥。主要表现在：

第一，宪法的价值尚需转变。有学者认为，目前我国宪法的基本精神是革命宪法、改革宪法和宪政宪法的精神混合体，一方面既有革命宪法的痕迹，如宪法序言中关于"阶级斗争还将在一定范围内长期存在。中国人民对敌视和破坏我国社会主义制度的国内外的敌对势力和敌对分子，必须进行斗争"的表述；另一方面又带有宪政宪法的发展趋势，如依法治国和尊重、保障人权的入宪；但其主体精神仍然是改革宪法的精神，即由于今后相当长的一段时期内发展经济、改革开放仍然是国家工作的重点，为了确保该项工作的顺利进行，保持社会稳定、维持社会秩序是包括宪法在内所有法律的首要任务。从宪法的内容安排来看，与惩罚犯罪直接有关的规定安排在对整部宪

---

① 吴志光：《比较违宪审查制度》，神州图书出版有限公司，2003，第 55~61 页，转引自童之伟《宪法民法关系之实像与幻影》，《中国法学》2006 年第 6 期。

② Tom Ginsburg, Judicial Review in New Democracies: Constitutional Courts in Asian Cases, Cambridge University, 2003, pp. 7 – 8, 转引自童之伟《宪法民法关系之实像与幻影》，《中国法学》2006 第 6 期。

法具有统率、指导作用的总纲和序言中,① 与此形成鲜明对比的是,我国宪法无论是序言还是总纲都没有提及保障公民自由、人权的内容,这或多或少反映了宪法对此二者价值轻重的态度。我国宪法对维持社会秩序价值与人权保障价值的厚此薄彼还反映在序言关于国家的根本任务的规定中,宪法关于国家任务的宣示其实就是国家目的观的反映,也是我国现行宪法主要精神、价值的集中反映,其中并没有反映现代宪法主流价值观的关于限制政府权力和保障公民自由、人权的规定,而是将富强、民主、文明作为奋斗目标。②

刑法目的的生成必定要受到宪法精神的影响和制约。与宪法的精神一致,我国刑法的人权保障机能远不如社会保障机能那样在刑法中得到重视。这从我国 1997 年刑法第 2 条规定的刑法任务中可以看出:"中华人民共和国刑法的任务,是用刑罚同一切犯罪行为作斗争,以保卫国家安全,保卫人民民主专政的政权和社会主义制度,保护国有财产和劳动群众集体所有的财产,保护公民私人所有的财产,保护公民的人身权利、民主权利和其他权利,维护社会秩序、经济秩序,保障社会主义建设事业的顺利进行。"我国刑法是把刑罚作为一种同一切犯罪行为作斗争的手段与工具,体现的是刑法本身所固有的积极惩罚功能。虽然我国刑法分则中规定了刑讯逼供罪、暴力取证罪、虐待被监管人罪,从而使犯罪嫌疑人、被告人、被监管人的合法利益也受到刑法的保护。但同刑法第 2 条的规定相比,人权保障机能与社会保护机能的轻重尚显失衡。与我国的做法明显不同的是,不少国家的刑法在总则性条文里对人权保障问题作了突出规定。例如,《俄罗斯联邦刑法典》第 2 条明确规定:"本法典的任务是:保护人和公民的权利与自由,保护所有权,维护社会秩序和公共安全,保护环境,捍卫俄罗斯联邦的宪法制度,以防犯罪行为的侵害,保障人类的和平与安全,以及预防犯罪。"③

---

① 如作为刑法立法最主要依据的宪法第 28 条规定:"国家维护社会秩序,镇压叛国和其他危害国家安全的犯罪活动,制裁危害社会治安、破坏社会主义经济和其他犯罪的活动,惩办和改造犯罪分子。"

② 黄奇中:《刑法目的的合宪性解释》,《海南大学学报》(人文社会科学版) 2008 年第 4 期。

③ 俄罗斯的权威法学家对该刑法典第 2 条是这样解释的:"《俄罗斯联邦宪法》宣布人、人的自由和权利具有至高无上的价值,并且规定,承认、遵守和保护人和公民的权利和自由是国家的义务(第 2 条)。因此,刑法典的首要任务是维护人和公民的权利和自由。刑法反映了发达民主国家通行的价值等级,那就是:个人,社会,国家。"参见〔俄〕斯库拉托夫、列别捷夫主编《俄罗斯联邦刑法典释义》(上册),黄道秀译,中国政法大学出版社,2000,第 4 页。

第二，"平等"的含义过窄。"平等"在我国宪法中有着特殊的地位。我国现行宪法在"公民的基本权利和义务"一章的首条即宪法第33条第1款明确什么是"中华人民共和国公民"这一概念之后，在第2款中即明确规定"中华人民共和国公民在法律面前一律平等"。在这一平等规范的效力范围上，究竟是意指"法律适用平等"还是"法律内容平等"，国内学界尚存争议。对于该规范的原意究竟为何，必须认真研究立法者制定法律时的立法资料。资料显示，现行宪法的这一规定从1954年宪法第85条修改而来。1954年宪法规定，"中华人民共和国公民在法律上一律平等"。在修改宪法的过程中，很多委员都提出1954年宪法的表述不仅包括了法律实施上的平等，同时也包括了立法上的平等，显然是违背立法愿意的。因为"法律是统治阶级意志的体现"，人民和敌人在立法上是不能讲平等的。一个明显的佐证是，1982年2月27日，宪法修改委员会第二次全体会议秘书处印发的书面材料明确指出，把"法律上"改为"法律面前"，以明确表达在适用法律上一律平等的思想。因而现行宪法使用了"在法律面前"的行文方式，把平等权限制在法律实施上。① 因此，根据立法原意，"公民在法律面前一律平等"指的是法律适用上的平等，而不是指立法上的平等。

根据宪法上的平等条款，1997年颁布的《中华人民共和国刑法》第4条规定："对任何人犯罪，在适用法律上一律平等，不允许任何人有超越法律的特权。"我国刑法的这一条，规定公民在适用刑法面前一律平等。刑法的这一规定并无不当之处，因为从权力分立的角度，刑法是立法权的产物，国家立法机关制定法律、行政机关执行法律、司法机关适用法律，亦即，国家立法机关制定的法律是用来规范、约束行政机关和司法机关的。刑法中法律适用平等原则的功能在于约束司法机关，它并不能约束立法机关本身，它不具有要求刑法本身在内容上必须平等的内涵。对刑法本身必须平等的要求必须诉诸宪法。如2006年广受关注的许霆恶意取款案之所以引起热议，原因之一就在于人们感受到了我国刑法对于弱势群体与权贵阶层的差别待遇——在刑罚的配置上，同为贪利型犯罪，刑法对一般主体实施的盗窃比对国家工作人员利用职权实施的贪污罪配置的刑罚体现出超重刑化的倾向。除此之外，学界及法律实务界就刑法中基于所有制不同而给予的不同程度的

---

① 参见蔡定剑《宪法精解》，法律出版社，2006，第241~243页。

保护的质疑①等等都不能通过刑法中的法律适用平等来回答，必须更高的规范——宪法。

第三，违宪审查制度不健全，宪法解释处于虚置状态。我国的违宪审查制度分散在宪法、《立法法》第 90 条②、《行政法规、地方性法规、自治条例和单行条例、经济特区法规备案审查工作程序》和《司法解释备案审查工作程序》中，但根据《立法法》及两个备案审查工作程序所确定的审查范围，我国违宪审查的对象仅局限于行政法规、地方性法规、自治条例、单行条例、经济特区法规和司法解释，也就是说，全国人大或全国人大常委会通过

---

① 学界认为，刑法对于不同所有制而给予的不同保护可以分为三种情形：第一种是基于刑法条文表述的疏漏而产生的不平等。如刑法第 2 条规定："中华人民共和国刑法的任务，是用刑罚同一切犯罪行为作斗争，以保卫国家安全，保卫人民民主专政的政权和社会主义制度，保护国有财产和劳动群众集体所有的财产，保护公民私人所有的财产，保护公民的人身权利、民主权利和其他权利，维护社会秩序、经济秩序，保障社会主义建设事业的顺利进行。"第 13 条规定："一切危害国家主权、领土完整和安全，分裂国家、颠覆人民民主专政的政权和推翻社会主义制度，破坏社会秩序和经济秩序，侵犯国有财产或者劳动群众集体所有的财产，侵犯公民私人所有的财产，侵犯公民的人身权利、民主权利和其他权利，以及其他危害社会的行为，依照法律应当受刑罚处罚的，都是犯罪，但是情节显著轻微危害不大的，不认为是犯罪。"在整个刑法体系中，总则关于刑法任务和犯罪概念的规定居于基础性地位，具有统揽全局的重要作用，而相关条文表述均未涵盖对非国有单位，如"三资"企业、民营企业、合伙企业等财产权益的保护，不得不说是立法上的疏漏，造成了不同主体在刑法地位上所不应有的差别。第二种情形是基于分则罪名设置的缺陷而产生的不平等，表现为若干罪名只适用于侵犯国有中一位财产权利和其他合法权益的行为，而针对非国有中一位的类似行为则无法予以追究。典型罪名有：非法经营同类营业罪，为亲友非法牟利罪，签订或履行合同失职被骗罪，国有公司、企业、事业单位人员失职罪，国有公司、企业、事业单位人员滥用职权罪和私分国有资产罪等。这些犯罪的主体都必须是国有单位人员，依据"罪刑法定"原则，在非国有单位中，即使职务大体相当者，所实施的具有同等危害性的行为也不能构成上述诸罪。第三种情形是基于法定刑轻重程度不一而产生的不平等，如职务侵占罪与贪污罪、挪用公款罪与挪用资金罪。参见李炜、瞿勇《刑法领域单位平等之现状及完善》，《政治与法律》2008 年第 9 期。要回答上述这些情形是否符合平等原则，在刑法内部是无法解答的，必须结合宪法上的平等条款及其他进行审查。

② 《立法法》第 90 条规定："国务院、中央军事委员会、最高人民法院、最高人民检察院和各省、自治区、直辖市的人民代表大会常务委员会认为行政法规、地方性法规、自治条例和单行条例同宪法或者法律相抵触的，可以向全国人民代表大会常务委员会书面提出进行审查的要求，由常务委员会工作机构分送有关的专门委员会进行审查、提出意见。""前款规定以外的其他国家机关和社会团体、企业事业组织以及公民认为行政法规、地方性法规、自治条例和单行条例同宪法或者法律相抵触的，可以向全国人民代表大会常务委员会书面提出进行审查的建议，由常务委员会工作机构进行研究，必要时，送有关的专门委员会进行审查、提出意见。"

的法律被排除在违宪审查的范围以外。根据罪刑法定原则，刑事法律规范必须由全国人大或全国人大常委会制定。从我国刑法的渊源来看，我国现行的刑法渊源包括刑法典及其修正案和司法解释两部分组成。也就是说，在我国现行的违宪审查制度下，除了可以对刑法的司法解释进行违宪审查外，即使专家学者、刑事被追溯人或是法律实务工作者、法院甚至最高人民法院发现某条刑事法律规范存在违宪嫌疑，都不存在提起违宪审查的制度空间。由此也就不难理解，为什么刑法学界不乏学者多有些刑法条款违宪的质疑之声，但法律实践中没有一起违宪审查的案例。我们也就不难理解为什么宪法学人在许霆案中的集体失声，离开了宪法以及宪法教义学的指引，这种对现行刑法规范之真性的确信造就了刑法学研究中"许霆式的恶梦"的困扰。

与违宪审查制度的缺陷及违宪审查实践的缺失密切相关的是，我国的宪法解释处于虚置状态。宪法只有在适用中才需要解释，而违宪审查是宪法适用的主要方式，因此，违宪审查机关往往也是宪法解释机关。我国的违宪审查主体和宪法解释机关均为全国人大常委会，但由于违宪审查制度的缺陷及违宪审查实践的缺失，我国还没有过一次真正的宪法解释的实践。另一方面，从法律解释的角度来看，司法机关和法律解释机关的分离也导致了不可能通过法律解释的方法将宪法的规定和精神注入刑法中，从而达到宪法制约刑法的目的：一方面，全国人大常委会享有法律解释权，它却不适用法律；另一方面，司法机关在适用法律裁判案件，但它没有刑法解释权，面对有歧义的法律规范，不可能通过合宪性解释的方式解决歧义。①

我国宪法的上述缺陷，直接影响到了宪法对刑法制约功能的发挥，要解决上述问题，至少要从以下方面着手：

首先，应该通过修改宪法，使我国宪法成为符合宪政精神的宪法。为此，主要的修改之处有二：一是要修改国家根本任务条款，即，应在国家的奋斗目标中增加人权保障的内容；二是调整人权保障条款的设计，将"国家尊重和保障人权"放在总纲中规定。

其次，通过宪法解释，扩大宪法上"公民在法律面前一律平等"的性质和规范内涵。关于平等的性质，亦即平等是一项具体的权利还是一项原则问

---

① 根据 1981 年全国人大常委会《加强法律解释工作的决议》，虽然最高人民法院享有司法解释权，但它的解释权限是"凡属于法院审判工作中具体应用法律、法令的问题，由最高人民法院进行解释"。而"凡关于法律、法令条文本身需要进一步明确界限或作补充规定的，由全国人民代表大会常务委员会进行解释或用法令加以规定"。

题，在平等理论中存在三种不同的观点：第一种观点认为平等是一项具体的权利，与其他人权一样，具有独自的权利本质；第二种观点认为平等是一项保障各种人权的原则，也是客观处理各种与人权相关问题的原则；第三种观点认为平等既是宪法权利，又是宪法原则。持这种观点的学说认为，权利性和原则性是平等权的重要特征，如果把平等权只理解为一项宪法原则，不赋予其权利性质，有可能导致平等权价值名存实亡；但如果忽视其原则性，也可能导致平等权的不完整。在这三种观点中，笔者基本上赞同第三种观点，认为宪法上的平等具有权利和原则的双重性质，但理由有所不同。笔者认为，平等对于国家机关和公民具有不同的含义：对于国家机关而言，平等是一项宪法原则，是国家机关在制定、执行和适用法律时必须遵守的一项原则，即立法机关不得制定违背平等原则的法律，行政机关和司法机关必须将法律平等地适用于公民。① 对于公民而言，平等是公民的一项可以主观认定的权利，平等权与其他权利不同的是平等权具有依附性，只有与其他的权利相结合才具有可请求性。如果不承认平等的权利性质，那么，公民如果受到了不公正的对待或是立法机关制定了违反平等原则的法律，都不可能通过行政诉讼、刑事诉讼或宪法诉讼的方式获得救济。② 明确了平等的双重性质，也就明确了平等的规范内涵，即平等不仅仅局限于法律适用上的平等，用以约束行政机关和司法机关，更重要的是，平等作为宪法原则适用立法机关，不仅是因为"如果我们把平等原则仅仅局限在行政权与司法权领域，强调公民在执法、适用法律和遵守法律上的平等，而忽视在立法上的平等价值，一旦立法机关制定了不平等的参政法、就业法、竞争法等法律，那么执法越

---

① 平等是一项宪法原则，但它不是宪法的一项基本原则。因为宪法的基本原则是贯穿于宪法始终、对整部宪法起统领作用的原则，而平等原则只是作为宪法基本原则的人权保障原则之下的一项子原则，正如民主集中制不是宪法的基本原则而只是国家机构的组织原则一样。

② 虽然我国的行政诉讼法、刑事诉讼法都没有将平等权被侵犯纳入受案范围，我国也尚未建立宪法诉讼制度，但存在并不一定是合理的。通过刑法保障公民平等权的，可以以俄罗斯刑法为例。1996 年俄罗斯联邦《刑法典》第 136 条规定了侵害公民平等权利罪，核心内容是侵害民族平等和种族平等要负刑事责任。1999 年，俄罗斯联邦国家杜马对新《刑法典》第 136 条进行修改时，把破坏公民权利与自由平等权更名为破坏人和公民权利与自由平等罪，以与人和公民的权利与自由平等这一现行宪法规范相适应，表述为因性别、种族、民族、语言、出身、财产状况、职务地位、居住地点、宗教信仰、思想信仰和社会联合组织属性不同而侵害人和公民权利与自由的平等，并对公民的权利和合法利益造成损害的，最高刑为 5 年有期徒刑，从而扩大了个人权利自由的保护范围。参见许桂敏《论刑法精神入宪化》，《信阳师范学院学报》（哲学社会科学版）2010 年第 3 期。

严，对人权的侵害越深，距离宪政价值的目标就越远"，更在于"平等的产生源于人人都享有因其本质所决定的权利，并且这些权利应当是等同的。立法者不能制定损害人与人之间平等的法律，因为这样的法律必然有损于某些人的自然权利"。① 对于刑法这种事关公民自由、财产甚至生命的法律，其立法内容本身更应该接受合宪性的检验，扩大宪法上平等权的内涵，有利于确立立法权的界限及完善公民权利的保障。

最后，这是最重要的一点，即，要健全我国的违宪审查制度和宪法解释制度，其中，建立健全的违宪审查制度最为关键。这是一个老问题，在现行宪法制定期间就有过激烈的讨论，也是现行宪法颁布以来受到学界持续关注的问题，至今仍未解决。各种原因，也许正如林来梵教授所分析的："根本解决这一课题，也一直面临着种种难题，其中包括现实和理论两个方面的难题，就现实的难题而论，一方面是为政者或许会担忧'违宪审查'制度的彻底完善，可能将"冲击或打破迄今在现实中形成的政治权力分配格局"，改变了现实中的政治力学关系；另一方面则是，在许多人看来，30 年来的改革开放及市场经济建设，在一定程度上均是在"违宪"状态下进行的，一旦确立动真格的'违宪审查'制度，则反而会'捆绑了改革的手脚'。而就理论方面，一个难题就是：无论是如何完善'违宪审查'制度，即使是采取最为切实可行的方式，即在全国人大或其常委会之下设立'宪法委员会'来进行专门的、富有实效性的违宪审查，其结果必然会涉及审查全国人大及其常委会本身的立法是否违宪的问题，这是否与包含了中国现行的人民代表大会制度构成逻辑上的矛盾？"② 但不管怎样，法治的治国方略已经入宪，宪政的潮流势不可挡，我们必须知难而行。

---

① 转引自焦洪昌《关于"公民在法律面前一律平等"的再认识》，《中国法学》2002 第 6 期。
② 林来梵：《中国的"违宪审查"：特色及生成实态——从三个有关用语的变化策略来看》，《浙江社会科学》2010 年第 5 期。

获得辩护权是被追诉人的基本权利

——对宪法第 125 条获得辩护条款的法解释

尹晓红 *

【内容摘要】 宪法第 125 条"被告人有权获得辩护"意味着被追诉人有获得辩护权的基本权利，获得辩护不仅仅是司法原则；被追诉人在所有的诉讼阶段都享有获得辩护权的权利；而获得辩护权的主体实质上是每个人。宪法第 33 条第 3 款"国家尊重和保障人权"的原则则为获得辩护权提供了价值论基础。

【关键词】 获得辩护权　基本权利　司法原则　人权条款

我国宪法第 125 条规定："人民法院审理案件，除法律规定的特别情况外，一律公开进行。被告人有权获得辩护。"但该条款规定在第三章国家机构中而非基本权利与义务一章，是否意味着获得辩护并非基本权利而仅是司法原则？在 1996 年刑事诉讼法修改后区别"犯罪嫌疑人"和"被告人"的背景下，"被告人有权获得辩护"（以下简称"获得辩护权条款"）的含义是否发生了变化？另外，2004 年的宪法修正案在"公民的基本权利和义务"一章中增加了"国家尊重和保障人权"（以下简称"人权条款"），这对获得辩护权的保障是否发生影响？本文试析之。

一　是获得辩护权而非辩护权

"被告人有权获得辩护"到底是被告人的"辩护权"还是"获得辩护

---

* 法学博士，上海金融学院讲师。

权"？实践中人们倾向于认为是辩护权。① 笔者以为，用"获得辩护权"更为妥帖。

首先，从"被告人有权获得辩护"的文义理解，应为"获得辩护权"。解释的首要任务除确定制宪者赋予文字的含义外，更大且重要的是确定宪法条款文字恰当的法律意义。② 因此，宪法解释最优先的原则是文义解释。因此，"被告人有权获得辩护"强调的是"获得"辩护的权利，"辩护权"不符合文义解释的原则。③

其次，从立法目的来看，应为"获得辩护权"。54 宪法初稿写的是"被告人有辩护权"，后来修改为"被告人有权获得辩护"，我们可以从当时的制宪讨论中看出立法原意。"刘少奇认为，保证被告人获得辩护实行起来是有困难的，但不能因有困难，这项权利就不要了。有的人不会讲话，到了法院说不清楚，要求法院找个人能把他要说的话说清楚，是不是给他找？不一定是律师。"④ 从刘少奇的讲话可以看出，"辩护权"和"获得辩护权"是有区别的，前者主要强调被告人自己辩护的权利，而后者更强调获得他人（辩护人，尤其是律师）帮助辩护的权利。本文也是在这一意义上使用"辩护权"和"获得辩护权"的，前者指被告人的自行辩护，后者包括被告人的自行辩护，但主要指被告人获得他人尤其是律师帮助辩护的权利。

最后，从被告人自行辩护与辩护人辩护的关系来看。自行辩护是被告人的一项基本人权，被告人作为"人"自然有为自己辩护、申辩的权利，是其自行对抗追诉机关、行使自力救济的权利运作模式，是不言自明的，不需要在宪法中特别规定被告人也能享有。也即被告人自行辩护权是自然权利，剥夺和限制被告人的辩护权从人性角度来看是反人道的。而获得他人帮助辩护的权利是欧美国家民主革命后引入现代刑事诉讼的，其本源应当归位于被告

---

① 笔者在中国期刊网上以"辩护权"为关键词的搜索结果是 1249 条，而以"获得辩护权"为关键词的搜索结果则只有 6 条。搜索时间为 2010 年 10 月 10 日。

② 参见〔美〕詹姆斯·安修《美国宪法判例与解释》，黎建飞译，中国政法大学出版社，1999，导言第 1 页。

③ 实践中经常用的"辩护权"包括被告人自己辩护和获得辩护人辩护的权利。但也有学者分开表述为"辩护权"和"获得律师帮助的权利"。如周伟：《论刑事司法权利的宪法保护》，《政法论坛》2003 年第 6 期；魏晓娜：《论辩护权的存在根据》，陈卫东主编《3R 视角下的律师法制建设》，中国检察出版社，2004，第 257 页。也有学者直接称"获得辩护的权利"，见林劲松《刑事诉讼与基本人权》，山东人民出版社，2005，第 125 页。

④ 全国人大常委会办公厅研究室政治组编著《中国宪法精释》，中国民主法制出版社，1996，第 277~278 页。

人自然享有的辩护权，其产生并依赖及服务于被告人的辩护权。正如日本学者所言，获得辩护权的基础是被告人自己有辩护的权利。这是产生委托辩护人辩护权利的根据。① 它体现了社会对国家权力行使的关注，制约国家权力行使的无序，彰显保障被告人权利的理念。辩护人的参与为传统上由国家和个人组合的刑事诉讼格局带来了一股新的力量——独立的社会力量。获得辩护权需要国家积极的行为，国家有给付的职责，因此需要特别予以规定。给付是指国家以积极作为的方式为公民提供某种利益的职责。给付的内容包括法律程序。② 国家对获得辩护权的给付职责主要表现在要积极建立律师制度、辩护制度和法律援助制度。因此，各国都以宪法的形式将这一成果加以巩固，③ 一些国际性或地区性的人权公约也将被告人获得律师帮助的权利作为人权的重要内容。④ 事实上，将特定的权利载入国际文件和宪法，其主要目的之一在于，这些文件对公民具有教育上的影响，公民可以得知这些权利如此基本，如此重要。⑤ 美国联邦最高法院的大法官也专门说明了被告人自行辩护与律师辩护的关系。美国宪法第六修正案并未明确提到被告人的自行辩护，但该项权利必然体现在该修正案的内涵当中。该修正案提到了对质、申请强制证人出庭程序和获得法院的通知的权利在本质上是属于被告人的私人权利，被告人可以依靠自己的力量提出辩护理由。律师条款通过提出被告人拥有获得律师帮助权的方式使这一设计得以完整。⑥ 因此，获得律师辩护的权利来源于被告人的辩护权，前者需要宪法的明文规定而后者则是不证自明

---

① 〔日〕村井敏邦：《日本的刑事辩护问题》，刘明祥译，王丽、李贵方主编《走有中国特色的律师之路》，法律出版社，1997，第90页。

② 参见张翔《基本权利的受益权功能与国家的给付义务——从基本权利分析框架的革新开始》，《中国法学》2006年第1期。

③ 如美国宪法第六修正案规定："在一切刑事诉讼中，被告享有下列权利：……取得律师帮助为其辩护。"俄罗斯宪法第48条第2款规定："每个被逮捕、监禁或被控告犯罪的人，有权从被捕、监禁或被起诉时起利用律师（辩护人）的帮助。"韩国宪法第12条第4款规定："所有国民均有受到逮捕或拘束时立即得到辩护人帮助的权利。"日本宪法第34条规定："如不直接讲明理由并立即给予委托辩护人的权利，对任何人均不得加以拘留或拘禁。"第37条第3款规定："刑事被告人在任何场合都可委托有资格的辩护人。"

④ 《欧洲人权公约》第6条第3款和《公民权利和政治权利国际公约》第14条第3款都强调被告人获得律师帮助的权利。

⑤ 参见〔意〕莫诺·卡佩莱蒂《当事人基本程序保障权与未来的民事诉讼》，徐昕译，法律出版社，2000，第64页。

⑥ 参见〔美〕伟恩·R.拉费弗、杰罗德·H.伊斯雷尔、南西·J.金《刑事诉讼法》（上册），卞建林、沙丽金译，中国政法大学出版社，2003，第646～647页。

的权利。宪法上的律师权是对有意愿接受协助的被告人施以协助，而不是对无意愿接受协助的被告人以国家机关强行加诸其身。[1] 因此，从这一意义上说，辩护人权利来自两方面：一是被告人基于委托代理关系进行的授权，称为传来权利；二是辩护人基于自身的法律地位而享有的权利，称为固有权利，真正能体现辩护制度独立的社会和政治意义的是固有权利。[2]

所以，有学者认为该条款"包含两层意思：一是被告人有权为自己辩护；二是被告人有权请律师或其他公民进行辩护"[3] 是正确的，获得辩护权的内容包括被告人的自我辩护权、辩护人帮助权和法律援助权。辩护人的辩护权派生于被告人的辩护权，是第二位的，但辩护人在刑事诉讼中并不受委托人及其家属意见的左右，而是具有独立诉讼地位的诉讼参与人。法律援助权则来源于宪法中的平等原则，下文将详细阐述。

二 获得辩护权是司法原则也是程序性基本权利

一般认为，我国宪法关于获得辩护权的规定承袭了前苏联的"司法原则模式"。[4] 苏联1936年宪法第九章"法院和检察院"一节第111条规定："苏联各级法院审理案件，除法律有特别规定外，一律公开进行，并保证被告人的辩护权。"我国同样在国家机构一章人民法院和人民检察院一节加以规定，因此学界通常认为立法者是将"获得辩护"作为一项司法原则与审判公开原则并列。宪法中虽然没有明确规定其为司法原则，但刑事诉讼法的规定可以印证"被告人有权获得辩护"在我国是作为司法原则加以规定的。1979年《中华人民共和国刑事诉讼法》（以下简称79刑事诉讼法）在第一章"指导思想、任务和基本原则"第8条规定："人民法院审判案件，除本法另有规定的以外，一律公开进行。被告人有权获得辩护，人民法院有义务保证被告人获得辩护。"1996年《中华人民共和国刑事诉讼法》（以下简称96刑事诉

---

[1] 王兆鹏：《美国刑事诉讼法》，元照出版公司，2007，第443页。

[2] 宋英辉、吴宏耀：《刑事审前程序研究》，中国政法大学出版社，2002，第397页。

[3] 蔡定剑：《宪法精解》，法律出版社，2006，第439页。有学者认为我国被告人的律师帮助权是"推定性"的，法律位阶尚不明确，不是我国宪法规定的基本权利，刑事诉讼法对此项权利也没有明示性的规定的观点是不正确的，缺乏对我国宪法和刑事诉讼法的整体性的理解而是仅从文义理解。参见徐阳《权力规范与权力技术——刑事诉讼中国家权力配置问题研究》，法律出版社，2010，第209页；岳悍惟《刑事程序人权的宪法保障》，法律出版社，2010，第128～129页。

[4] 蔡定剑：《宪法精解》，法律出版社，2006，第439页。

讼法）第 11 条作出了相同的规定。刑事诉讼法基本上是对宪法获得辩护权规定的重复和宣示，只是加入了法院的保障职责。有学者从条文的立法意图、宪法制定的历史和立法模式论证了该条款的司法原则属性。① 另外，从目前我国学者建构的公民基本权利体系来看，笔者查阅了比较权威的宪法学教材，② 都没有将获得辩护作为公民的基本权利对待。相反，在学者的建议中，多认为应该将获得辩护权作为公民的基本权利加以保护。③ 可见，目前讨论公民的基本权利都囿于宪法第二章"公民的基本权利和义务"，而忽略了宪法其他部分的人权保障功能。④

笔者认同"被告人有权获得辩护"是司法原则的观点，但认为否定其是基本权利的观点值得商榷。首先，从前苏联的情况看。我国的司法原则模式直接来源于前苏联，因此，前苏联对此问题的态度可以作为借鉴，以防止在移植过程中只学皮毛而忽视其精髓。前苏联虽然承认宪法第二十章（1977 年宪法）中确认的是一系列审判原则，但也不否认其显著扩大了个人在审判中

---

① 周伟教授认为，从立法意图看，"有权获得辩护"被当成与"审判公开"相辅相成的刑事司法准则。法院采取公开审判这一形式，需要有刑事辩护角色的支撑，需要赋予被告人获得辩护权。否则公开审判就成了毫无意义的笑话。从宪法制定的历史看，54 宪法、78 宪法、82 宪法的规定是完全一致的。从立法模式看受前苏联宪法的影响十分明显。参见周伟《宪法依据的缺失——侦查阶段辩护权缺位的思考》，《政治与法律》2003 年第 6 期。周宝峰教授也认为获得辩护权没有规定在基本权利义务部分，而是作为法院审判工作的原则，不能起到作为刑事被告人程序基本权的宪法效力，无法起到应有的效能；也使得审前阶段的律师对刑事被告人权利的维护缺乏宪法依据。参见周宝峰《宪法视野中的刑事被告人获得律师帮助权研究》，《内蒙古大学学报》（哲学社会科学版）2009 年第 4 期。

② 笔者查阅的宪法学教材有：许崇德主编《宪法》，中国人民大学出版社，1999；童之伟、殷啸虎主编《宪法学》，上海人民出版社、北京大学出版社，2009；韩大元、胡锦光主编《中国宪法》（第二版），法律出版社，2007；刘茂林：《中国宪法导论》（第二版），北京大学出版社，2009。

③ 认为应该将获得辩护权放入公民基本权利体系的有：秦奥蕾：《基本权利体系研究》，山东人民出版社，2009，第 193～194 页；周伟：《宪法依据的缺失——侦查阶段辩护权缺位的思考》，《政治与法律》2003 年第 6 期；陈永生：《刑事程序中公民权利的宪法保护》，《刑事法评论》2007 年第 1 期；周宝峰：《宪政视野中的刑事被告人获得律师帮助权研究》，《内蒙古大学学报》（哲学社会科学版）2009 年第 4 期；刘淑君：《刑事辩护权的宪法反思》，《甘肃政法学院学报》2008 年第 4 期。

④ 近年来已有学者认识到宪法其他部分的人权保障功能，认为宪法其他部分可以弥补宪法权利条文保障人权功能的不足，顺应人们对积极人权保障的要求，反映出人类在适用宪法治理社会方面自信心更强。参见朱应平《宪法中非权利条款人权保障功能研究》，法律出版社，2009，第 295 页。

的权利，并且认为第 158 条"保证被告人的辩护权"不仅是指被告人有权获得辩护人的帮助，而且还包括法律赋予被告人的许多权利，[1] 考虑到在苏维埃国家全部历史期间制定的社会主义国家审判思想的继承性，被告人获得辩护权的权利属性同样适用于 1936 年宪法。因此，在前苏联，"保证被告人的辩护权"同样是被告人的基本权利。从我国宪法的制定来看，上文提到的刘少奇的讲话中，始终是将获得辩护作为被告人的"权利"来对待，而没有提到是司法原则。可以说，无论是从前苏联的情况看还是从立法原意来看，获得辩护权都是基本权利。

其次，从各国宪法的规定来看，获得辩护权的保障模式也非只有权利模式，放在司法权中规定的也广泛存在，即司法原则模式。根据笔者的统计，规定在司法权下的有 7 个国家，分别是朝鲜、吉尔吉斯斯坦、土库曼斯坦、越南、白俄罗斯、德国、捷克，在权利和司法权中都规定了的有 10 个国家，分别是乌兹别克斯坦、保加利亚、俄罗斯、列支敦士登、罗马尼亚、乌克兰、巴拉圭、巴拿马、秘鲁、尼加拉瓜。以德国为例，公民的刑事司法权利在第二章基本权利中没有涉及，而是都规定在第九章司法中。[2] 从德国的宪政实践来看，获得辩护权始终是被宪法法院作为基本权利加以保护的，对获得辩护权的侵犯以宪法诉愿为救济途径。[3] 中国台湾学者认为，获得辩护权虽具有多元的宪法基础，但与宪政司法制度中法院的基本建制理念也息息相关。[4] 总的来说，由于历史文化和法律传统的区别，普通法系国家重视个人权利和自由，一般将获得辩护权作为基本权利规定在宪法中，并明文规定主体、权利行使方式、行使的范围、国家权力的界限、委托律师的主体、时间和场合等程序性条款；而大陆法系的国家较为重视国家利益和社会秩序，对获得辩护权仅作原则性规定，对该权利的保护有赖于立法作进一步的细化。由此可见，获得辩护权在宪法中的位置并不影响其作为被告人基本权利的属性。唯一的标准是："解释时应铭记宪法的总意图和目的。"[5] 而宪法的总意

---

[1] 〔苏〕B. H. 库德里亚夫采夫等：《苏联宪法讲话》（删节本），刘向文译，群众出版社，1983，第 213、222 页。

[2] 德国基本法第九章"司法"第 103 条规定了法院中的基本权利，其中第 1 款规定，任何人在法院中都有权按照法律发言，第 104 条规定了剥夺自由时的法律保障。

[3] 参见陈瑞华《刑事被告人权利的宪法救济》，《法律适用》2004 年第 9 期。

[4] 参见李念祖《律师辩护权的宪法基础与射程》，《在野法潮》2009 年 4 月。

[5] 〔美〕詹姆斯·安修：《美国宪法判例与解释》，黎建飞译，中国政法大学出版社，1999，第 28 页。

图和目的就是保障人权。诚如塔斯利孜教授所言："从事刑事司法工作的法律工作者如果能够更好地理会宪法中的刑事司法原则的话，在处理形形色色刑事案件中的各种法律问题时就能够明显胜出一筹。"①

再次，宪法阐明一国政体所赖以建立的原则。从这一意义上说，宪法规范都是原则，能成为立法机关立法的准则，基本权利也不例外。因此，不能以"被告人有权获得辩护"是司法原则而否认其基本权利的属性，原则恰恰是更高层面的保障。"法律原则处于法律的深层面，法律规则处于法律的浅层面。"② 法律原则所揭示的内容都是法学中的一般理论或基本思想。原则以其较大的伸缩性和灵活性体现出较之于规则所没有的更重的分量和更高的深度，内涵也更丰富。法律原则有助于实现某一或某几个法律价值目标，更进一步说，法律原则与理念或价值相关，它是价值或理念的规范化，体现了法律的灵魂和精神品格，反映了一个社会的根本价值和社会发展趋势。司法原则是公检法三机关在行使权力的过程中应遵循的基本规则和基本精神，因此，"被告人有权获得辩护"作为司法原则具有保障被告人获得辩护这一基本权利的属性。实际上，有学者在论述国外的宪法时，也将宪法中规定在司法中的所谓原则当做基本权利对待，如周伟教授将日本宪法第六章"司法"中的第 82 条"法院的审讯及判决应在公开法庭进行"认为是公开审判权，并且认为，刑事司法权利可以从各国宪法所确定的刑事司法原则或准则中推导而形成。③

最后，从宪法的产生来看，宪法是资产阶级革命和资产阶级争取自由和权利的产物；从宪法的属性来看，宪法被称为"权利保障书"，自从有了宪法之后，人之为人的基本权利就从"自然权利"演变为"法律权利"；从宪法的内容来看，近代以来的宪法主要规定了两大内容：基本权利和国家机构，其中基本权利是目的，而国家机构是保障基本权利的手段。宪法作为法秩序之上位基本规范，即应合理优化国家组织及权限，以人权保障为宪法的核心价值理念，方符"权利保障书"之实。因此，将"被告人有权获得辩护"放在整个宪法中来考察更不能忽视其保障被告人获得辩护的权利之功能。

---

① 转引自周伟《论刑事司法权利的宪法保护》，《政法论坛》2003 年第 6 期。
② 王夏昊：《法律规则与法律原则的抵触之解决——以阿列克西的理论为线索》，中国政法大学出版社，2009，第 80~81 页。
③ 周伟：《论刑事司法权利的宪法保护》，《政法论坛》2003 年第 6 期。

有学者虽然承认获得辩护权是基本权利，却以制宪者的立法目的和获得辩护权所处的位置来说明在制宪者看来，被告人的权利"在我国宪政体系中，包括在我国公民的基本权利体系中地位相对较低"。① 因为制宪者主观追求的不是有利于保护被告人个人的权利，而是获得辩护权的行使有利于协助法官发现案件事实，有利于进行法制教育等公共价值；而将获得辩护权置于第三章第七节，仅在附则之前，表明制宪者对被告人权利不够重视。因为通常情况下，宪法的内容在宪法文本中的排列顺序与制宪者对其重要性的认知相关。笔者以为，从立法目的看，并不具有陈教授所说的不重视被告人权利的想法，只服务于发现案件真相和法制教育的价值是学者自行揣摩或者说是从获得辩护权在司法实践中的遭遇而得出的，与制宪者制宪时的主观目的不同。前文所述刘少奇的讲话正说明在制宪者看来，虽然在当时要保障被告人获得辩护很难（因为还没有建立起律师制度，且普通公民的法律知识不多），但宪法并不因此而否认被告人的该项权利，而是对被告人权利给予了超前的宪法保护。理想与现实总是有差距的，恰恰是需要在实施过程中彻底贯彻制宪时的初衷；从获得辩护权的位置来看，虽然条文在宪法中的位置与其重要性有关，但也与一国沿用的立法技术有关。我国将获得辩护权放在国家机构中，但"这种差异更多的体现为一种在不同文化背景下的立法结构的差异"，② 是仿效前苏联立法模式的结果，而与是否重视被告人权利无关。前述德国的例子也说明获得辩护权的位置与是否重视被告人权利关系不大。

另外，认为获得辩护权是从审判机关职责性的规定中推定的权利而难以说其是基本权利③的观点也是有待商榷的。从法哲学的角度看，权利直接指向和突出的就是主体，直接表征的就是对主体性关怀的强与弱。宪法第125条首先强调的是"被告人""有权"获得辩护，直接强调了主体，而没有强调权力主体的职责，明显是一种权利性规定；刑事诉讼法中则是先强调被告人的权利，然后才规定权力主体保障被告人获得辩护的职责，首先是权利性规定然后才是职责性规定，因此谈不上是从职责性规定中推定

---

① 陈永生：《刑事程序中公民权利的宪法保护》，《刑事法评论》2007第1期。
② 段志凌、王伟奇：《辩护权与公诉权在刑事诉讼中的互动关系》，《长沙理工大学学报》（社会科学版）2010年第1期。
③ 参见徐阳《权力规范与权力技术——刑事诉讼中国家权力配置问题研究》，法律出版社，2010，第209页；岳悍惟：《刑事程序人权的宪法保障》，法律出版社，2010，第128～129页。

的权利。

因此，获得辩护权是程序性的基本权利，旨在保障实体性基本权利的实现，防止实体性基本权利受到国家权力的不当侵犯。而在被告人的诉讼权利中，获得辩护权是核心，刑事诉讼中的人权保障主要围绕获得辩护权的实现而展开。美国《布莱克法律辞典》对辩护作了以下解释："辩护是指诉讼中被告方所作的提供或声称，如依据法律和事实说明原告不应胜诉或控告不成立。……被告人提供证据反驳刑事指控。对另一方指控的答复，提出控告不能被同意的理由。辩护方可以对另一方所声称的事实简单地予以否定或者提供新的事实。后一种情况下，这种辩护是一种积极辩护。"① 可见，辩护的本质不是一种证明责任而是一种反驳责任。正是在这一意义上，辩护被认为是一种防御权，美国著名律师、哈佛大学教授艾伦·德肖微茨的名著《最好的辩护》原名即为 The Best Defense。因此，获得辩护权是指被告人（主要由辩护人尤其是律师代理）针对指控，根据事实和法律，在实体上反驳指控，以及在程序上主张其所拥有的合法的诉讼权利，防止其受到不公正的待遇和不应有的侵犯，从而维护其合法权益和人格尊严的诉讼权利。

三 权利主体实质上是每个人

1996 年之前，我国刑事诉讼法上并不区分犯罪嫌疑人与被告人，一律使用被告人的概念。在这种情况下，宪法上规定"被告人有权获得辩护"，理论上对于所有受到刑事追究的人都有宪法保障的意义。但是，96 刑事诉讼法修改将审前阶段受到刑事追究的人使用犯罪嫌疑人概念后，该条款如何理解则涉及宪法解释的问题。宪法解释的方法中文义解释、体系解释、历史解释和目的解释对于这一问题的解决有借鉴意义。文义解释是宪法解释中最优先使用的原则，但是，文义解释也是最直接、最浅显的解释方法，进而是最容易发生歧义和产生不良后果的方法，因为社会是不断发展和进步的，制宪时的语言所包含的意思可能随时间的推移而发生了变化，宪法的明确含义可能导致对现实社会显失公正或不利的结果。因此，应该以社会的变化为基准选择适当的宪法解释方法。在宪法解释中，如果采用一种解释方法，某项权利必定成为虚设和不现实，且毫无符合目的的补救手段；而采用另一种解释方法，既合乎正义又达到了目的，则应优先适用后一种解释方法，解释者无权

---

① Black's Law Dictionary, West Publishing Company (1979), p. 377.

违背明确的目的来解释宪法条文。① 在此，体系解释、历史解释、目的解释优于文义解释。从82宪法修改时的情况看，79刑事诉讼法没有区分被告人和犯罪嫌疑人，而将进入刑事诉讼领域各个阶段的公民统称为"被告人"，因此，修宪者的意图应该是进入刑事诉讼领域各个阶段的公民都享有获得辩护的权利。

体系解释是将法律条文或者法律概念放在整个法律体系中来理解，通过解释前后法律条文和法律的内在价值与目的，来明晰某一具体法律规范或法律概念的含义。体系解释最基本的考虑是要保证法律体系的融贯性，防止法律的前后矛盾性的解释。同时，对于某些法律规范来说，如果我们缺乏体系性的把握和前后语境的关照，也很难发现其准确含义。体系解释有两种基本类型：一种是法律外在体系解释，指的是探究法律概念的外在含义之间的联系；一种是法律内在体系解释，指的是把某一个法律规范或法律概念放置在整个法律的目的或价值体系中来进行解释。为保证整个法律体系的统一和协调，观照96刑事诉讼法修改后的情况，运用体系解释的方法，可将被告人解释为包括犯罪嫌疑人。进行历史解释时，立法可以作为重要的历史资料。82宪法修改时我国刑事诉讼法中被告人包括现在的犯罪嫌疑人，因此，根据历史解释，考察修宪时的原意，被告人同样应该可以解释为包括犯罪嫌疑人。目的解释是指对宪法上空白或有漏洞的部分，依照宪法的基本精神与意图，参照全部法条的基本原则，相关领域中的基本原则或先例而进行的类推解释。② 目的解释方法强调，为了实现国家最大利益以及保障公民基本权利，可以从宪法确定的国家政治权力结构和公民基本权利的目的出发，而不拘泥于宪法文本，对宪法进行解释，从而作出使宪法的实质性目的得以实现的解释。从目的解释看，宪法的主要目的就是保障人权，应对犯罪嫌疑人和被告人进行同等保护。

综上，不管是运用体系解释、历史解释还是目的解释，都能肯定的是"被告人有权获得辩护"可以解释为"犯罪嫌疑人和被告人有权获得辩护"（为行文方便，下文中同时提及犯罪嫌疑人和被告人时简称被追诉人）。

在此，还涉及另外一个问题，即获得辩护权的权利主体到底是被追诉人

① 参见〔美〕詹姆斯·安修《美国宪法判例与解释》，黎建飞译，中国政法大学出版社，1999，第25页。
② 谢瑞智：《宪法大辞典》，千华出版社，1993，第447页。

还是每个人？笔者认为，这是一个问题的两个方面，是在不同的法律层面考察问题。理论上讲，被追诉人只具有程序意义而没有实体意义，也就是说被追诉人并不等于是真正的犯罪人，每个公民都是潜在的被追诉人，都有可能成为刑事诉讼追诉的对象。现代社会是一种微妙的"作茧自缚"的状态，民主法治社会的每个人在成为立法者的同时，也成为自身所立之法的约束对象。个人权利时时刻刻处于国家权力的包围之中，国家权力成为个人权利的"切肤之痛"。每个人都是国家权力的运作对象，而每个人都随时有可能成为即将发动的国家追诉程序的当事人。人是生而自由的，却无往不在枷锁中。① 从这一意义上说，获得辩护权的主体是每个人。② 而一旦公民真正进入刑事诉讼领域，则其身份立即演变为"犯罪嫌疑人"或"被告人"，只有当公民作为犯罪嫌疑人或被告人时获得辩护权才发挥其现实作用。因此，在刑事诉讼领域，我们通常强调获得辩护权的主体是"犯罪嫌疑人"和"被告人"。各国宪法印证了笔者的这一看法。各国宪法保护获得辩护权通常有两种模式：权利保护模式和司法原则模式，权利保护模式中又包括人身自由模式、被告人权利模式（有的国家有专门的获得辩护权条款）和刑事程序保障模式或者是兼而有之。在权利保护模式中的人身自由模式中，主体一般是"任何人"、"每个人"、"公民"、"所有人"，如乌克兰、哈萨克斯坦、塔吉克斯坦、荷兰、捷克、克罗地亚、意大利等国；也有规定为"被逮捕者"或"被拘留者"，如尼加拉瓜、海地等国；或者是"被指控为刑事犯罪的任何人"、"处于刑事诉讼过程中的人"，前者如巴哈马、巴拿马，后者如匈牙利。被告人权利模式和刑事程序保障模式下主体则一般是"被捕者"、"被告"或"被指控者"。司法原则模式中则两种情况都存在，如吉尔吉斯斯坦、保加利亚、德国规定的主体是任何人。一般则规定为"被告"，如乌克兰、越南、

---

① 〔法〕卢梭：《社会契约论》，何兆武译，商务印书馆，2006，第 7 页。

② 顾永忠教授认为，获得辩护权一方面是刑事诉讼中所涉及的被追诉人的权利，另一方面又是一个法治社会全体公民或者全体成员人人享有的权利。前者是一种现象权利或外在权利，后者是一种本质权利或内在权利。前者以后者为基础，后者是前者产生的根据。参见顾永忠《关于辩护权的主体归属及存在根据的再认识》，《中国司法》2005 年第 1 期。童之伟教授认为，将公民正当刑事诉讼权利称为"特殊主体的权利"不妥当。这种提法贬低了正当刑事诉讼权利对于公民的普遍意义和重要程度。它应该是一项惠及所有公民的权利，只是只有当一个公民成为犯罪嫌疑人或被告人时这种权利才发挥其实用性。童之伟：《与时俱进完善宪法——循"十六大"精神修宪或释宪的十一点设想》，《法学》2003 年第 1 期。

朝鲜。因此，获得辩护权的主体实质上是每个人，① 在具体的刑事诉讼中则表现为被追诉人。被追诉人的基本权利是公民基本权利在刑事诉讼中的现实化和具体化。"宪法保护的是所有公民的权利，保障清白者免受不当指控，保障公民有效对抗国家权力的滥用。"②

四　被追诉人在所有的诉讼阶段均享有获得辩护权

有学者认为，从条文的逻辑结构上看，立法者的用意是只有在审判阶段被告人才有权获得辩护，而在侦查阶段和审查起诉阶段则无权获得辩护。因为一个法律条文内的各款、项和句之间必然保持着相互关联性和前后一致性。既然前句的"公开进行"仅针对人民法院审理案件的诉讼阶段，那么后句"被告人有权获得辩护"显然不可能也不应当指向其他诉讼阶段。③ 笔者认同周教授用相互联系的方法来解释"被告人有权获得辩护"的规定，即体系解释，也承认周教授从语言学的角度论证该规定的外延有一定道理。但周教授始终忽略了一点，这种联系不应该局限于一个条文之内，而应参照整个宪法。"协调似乎冲突的成分，使整部宪法均有效力。"④ 如果从关注语法结构和标点符号的角度考虑，公开审判原则与获得辩护权之间是句号，说明立法者要表达的意思已经完结，下面将涉及另外的事宜，前句中"法院"这一主语不能约束后句。因为，宪法文字和条款一般作广义的扩充解释。尤其是对保护基本权利的条款，应作对公民更有利的解释。获得辩护权作为司法原

---

① 这与刑事诉讼中的人权保障的核心是保障被追诉人的基本权利是不矛盾的，前者强调每个人都是潜在的被追诉人，因此每个人都有获得辩护的权利；而后者所要排除的是泛化意义上的人权保障，尤其是不能以惩罚犯罪的最终目的是保证全体人民的利益将刑事诉讼的人权保障扩展至每个人，从而仅从一般的抽象意义上讨论刑事诉讼的人权保障但忽略对被追诉人人权的核心保护。主张刑事诉讼基本人权的主体是被追诉人的学者也不否认被追诉人的基本人权本质上是公民的基本人权。参见林劲松《刑事诉讼与基本人权》，山东人民出版社，2005，第 42 页。

② Scott P. Boylan, Coffee from a Samovar: The Role of the Victim in the Criminal Procedure of Russia and the Proposed Victims Rights Amendment to the United States Constitution. 4 U. C. Davis J. Int'l L. & Pol'y Winter, 1998, p. 103.

③ 参见周伟《宪法依据的缺失——侦查阶段辩护权缺位的思考》，《政治与法律》2003 年第 6 期。

④ 〔美〕詹姆斯·安修：《美国宪法判例与解释》，黎建飞译，中国政法大学出版社，1999，第 30 页。

则应该是刑事诉讼中所有司法机关①在行使职权时都应该遵循的基本原则而不仅仅是法院，而且应是在整个诉讼过程中都有效的原则。因此，应将获得辩护权作为被追诉人在整个刑事诉讼过程中的权利。认为"被告人享有辩护权的规定还主要被限制在审判阶段"②的观点是对该条款的狭义理解，不符合变化了的社会环境。

美国的例子可以作为参考。美国也是通过宪法解释认为获得律师帮助的权利不仅仅局限于审判阶段。联邦最高法院在 Arsenault v. Commonwealth of Masschusetts 案中认为获得辩护权适用于刑事案件的所有"关键阶段"。③刑事诉讼程序的任何部分都可以成为"关键阶段"。如果律师在一个特别时点缺席可能剥夺了被告获得公平审判的权利，这就成为了一个"关键阶段"。获得辩护权当然依附于曾经正式存档的指控，但它甚至是在这之前就有了。最高法院在 Miranda v. Arizona 案中认为，当他们被逮捕询问时——哪怕尚未有任何记入档案的指控，被追诉人都有获得辩护权。④即在只要其实质性权利可能受到影响的任何诉讼阶段都有获得辩护的权利。

从现实需要看，侦查是刑事诉讼的起始阶段，承担着查明案件事实，调查取证并证明确系犯罪嫌疑人所为的重任。为完成惩罚犯罪的重任，公安机关往往不遗余力地采取各种方式和手段侦破案件，有时甚至达到了无所不用其极的地步。因此，侦查阶段通常体现为一种单方追究机制和一种线形构造，往往成为最容易侵犯犯罪嫌疑人权利的阶段，实践中发生的刑讯逼供和侵犯犯罪嫌疑人权利的情况也多在此阶段。所以，如果不赋予处于公安机关控制之下、与世隔绝的犯罪嫌疑人获得辩护的权利，则犹如被缚双手但又不得不与庞然大物搏斗，势单力薄，当然无法与之抗衡。很显然这是违背法治社会的程序正义和平等要求的。⑤在侦查阶段赋予犯罪嫌疑人获得辩护权，最主要目的应在于保护犯罪嫌疑人免于因为侦查阶段某些令人震慑的程序而作出非真实、非任意、非明智的陈述或重大决定。⑥在审判程序中极为重要的"确保程序的公平性"或"当事人两造的对等"并非侦查阶段辩护制度的主要目的。但是，也应该看到，侦查阶段有其特殊性，应该妥善处理追诉犯

---

① 本文所称的司法机关是指公安机关、检察机关和审判机关。
② 陈瑞华：《刑事被告人权利的宪法化问题》，《政法论坛》2004 年第 3 期。
③ 393 U. S. 5，89 S. ct. 35，21 LEd. 2d 5（1968）.
④ 384 U. S. 436，86 S. ct. 1602，16 LEd 2d 694（1966）.
⑤ 关于这一点，后文还将详细论证，在此不赘述。
⑥ 王兆鹏：《美国刑事诉讼法》，元照出版公司，2007，第 425 页。

罪的需要与保障犯罪嫌疑人权利的关系，侦查阶段的会见权、调查取证权和阅卷权都应该受到一定程度的限制。

实践中有人认为，我国刑事诉讼法第 96 条并没有规定侦查阶段犯罪嫌疑人有获得辩护的权利，而是获得帮助权。笔者认为，这种认识犯了有学者提到的刑事诉讼法与宪法间"法律位阶倒错"[1]的逻辑错误。宪法是一国的根本大法，具有最高的法律效力，其他规范性文件都必须以宪法为依据而不得违反宪法，刑事诉讼法也不例外。上文已经论述宪法中"被告人有权获得辩护"意味着犯罪嫌疑人在侦查阶段享有获得辩护权，如果刑事诉讼法中否定该权利，则是违宪的表现而不是证明犯罪嫌疑人无此权利。下位法的规定只能映证宪法的规定而不能推翻宪法的规定。同时，律师在会见犯罪嫌疑人解答其询问时，一般都要涉及犯罪嫌疑人行为的定罪量刑等问题，这种解答本身就在于帮助犯罪嫌疑人依据事实和法律正确应诉，指导犯罪嫌疑人正确地进行防御准备，这种行为无疑是辩护性质的法律活动。至于代理申诉、控告，则是法律赋予犯罪嫌疑人委托律师进行救济的一项权利，同样旨在保护犯罪嫌疑人的合法权益不受侵害，是犯罪嫌疑人在侦查阶段行使获得辩护权的一个重要方面，律师就是辩护人而不是其他。由此可见，"给侦查阶段犯罪嫌疑人委托的律师杜撰一种法律规定之外的称谓也是不必要的"。[2]

从刑事诉讼法的规定来看，获得辩护权是作为基本原则加以规定的。刑事诉讼基本原则是贯穿于刑事诉讼全过程，公检法三机关和诉讼参与人都必须遵循的行为准则。因此，基本原则通常适用于刑事诉讼的始终或者说各个阶段，而不是只适用于某些程序或诉讼阶段。从这一意义上说，获得辩护权也应该适用于刑事诉讼的各个阶段，包括侦查阶段、公诉阶段、审判阶段、执行阶段，也包括死刑复核阶段。

五　人权保障原则是获得辩护权的价值论基础

人权是人作为一个社会的人，为满足其生存发展需要而应当享有的最基本的权利，表现为一种价值体系，其所体现的基本价值是宪法制定与修改过程中的最高目标，表明了人类生存与发展的理念与期待。英国学者米尔恩将

---

[1]　周伟：《论刑事司法权利的宪法保护》，《政法论坛》2003 年第 6 期。

[2]　徐静村：《律师辩护有待解决的几个问题》，陈光中、江伟主编《诉讼法论丛》第 1 卷，法律出版社，1998，第 111 页。

七项权利作为最低限度普遍道德权利的人权，其中之一就是获得帮助权。①由于人类社会生活的复杂性和精密性，个人很难单凭一己之力而自给自足，需要他人尤其是国家的帮助，国家对于处于困境中的人有提供帮助的义务而不得消极不作为。作为一项普遍的要求权，受帮助权意味着，国家不享有对呼救者置若罔闻的自由权。被追诉人作为遭受刑事追诉的人，其人身处于司法机关控制之中，精神处于恐惧之中，属于米尔恩所言之"陷于困扰的人"，有要求获得帮助的权利。这种帮助首先表现在国家有义务建立相关的制度如刑事辩护制度以保证被追诉人有权从国家获得帮助；其次表现为国家有义务建立律师制度，以保障被追诉人有权获得具有专业知识和技能的律师帮助；最后表现为当被追诉人无力从社会获得帮助时，国家有义务直接提供这种帮助，即法律援助。从这一意义上讲，获得辩护权构成了积极性人权保障的基础。②

我国宪法第 33 条第 3 款规定："国家尊重和保障人权。"将其写在"公民基本权利和义务"第一章的第一条，便于把人权和公民基本权利联系起来，进一步加强对公民基本权利的保护。人权的宪法化体现了人权价值的现实化，为人权价值的实现提供多样化的形式。人权条款确立了国家尊重和保障人权的义务，应验了立宪主义将国家拟制为人权侵害主体的最初想象。③

刑事诉讼中的人权包括实体性权利和程序性权利。只有当程序性权利与其维护的实体性权利相适应、相佐证、相协调时，诉讼程序中的人权才是完整的；并且只有这种完整的人权得到充分保障时，才符合刑事诉讼保障人权的要求。而获得辩护权是被告人最重要的诉讼权利，其是维护权利的权利，没有获得辩护权，被告人的其他程序性权利和实体性权利都无法实现。在刑事诉讼中，被追诉人面对的是强大的司法机关，而且诉讼的结果将决定他们的财产权、自由权乃至生命权的取得丧失，可以说律师不仅仅是在为被追诉人辩护，更是在为自由和生命辩护。自由、财产、生命这一系列实体性权利的重要性决定了获得辩护权的重要性。因此，获得辩护权的有无、大小是衡量一国人权保障水平的基本标准。

---

① 〔英〕A. J. M. 米尔恩：《人的权利与人的多样性——人权哲学》，夏勇、张志铭译，中国大百科全书出版社，1995，第 171 页。
② 〔日〕田口守一：《刑事诉讼法》，刘迪、张凌、穆津译，法律出版社，2000，第 12 页。
③ 林来梵、季彦敏：《人权保障：作为原则的意义》，《法商研究》2005 年第 4 期。

从基本法律修改权看刑法的修改及其发展

江登琴*

【内容摘要】我国先后通过了现行刑法的八个修正案，是国家立法机关为适应社会发展对刑法进行的积极修订。刑法的修改，本质上反映了基本法律修改权的问题。立足于八个刑法修正案可以看到，在基本法律修改权的问题上，也存在着全国人大和全国人大常委会之间的权力划分与界限问题，呈现出全国人大常委会立法权限的积极扩张，需要从规范和制度的层面进行分析。从基本法律修改权层面对刑法修改的现状分析和未来规范，不仅是刑法修改渐趋稳定性、科学性的重要保障，而且是建设现代法治国家、厉行宪政的基本要求。

【关键词】刑法　修正案　基本法律　修改权

一　引言：广受关注的刑法修改

2011 年 2 月 25 日，第十一届全国人大常委会第十九次会议通过了《中华人民共和国刑法修正案（八）》。此次刑法修改涉及的范围之广、内容之多，备受社会各界高度关注，法学专家也坦言"不仅在刑法分则中拟增加新罪名，而且还涉及刑法总则的结构调整，是 1997 年刑法颁布实施以来规模最大的一次修正"。[①] 回顾我国刑法修改的实践不难发现，从 1997 年 10 月 1 日起施行至 2011 年 2 月 14 年间，我国刑法已先后修改了八次，共颁布了一个

---

* 中南财经政法大学法学院讲师，法学博士。

① 全国人大法律委员会委员、清华大学法学院周光权教授在接受记者采访时所言。见张维炜《刑法修改，顺应时代转型》，《中国人大》2011 年第 2 期。

单行刑法和八个修正案。不难发现，在每次刑法修正案颁行前后，社会各界对其具体内容的讨论非常热烈，主要是围绕行为入罪、犯罪的构成以及刑罚的内容这些直接影响到人们行为模式的具体内容展开。

从本质上而言，某一行为是否构成刑法上的罪行、罪刑构成的标准或要件、刑罚的种类和范围等，都是国家行使刑事立法权的结果。针对刑法出台的相关修正案，则是国家立法机关为使刑法适应社会发展需要，在刑事立法权中具体行使的修改权。进一步来讲，立足于我国的法律制定修改实践，着眼于我国法律体系的发展完善，由全国人大和全国人大常委会所行使的法律修改权在刑法修改中呈现出怎样的特点，这种法律修改权的运用是否正当合理，恐非是刑法学自身理论难以回答的问题，需要在宪法学中国家权力的行使和规范的视角下进行分析。同时，国家立法机关通过制定或修改刑法的活动，实际上是国家刑罚权在立法上的体现，而从本质上来看"刑罚权的主要使命是维护法律秩序，保护整体社会利益。刑罚权不是无限的，必须有度，超度行使便会侵犯市民权利。权力与权利相互依存，又彼此制衡，社会才能正常发展。……这就奠定了近现代刑法必然同时具有维护秩序和保障人权两种功能。"① 历次通过的八个刑法修正案，如何实现这种"维护秩序"和"保障人权"的双重功能，在具体内容和刑罚标准上是否超过必要的限度，这些问题都需要进行深入的思考和分析。为此，本文试图以基本法律修改权为视角，以我国先后通过的八个刑法修正案为样本，分析我国现行刑法修改的现状以及存在的问题，特别是刑法立法权的使用及其界限问题，以期在此基础上反思我国当前的刑法修改实践，明确我国未来刑法修改的发展方向。对这一问题的分析探讨，不仅是未来刑法修改渐趋稳定性、科学性的重要保障，而且是建设现代法治国家、厉行宪政的基本要求。

二 关注背后：基本法律修改权在刑法修改中的运用

根据社会发展的现实和与犯罪作斗争的需要，同时为弥补法律规范与现实之间的距离，适时地对刑法进行修改，不仅是刑法发展的需要，也是社会发展对刑法的必然要求。自1997年刑法颁行以来，我国先后通过了八个刑法修正案（详见表1）。

---

① 储槐植：《美国刑法》（第二版），北京大学出版社，1996，第10页。

表 1　八个刑法修正案的通过

	时　间	主　体	刑法修正案
1	1999 年 12 月 25 日	第九届全国人大常委会第十三次会议	《刑法修正案》
2	2001 年 8 月 31 日	第九届全国人大常委会第二十三次会议	《刑法修正案（二）》
3	2001 年 12 月 29 日	第九届全国人大常委会第二十五次会议	《刑法修正案（三）》
4	2002 年 12 月 28 日	第九届全国人大常委会第三十一次会议	《刑法修正案（四）》
5	2005 年 2 月 28 日	第十届全国人大常委会第十四次会议	《刑法修正案（五）》
6	2006 年 6 月 29 日	第十届全国人大常委会第二十二次会议	《刑法修正案（六）》
7	2009 年 2 月 28 日	第十一届全国人民代表大会常务委员会第七次会议	《刑法修正案（七）》
8	2011 年 2 月 25 日	第十一届全国人大常委会第十九次会议	《刑法修正案（八）》

　　总结先后颁行的八次修正案不难发现：从颁行主体上看，八次修正案都是由全国人大常委会通过的，缺少作为最高国家立法机关——全国人大的声音。实际上，我国刑法自 1979 年由第五届全国人大通过、1997 年全国人大修订，此后的修改工作基本上都是由全国人大常委会起主导作用的。从颁行时间上看，全国人大常委会通过刑法修正案的时间主要集中在年底或年初，实际上都距离每年三月召开的全国人大会议较近。

　　根据社会发展对法律进行相应的补充和修改，当然是社会对于法律发展的必然要求。但作为规定犯罪与刑罚、并被视为人权保障"最后一道屏障"的——刑法典，为何八次修改都由全国人大常委会来完成，而没有一次是全国人大通过的，这是全国人大的明确授权抑或暗示默许，还是全国人大常委会超越权限？在全国人大常委会通过刑法修正案的时间上，与全国人大会期相距不远的事实，仅仅是一种时间上的偶然巧合，还是全国人大常委会的绕道策略？在我们学习解读刑法修正案具体内容的同时，也需要从法律修改权，尤其是作为国家权力机关——全国人大和全国人大常委会之间的职权内容及相互之间的关系等角度进行分析。进一步而言，针对全国人大常委会的刑法修改行为，全国人大对此进行了怎样的事前引导与事后监督；在接连出台的八次修正案中，怎样体现社会发展与刑法修改之间的关系，这种必要性、合理性的界限如何把握，尤其是一年两次对刑法的修改、且前后仅有四个月的时间之差①，这种修改的正当性、合理性在哪里，该如何进行监督，

---

　　①　最为典型的便是 2001 年先后通过的《刑法修正案（二）》、《刑法修正案（三）》。

则是我们应当深思的问题。

三 文本与现实：基本法律修改权的制度设计与现实运作

（一）基本法律修改权的文本规定

作为规定犯罪与刑罚的刑法——这一基本法律的制定和修改，能够在我国现行《宪法》和《立法法》中找到相关依据。作为"行使国家立法权"的全国人大和全国人大常委会[①]，制定、修改和解释法律应当是其行使权力的主要内容之一。对于一部法律的制定或修改，到底是由全国人大还是由全国人大常委会来进行，其中该如何界分，在我国现行《宪法》和《立法法》中也有相应反映。我国宪法第 62 条关于全国人大的职权中，第 3 款便是"制定和修改刑事、民事、国家机构的和其他的基本法律"，而第 67 条全国人大常委会只能是"制定和修改除应当由全国人民代表大会制定的法律以外的其他法律"（第 2 款），"在全国人民代表大会闭会期间，对全国人民代表大会制定的法律进行部分补充和修改，但是不得同该法律的基本原则相抵触"（第 3 款）。宪法关于全国人大与全国人大常委会在立法权上的规定，在 2000 年颁行的《立法法》第 7 条中得到进一步的重申。

关于全国人大和全国人大常委会在立法上的分工，实际上在对 1982 年宪法草案的全民讨论中便有涉及。针对有人提出的在扩大全国人大常委会职权的同时也应充分保证全国人大作为最高权力机关的地位的建议，在宪法中也得到充分体现，在第 67 条关于全国人大常委会职权中第 3 款增加"不得同该法律的基本原则相抵触"的规定，第 62 条关于全国人大职权中增加第 11 款"改变或撤销全国人大常委会不适当的决定"，便是对全国人大常委会的可能扩权保持的应有警戒以及为保障全国人大的最高地位提供制度保障。[②]这种规定，在学者看来"在 1982 年宪法修改过程中对常委会的可能扩权是有警惕的，但却没有设计有力的制度去保障全国人大的最高性地位，……全国人大与常委会立法权限之间出现了某些模糊现象，常委会立法超越权限的情形时有发生"。[③] 但也有学者提出，通过对宪法的规范分析可以看到，"基

---

① 宪法第 58 条、《立法法》第 7 条都有明确规定。
② 彭真：《关于中华人民共和国宪法修改草案的报告——1982 年 11 月 26 日在第五届全国人民代表大会第五次会议上的报告》，《人民日报》1982 年 12 月 6 日。
③ 韩大元主编《公法的制度变迁》，北京大学出版社，2009，第 187 页。

本法律修改权所受到的限制是最多、也是最严格的。其他几项辅助型权力仅仅受到行使时间（即闭会期间）的约束，而基本法律修改权则分别受到行使时间、修改幅度、以及遵循原则三个方面的限制。这表明基本法律修改权是全国人大常委会所有职权中最弱的一项权力。"①

由此可见，虽然全国人大"它的常设机关是全国人民代表大会常务委员会"（宪法第57条），但在具体的立法事项、立法内容上还是有一定区分的。这种区分主要表现在两个方面：一是通过"基本法律"与"法律"的区分，明确列举出了由全国人大专属的立法权限；二是通过全国人大"开会期间"与"闭会期间"的区分，明确了全国人大常委会行使法律修改权的限制。作为"基本法律"的刑法，在其制定和修改的过程中，便呈现了自全国人大通过并全面修改了刑法典之后，便是由全国人大常委会行使的法律修改权。

（二）基本法律修改权的现实运作

实际上，作为全国人大的常设机关——全国人大常委会在刑法修改中所呈现出的积极作为和广泛影响，并不鲜见，现实中全国人大常委会立法权限扩张已是一个不争的事实。通过梳理我国一些代表性法律的制定修改实践可以看到："从法律的重要性和涉及的领域来看，全国人大只制定了国家中最重要的几部法律，而且由于法律的原则性和概括性，在现实中可操作性较差，其实际效果也就难以彰显。而全国人大常委会制定的法律则涉及了整个国家和社会中的方方面面。可以说，对国家和社会的现实的法律统治是通过全国人大常委会的法律来实现的。"② 因此，"在立法问题上，常委会无论从数量上还是权限上，对现实的控制力上还是立法领域的重要性上均日益扩张，而人大自身的作用在有些领域得不到有效发挥"。③ 积极立法、全面立法固然是全国人大常委会为弥补全国人大会期制度的不足，为适应社会发展的需要的积极作为，但从法治和宪政的要求来看，人大常委会权限的扩张会不会从根本上影响到全国人大作为最高权力机关的地位，这也是值得深思的一个问题。

关于全国人大和全国人大常委会之间的立法权限问题，也引起了部分学者的关注和警惕，提出："从长远来看，需要严格按照宪法规定，保持最高

① 林彦：《再论全国人大常委会的基本法律修改权》，《法学家》2011年第1期。
② 韩大元主编《公法的制度变迁》，北京大学出版社，2009，第183页。
③ 韩大元主编《公法的制度变迁》，北京大学出版社，2009，第183页。

权力机关的地位与功能，正确定位人大常委会，积极发挥民意代表机关的功能。"① 在具体实践中，尤其是在修改基本法律的过程中，全国人大常委会应当充分尊重全国人大作为最高国家权力机关和最高国家立法机关的地位。对于那些应当由全国人大进行修改的基本法律，全国人大常委会应当主动地提请全国人大行使修改权。全国人大直接行使修改权将会大大提高正当性。同时，尊重全国人大的决策权威，只会增强而不会削弱广大全国人大代表对于作为常设机关的全国人大常委会的认同和支持。②

四　现实反思：刑法修改中所折射的基本法律修改权问题

（一）刑法修正案：基本法律修改权的实际运用

如果说连续八次通过的刑法修正案，都是全国人大常委会在"全国人大闭会期间"行使的法律修改权，那么行使的这一权力是否遵循了"不同该法律的基本原则相抵触"的原则，则需要结合刑法修正案的具体内容来分析。综观我国刑法的历次修改可以看到，全国人大常委会对刑法的历次修正：在内容上，主要表现为适应经济发展的需要，对大量经济犯罪的修改；在方式上，主要体现为增设了新的罪名和罪状，修改了罪名和罪状，罪名未变但修改了罪状的条款，调整了某些犯罪的法定刑，等（详见表2）。

表2　历次刑法修正案的内容

	增设了新的罪名和罪状的条款	修改了罪名和罪状的条款	罪名未变但修改了罪状的条款	调整了法定刑的条款	所涉罪名总数
修正案（一）	1	5	3	2（2）	9
修正案（二）	0	1	0	0	1
修正案（三）	2	5	1	2（2）	8
修正案（四）	2	4	1	1	8
修正案（五）	3	0	1	0	4
修正案（六）	11	8	3	2（2）	22
修正案（七）	9	3	5	2（1）	18
修正案（八）					

数据来源：该表格设计和统计数据参见王永兴《综述历次刑法修正：内容、特点和原因——兼论和谐社会视野下的〈刑法修正案〉》，《西南政法大学学报》2009年第5期。

---

① 韩大元主编《公法的制度变迁》，北京大学出版社，2009，第183页。
② 林彦：《再论全国人大常委会的基本法律修改权》，《法学家》2011年第1期。

纵览我国的刑事立法实践可以看到："刑法立法已成为我国立法活动中最积极、最活跃的一个方面。这种积极的立法不仅表现为立法活动的频繁，还表现在立法的内容的取向，在历次对刑法的修改中，基本上是增加罪名或加重对某些犯罪的刑罚。"① 结合刑法典中的具体条文和修改方式可以看到，先后颁布的修正案修改的条文主要集中在第二章"危害公共安全罪"和第三章"破坏社会主义市场经济秩序罪"，这两章的修改幅度就有三十多条之多；② 对于这种大幅度的修改，全国人大常委会主要采用的是修改或增加条（款、项）的方式。如果按照对于刑法的修改主要是对法定刑幅度以及已经确定罪名的罪状的改动为标准的话，我们可以清楚地看到，无论是增设新的罪名和罪状、修改了罪名和罪状，还是调整法定刑，全国人大常委会这些以修正案的形式对刑法的修改已经远远超出了传统的"修改"和"补充"的范畴。这样看来，全国人大常委会的行为，与其说是刑法的"修改"毋宁是某种意义上的刑法的"制定"。

进一步来讲，如果说此前的刑法修改主要是对具体犯罪行为的调整，没有直接涉及"基本原则"问题，③ 那么 2011 年年初通过的《刑法修正案（八）》"除了修正具体罪名之外，还涉及刑法典总则的修正，其中包括刑罚种类的调整、死刑的减少以及刑罚幅度的适当调整等"。④ 如此"大动作"的刑法修改，是否涉及"不同该法律的基本原则相抵触"的问题？在笔者看来，在我们得出结论之前，全国人大常委会恐怕需对为何采取如此大动作的修改、修改有无违背刑法的基本原则作出相应的解释说明，这也是其行使刑法修改权的正当性基础。

（二）现实反思：全国人大常委会频繁通过修正案的原因

全国人大常委会对刑法采取频率如此之高、幅度如此之大的修改，却未对其正当性进行说明解释，甚或较少有人关注到正当性的必要性。在笔者看来，原因主要有以下几个方面：

---

① 郎胜：《在构建和谐社会的语境下谈我国刑法立法的积极与谨慎》，《法学家》2007 年第 5 期。
② 其中还有被反复修改的，如第 162 条、第 182 条、第 185 条、第 191 条被修订 2 次，第 225 条被修订 3 次。
③ 实际上具体罪名、罪状以及法定刑的调整，都是在相关刑法理念、原则的指导下完成的。
④ 参与刑法修正案专题研讨会的中国法学会刑法学研究会名誉会长高铭暄教授接受记者采访时表示。见《刑法第八修》，《时代周报》2010 年 9 月 2 日。

一是，现实社会发展是刑法修改的基础和动力，而且社会发展对于刑法修改的要求在我国当前这样一个社会转型时期表现得尤为迫切。如《修正案（四）》增设"雇用童工从事危重劳动罪"，《修正案（五）》增设"妨害信用卡管理罪"，《修正案（六）》增设"枉法仲裁罪"、"组织未成年人进行违法活动罪"、"不报、谎报安全事故罪"，《修正案（七）》增设"组织、领导传销活动罪"、"侵犯公民个人信息罪"，以及《修正案（八）》增加的"危险驾驶罪"、"恶意拖欠劳动者工资罪"等，实际上都是针对社会普遍关注并反映强烈的相关犯罪行为进行的积极回应和刑法规范。这种现象当然是社会发展对刑法修改的基本要求，但其背后反映的是一种刑法万能主义的思想，在社会转型过程中一旦出现了某种危害社会的行为，首先的第一反应便是修改刑法，企图通过运用刑罚的手段来解决一切犯罪问题，意图将刑法的视角延伸到社会的各个领域。这种处理方式的实际效果可想而知，我们在较长一段时期内开展的"严打运动"便是经验教训。

二是，刑法修正案中大量的增设新罪名、扩大原有罪名的适用范围、增强处罚力度等，实际上反映的是我国长期以来存在的"犯罪化"和"重刑化"的思路。从刑法修正案的具体内容不难看出，全国人大常委会对刑法修改主要体现了两个总体思路：一种思路是"犯罪化"，即扩大刑法的调整范围，增加刑法涉足社会生活的广度和深度；第二种思路是"重刑化"，即通过提高法定刑，增强刑法对犯罪的打击力度，从而提高刑法对相关犯罪行为的威慑力和预防效果。[1] 通过这种"犯罪化"和"重刑化"的处理，以达到惩罚犯罪、保障安全的目的，则是刑法修改的基本目的和基本立场，这在我国前四个刑法修正案中对修改刑法的目的的阐述中体现得非常明显。[2] 但从本质上而言，"犯罪化"和"重刑化"的立法思路和政策导向，不仅违背了刑法学中宽严相济的刑事政策，也不符合现代法治和人权保障的基本理念。

（三）未来发展：针对刑法修改的可能建议

刑法修改中的这一问题，也引起了部分刑法学者的警觉，提出"就目前刑法修正案已成为修正刑法典的惟一模式来看，由全国人大常委会行使刑法

---

① 李永和：《宽严相济刑事政策与刑法修改》，《中共山西省委党校学报》2009 年第 5 期。

② 如 2002 年 12 月 28 日全国人大常委会通过的《刑法修正案（四）》开头就申明，"为了惩治破坏社会主义市场经济秩序、妨害社会管理秩序和国家机关工作人员的渎职犯罪行为，保障社会主义现代化建设的顺利进行，保障公民的人身安全，对刑法作如下修改与补充"。

修正案的立法权，容易导致全国人民代表大会的刑事立法权虚置"。① 针对刑法典制定与刑法修改之间的权力区分，也有学者指出从法律位阶上来分析其区分的必要性与现实意义，指出："无论是全国人大制定的基本法律还是全国人大常委会修改和补充的基本法律，效力都处于同一位阶，如果基本法律和法律在效力上并没有任何的区别，那么就不应当区别其制定权。未来宪法的修改，合理的做法是应该在立法权下放的趋势下，肯定全国人大常委会的制定基本法律权，全国人大行使复决权，改变和撤销全国人大常委会制定的不适当的法律。"② 在笔者看来，这种观点有待商榷，我们不能单纯从效力无区别，而否认区别全国人大和全国人大常委会法律制定权的理论意义和现实需要。正是基于当前全国人大常委会的积极立法、频繁修法的活动，而作为最高权力机关的全国人大却未能充分发挥制约和监督作用，我们才有必要而且必须对其进行甄别，并为今后的法律制定或修改活动提供方向指针。

针对如何发展完善全国人大的基本法律修改权，在统一并规范全国人大的基本法律修改权的前提下，学者提出了不同建议。③ 针对全国人大常委会频频行使基本法律修改权的现实，有学者提出了进一步明确"基本法律"含义以限制全国人大常委会的建议，提出《立法法》第 8 条前 3 项所规定的"国家主权的事项"、"各级人民代表大会、人民政府、人民法院和人民检察院的产生、组织和职权"以及"民族区域自治制度、特别行政区制度、基层群众自治制度"这三大类事项所涉及的基本法律都应当由全国人大制定和修改；除此之外的其他基本法律的修改，全国人大常委会可以行使，但要遵循一定的程序要求，其中最重要的环节是全国人大常委会应当及时将基本法律修改的情况向全国人大下一次会议报告，以便获得全国人大的追认。④ 这种观点有针对性地对基本法律的范围作了进一步的细化，从明确基本法律类型

---

① 张波：《论刑法修正案——兼谈刑事立法之权划分》，《中国刑事法杂志》2002 年第 4 期。
② 涂龙科、程兰兰：《刑法修正案立法权违宪之思考》，《昆明理工大学学报》（社会科学版）2009 年第 1 期。
③ 相关研究主要集中在宪法学者对全国人大立法权的研究上，而这一研究在 2010 年度关于代表法、选举法的修改中再次引起了学者关注。如，林彦：《基本法律修改权失范及原因探析》，《法学》2002 年第 6 期；蔡定剑：《宪法精解》，法律出版社，2004，第 300～301页；崔敏：《关于对基本法律的修改权限问题》，《人大研究》2007 年第 4 期；韩大元：《"全国人大修改选举法"与基本法律的修改权》，《法学杂志》2010 年第 7 期；张千帆：《全国人大常委会无权修改代表法》，《财经》2010 年第 22 期。
④ 林彦：《再论全国人大常委会的基本法律修改权》，《法学家》2011 年第 1 期。

的层面逐步明确全国人大的专属修改权，具有一定的现实可行性。立足于刑法修改来讲，根据其观点，显然是属于全国人大常委会可以行使的"其他基本法律修改"的范围之列。但从上述全国人大常委会已经先后通过的八个刑法修正案，无论是从其具体内容还是基本原则来看，都存在着基本法律修改权失范的问题。而且这种失范，由于刑法自身规范犯罪与刑罚的特点，其影响不仅会导致刑法自身发展的科学性、民主性的缺失，而且会从根本上影响到公民基本权利的过度侵害，乃至人权保障在刑法修改上所呈现的问题。只有从根本上确认刑法作为"基本法律"的属性，认识到其对公民基本权利和人权保障的双重影响，才会在此基础上认识到由全国人大行使刑法修改权的必要性和现实意义。

五　结语

2011 年春，中国特色社会主义法律体系宣告形成，这是我国发展民主、建设法治进程中的重大成果，也标志着我国全面实施依法治国基本方略进入一个新的阶段。① 如何在这个新阶段继续发展完善社会主义法律体系，则是摆在我们面前的一个时代课题。"当我们通过一定形式宣布'中国特色社会主义法律体系形成'后，我们需要继续关注'形成'后的法治发展，需要思考法律制定、法律修改与法律解释三位一体的法治发展新思路。"② "形成和完善法律体系，要求提高立法质量，立法工作始终坚持'以宪法为依据'，形成规范的、符合权力逻辑的立法权体系。"③

对于我国的刑法也是如此，自 1997 年全面修改并颁行以来，刑法典的基本体系已经奠定，完成法律制定之后的刑法典，更艰巨的任务则是如何随着社会发展并根据犯罪发展变化、社会惩治犯罪的需要，进行相应的修改。在修改刑法的过程中，不仅需要关注社会发展对刑法变革的需求，而且需要在建设法治、保障人权的背景下，着眼于整个法律体系的分工与协作，注重刑法维护社会安全、限制公民基本权利自身的特点和局限，尤其是片面强调"入罪化"和"重刑化"所带来的消极影响。不能简单地扩大刑法的处罚范

---

① 《在新的起点上推进社会主义法治国家建设》，见新华网 http://news.xinhuanet.com/politics/2011-03/16/c_121191159.htm，2011 年 9 月 12 日访问。
② 韩大元：《宪法与法律体系研究的问题与意义》，《公民与法》2010 年第 9 期。
③ 韩大元：《宪法与法律体系研究的问题与意义》，《公民与法》2010 年第 9 期。

围和处罚力度，否则"不适当的惩罚，即或者根本不应当的惩罚，或者超过了该犯罪的过失的惩罚，是对刑法的一种损害"。① 这种毫无限度滥用刑法的后果，不仅为广大公民所恐慌，而且恐怕也是立法机关在行使相关法律的制定或修改权过程中所应恪守的戒尺。

---

① 英国著名法学家亚当·斯密所言，转引自〔丹〕努德·哈孔森《立法者的科学》，赵立岩译，浙江大学出版社，2010，第153页。

图书在版编目（CIP）数据

宪法研究. 第 13 卷／莫纪宏，翟国强主编. —北京：社会
科学文献出版社，2012.8
ISBN 978 - 7 - 5097 - 3720 - 0

Ⅰ. ①宪… Ⅱ. ①莫… ②翟… Ⅲ. ①宪法 – 中国 – 文集
Ⅳ. ①D921.04 – 53

中国版本图书馆 CIP 数据核字（2012）第 197627 号

宪法研究（第十三卷）

主　　编／莫纪宏　翟国强

出 版 人／谢寿光
出 版 者／社会科学文献出版社
地　　址／北京市西城区北三环中路甲 29 号院 3 号楼华龙大厦
邮政编码／100029

责任部门／社会政法分社　（010）59367156　　　责任编辑／赵建波　芮素平　关晶焱
电子信箱／shekebu@ ssap. cn　　　　　　　　　责任校对／杜若普
项目统筹／刘骁军　　　　　　　　　　　　　　责任印制／岳　阳
经　　销／社会科学文献出版社市场营销中心　（010）59367081　59367089
读者服务／读者服务中心　（010）59367028

印　　装／三河市尚艺印装有限公司
开　　本／787mm×1092mm　1/16　　　　　印　　张／26.75
版　　次／2012 年 8 月第 1 版　　　　　　　字　　数／481 千字
印　　次／2012 年 8 月第 1 次印刷
书　　号／ISBN 978 - 7 - 5097 - 3720 - 0
定　　价／79.00 元